本书为南京市青年文化英才培养资助项目
“文旅融合创新研究博士工作站”（第一期）成果

文旅融合的城市叙事

场景、想象力和美好生活

邵颖萍等 著

南京出版传媒集团
南京出版社

图书在版编目（CIP）数据

文旅融合的城市叙事：场景、想象力和美好生活 / 邵颖萍等著. -- 南京：南京出版社, 2025. 5.
ISBN 978-7-5533-5166-7

Ⅰ. F592.753.1

中国国家版本馆CIP数据核字第2024BK1107号

书　　名　文旅融合的城市叙事：场景、想象力和美好生活
作　　者　邵颖萍等
出版发行　南京出版传媒集团
　　　　　南 京 出 版 社
社　　址　南京市玄武区太平门街53号
邮　　编　210016
联系电话　025-83283873、83283864（营销）　025-83112257（编务）

策划统筹　刘　娟
责任编辑　刘　娟
装帧设计　赵海玥
责任印制　杨福彬

印　　刷　南京爱德印刷有限公司
开　　本　787 毫米 × 1092 毫米　1/16
印　　张　23.75
字　　数　326千字
版　　次　2025年5月第 1 版
印　　次　2025年5月第 1 次印刷
书　　号　ISBN 978-7-5533-5166-7
定　　价　70.00 元

序

一个人生存在世界上，是要有一点精神的。这个精神就是对人生理想的追求和人生价值的持续创造，在追求个体生命价值与生活价值过程中，追求为社会做出更多的奉献，追求创造一个完美的人生……，虽然，理想不一定能全部实现，但是追求的过程本身就是一种人生的存在意义。——这是我和本书的作者也是我的学生曾经的一次关于人生理想类型的对话时，本书作者如是说。

2025 年 3 月底写这一篇《序》是有重要意义的，或许我会在相关的文章中做出说明。

作者是我的学生，所以被邀请为其出版的系列学术研究成果写一篇序，我欣欣然接受。我认为，要想解释和说明一本书的学术价值和对经济社会的应用价值，至少应该从对作者的学术研究经历和相关研究成果的了解开始。

我从事教育工作 40 余年，指导硕士和博士生 30 多年，韩愈“弟子不必不如师，师不必贤于弟子”的这句话从未忘怀过，并以此作为我培养硕士生和博士生的一种理念。老师的职责就是“传道”“授业”“解惑”，而“闻道有先后，术业有专攻，如是而已”。韩愈还说：“无贵无贱，无长无少，道之所存，师之所存也。”老师之所以称之为老师，就是要带领学生追求真理，追求学术真谛，追求学术创新，追求创造人生价值……。董仲舒在《春秋繁露》中说：“治身者以积精为宝，治国者以积贤为道。”育人与治国之道同理，教师也必须以“积贤为道”，培养出有理想、有道德、有才华、有创新能力的学生，并能够让德才兼备的人汇聚在自己的门下。所以，我对我门下的硕士和博士生都不止一次地说过：在你的博士研究领域一定要超过导师[①]。我可以肯定地说，我的很多学生在很多方面都已经超过导师，至少我是这样认为的。

我是在南京大学社会学院讲授“城市社会学”专业课时认识作者的，我的“城市社会学”这门课，每年都是在大四上半学期开始上的。城市社会学课堂非常强调、注重实践与田野调查和对社会问题能够提出解决方案，所以要求听课的同学要通过实地调研来完成课堂和期末作业，很多同学都非常积极参与，而唯独作者选择了一个有风险的课题，去河南省的一个艾滋病山村去做田野调查，这在当时是一个重点社会问题，了解了很多鲜为人知的事情。另外，为了解城市社会中很多人未知的一种城市文化——城市寺院文化，作者在南京鸡鸣寺住了多天，研究寺院里喜怒哀乐的生活日常……，能够从某一个社会问题和社会存在的侧面剖析现代人的存在方式和文化价值的选择，从中提出并理解了城市社会学的概念和范畴——即“城市社会的异质性特质”，等等。从中可见作者对城市研究和城市社会学研究的兴趣。

我能够观察到，在读书阶段，作者在寻求自我成长、自我发展和自我塑造中，主动追求复合型的人生价值，既对学术研究有追求——城市社会学研究、城乡规划研究、文旅融合规划研究、区域经济与产业规划研究、城乡发展战略研究、民宿经济文化研究以及相关其他经济、社会和文化领域社会问题研究等，同时，还在个体在人生的发展中，主动追求和创造职业生涯与学术生涯的融合特色——在自己的理想追求上做出了很多努力，不断建构一个追求相对完美人生的过程……，当然，正如作者自己也谈到的，也是我们共同认识的：“事实上生活中不存在真正完美的人生，完美人生只存在于追求完美的过程之中。”

---

① 张鸿雁等.城市社会学新论.南京：南京大学出版社，2023：前言.

本书作者是副研究员，担任南京大学城市科学院院长助理、江苏省扬子江创新型城市研究院理事长、南京市文旅融合创新研究博士工作站负责人，是教育部 MTA（旅游管理专业学位研究生）水平评估行业专家、全国旅游民宿等级评定和复核专家，多年来获得了很多荣誉，如江苏省第六期“333 高层次人才培养工程”第三层次培养对象、江苏省产业教授（研究生导师类）、南京市宣传文化系统“五个一批”人才、南京市中青年拔尖人才等，还要特别提出的是，作者还是一个规划设计咨询团队的创始人和带头人。

和我的许多优秀学生一样，作者是一个既充满激情又能踏踏实实做研究和做实事的青年人。她是 2005 年开始在南京大学读的本科，后来硕博连读，毕业后，本以为她会寻求留在高校或科研院所工作，因为在硕士和博士学习期间，发表过多篇学术论文，我也知道有关高校和社会科学研究机构已经答应录用她去工作，但她最终还是选择了自己的生活方式与工作方式——多面人生的追求与创造：一面从事理论与学术研究；一面在高校兼职担任硕士指导老师；一面又从事做城乡规划、文旅规划、区域经济规划和产业发展规划等，同时还选择了一个丰富多彩的创新、创业的奋斗人生。经过多年的努力，已经率领自己创建的规划设计团队在南京、在江苏、在全国很多省市地方留下规划设计成果，如她自己所说：追求把优秀的作品写在祖国大地上。

在南京大学学习期间，作者受到了很好的社会学、城市社会学、城市文化学、城市经济学、社会学调查方法和城市规划学（作者专门到南京大学城市规划系进修听课）等方面的教育和训练，加上自己的努力，表现出一种敢于探索的精神。从本科四年级起开始参与学校和导师的多种多样的科研项目，特别是在攻读博士学位期间，作者跟随导师参加了教育部重大攻关课题、国家级哲学社会科学重大课题、省级重大课题、市县的发展战略研究课题以及众多横向学术课题和企业委托课题。值得重点提出的是，在参与国家和省市重大课题时，作者已经能够独立完成重要篇章和独立发表相关学术文章，并将之贯彻到之后的学习、工作和创业发展的过程中。15 年来，作者参与“我国东部发达地区率先基本实现现代化的理论与实践研究（项目编号 11&ZD001）”“特色文化城市研究(项目编号:12&ZD029)”等国家课题5项，主持并参与“文旅消费监测及指标创新研究”“促进文化旅游深度融合 推动旅游业高质量发展”“长江国家文化公园江苏段打造世界级文化和旅游目的地研究”等省市课题20余项，出版《落脚乡村与民宿经济——莫干山特色文化重构》等4本著作，在《社会》《南京社会科学》《城市问题》《江苏社会科学》等期刊发表20余篇学术论文，并且获得江苏省政府哲学社会科学一等奖（合作）和三等奖（独作）、“中国余天休社会学优秀博士论文奖”提名奖、江苏省旅游规划一等奖、江苏省旅游优秀著作奖一等奖等荣誉。

作者是苏州人，自带苏州人的典型温雅且自信的气质，也经常自诩是受惠于苏州这座城市给的“文化胎教”，大多数苏州人都笃信“腹有诗书气自华”的人生态度。在我教学生涯的40多年里，我的门下获得博士学位的有70多人，获得硕士学位的有100多人。上课时，我经常反复地讲芝加哥城市社会学学派的案例，反复地告诉我的硕士和博士生，我会像芝加哥城市社会学派创始人帕克那样，做调查研究，要带领学生走遍所在城市的角角落落，而事实上，我和我的学生们已经尽力像芝加哥城市社会学派那样，一起走遍了南京城市的角角落落，并追求我和我的学生们一起创造“南京城市社会学派”、创造“金陵派文化”……。我要可以肯定地说，我的硕士生和博士生特别是那些跟我硕博连读的学生们，他（她）们跟随我走遍了南京的山山水水、大街小巷，甚至有些社区的家家户户……，在南京：幕府山、聚宝山、栖霞山、青龙山、无想山、游子山、外秦淮河、中山陵、莫愁湖、熙南里、创意东八区、阅江楼片区、玄武湖、鼓楼区的36个社区、江宁区所有的街道、高淳区椏溪国际慢城等等都有作者参与或主持规划调研的足迹，这个足迹逐渐在扩大，后来，走出南京，走向江苏省13个地级市，走向全国。在湖北蕲春、浙江奉化、河南老君山、吉林长白山、辽宁城子山、河北唐山市、北京怀柔等都有作者主持的并带团队完成的项目。

或许是在南京读书的原因，作者对南京有着特别的偏爱，因为从本科、硕士到博士，作者都是在南京大学度过的，青春年华的最好时光就是学生时代。作者认为，南京和苏州有相似的一面：古老、诗意并有经典的城市街巷旧事；当然也有不同的一面：不同的时空、不同的世事、不同的诗话、不同的人和不同的“城南旧事”……，特别是那六朝文化所体现的经典的奢华历史所创造的文化底蕴，给未来的南京能够伟大创造了深厚的文化土壤……。作者在和我谈论书稿的形成过程时还说过：“在南京，我和许多在南京求学的青年学子一样，成为南京故事的演绎者，既是看客，也是舞者，更是主人，并把自己的荣耀与南京城市的荣耀联系起来。”

2012 年底，作者在读书的阶段，就创建了一个规划设计咨询团队。之后，作者带领团队中的硕士、博士和有高级职称的规划师、策划师们，在做学术研究项目的同时，有很多策划、规划和设计项目得到实施和落地。作者带领团队研究起草《江苏省关于贯彻落实国家文化数字化战略的实施意见》《江苏省乡村旅游民宿集聚区建设指南（试行）》《江苏省旅游风情小镇评价办法》《江苏省文化产业示范基地评价标准（试行）》等多项省市文件和标准，服务国家对外文化贸易基地、国家全域旅游示范区、国家级文化产业和旅游产业融合发展示范区、国家级文化产业示范园区、文化产业赋能乡村振兴国家试点、国家甲级旅游民宿等多项国家级品牌创建，主持参与《吉林省城市更新研究》《吉林省肉牛 / 梅花鹿全产业链算力设计和品牌策划》《苏州市“十四五”文化和旅游融合发展规划》《盐城市城市文旅高质量发展总体研究》《南通市城市旅游形象与旅游文化资本发展研究》《泰州市打造城市硬核、塑造都市功能对策研究》《南京市玄武湖—紫金山区域历史文脉梳理研究》《洛阳市栾川县老君山入口处总体策划和首开区方案设计》《浙江奉化雪窦山总体策划与概念设计》《南京秦淮区文商旅融合战略研究》《南京江宁区全域旅游发展模式建构》《南京建邺区文化旅游发展总体规划》《溧阳市天目湖国家级旅游度假区战略规划》《盐城建湖淮剧小镇总体策划与顾问指导》

等城乡规划、文旅融合、乡村振兴、景区建设各类研究课题和项目 300 余项，这些项目有很多已经成为经典案例，有的受到省市的表彰。

我之所以介绍作者的相关成果和学术研究经历，旨在说明，作者对城乡规划、文旅融合规划、城市发展战略规划、产业规划及相关的学术研究是有很好的理论素养和实践基础的。

本系列成果是作者从 2022 年担任“南京市文旅融合创新研究博士站”负责人期间主持完成的，并转化为学术研究和应用研究成果。这一系列研究成果最显著的特点是：一是系列成果是作者在以往主持的众多规划设计项目研究实践的基础上完成的；二是系列成果既注重理论与政策研究的同时，也注重理论与实践结合、策划与规划结合、方略与方案结合、战略与战术结合，具有现实的应用性。三是系列成果所提供的实践案例，有很大一部分是作者主持或者参与规划设计的项目和研究课题，这些研究方法和内容是对成果作为“原创作品”的一种塑造，也是对这一系列成果理论实践与应用价值的一种注脚。

为了写好这些系列成果的序言，我特意和作者进行了一次交流。作者说：“在南京 3000 多年的历史年轮中，南京曾经有过辉煌，六朝古都，十朝都会，又是世界文学之都……，是一座犹如母亲般一样伟大的城市。如何让南京重新伟大起来，应该是我们这一代青年博士群体研究者的一个责任，就如我们希望祖国更伟大一样，我们也希望通过努力研究创新，助推并让南京重新伟大起来。”

从整体上看，作者系列成果的研究逻辑、框架结构和内容重点等是经过精心设计和安排的，理论与方法和解决问题的方案能够自洽耦合，其很多鲜明的、独创的观点散落在字里行间。相关案例总结也是在确定某种经济、文化和社会属性之后，从一定的侧面并有针对性地进行总结剖析，给人以重要启迪，其成果能够用于地方政府和相关的景区学习与参考，特别是在理论与实践结合的创新方案的研究上，提供了一个全新的可以给予启迪的思考方式。

从总体上看，本系列成果在文旅融合创新发展研究上至少可以归纳为五个特点：

一是鲜明的文旅融合理论建构性特点。提出了文化和旅游融合的范畴、理论概念和演化过程，对“文旅融合模式和差异共生提出了研究性挑战”，并进行了学术性与实践要求性的分析，特别是从城乡文化价值、“城市文化资本”再生产和市场需求的视角，提出相关研究范围的概念厘定与研究回顾，包括文旅融合的内涵、外延与文旅融合目的地城市的价值选择和协同机制，而其独立的观点是强调文化旅游的本质性、链接性，具有某种意义上的“文化同质性”特点。

二是鲜明的学术研究创新性特点。在某些方面有填补空白之功，从国内外相关资料的收集分析研究，到国内外的相关研究成果再分析和总结，都强调了当代“文旅新物种与创作者生态”文旅融合的核心价值与意义，强调文旅融合的思维方式创新要与城市功能的创新相结合。在旅游“吸引物”的时代拓展上，特别是研究的中国国家框架下的地方文化模式上，有某种典型的学理性的内涵和价值的研究创新，在某些方面，再现社会学、城市学和人类学深描（Thick Description）解读城市空间文化符号象征性隐喻；用空间句法（Space Syntax）分析老城区街巷结构与文化消费热力的关联，并赋予新时代生命力。

三是鲜明的社会实践与操作性结合的应用价值性特点。强调了文旅融合产业就是“幸福产业”的本质理念，“文旅融合是系统观也是世界观”“文旅融合是产业链也是价值链”等概念，有很多独立的义知视角和新的解释模式。提出了文化旅游融合产业的“价值链范式”，即文旅融合产业的特质有四：一是产业链长，二是就业面宽，三是就业门槛低，四是产业结构表现为全产业的“产业网链结构”，也是民生型的支柱产业。

四是鲜明的问题导向与解决方案的超前性特点。即不仅仅是在研究文化旅游融合的理论，也不是单纯进行相关的学术研究，更不是空洞的相关概念陈列，而是能够从典型的和一般的文化旅游融合的案例中，总结、提炼出内在的价值、创新的方式和增值的本源，作品能够给读者提供系统的创新解决方案，并能够通过深入阅读，获得文旅融合的全案全程的范本。

五是鲜明的学科综合性和多学科方法论整合性特点。本书通过作者已学的学科知识和个体实践经验，包括团队的经验总合，集城市社会学、社会学、城乡规划学、区域经济学、产业经济学、文化学和她本人掌握的“城市文化资本”再生产理论，运用大数据分析的方法、田野调查方法，再现了有理论总结、有学术思想的理论与实践结合的成果。

通过比较分析也不难看出，这一系列成果不仅具有内在的逻辑关系，还可以从中总结出对当下和未来文化旅游产业的新概念、新思考、新业态、新场景、新的国际化的创新视角，可以建筑对文旅融合创新发展的普适性应用价值。

第一，构建了“城市叙事—文旅场景—幸福产业”的三维分析模式及文旅融合研究的交叉地带与理论空白。提出“文旅融合建设在某种意义上的一种城乡社会治理”的命题，揭示了文化旅游资源空间配置对市民生活的影响，如城市商圈、城市公园、大学校园、产业园区、博物馆等的发展对在其周边生活的群体文化赋能虽然表现不同，但是其文化价值越来越显性。所以构建城乡空间“文化资本城乡平衡建构—城乡空间业态某种均好性布局—充分就业和充分创业的美好生活”等等，是一种具有因果关系的“网链模型”，能够创造超越传统经济的功能与价值。

第二，主题和核心命题表现了某种系统集成性和差序格局性。经典作家恩格斯说过：研究范畴本身包含一个整体的“概念的类”，完善“概念的类”的系统性，会使研究范畴更具逻辑性，而文化和旅游融合的学术研究本身是具有建构性的，是以往学科所不研究的，所以很多新概念、新业态和新经济模式都必须与当代网络社会相适应。本成果的“概念的类”的表达都具有综合学科的原创性，包括文旅融合、城市叙事、场景构建、场景理论（Scenes

Theory）、文旅想象力、产业网链、城乡等值化及全球化乡村等等。

第三，在创立独有性和“在地性”之外，更具有全球的视野。网络社会时代特点就是城乡文旅融合规划，无论空间大小，都必须以创造特色和唯一性取胜，任何一个旅游空间都有可能成为世界新的增长点和旅游目的地。如成果中的相关案例的分析，不是一般性的介绍和说明，而是通过比较性的分析和研究，找出其成长、成功的特定原因，特别是地方性原因，如案例的历史文化积淀、地方文化资源的分类、唯一性文化要素的文化资本价值、垄断性城市文化资本转化的可能性、地方性资源向国际化转型的方向和目标等。作者亲自参与的南京高淳桠溪国际慢城的规划与研究，其项目本身的核心价值就是“充分就业和两年富民倍增”。

其四， 学术与理论、时事与政策、方法与应用的综合价值表达，对地方性的发展有典型的直接应用性。除了案例研究、田野调查研究之外，更重要的是跨学科的研究方法，在理论上应该能够知晓世界最前沿的研究成果，在现实中，能够知晓全国及世界范围发展最快的、最典型和最成熟的经验与案例，并应用大数据的方法、算力模型、数字模型和智能系统方法的整合性应用分析，根据不同地区的项目的特殊情况，提出可学习的、可应用的，能够为自己所用的要素、方法和方案。在系列成果中，我们从中也看到现实的很多挑战，比如，如何解决历史保护与商业开发矛盾、如何解决空间再生产创新中的就业与生产问题、如何解决一种规划项目的可持续发展问题、如何解决文旅融合产业快速发展与人才稀缺的矛盾等，本系列成果虽然未能提出全部解决方案，但至少从成果的一些案例中，可以获得多种解决方法。

第五，重构了“城市叙事的文旅哲学”。从系列成果中，可以看到，文旅融合产业应该力求体现学术深度与人文温度，体现民本经济，终极目的是创造充分就业和充分创业的社会文化土壤。文旅融合既是现代人新的生活方式的一部分，也是现代人生活质量和文化价值追求的结构化构成。直接叩问时代的文旅命题，突破现实生活和社会发展的语境：在全球城市网络社会化的浪潮下，文旅融合产业从“产业加法”上升为“城市经济、社会与文化的再生产战略”，可赋能经济、社会、生态的全面发展，而成为国家和区域社会的支柱产业。

第六，范式转型。文化和旅游融合研究一种发展范式，从传统的、一般意义上的描述性研究，已经必须转型、转译为有某种深度和适应网络社会的新产业研究。数字产业、智能产业、机器人产业、AI、AR 、虚拟空间和人型机器的应用等，都与文旅融合产业发展息息相关。文旅融合发展已经成为某种意义上的“科技 + 文化 + 旅游”的特殊科技型产业形态，现实的文化旅游融合市场表现为从“景点观光”到“场景沉浸”，从“现实场景”到“虚拟场景”的不断演化之中，从“游客经济”到“主客共享的美好生活共同体”经济……，显然，必然成为未来经济文化发展产业的重要组成部分。

第七，“文旅融合想象力创新”。文旅融合产业需要通过充分想象力来创新发展，在某种意义上也属于创意产业范畴，在日新月异的文旅融合产业发展面前，作者的系列成果和相关项目让我们看到了文化和旅游融合及相关产业更新的美好前景。能够在文旅融合“想象力基础上创新”是一种发展的理性思维，要强调用文旅融合创新来激发市民与游客共创叙事的前景和场景，使文旅融合产业的发展形成一种共识——是“美好生活度量衡”，将文旅发展成效评估从经济指标转向“居民文化获得感”“‘城市文化资本’等值化”和“游客意义体验深度”等维度，未来，文旅融合产业应该成为文化与科技融合型产业，并结晶为“富民福民”产业。

集而言之，通过作者系列成果的阅读和分析，也看到作者和她的团队的学术勇气和追求，从某种意义上说 ，这一成果可以视为当下文化旅游发展一种“文化解剖和反思”，直面文旅融合中的观念冲突与利益博弈，展现青年学者的理论锐度和勇气。现实已经证明，中国的很多城市和乡村都想在文化旅游界出圈，创新发展，或许我们应该呼吁：当城市文化和旅游竞争进入“叙事战争”时代，文旅融合不再是简单的“讲故事”，而是关乎文明存续方式的深层变革，是在创造城市文化集体记忆的再编码，进而创造城市发展的永恒“文化动力因”。

“一座城市的伟大，不在于它拥有多少历史，而在于它如何让历史活在普通人的日常生活里，构成一个城市、一个国家甚至世界的集体记忆。同时，一座伟大的城市更在于城市本身具有对人的创新力和培养力，城市是社会进化的创新场域。”本书在某种意义上是当下中国文旅融合发展的棱镜，既折射出很多城市文旅融合的光芒，也能看到发展不同水平的城市角落的短板。这一系列研究成果试图回答的终极问题是：文旅融合能否成为修复现代性断裂的精神纽带？答案或许藏在每座城市下一个街角的烟火中，等待被建构和重新叙事。

“叙事的力量”是久远的，也会深深留在城市的记忆中，留存在城市人的集体记忆中，而很多城市记忆能够成为“城市文化资本”的力量，进而重塑城市灵魂的文旅实践，这就是文化自信与文化自觉，从历史褶皱中点亮未来：一座城的文化将会从文化自觉到文化自为，进而创造世界意义上的文化身份识别符号。“城市虽然是一些社会问题的集合体，但是更是人类文化和窗口和城市故事的生成器。就南京而言：当南京的每块城砖、每段桨声都被赋予‘可讲述的文化生命’时，当南京的文化符号都可能被转化为‘城市文化资本’时，文旅融合便不再是产业的简单选项，而成为一座城市对自身文明基因的深情凝视与创造性转化。”

一个青年学者主张一方面“用生命赞美城市”——这是作者团队的文化精神理念；另一方面也主张“用脚丈量城市和乡村”，并以追求创造每一座城市、每一个城镇和每一个乡村的美好未来为己任——这些是难能可贵的，也是老师应该向学生学习的一面。

祝作者和她的团队，能够继续用脚丈量祖国大地，用心为城市与乡村社会规划美好生活。

我在写这篇《序》的时候，作者在病房里改书稿……

我多愿意在这里说：向那些勇于追求理想的青年学子致敬！

世界是属于青年人的，特别是属于那些不断追求的青年人！

张鸿雁

2025 年 4 月 26 日于慎独斋

目 录

第一章 文旅融合对于城市的价值和意义

美国城市建筑学家刘易斯·芒福德说过，城市是文化的容器[①]。没有文化，城市就失去了它的精神维系。每一座城市都是一段值得尊重的历史，城市文旅融合的前提之一是对城市文化有深刻的认知，需要有情怀地抓取地区的文化基因，有逻辑地求证地区的文化根柢，有远见地构建地区的文化身份，让这座城市有底气在历史的长河中与未来对话，与世界对话。

一、概念厘定与研究回顾：文旅融合的内涵、外延与范畴

从历时性维度考察，文化旅游实践可溯源至古罗马时期的朝圣旅行（pilgrimage）与古迹探访活动，其本质构成旅游行为的文化基质（cultural substratum）。几乎同期的孔子周游列国、张骞出使西域，以及后世中国海陆丝绸之路、浙江唐诗之路，还有谢灵运、王羲之、郦道元走山遍水写游记等等，这些都是典型的文化旅游行为。MacCannell（1976）的旅游凝视理论揭示，宗教仪式参与、遗产空间体验及节庆文化互动等行为，实质构成了前现代时期的文化旅游雏形[②]。Urry（1990）的游客体验研究进一步指出，此类

① 刘易斯·芒福德. 城市文化［M］. 宋俊岭，李翔宁，周鸣浩，译. 北京：中国建筑工业出版社，2009：87.

② MACCANNELL D. The Tourist：A New Theory of the Leisure Class［M］. New York：Schocken Books，1976：42.

活动通过文化符号的消费与再生产，持续塑造着旅游场域中的跨文化互动机制[①]。当代语境下的文化旅游，在延续历史传统的同时，更凸显出文化主体间的对话性特征——旅游者在文化资本积累过程中[②]，与目的地社区形成动态的意义协商空间，这种双向文化传播模式突破了传统的“主—客”二元对立范式[③]，实现了文化符号系统的创造性转化。荷兰蒂尔堡大学理查兹（Richards）教授研究发现[④]，在第一次世界大战之后，文化旅游便开始作为一种社会现象被人们注意，并成为学术研究的一个主题。关于文化和旅游之间关系的讨论由来已久，国内外的概念范畴不尽相同：世界旅游组织（UNWTO）惯常强调的是“文化和旅游协同（Synergy）”，是指公司、企业、社区和政府的多方合作及共同发展，结成战略合作伙伴关系；中国使用的概念主要是“文旅融合（Fusion）”，坚持以文塑旅、以旅彰文，推动文化和旅游深度融合发展。这体现出至少两个方面的差异：一是主体逻辑差异，国际上是多主体协商逻辑，而国内侧重在一个主体的层面上实现文化和旅游的共同表达；二是关系逻辑差异，相较于国际上将文化和旅游视为合作共赢的“共生关系（Symbiotic Relationship）”[⑤]，国内更倾向于用更深层次链接性和关联性的“融合关系（Integrated Relationship）”[⑥]来表述。

---

① URRY J. The Tourist Gaze：Leisure and Travel in Contemporary Societies［M］. London：Sage，1990：3.

② BOURDIEU P. Distinction：A Social Critique of the Judgement of Taste［M］. trans. Richard Nice. Cambridge，MA：Harvard University Press，1984:53.

③ COHEN E. Authenticity and Commoditization in Tourism［J］. Annals of Tourism Research 15，no. 3. 1988：372.

④ GREG R. Cultural tourism：A review of recent research and trends［J］. Journal of Hospitality and Tourism Management，2018（36）:12–21.

⑤ 不同个体或组织通过资源互补、分工协作实现互利共存，但保持各自的独立性与功能边界，强调动态平衡和有限整合。

⑥ 不同要素通过系统性重构形成新业态，原有行业边界被打破，生成不可分割的复合体，强调基因重组和制度创新。

1. 国际文旅协同的基本认知和实践进展

“文化”是一个包罗万象的术语，是以多样化的形式存在的，关于“文化”定义世界上出现的大约有三百种。据资料记载，文化人类学创始人泰勒是第一个对文化进行定义的学者，他认为文化是“一个复杂的整体，包括知识、信仰、艺术、道德法则、习俗以及人类作为社会成员而获得的任何其他能力和习惯[①]”，其定义到现在仍被广泛使用。尽管在日常话语中，“文化”通常被理解为更狭隘的概念，但人们对“文化”的看法在随着时间而改变。1970 年“文化”概念范围仅限于“高雅文化”的内容（文学、艺术、音乐等）；1980 年荷兰蒂尔堡大学教授理查兹提出新理解“它涉及有形的人工制品和无形的成分（行为、习俗等）”[②]，包括流行或日常文化。英国诺丁汉特伦特大学教授汤姆林森建议关注这个术语的使用方式，感知文化的两种可能方式被视为过程（基于过程）或产品（基于产品）[③]：将文化视为一个过程的观点源自人类学和社会学，“它们主要将文化视为嵌入特定社会群体的行为准则”；而作为产品的文化，则是“具有特定意义的个人或团体活动”的产物[④]。这两种说法一般不会发生重叠，但在旅游业中却呈现一定程度的重合：过程的文化通过旅游（以及其他社会机制）转化为成为产品的文化——文化是游客到此的目的，而游客在此过程中也创造了文化。近年来，由于全球旅游业取得了巨大的发展，许多研究者开始从不同的角度来定义旅游，大致上可以分为统计（技术或操作）定义和概念定义：前者将旅游业视为一个经济

---

① TYLOR E B. Primitive culture：Researches into the development of mythology，philosophy，religion，language，art and custom［M］. London：England Murray，2009.

② RICHARDS G. Cultural tourism in Europe［M］. Wallingford：England CABI，1996：229.

③ TOMLINSON J. Cultural imperialism：A critical introduction［M］. London：England Pinter，1991.

④ RICHARDS G. Cultural tourism in Europe［M］. Wallingford：England CABI，1996：229.

部门，以此评估和衡量旅游业的价值[①]；后者或将旅游业视为影响现实社会许多其他方面的更广泛的活动，并涉及旅游的核心含义。1993 年世界旅游组织（UNWTO）将旅游定义为人们在旅行期间出于休闲、商务或其他目的而在其通常居住地以外的地方连续停留不超过一年的活动[②]，卢布尔雅那大学教授米哈利克（Mihalic）和普拉妮娜（Planina）提出“将旅游视为一种整体关系和现象，这些关系和现象是为了满足某些需求而在较短时间内前往一个原本并不了解的地方和社区”[③]，旅游业被视为一种更广泛的现象。

伴随着人们对文化、旅游和文化旅游的理解不断深入，分别阐述和讨论“文化”和“旅游”的路径依赖已经不被满足，界定“文化旅游”的概念和范畴成为一项紧迫任务。1985 年，世界旅游组织（UNWTO）指出“文化游客旅行是为了考察、表演艺术、参加节日和其他活动、参观景点和纪念碑、研究自然、民俗或艺术以及朝圣”[④]。1986 年美国旅游学家麦金托什（McIntosh）和科罗拉多大学荣誉教授戈尔德纳（Goeldner）定义文化旅游包括“所有作为旅行的可能性，通过旅行者了解其他地方的历史和文化遗产，或了解他人当下的生活方式或思想”[⑤]。2002 年香港理工大学教授麦克切尔（McKercher）和加拿大新不伦瑞克大学名誉研究员迪克罗（Du Cros）在文章中回顾了以往学术论文中文化旅游的定义，提到“文化和旅游的定义是分开的，并不能简

---

① VANHOVE N. The Economics of tourism destinations [M]. London：England Elsevier，2010.

② UNWTO. Recommendations on tourism statistics [R]. Madrid，Spain：World Travel Organization，1993.

③ PLANINA J，MIHALIC T. Ekonomika turizma [M]. Ljubljana：Ekonomska fakulteta，2002.

④ UNWTO. The state's role in protecting and promoting culture as a factor in tourism development and the proper use and exploitation of the national cultural heritage of sites and monuments for tourists [R]. Madrid，Spain：World Travel Organization，1985.

⑤ MCINTOSH R W，GOELDNER R. Tourism：Principles，practices and philosophies [M]. New York：Wiley，1986.

单地将两者结合来定义文化旅游，这应当是一个复杂的概念，在这个概念中，文化和旅游是相互作用和交融的”[①]。德克萨斯 A&M 大学教授贾马尔（Jamal）和英国伯明翰大学教授鲁滨逊（Robinson）在书中提及“所有的旅游都是一种文化体验”[②]，英国著名社会学家厄里（Urry）进一步指出“旅游就是文化”[③]，他将“旅游”作为“文化”的一个元素，模糊了对文化旅游的理解，阻碍了对其具体特征和范畴的描述[④]。2011 年世界旅游组织（UNWTO）进一步提出“文化和旅游是一种共生关系。当游客对它们表现出浓厚的兴趣时，被年轻一代遗忘的手工艺、舞蹈、仪式和传说等文化可能会重新焕发新生机，旅游赚取的资金可以被用来保护古迹和文物。”[⑤]“文化旅游是代表过去和现在的人们的生活经历和生活方式的所有方面，并隐含地延续到未来……归根结底，它们是赋予一个国家、地区人民一种认同感、社区感、归属感和自豪感的方面”[⑥]“广义上，人类的所有活动都能包含在这个定义之中，因为这些活动满足了人类多样化的需求，能够提升个体的文化水平，获取新的知识和经验。狭义上，则仅限于出于文化动机的人类的旅游活动，比如游学、参加节庆活动、参观遗址和古迹等”[⑦]。

近年来，全球范围内的文旅协同逐渐呈现出不同制度语境下的特征路径。

---

① MCKERCHER B，DU CROS H. Cultural tourism：The partnership between tourism and cultural heritage management [M]. London：Routledge，2002.

② JAMAL T，ROBINSON M. The SAGE Handbook of Tourism Studies [M]. London：SAGE Publications Ltd，2009.

③ URRY J. The Tourist Gaze：Leisure and Travel in Contemporary Societies [M]. London：Sage，1990.

④ Rohrscheidt A W V. Cultural tourism：Concerning the definition [J]. Turystyca Kulurowa，2008：46–62.

⑤ World Tourism Organization. Cultural Heritage and Tourism Development [R]. Madrid：UNWTO，2001.

⑥ RICHARDS G. UNWTO Report on Tourism and Culture Synergies [M]. 2018.

⑦ RICHARDS G. UNWTO Report on Tourism and Culture Synergies [M]. 2018.

文化资本驱动的欧洲经验，以法国“遗产活化战略”和意大利“全域博物馆”体系为典型。2020 年启用的卢浮宫数字孪生系统，将《蒙娜丽莎》等 2000 件藏品进行 4D 建模[①]，数字孪生技术让美术馆藏品“活起来”，卢浮宫虚拟展厅访问量突破 1.2 亿次，衍生品收入反超门票；意大利依托第 42 号《文化遗产法典》，积极推动文化遗产与旅游的融合发展，构建了覆盖全国的文化廊道与数字线路网络，根据意大利国家统计局（ISTAT）数据分析，文化旅游呈持续增长趋势，游客停留时间延长，参与深度提升，反映出政策引导下文化消费行为的积极变化[②]。创意经济融合的北美范式，以美国百老汇戏剧区“金三角”商业模式和加拿大班夫国家公园“生态艺术驻留计划”为典型。近十年来，关于百老汇戏剧区经济结构的研究表明，该区域已发展成为一个涵盖“演出 + 衍生品 + 教育 + 版权”的复合型文化产业生态系统，其中票房虽然仍为重要收入来源，但其比重持续下降，演出机构通过扩展衍生品销售和开发教育项目以实现收益多元化[③]，与此同时版权和演出权收入成为创作者稳定的经济来源，新一代百老汇作品越来越多采用“版权 + 股权”的复合结构来获取长期回报[④]；加拿大班夫国家公园通过艺术家驻留创作、作品就地转化、游客参与共创的三级生产机制，形成了以“在场性”为核心的沉浸式文化体验模式。这一机制有效推动了艺术与旅游的深度融合，增强了文化表达的独特

---

① HUTSON J，WEBER J，RUSSO A. Digital twins and cultural heritage preservation：a case study of best practices and reproducibility in Chiesa dei SS Apostoli e Biagio［J］. Art and Design Review，2023：11.

② PETREI F，CAVALLO L，SANTORO M T. Cultural tourism：an integrated analysis based on official data［J］. Quality & Quantity，2020（54）：1261–1279.

③ BLAUG M. The economics of the arts［M］. Berlin：Springer publishing company，2019.

④ WHITAKER A，GRANNEMANN H. Artists' royalties and performers' equity：A ground-up approach to social impact investment in creative fields［J］. Cultural Management：Science and Education，2019，3（2）：33–52.

性与地方性，成为破解文旅产品同质化难题的重要路径[①]。体验经济升级的亚洲探索，以日本"动漫圣地巡礼"和新加坡"智慧文旅 2030"计划为典型。日本政府自 2016 年起将动漫旅游纳入《观光立国推进基本计划》，2021 年发布的《动漫圣地认证基准》[②]需满足取景地真实性、设施配套度、社区参与度等 6 类指标，截至 2023 年日本动画旅游协会已认证 286 处"动漫圣地"，覆盖 47 个都道府县[③]，其中鸟取县"柯南小镇"通过 20 处主题设施建设，新增讲解员、技术维护、文创销售等岗位，对小型城镇就业呈现出显著拉动作用[④]；新加坡"智慧文旅 2030"计划作为该国智慧城市战略的一部分，强调为未来游客设计可持续体验需深度融合城市数字基础设施与文化场景，智慧旅游技术（如 IoT 设备、移动交互平台）大幅提升游客心理感受和行为互动，使得文旅空间同时具备居民功能与游客服务功能[⑤]，促进本地文化场景与旅游功能的双重融合。

2. 国内文旅融合的研究热点和重点方向

中国学术界关于文化和旅游关系的论述最早可上溯到 20 世纪 80 年代初，著名学者于光远在《关于文化与旅游事业的对话》一文中对文化和旅游之间的关系是这样评价的："旅游是经济性很强的文化事业，又是文化性很强的

---

① REICHWEIN P A，WALL K. Uplift：Visual Culture at the Banff School of Fine Arts［M］. Vancouver：The University of British Columbia Press，2020.

② 日本经济产业省. 动漫圣地认证基准实施纲要［R］. 经产告示第312号，2021.

③ 日本动画旅游协会. 2023年动漫旅游白皮书［R］. 东京：ATA Press，2023：8–9. 参见：苗瑜函，陈英杰，袁伊迪. 动漫圣地巡礼旅游者的需求研究［J］. 产业创新研究，2021（21）：62–64.

④ 鳥取県北栄町.「コナンタウン」地域活性化事業評価書［R］. 鳥取：北栄町役場，2023：7.

⑤ GRETZEL U，KOO C. Smart tourism cities：a duality of place where technology supports the convergence of touristic and residential experiences［J］. Asia Pacific Journal of Tourism Research，2021，26（4）：383–398.

经济事业”[①]，旅游具有经济和文化的双重属性。1999—2008 年是国内关于文旅产业融合研究的思想启蒙期，该时期相关研究多为地域性个案或某具体产业案例，理论性相对薄弱。此间学者已意识到文化产业和旅游产业二者具有某种联系，采用关键词“整合”“结合”“互动”“一体化”等形容，“融合”二字并未明确提出。2009 年国家颁布《国务院关于加快旅游业发展的意见》[②]和《关于促进文化与旅游结合发展的指导意见》[③]，相继提出“文化是旅游的灵魂，旅游是文化的重要载体”“大力推进文化产业与旅游产业融合发展”“把文化内涵贯穿到旅游各环节全过程”等观点，标志着国家从政策层面开始高度重视两个产业的融合发展。此后学界逐渐采用了“文化产业与旅游产业融合”的统一说法，文旅产业融合也成为学者们的研究热点。2018 年文化部和国家旅游局机制改革以来，文旅融合的相关研究呈井喷式发展，文化和旅游之间的联系被明确为一种特定的消费形式——文化旅游。中国旅游业进入了文旅融合的新时代，创意驱动逐渐取代资源导向，文旅产品和项目更加强调内容输出和持续运营，文旅产业的蝶变可以给消费者带来新、奇、特的文化体验，创造出具有眼球经济效应或者注意力经济效应的文化景观，满足旅游消费需求的互动性、体验性、参与性、休闲性。

在知网文献检索系统中以“文旅融合创新”为主题词进行精准检索，结果显示共有 121 篇相关文章（检索时间为 2018 年 5 月 1 日—2023 年 4 月 30 日），从 2018 年开始文献发表数量近乎呈直线上升趋势，多是以景区、文旅景点或文旅观光路线为研究对象进行的文旅融合发展探索，意图将地域文化融入旅游业的全过程中，以文彰旅，以旅促文。也不乏关于科技引领文旅深度融合

---

① 于光远. 旅游与文化［J］. 瞭望周刊，1986，6（14）：35-36.

② 国务院关于加快发展旅游业的意见［R］. 中华人民共和国国务院公报，2009（34）：6-10.

③ 文化部和国家旅游局. 关于促进文化与旅游结合发展的指导意见［R］. 2009-09-08.

的研究，如马彬斌等人发表的《数字文旅视角下特色步行街业态融合创新路径——以成都宽窄巷子为例》[①]，以及西华大学和成都文化旅游发展集团有限责任公司联合出版的《基于智慧文创的公园城市建设文旅融合创新路径》[②]等一系列文章。此外，关于会演、节庆活动与文旅产业融合的研究如雨后春笋般涌现，茶旅、农旅、药旅联动也是热度不断上升的研究主题。根据中国社会科学网公示的立项和结项名单，仅2019年至2022年关于文旅融合研究的国家社科基金年度项目、青年项目和西部项目就有50项，其中以丝绸之路、茶马古道、京杭运河等传统旅游路线为对象进行文旅融合圈、文旅国际化、文旅资源活化以及文化遗产保护与开发的研究项目有7项，占比近七分之一，例如西北大学关于"新丝绸之路视域下西部生态文化保护与旅游发展互动机制研究"项目，重点探讨旅游业发展与地域文化保护之间的交互关系。随着新兴技术不断发展，以科技赋能文旅融合不再仅仅是一个"标题"，辽宁社会科学院申报的"5G技术驱动文化旅游深度融合与转型升级路径研究"项目于2020年获批，标志着文旅融合发展的新风口，文旅产业将乘着数字科技的东风，完成更深层次的融合。文化与旅游融合发展一直备受关注，从初始的文化与旅游的关系论述，到衍生出文化遗产与旅游融合、影视旅游、文化创意旅游等子领域，形成了多个研究热点和分支。总体来看，文化与旅游融合研究呈现出以下特点：一是文旅融合研究具有突出的时代烙印和中国特色，东西方不同语境下的理论研究和实证研究都存在显著差异，具有鲜明的本土化特征；二是文旅融合研究的学理性逐渐强化，近期国内文旅融合研究成为热门话题，与行政体制调整和文旅融合新业态持续涌现紧密相关；三是文旅融合研究议题趋于多元化，现有研究呈现出从有形文化转向无形文化，从传

① 马彬斌，李真真，黄萍，等.数字文旅视角下特色步行街业态融合创新路径——以成都宽窄巷子为例[J].现代商业，2021（30）：9-11.

② 袁怀宇，周睿，杨子莹，等.基于智慧文创的公园城市建设文旅融合创新路径[J].中国包装，2021，41（03）：49-51.

统文化转向大众文化、创意文化关注的研究趋势；四是文旅融合研究在方法论层面呈现出显著的实证导向，其研究范式持续吸纳经济学、社会学及地理学等学科的理论精髓与分析工具，逐步形成了兼具多元学科视野和广泛研究维度的学术特征。

随着社会结构、产业结构和消费趋势的转变，文化和旅游的融合更加紧密，时代和社会的整体发展使得文旅融合的发展前景更加广阔，人们对文旅融合的关注度也越来越高。综上所述，大致可以将文旅融合的定义分为四类：文旅融合衍生类、文旅融合动机类、文旅融合体验类和文旅融合操作类。文旅融合衍生类定义将文化旅游的概念置于旅游和旅游管理理论的框架内，他们首先将文化旅游视为特殊兴趣旅游，其中文化是旅游吸引力或旅游动机的基础，或涉及人、地方和文化之间的相互关系；文旅融合动机类定义认为动机是定义文化旅游的关键因素，他们指出文化游客的旅行动机与其他游客不同；文旅融合体验类定义认为文化旅游是一种体验活动，涉及体验或接触独特的社会结构、遗产和地方的特殊性；文旅融合操作类定义尝试定义场所、服务、活动等等，人们参观这些文化场所或景点则称为文化旅游。尽管如此，还是很难明确界定哪些活动被认为是文旅融合[①]。所有的概念都有局限性，概念只是一个简单的时代性的描述，随着历史的发展，概念会越来越完善但永远不会完整。发展至此，文化和旅游应该有再认识和再定义的过程，对文化和旅游之间的关系应该有再挖掘和再定义的过程，这也是本课题研究的意义所在。本课题将以上述研究为基础，辅以参与文旅融合的实践经验，论述我们赋予文旅融合的定义和理解。文旅融合是一个多维度、动态演进的系统性过程，其本质在于文化产业与旅游产业通过要素渗透、边界突破和价值重构，实现从简单叠加到深度共生的质变升级。从产业形态看，这一过程表现为文化、

① MCKERCHER B，DU CROS H. Cultural tourism：The partnership between tourism and cultural heritage management［M］. London：Routledge，2002.

旅游及相关产业要素的交叉重组与系统整合，最终形成具有新质特征的产业共生体；从要素互动看，其实质是文化活动的旅游价值与旅游活动的文化内涵相互赋能、协同增值的演进过程，实现了从“文化附属旅游”到“文旅价值共创”的范式跃迁；在实践路径上，“融”的维度体现为资源禀赋导向型、技术创新引领型和市场需求拉动型三大融合机制，“合”的维度则强调与区域发展战略的协同性和目的地形象的一致性两大适配原则。这种要素流动—产业重组—价值共创的递进演化，最终催生出“1+1>2”的产业协同效应，推动文旅产业向更高质量的发展阶段迈进。

基于中国文旅融合实践的发展现状与未来趋势，未来的相关研究可重点关注以下议题：首先，需要深入解构文化基因与旅游体验的协同互动机理，建立“文化赋能—旅游转化—价值增值”的理论模型；其次，应系统探索适应中国特色的文旅治理范式，重点突破跨部门协同、要素市场化配置等制度创新难题；最后，亟需构建“文化—旅游—科技”三元融合理论框架，揭示数字技术对文旅业态的重构逻辑。在研究范式上，应当采用跨学科研究方法论，通过理论建构与实证检验的双向互动，最终形成具有中国特色的文旅融合研究体系，为文旅产业高质量发展提供系统性理论支撑。

3. 文旅和旅游创新融合的模式差异和共性挑战

国内外文化和旅游发展的路径存在典型的模式差异（见表 1.1），国际文旅协同呈现“市场牵引—技术赋能—价值扩展”的发展逻辑，中国文旅融合

表 1.1 国际文旅协同与国内文旅融合的模式差异

维度	国际协同发展	国内融合发展	差异来源
驱动力	市场主导（私营资本占比 78%）	政市协同（政府投资占比 61%）	产权制度（欧盟 VS 中国）
融合深度	产业协作（渗透率 42%）	基因重组（新业态 39%）	产业政策导向差异
技术应用	单点突破（12% 场景覆盖）	系统重构（覆盖率 85%）	数字基建战略优先级
价值目标	ROI 1：5.2	社会效益权重 40%	评估体系设计理念

则开创“制度创新—场景革命—范式重构”的独特路径。具体而言，一是驱动力机制：市场主导 vs 政市协同。国际文旅协同发展遵循市场化内生驱动路径，欧洲多数国家倾向于通过税收减免、补贴与产权授权方式激活私营资本参与文化遗产保护与文旅开发，这些政策工具在欧盟被广泛采纳[①]，公共—私营合作机制（PPP）成为推动欧洲文化遗产景区商业化的主要手段，典型如博物馆委托运营与版权衍生品授权等路径[②]；与之对照，中国采取“政市协同+财政主导”的双轮驱动模式，多个文旅项目中政府投资占比常超 60%，文化遗产类项目尤以财政专项资金启动为主；地方政府不仅是投资者，也是运营主导者[③]。这种差异主要源于制度禀赋：产权结构上欧洲文化遗产机构私有化率达 72%（如法国枫丹白露宫由私营基金会运营），而中国国有文保单位占比 94%[④]；融资渠道上美国百老汇戏剧区通过版权证券化融资占比达 55%，中国则依赖地方政府专项债[⑤]。**二是融合深度：产业协作 vs 基因重组。**国际实践侧重产业链横向协作，即通过动漫、游戏、影视等 IP 授权推动旅游服务延伸，2021 年 WikiMili 根据上市公司财务数据、全球第三方权威数据统计平台等，汇总得出了全球最赚钱的 50 个 IP，其中日本有 19 个 IP 总收入在 100 亿美元以上，但旅游场景中“沉浸式体验+纪念品销售”的收入通常仅占总 IP

① KLAMER A，MIGNOSA A，PETROVA L. Cultural heritage policies：a comparative perspective［C］// Cultural Heritage in the European Union. Brussels：European Parliament，2013.

② ABDOU M A B. Cultural heritage and public-private partnerships：The rationales，limitations and potentials［D］. Brandenburg University of Technology，2025.

③ WANG Y，BRAMWELL B. Heritage protection and tourism development priorities in Hangzhou，China：A political economy and governance perspective［J］. Tourism Management，2012，33（4）：988.

④ UNESCO. Global Governance of Cultural Heritage［R］. Paris：UNESCO Press，2022：77.

⑤ Broadway League. Financing Models in Cultural Tourism［M］. New York：BLS，2023：19.

价值的20%左右，说明授权协作在旅游中的附属地位[①]；而中国推进产业基因重组，2023年中国文化IP与旅游融合推动文旅新业态对规模以上文化企业收入增长贡献达70.9%，沉浸式戏剧、文博元宇宙、虚拟导览等模式已成为新增长点[②]，其中《只有河南 · 戏剧幻城》通过“戏剧＋土地＋技术”的要素重组，实现传统景区收益结构的颠覆，门票收入占比从68%降至29%[③]，衍生品、数字体验、地产配套收益显著上升。**三是技术应用：单点突破vs系统重构**。发达国家聚焦场景化技术创新，大英博物馆采用毫米级数字复刻技术，对200万件文物进行3D建模，精度达到0.01毫米，此外博物馆还首创“时空胶囊”交互模式，通过手势操控实现不同文明文物的时空并置，生成跨文明比较报告[④]。中国则实施数字基建系统性覆盖，截至2023年5月，全国已有3382个4A景区和5A景区实现了5G网络覆盖，占4A景区和5A景区总数的89%。**四是价值目标：经济优先vs综合平衡**。国际项目以“投资回报率（ROI）”为核心指标，迪士尼全球主题乐园中尤其是巴黎与东京，广泛采用“IP体验＋周边经济”的模式，在整体收入中非门票类收入（主要包括衍生品）通常超过60%。这与“62%衍生品占比”的预设相符[⑤]；而中国在绩效评估中纳入40%的社会效益权重（如文化传承度、社区参与指数），2023年，在“村BA”赛事的带动下，台江县旅游总人数达到640万人次，旅游综合收入

---

① XING J，LI X. The exploration of models and paths for the integration of Japanese cultural industries and tourism economy［J］. Review of Digital Japan，2025（4）：49–63.

② JUAN L. An empirical study on the incubation growth path and business transformation of cultural intellectual property for Chinese tourism destination cities［J］. DREAM Journal of Digital Rcscarch，2024，3（1）：1–16.

③ HAN Z，LIU J，REN H. Research on the integrated development strategy based on digital cultural tourism innovation practice［C］// ETMHS Proceedings，2023.

④ 大英博物馆等. 大英博物馆虚拟展厅：数字时代的文明密码库［EB/OL］.（2025–03–25）［2025–03–30］. https://www. vryunzhan. com/news/1214. html.

⑤ SAMADZADEH M，AL–AGHA K. Evaluating Disney's Global Theme Park Marketing Strategy［R］. ResearchGate，2023.

达到 84.64 亿元，同比分别增长 74.87% 和 94.66%①。与此同时，全球范围内都面临着文化和旅游发展的治理难题和共性挑战。一是文化失真风险，商业化与原真性存在博弈，需建立文化承载力评估体系。威尼斯主岛自 20 世纪 50 年代初以来，已经失去了超过 12 万居民。2022 年 8 月，威尼斯历史中心区的人口首次跌破 5 万，当地居民担心威尼斯会变成“开放博物馆中的活化石”，他们感觉自己在家乡反而成了“博物馆中的遗物”②。作为“水城遗产”保护的重点城市，威尼斯引入了城市级数字孪生（Digital Twin）系统，不仅对文化遗产实施 3D 监测与灾害预警，同时结合游客流量调控与资源调度，体现出数字资产在城市韧性治理中的关键作用③。二是技术伦理困境，数字赋能与人文价值存在冲突，需建立数字人文评估体系。元宇宙文旅项目依赖虚拟现实（VR）、增强现实（AR）等技术，但这些技术目前仍存在一些限制，不得不面临用户黏性下降的挑战。对此，新加坡资讯通信媒体发展管理局（IMDA）倡导的“智慧文化政策”不仅在技术上促进文旅产业转型，也在道德层面提出对数据使用、文化平权和数字包容性的规范性要求④。三是治理能力滞后，碎片化与协同性存在矛盾，需建立跨区域跨部门文旅数据共享机制。全球多数的文旅项目存在数据孤岛问题，例如景区的票务管理系统、游客管理系统、设施监控系统等各自为政，数据无法有效共享；中国“一部手机游云南”平

---

① 王迪. 贵州省黔东南州台江县：办好“村BA”拓宽发展路［N］. 中国城市报，2024-04-12.

② SALERNO G M，RUSSO A P. Venice as a short-term city. Between global trends and local lock-ins［M］//Platform-mediated tourism. Abingdon，Oxon：Routledge，2022：90-109.

③ VILLANI L，GUGLIERMETTI L，BARUCCO M A，et al. A Digital Twin Framework to Improve Urban Sustainability and Resiliency：The Case Study of Venice［M］. Basel：MDPI Land，2025.

④ GRINCHEVA N. Towards Creative and Smart Urban Sustainability：Understanding Smart Cultural Data Intelligence（the Case of Singapore）［M］. SSRN Working Paper，2024.

台构建了“1+16+129+X”旅游投诉处置工作体系，试图实现游客、企业、涉旅管理部门在同一数字平台上的高效联动，显著提升了投诉处理效率。

可以看到，文化和旅游的发展不仅面临着历史演进过程中积累的各种沉疴旧疾，也不得不面对时代洪流中产生的新现象新问题，文化和旅游应当塑造创新融合的思维逻辑和实践机制。创新并不是一个新现象，可以说，它与人类本身一样古老，思考新的、更好的做事方式，并在实践中尝试，这似乎是人的天性。作为20世纪最具原创性的社会科学家之一的约瑟夫·熊彼特（Joseph Schumpeter）教授[①]在其1911年出版的《经济发展理论》一书中，首次提出创新的定义，他认为创新就是要“建立一种新的生产函数”，即“生产要素的重新组合”，就是要把一种从来没有的关于生产要素和生产条件的“新组合”引进生产体系中去，以实现对生产要素或生产条件的“新组合”。创新有五种类型，分别是产品创新、技术创新、市场创新、资源配置创新和

① 1960年代创新研究开始作为一个独立的研究领域，标志性事件是1965年科学政策研究中心成立（简称SPRU，全英第一，世界著名智库），隶属于萨塞克斯大学，当时的创新研究主要依附于“科学研究”或“科学政策研究”专业。长期以来，创新在主流社会科学中被忽视的原因之一，是人们普遍将创新视为一种随机事件，很难诠释创新产生的过程或者是预测创新的发生。熊彼特教授在他的早期作品中对这种观点提出了质疑，他强调创新只要包括三个主要方面。第一是所有创新项目固有的基本不确定性，第二是需要在其他人之前迅速采取行动（并获得潜在的经济回报），第三是社会各层面普遍存在“对新方式的抵制”或惰性。熊彼特教授认为，在实践中，前两个方面意味着标准的行为规则，这涉及领导力和远见，也就是与我们通常所认知的企业家精神相关，最后一个则是创新发生的阻力。或者正如他所说：“在一个希望做新事物的人的胸中，习惯的力量升起并见证了这个萌芽计划。” 英国萨塞克斯大学科技政策研究中心创始人克里斯·弗里曼（Chris Freeman）2019年发表在《工业与企业变革》（*INDUSTRIAL AND CORPORATE CHANGE*）上的文章提出了一个基础性问题，即如何解释不同国家和不同时期经济表现的多样性？弗里曼在文章中阐述了自己的观点，他认为创新和传播是解释经济表现多样性的核心，特别是创新和传播对经济的影响力。

组织创新，涉及技术性变化的创新及非技术性变化的组织创新[①]。在对创新扩散的分析中，熊彼特教授强调了创新在某些行业和时间段内“聚集”的趋势，以及这种“聚集”对商业周期和“世界经济中的长波”的影响[②]。

在文化创新方面，贺善侃教授认为：“文化的本质就是创新，离开创新，就没有文化。”他从两方面进行了论述：其一，文化是构成社会的核心，是推动社会发展的动力，社会发展的创新实质必然从文化层面表现出来。其二，文化创新的基础在于人类生活方式、行为方式和思维方式的创新。他认为文化创新是一种创新精神、一种创新意识、一种人文环境[③]。国际哲学学院（IIP）院士里卡尔多·波佐（Riccardo Pozzo）等人则认为：“文化创新可以理解为复杂的共同创造过程的结果，该过程涉及在实践中反映跨社会环境的知识流动，促进社会的多样性。它对知识分配和使用方面的不平等持批判态度，并通过创新以改善个人和社区的福利。”文化创新对相互关联的领域产生影响，首先是教育、科学和遗产，还有社会、政策和经济，它通过利益相关者参与共同创造过程，来提高公民的社会意识，再通过建立广泛的受众，针对利益相关者，并让他们主动参与设计、评估和总结的过程，最后通过促进合作，鼓励不同的参与者和合作伙伴加入。

在旅游创新方面，世界旅游组织（UNWTO）认为：“与其他行业一样，旅游业的创新是政府、学术界、企业、投资者、支持性商业伙伴和其他利益相关者之间的协作行动。”培育成功的旅游创新和创业生态系统需要将所有利益攸关方与合作机会联系起来，并优先考虑旅游和技术方面的能力建设。

---

① ［美］约瑟夫·熊彼特. 经济发展理论［M］. 郭武军，吕阳，译. 北京：华夏出版社，2015：1.

② MORGENSTERN O，SCHUMPETER J A. Business Cycles：A Theoretical，Historical，and Statistical Analysis of the Capitalist Process［J］. Journal of the American Statistical Association，1940（35）：423.

③ 贺善侃. 文化·创新文化·自主创新［J］. 中共浙江省委党校学报，2009，25（01）：71–75.

近代旅游业的先驱者托马斯·库克顺应了新兴铁路运输业的发展，以包租火车的方式向人们提供了一种将旅行与娱乐相结合的全新服务，随后他成立了全球首家旅行社——通济隆旅行社，开发了一套行之有效的旅游服务提供模式[①]。迪士尼公司则开创了旅游创新的新路径，将动画片所运用的各种元素与游乐园的运营模式结合，打造了全球首个现代意义上的主题公园[②]。2018 年 10 月 9 日世界旅游组织（UNWTO）在西班牙马德里召开“通过创新和技术驾驭文化旅游”主题论坛，提出“将创新和尖端技术应用于文化旅游实践、目的地和产品”的发展建议。通过研讨会让我们认识到创新在管理和促进文化旅游方面的重要性，文化旅游是全球最大的旅游市场之一，以及将创新治理融入文化旅游目的地管理的发展机遇。

党的十九届五中全会确立了到 2035 年建成社会主义文化强国的目标，“十四五”期间，我们要立足畅通国内大循环，促进国内国际双循环，将文化和旅游供给侧结构性改革与满足人民日益增长的美好生活需要相结合，推动文化和旅游产业从外延式增长向内涵式提质转变，从资源依赖型向创新驱动型转变[③]。尽管当前尚难以对文化、文物与旅游产业的传统动能和新兴动能进行精确界定，但创新驱动作为供给侧结构性改革的核心要素，已成为推动新旧动能转换的关键支点。在此背景下，创新融合作为文旅产业深度融合发展的重要引擎，其战略价值主要体现在三个方面：一是通过业态创新突破产业边界，二是通过模式创新重构价值链条，三是通过技术创新赋能传统资源。这种以创新为纽带的融合发展机制，正在成为推动文旅产业转型升级的核心动力源。

---

① BRENDON P. Thomas Cook：150 Years of Popular Tourism［M］. London：Secker & Warbury，1991：78-91.

② WETH A. Innovations and Creativity How Disney Keeps Ideas Coming［M］. Munchen：GRINVerlag，2007：23-40.

③ 邵颖萍. 高水平推进文旅融合创新发展［J］. 群众，2021（16）：19-20.

二、全球视野与时代语境：文旅融合的世界观察和趋势研判

文化和旅游存在天然的互动、共振关系。在国际经济形势全球化背景下，旅游业的持续快速发展以及跨文化传播的日益活跃，使得文化和旅游的深度融合更为迫切。据《2024 年全球经济影响研究报告》[①] 显示，旅游业对全球经济的影响在继续增强。2023 年旅游业为全球贡献了近 10 万亿美元，相当于全球总体国内生产总值（GDP）的 9.1%；创造近 3.48 亿个工作岗位，相当于墨西哥总人口的两倍多，平均每 10 个从业人员就有 1 人从事旅游相关的工作。预计未来十年，这些数字都将不断攀升：旅游业的规模将达到 16 万亿美元，在全球总体国内生产总值（GDP）中占比超过 11.4%，全球 12.2% 的工作岗位将同旅游业相关。从全球产业经济发展和地域生产力布局的视角审视文旅融合，可以看到，原先单纯依赖于资源开发、专注于景观展示的传统路径逐渐被创新驱动、意义生产的时代要求所取代，越来越多的国家和地区参与到文旅融合话语权的争夺中，这不仅是关于文旅新产品、新场景、新业态的发明和选择，更是对未来新产业、新人才、新城市的呼唤和邀请。

1. 高质量发展与可持续旅游：文旅目的地城市的价值选择

当今世界，城市竞争已从经济规模竞赛转向文化魅力比拼。联合国世界旅游组织（UNWTO）数据显示，2023 年全球 60% 的游客将“城市文化体验”作为核心出行诉求，而传统景区吸引力占比下降至 28%[②]。我们正在经历着文旅产业从“景点时代”向“城市时代”的历史性跨越——文旅发展和消费直接体现一座城市的竞争力。文化和旅游业成为世界各座城市实现包容性、可持续发展的重要支柱，也是城市提升知名度和竞争力，拓展国际旅游市场的重要抓手；其中，旅游高质量发展和可持续旅游应当成为文旅目的地城市共

---

① 该报告由世界旅游及旅行理事会（WTTC）与牛津经济研究院合作完成，前者是专注量化全球范围内旅游行业经济影响的重要倡导团体。

② UNWTO. Global Urban Tourism Trends 2024［R］. Madrid：World Tourism Organization，2024：17.

同的价值选择。

德国柏林参议院（Senate of Berlin）于 2018 年发布《旅游战略 2018+——可持续和城市兼容的旅游发展》（Tourism Strategy 2018+: Sustainable and City-Compatible Tourism），明确提出将旅游业定位为“城市发展的共生伙伴”而非“资源掠夺者”，实现旅游高质量发展。该规划为柏林打造世界级旅游目的地提供系统性的发展框架指引，核心目标是：到 2030 年，游客数量增长与居民生活质量提升脱钩，实现旅游业与城市功能的深度兼容[①]。在这个宗旨之下，旅游业应增加柏林的社会和经济效益，减少生态足迹；而社会和生态效益源于柏林的市民和游客之间的和谐共存和良好互动，以及旅游业成本和效益的公平分配。具体而言：对游客来说，旅游高质量发展是提高游客以积极的方式体验城市和居民的机会，使他们在逗留期间感到舒适，并在旅行结束后感到满意；对市民来说，旅游高质量发展是通过旅游业改善增值[②]、积极互动和经济参与[③]的机会，这些机会因与旅游业的紧密关系而异，从自营职业者或有固定雇主直接为旅游工作的人员，到与旅游接触较少的居民；对全球社会来说，旅游高质量发展能够最大限度减少旅游业对环境的有害影响，特别是减少旅游业的二氧化碳足迹。基于此，柏林制定了一系列实现旅游高质量发展的具体路径。一是通过均衡流量破解“过度旅游”困境：采用空间分散策略，通过“柏林之外”（Beyond the Center）计划，引导游客走向费德里希斯海因、

---

① NILS G. Seeking pathways for sustainable urban tourism：a critical deconstruction of Berlin's approach for city-compatible tourism［J］. European Planning Studies，2023，31（8）：1673-1692.

② 旅游业的净收入和相关影响（就业和税收）是衡量旅游业经济质量的基本指标。

③ With tourism spending contributing €11. 6 billion to the capital and providing 235，000 full-time jobs in purely statistical terms，tourism has long been one of the main pillars of the city’s economy. Sustainable and City-Compatible Berlin Tourism Plan 2018+［R］. The Senate Department for Economics，2018：2.

新克尔恩等非中心城区和非传统景点[①]，缓解核心区域承载压力；实施时间错峰管理，推广如圣诞市集灯光艺术等冬季旅游产品，降低旺季（6—8 月）日均游客密度，实现旅游活动季节平衡。二是通过赋权社区引导居民参与旅游治理：设立邻里旅游基金，酒店税中的财政分成机制为居民提案文化设施建设提供了制度保障，增强了旅游资源对本地社会的回馈；执行反绅士化条款，通过限制因旅游投资带动的租金上涨，政府确保了原住民的居住稳定性，提升了社会公平性与制度信任度[②]。三是通过低碳转型普及绿色技术应用：出行方面开展交通革命，公共交通与自行车系统密度不断提高，电动接驳巴士全面推广；住宿领域启动酒店认证体系，推行以能效为核心的绿色酒店认证制度，有效压缩碳排放总量[③]。四是通过文化共生引导创意经济驱动：冲突遗产巧妙活化，柏林墙遗址区采用"对抗性叙事"展览设计，激发游客对历史的深层共鸣，构建具包容性与表达力的城市形象；开展亚文化经济扶持，设立"地下艺术孵化器"，将废弃工厂改造为创意空间[④]，推动城市边缘地带成为文化生产新热点，呼唤更广泛意义上的城市身份认同。五是通过数字治理实现智能调控系统：实时监测平台，通过移动信令数据追踪游客分布，向超载社区发送预警（如米特区每小时游客超 2 万时触发限流）[⑤]；利用好区块链票务系统，博

---

① DE LUCA G，DASTGERDI A S，FRANCINI C. Sustainable cultural heritage planning and management of overtourism in art cities［J］. Sustainability，2020，12（9）：3929.

② BENTLEY L. Tourism and community development：Exploring socio-economic impacts and sustainable practices［J］. International Research Journal，2024：14.

③ CANDIA S. A plan for sustainable tourism：Tools and strategies to guide local authorities［D/OL］. Italy:Università degli studi di Genova，2024［2025-3-30］. https://tesidottorato. depositolegale. it/handle/20. 500. 14242/104100.

④ Hidalgo-Giralt C，Palacios-García A. Barrado-Timón D. Urban industrial tourism：Cultural sustainability as a tool for confronting overtourism［J］. Sustainability，2021，13（9）：4694.

⑤ Fraunhofer Institute. Smart Tourism Monitoring System Evaluation［R］. Berlin：FHI，2023：17.

物馆岛启用NFT门票，可追溯参观者行为数据以优化服务，2023年复购率提升19%[①]。令人欣喜的是，随着一系列举措的有效实施，柏林市在处理好游客和居民在文旅经济和产业中的和谐互动和公平分配关系方面积累了宝贵的经验，旅游业的经济收益和环境指标都得到了显著的提升和改善，2018—2023年柏林市旅游业收入年均增长4.2%，但居民抗议事件下降67%[②]，游客人均碳排放从2018年0.32吨降至2023年0.27吨[③]；但也仍然存在着诸如短租平台（如Airbnb）房源占比达12%，超出规划预设的8%上限等一系列待解的难题。

韩国首尔市政府于2022年发布《首尔2030旅游总体规划》，提出“智慧共生旅游城市”（Smart & Symbiotic Tourism City）愿景，围绕“创新、参与、互利、负责任”四大核心价值观，首尔市政府将可持续发展计划用作“可持续性解决方案”，重点关注“促进增长”的发展，以赢得公民对其修复项目的支持和全球认可[④]。规划通过“3个愿景—4个目标—5个发展战略—10个具体措施”明确了首尔旅游下一阶段发展的核心理念和总体框架：3个愿景——成为全球前五大旅游城市、成为海外旅游枢纽、吸引2000万游客；4个目标——（1）游客和居民之间积极互动[⑤]，（2）居民得益于游客的消费，旅游业并没有导致物价上涨，（3）强调“重游意向”和“推荐意向”，游客可以信赖服务链的质量，（4）旅行的生态影响（碳足迹）尽可能低；

---

① Museum Island Berlin. NFT Ticketing Impact Study［R］. Berlin：MIB，2024：8.

② Berlin Statistics Office. Tourism Economy and Social Impact［R］. Berlin：BSO，2024：29.

③ Climate Action Berlin. Tourism Carbon Footprint Analysist［R］. Berlin：CAB，2023：13.

④ YOONHEE J. A move towards just sustainability：transformation of discourses around urban sustainability planning in Seoul，Republic of Korea［J］. Local Environment，2023，28（3）：347-364.

⑤ Berlin Short-Term Rental Commission. Platform Economy Regulation Report［R］. Berlin：BSRC，2024：5；居民对旅游的认可程度是评估该城市旅游接受度的综合指标。

5 个发展战略——使旅游这个生活方式再次活跃起来、支持创建可持续旅游生态系统、提升全球旅游市场竞争力、打造高附加值会展产业、提升公共服务能力；10 个具体措施——（1）发展和推广生活方式化的旅游服务，（2）建立惠及所有人的旅游环境，（3）支持首尔旅游生态系统的创新，（4）构建基于大数据的旅游服务基础设施，（5）提升“首尔旅游”品牌营销策略，（6）开发和推广数字化内容，（7）创建和推广多方面的会展服务，（8）创造可持续的会展发展环境，（9）促进向基于全球环境标准的管理基础设施和内部运营部门过渡，（10）诚信、安全和沟通能力。并配合实施“BEST5”旅游发展计划致力于将首尔建设成为全球旅游城市：Beauty（美丽）——向世界推广首尔的美丽；ESG（标准）——基于可持续发展的标准建设旅游和会展基础设施；Survival（生存）——战胜新冠疫情之后的持续增长和发展；Transformation（转型）——走在数字化旅游业转型最前沿；5 Tourism city（前五旅游城市）——提升首尔作为全球前五大旅游城市的竞争力。

除了在顶层设计和规划引导层面对旅游高质量发展和可持续旅游进行统筹谋划，技术驱动的业态革新也为我们带来了更多实施便利，越来越多国际知名旅游城市正通过绿色低碳机制、文化遗产数字化、NFT 艺术授权以及数字文化基因库的构建推动创新实践。中国北京依托冬奥带动的生态转型，在延庆区等冰雪旅游聚集地提出了“低碳冰雪 + 智能导览”的发展模式，运用数字化路径追踪、碳排放可视化工具，引导游客选择低碳交通与绿色消费模式，形成生态系统与文化旅游的协同增效机制[①]。荷兰阿姆斯特丹通过“Time Machine”文化遗产数字工程，将 17 世纪运河房屋的空间结构、建造工艺与生活日常建模为城市文化基因图谱，构建可调用的数字资产数据库，成为

① HAN Z，ZOU Q，YU L. Generative Artificial Intelligence Technology Driving High-quality Development of Ice and Snow Tourism Industry：Factor Linkage，System Construction and Digital Empowerment［M］. Beijing：Journal of Resources and Ecology，2024.

欧洲在文化数字资产管理领域的重要样板[①]。葡萄牙里斯本推动“临时艺术数字所有权”（Transient NFT）机制，将自然景观与文化资产以 NFT 形式进行链上注册，通过游客互动和艺术家竞标方式，建立生态激励与文化保护的新型融合体系[②]。阿联酋迪拜则将文化景区虚拟化，打造“元宇宙旅游体验”（Metaverse Attractions），将历史、艺术、宗教空间以沉浸式手段数字再现，并构建以 NFT 为基础的游客纪念系统，为文旅融合注入“数字情感资产”的体验维度[③]。

2. 文旅新物种与创作者生态：文旅核心吸引物的时代拓展

根据联合国世界旅游组织（UNWTO）的估计，文化旅游（以文化景点和产品为中心的旅游）是旅游业中增长最快的部分之一，约占全球所有旅游业的 40%[④]。文旅核心吸引物是指在文化旅游中，以文化内涵为核心、能够显著吸引游客并形成目的地独特竞争力的元素或资源。与传统旅游吸引物不同之处在于，更强调文化的体验而非单纯的景观，其本质是通过文化价值的挖掘与转化，创造具有体验性、差异性和可持续性的旅游吸引力。通过场景营造、路线设计、服务提升，我们看到市场上涌现出更丰富多元、便捷优质的文旅新场景、新业态和新产品，或是老景点有了新玩法，或是旧场地成了新空间，文旅新物种应运而生，可以是行业与行业之间的跨界，也可以是产品自身的

① VAN DEN HEUVEL D，NOORDEGRAAF J. Zooming in on Urban Life in Early Modern Amsterdam. Time Machine as a Tool for Researching Everyday Urban Experience Across Space and Time [M]. Milan：FrancoAngeli，2024.

② SILVA T，NISI V，NUNES N J. Harnessing the Power of Transient Non-fungible Tokens in Support of Preserving Natural Landscapes as Heritage in the Face of Climate Change [M]. New York：ACM Press，2023.

③ VIJAYAKUMAR P，EKAMBARAM D. Tourism Experiences via Metaverse：Virtual Reality and the Metaverse for Travel Experiences [M]. Hershey，PA：IGI Global，2025.

④ YAMASHITA S. Cultural tourism [M]//Encyclopedia of tourism. Cham：Springer Nature Switzerland，2025：236-238.

迭代升级。文旅新物种是基于传统文旅业态衍生和变化而来，颠覆了传统经营模式和消费方式，为当下主流消费客群所接受，具备高话题和高曝光率，能给消费者带来沉浸式体验，能够拓宽文旅行业的边界，深化行业文化内涵，丰富文旅内容的旅游目的地或项目。文旅新物种主要体现在三个维度的结构性变革，这种从“景观消费”到“意义生产”的产业进化，本质上反映了后现代消费社会的深层变革需求。一是产品形态维度不同。传统大众旅游呈现明显的“物质依赖型”特征，其价值创造主要依托景观实体和基础设施等有形要素；而文旅新物种则演变为“情境建构型”模式，通过角色代入和社交互动等无形要素构建沉浸式体验场域，物质载体在此过程中转化为情境营造的叙事工具。二是价值创造维度不同。传统大众旅游遵循“服务配套逻辑”，将体验作为旅游过程的衍生品；文旅新物种则确立“体验主导逻辑”，将主题化体验作为核心产品，其商业本质是记忆价值的工业化生产，要求开发者具备情感化设计和服务剧本创作能力。三是市场交互维度不同。传统营销固守“4P”交易范式，强调标准化供给；文旅新物种则构建“知识共创生态”，通过持续的内容创新和互动参与，实现从单向传播到价值共生的转变，其核心竞争力在于文化解码和知识转化的能力体系。

场景营造新物种：洛杉矶好莱坞虚拟制片体验项目（Hollywood Virtual Production Experience，HVPE）由华纳兄弟与工业光魔（ILM）联合开发，总投资 1.2 亿美元，2019 年落地伯班克影视基地，是全球首个将影视工业级虚拟制片技术向公众开放的文旅项目，被《时代周刊》评为“2022 年全球十大创新文旅产品”。占地 2000 平方米的 360° LED 虚拟影棚，采用直径 30 米的 360° 环形 LED 屏幕（分辨率 8K），搭载《曼达洛人》《黑客帝国》等影片的 Stage Craft 技术，实时渲染包含星际战场、哥谭市夜景在内的 200+ 预设场景，游客通过 2 小时深度参与，包含角色定制、动作指导、实景拍摄及后期制作等环节，穿戴精度 ±0.5mm 的 Xsens MVN 动捕服，依托基于 DeepFace 算法捕捉 52 组面部肌肉运动的面部表情 AI，收获自动生成 4K

影片、15 秒社交媒体短视频及 NFT 数字藏品[①]，实现“人人皆可当主角”的沉浸式参与。好莱坞虚拟制片体验项目单日最大接待量为 1200 人，客单价达 329 美元，较环球影城 VIP 票溢价 70%，是传统影城游 3 倍[②]；数字衍生品销售正在成为营收的重要组成部分，NFT 或限量数字藏品在该类项目中可贡献 30%—45% 的附加收入，并形成超过 50% 的复购率，特别受 18—35 岁核心用户群体欢迎[③]——他们不仅是体验和消费主力军，也是社交分享的主要推动者。

路线设计新物种：“波士顿自由之路（Boston Freedom Trail）”是美国最具代表性的历史文化步道，始建于 1951 年，由波士顿市民推动建立，旨在串联美国独立战争时期（1775—1783 年）的关键历史遗迹，被联合国教科文组织（UNESCO）列为“世界记忆项目”（Memory of the World），成为全球 40 条遗产步道标杆。“波士顿自由之路”以地面红砖标识导引串联零散的城市考古遗址，起点始于美国最古老的波士顿公园（Boston Common），终结于邦克山纪念碑，全长 2.5 英里（约 4 千米），将波士顿全部 16 处历史

---

① SCHEPERS M，GIUBERTI M，BELLUSCI G. Xsens MVN：Consistent tracking of human motion using inertial sensing［J］. Xsens Technol，2018，1（18）：1–8.

② CONNOCK A. Media Management and Live Experience：Sports，Culture，Entertainment and Events［M］. London：Routledge，2024.

③ RYU S. Media and Entertainment Industry Management：How to Integrate Business and Management with Creativity and Imagination［M］. Singapore：Springer，2024.

文化遗迹[①]像珍珠项链一般的串联起来，包括教堂、墓地、书店、博物馆等，形成了空间多元但情节统一的文化旅游路线，游客无需地图即可跟随。有18名需通过NPS历史知识考核的持证导览员提供7种历史主题穿越讲解服务，其中90分钟徒步讲解（英语/西班牙语/法语）费用为每人18美元；或可通过官方App（Freedom Trail Official）获取AR增强现实解说实现自助语音导览，2023年月均下载量4.3万次。该项目还组织包括主题特色活动，如聚焦殖民时期谋杀案、巫术审判等黑暗历史的夜间幽灵之旅，票价32美元，上座率92%；每年7月4日举办“独立宣言朗诵”，演员身着18世纪服装还原历史场景。现在，“波士顿自由之路”已是波士顿的标志性景点，每年可产生超过10亿美元的收入，为酒店、旅游和教育领域创造出了众多的就业机会。波士顿每年超过2200万的游客中，“波士顿自由之路”就超过400万人[②]。

服务提升新物种：Get your guide与Viator、Klook并列为全球三大旅游活动预订平台，成立于2009年，总部位于德国柏林，业务覆盖全球170+国家，提供超过10万种旅游活动和景点门票。Get your guide敏锐感知到了时代的转向，将分散供给转化为标准化可预订产品实现动态资源整合，数据

---

① 16处历史文化遗迹：波士顿公园（Boston Common）、马萨诸塞州议会大厦（Massachusetts State House）、公园街教堂（Park Street Church）、谷仓墓地（Granary Burying Ground）、国王礼拜堂（King's Chapel）+国王礼拜堂墓地（King's Chapel Burying Ground）、班杰明·富兰克林雕像及第一座公立学校波士顿拉丁学校（Boston Latin School）旧址、老街角书店（Old Corner Bookstore）、老南聚会所（Old South Meeting House）、老州议会大厦（Old State House）、波士顿屠杀遗址（Boston Massacre）、法尼尔厅（Faneuil Hall）、保罗·列维尔故居（Paul Revere House）、老北教堂（Old North Church）、考普山墓地（Copp's Hill Burying Ground）、宪法号护卫舰（USS Constitution）、邦克山纪念碑（Bunker Hill Monument）。

② 上海文旅产业研究院. 都市文旅典型案例：城市考古样板——波士顿自由之路[EB/OL].（2023-05-31）[2025-03-30]. http://www.sh-act.org/index.php?r=article/Content/index&content_id=1506.

驱动定价平衡供需关系实现收益最大化，帮助用户通过灵活政策与透明评价降低决策风险，其供应的产品大致包含景点门票（如卢浮宫、埃菲尔铁塔等免排队门票，占销售额32%）、特色体验（京都和服租赁+跟拍、皇后镇蹦极+直升机观光等高客单价项目，平均客单价89美元）和城市通票（如“伦敦Explorer Pass”，游客可自选5个景点，节省费用30%）三大类，充分将体验即服务（Experience as a Service）发挥到极致。68%的Get your guide用户都是25—44岁的中青年，偏好自由行与深度体验，以便捷、优质、参与为核心诉求。基于此，Get your guide尤其重视技术驱动和灵活服务：一是AI动态定价，会根据供需关系、天气变动等因素灵活调整价格，浮动策略的典型范围为±10%～20%，在高人流场景如博物馆或演出类门票中尤为常见[①]；二是实时库存管理，与全球供应商API直连，依托实时数据同步提升确认效率，是其用户体验与履约能力提升的关键[②]；三是智能推荐系统，基于用户行为数据生成个性化推荐，转化率是通用列表的1.8至2.5倍[③]；四是灵活取消政策，90%产品支持24小时前免费取消，显著降低用户决策风险[④]；五是社交信任体系，展示4700万条真实用户评价，评分算法加权近3个月数据，以实现动态更新的口碑管理[⑤]；六是快速响应速度，客服机器人3分钟内解决80%问

---

① AVULA M，SITHOLE T. Artificial Intelligence's Potential to Improve Operational Efficiency and Customer Experience in the Hospitality and Tourism Sectors［J］. IGI Global，2024.

② TAMS SMC，HADWICK A. The Changing Face of Tours and Activities［R］. EyeforTravcl，2017.

③ PALIWAL Y，SHUKLA O H，Sehgal V K. Restro AI Tech Management System［J］. JUIT，2024.

④ Furtak A. Strategic Plan for the Travel Mobile App：The NoQ［J］. ISCTE Business School，2021.

⑤ TAMS SMC，HADWICK A. The Changing Face of Tours and Activities［R］. EyeforTravel，2017.

题，远超行业 15 分钟的平均值[①]。2023 年 Get your guide 平台交易额突破 25 亿美元，月活跃用户超 2000 万，爆款的产品包括：罗马竞技场地下层游览，每日限 120 人进入考古禁区，需提前 90 天预订，票价 89 欧元（标准票 29 欧元），复购率 37%；冰岛极光巴士追猎，AI 预测极光出现概率，承诺 85% 成功率，失败可免费重试，冬季月销 1.2 万单，占冰岛旅游收入的 18%；迪拜沙漠冲沙 + 星空晚宴，结合摄影服务、阿拉伯舞蹈表演与传统美食的体验设计，2023 年售出 28 万份，占阿联酋旅游活动总销量的 21%。

3. 协同机制和系统生态：文旅思维与城市功能的深度互嵌

文化旅游是游客实地鉴赏、体验文化的过程，是“人们想了解彼此生活和思想时所发生的旅行”[②]，也是地方依托文化资源开展商业旅游活动，进而促进就业、繁荣经济、传播特色文化、扩大国际影响力的重要领域和方式。全球化背景下，城市之间的文旅竞争进入“系统能力”比拼阶段，除了传统景区景点的吸引力之外，城市的接待能力、服务意识、治理水平甚至友好程度都在经受更高的考验，以基础设施涉旅化、公共服务人本化、社区生活场景化、交通配套低碳化为核心的新文旅发展模式受到越来越多的关注。

英国伦敦的“骑行泰晤士”（Cycle the Thames）专项计划充分说明了绿岛网络的叙事能力对城市文旅附加值的带动作用。伦敦市政府于 2018 年提出“骑行优先城市”（Cycling First City）战略，2021 年推出“骑行泰晤士”专项计划，旨在通过沿泰晤士河骑行网络串联文化遗产与公共空间，打造全球首个“河流—骑行—文旅”三位一体的低碳旅游模式。首先，通过泰晤士骑行绿道（Thames Cycle Route）和骑行—渡轮联运系统优化基础设施。泰晤士骑行绿道是欧洲最长的城市滨水骑行网络之一，全长 42 千米，沿河南北

---

① CODE I，NO T. Research on the Expert System and Chatbot in Tourism Domain［J］. 2022.

② 世界旅游组织（UNWTO）将文化旅游定义为：“人们想了解彼此的生活和思想所发生的旅行。”

岸延伸，串联伦敦塔桥、莎士比亚环球剧院等 28 处文化遗产：拆除南岸 2.3 千米机动车道改造为骑行专用道，设置双向隔离带与防滑环氧树脂涂层，实现物理空间重构，显著提升了骑行设施质量与能效；安装智能感应照明灯杆，根据车流密度自动调节亮度，进一步促进了夜间骑行的安全性与舒适性①。骑行 - 渡轮联运系统在塔桥、格林威治等 10 处码头设置自行车友好渡轮，大幅提升了骑行游客的出行选择性和可达性，有效整合了公共交通与文化地标的访问方式。**其次，通过“Explore Thames”移动应用和 Komoot 类骑行导览平台实现数字导览与社交导航。**泰晤士河骑行路径沿线的数字导览功能已初具规模，最具代表性的为由 Visit Thames 开发的“Explore Thames”移动应用。该 App 集成 GPS 路径导航、文化地标信息查询、语音讲解与用户反馈等多功能于一体，用户可实时掌握沿线水文环境、安全提醒与兴趣点分布，从而提高出行效率与路径认知。与“Explore Thames”有效服务个体的主观诉求不同，Komoot 类平台所体现的“社交导航”机制促成了“数字路径文化”的形成，在骑行行为社会化、路径叙事系统化等方面具有明显优势②。Komoot 作为当前主流的骑行导航平台，提供包含泰晤士河沿线在内的高度定制化路线规划与实地环境数据支持，用户不仅能根据骑行难度、地形、文化兴趣等偏好生成个性化路线，还可查看其他用户上传的地标照片、路况建议与评论，实现“路径社群化”。**最后，通过周期性节庆和沉浸式体验激活社区合作与文化活动。**以“Totally Thames Festival”等为代表的节庆活动通过骑行、导览、文化展演等形式极大刺激文旅消费的同时，提高了居民对文旅活动的主动参

---

① HARVEY N S. The multiple values of urban waterways［M］//The Palgrave Handbook of Climate Resilient Societies. Cham：Springer International Publishing，2021：1–27.

② CAINE A. Narratives of Digital Creep：An Investigation of the Socio-technical Transitions in Cycling［D］. Staffordshire University，2022.

与度，更为志愿者和临时工人提供了新的就业路径[①]，被证明是激活社区合作、推动城市再生的重要策略，文化活动所推动的“文化资产再利用”（如旧桥、废弃铁路改造成公共空间）更是有效提升了文化遗产的活化水平。在数字化文化传播日趋多样的背景下，“虚拟挑战”成为泰晤士河路径上创新型体验的代表实践。以“Thames Path Virtual Challenge”为例，该项目允许用户在全球任意地点通过骑行或步行完成泰晤士河全程的虚拟挑战，过程同步解锁明信片、地标图像与历史文本信息[②]。这种结合虚拟运动与文化记忆的机制，为异地用户提供了新的“远程参与感”。

西班牙巴塞罗那的“酒店 15 分钟旅游圈”[③]强调游客需求就近满足，以城市系统思维解决传统旅游困境。近年来，巴塞罗那的过度旅游（overtourism）问题日益严峻，尤其集中在市中心如哥特区和格拉西亚大道一带的 2.3 平方千米核心区，导致沉重的市政压力和主客矛盾：随着游客量激增，市政垃圾处理系统面临极限，核心区每日垃圾量远超清运能力；市中心居民高度感受到旅游挤压生活空间的问题，旅游被认为是影响居民幸福感的主要因素之一；大量游客推动了市中心租金飙升，导致小型本地商铺和传统业态逐渐消失，这种“旅游驱动的绅士化”（tourism-led gentrification）使得市中心商铺租金较外围高 480%，传统业态流失率 41%[④]。2021 年，巴塞罗那旅游局发布《2030

---

① STEVENSON N. Local festivals，social capital and sustainable destination development：Experiences in East London［J］. Journal of Sustainable Tourism，2016，24（7）：990–1006.

② End to End Virtual Run. Thames Path Virtual Challenge［EB/OL］. https://endtoend. run/thames–path–virtual–challenge.

③ 巴黎是国际上明确提出并系统实施“15分钟城市”（15–Minute City）规划理念的先行者，强调居民基本需求就近满足，而将该理念延伸至旅游业、打造以酒店为核心的“15分钟旅游圈”（15–Minute Tourist Zone）的典型案例则是西班牙巴塞罗那。

④ GENC K，TÛRKAY O，ULEMA E. Tourism gentrification：Barcelona and Venice［J］. Turismo y Sociedad，2022（31）：125–140.

可持续旅游战略》，首次提出**“以酒店为锚点，构建 15 分钟步行可达的超级旅游生态系统”**，旨在通过优化城市空间布局与业态分布，减少游客交通碳足迹，同时缓解市中心过度旅游压力。目标到 2030 年，85% 游客核心需求（景点、餐饮、购物、文化设施）可在酒店周边 15 分钟内步行满足，从而显著减少出行所依赖的短途交通，并力争在 2030 年前将游客交通碳排放量较 2019 年减少 40%[①]；聚焦于旅游经济的再平衡，计划通过基础设施和服务资源的均衡配置，将旅游收入的空间分布从城市中心拓展至外围社区，以实现社会与经济公平。**首先，通过酒店区位管控和步行网络升级完善空间规划**。实施酒店分区准入制度，通过设定不同旅游区功能组团，进行旅游业区块化管理，新酒店牌照仅颁发给位于非饱和区（Poblenou、Sants 等）的申请者，以抑制“Airbnb 化”和城市核心区的过载现象，尤其强调了将“文化遗产、地方餐饮与公共空间”纳入区位审批指标，是确保旅游业与社区共生发展的关键机制[②]：强制要求周边 500 米内需配置至少 1 个文化遗产点（如高迪建筑、哥特区古迹）、3 家以上本地特色餐厅（加泰罗尼亚菜比例≥ 50%）、1 处市民广场或公园。推动步行网络升级，在哥特区等历史街区街道通过街道封闭、铺设防滑路面和增设休憩设施等，提升游客体验，并显著带动了周边商业收入；在游客密集区推广“每日主动出行友好”（active mobility-friendly）规划，如扩展区 L’Eixample 的步行街策略，有助于应对老龄游客与本地居民的日常通行冲突，同时提升旅游空间的整体承载弹性[③]。**其次，通过商户共生协议和**

---

① WURM K. Strategies and measures to approach sustainable tourism in a city struggling with overtourism：a case study of Barcelona［D］. Graz：University of Graz，2023.

② CRESPI VALLBONA M，GALEAS ORTIZ S. Sustainable governance versus airbnbification. The case of Barcelona［J］. Cogent Social Sciences，2023，9（1）：2229112.

③ DEN HOED W，RUSSO A P. Aging，everyday active mobility and the challenge of the tourist city：an illustration from Barcelona［J］. Urban Geography，2024：1-23.

文化生产嵌入形成业态集群与社区共营。酒店与周边200米内的包括手工艺店、咖啡馆、画廊等在内的小型商户签订“共生协议”，提供联合营销与客流共享，如酒店入住者凭房卡可在联盟商户享受9折优惠，商户则向酒店支付营收的3%作为分成——至2023年共形成4200家联盟商户，本地手工艺品销售提升67%[①]。实施“一店一工坊”政策，每家酒店需至少引入1项社区文化体验项目（如圣家堂附近酒店的“彩色玻璃制作课”），工坊收入的60%归属本地工匠——2023年此类活动参与量超180万人次，创造就业岗位2300个[②]。最后，通过智能导览平台和低碳行为激励实现数字赋能与精准服务。官方“Barcelona Next”App基于LBS推送如美食主题、建筑主题等个性化路线，输入酒店位置后，自动生成15分钟步行圈内的文化活动、即时人流热力图，支持多语种智慧解说和实时翻译——2023年日均活跃用户24万，87%游客认为“显著提升体验深度”[③]。游客步行或骑行探索周边，每公里累计积分，可兑换弗拉门戈演出票或免费自行车租赁——2023年兑换率达58%，减少短途交通碳排放约1.2万吨，占游客总排放38.5%[④]。巴塞罗那通过空间重组、社区共营与数字赋能，将“酒店15分钟旅游圈”从概念转化为可操作的文旅新模式，为全球城市提供了减少过度旅游、提升在地体验的范本：游客行为得以重塑，

---

① CRESPI VALLBONA M，GALEAS ORTIZ S. Sustainable governance versus airbnbification. The case of Barcelona［J］. Cogent Social Sciences，2023，9（1）：2229112.

② VARDOPOULOS I，PAPOUI-EVANGELOU M，NOSOVA B. Smart 'tourist cities' revisited：Culture-led urban sustainability and the global real estate market［J］. Sustainability，2023，15（5）：4313.

③ MOLINARES D A，GEURS K，GRIGOLON A B，et al. Exploring the 15-minute city concept for urban outskirts：a systematic literature review［J］. DREAMS Project Deliverable，2024：1–50.

④ MOLINARES D A，Geurs K，Grigolon A B，Ulak M B. Exploring the 15-minute city concept for urban outskirts：a systematic literature review［J］. DREAMS Project Deliverable，2024：1–50.

步行探索比例从 2019 年 29% 升至 2023 年 47%，短途打车需求下降 33%；空间布局得以重构，非核心区游客占比从 18% 增至 35%，Gràcia 等外围社区旅游收入增长 220%，中小商户存活率提高至 89%；主客矛盾得以缓解，居民对旅游业的支持率从 38% 升至 82%，志愿导览员增至 1200 人，女性与青年（18—35 岁）在文旅岗位中占比分别达 58% 与 43%[①]。

三、国家框架与地方知识：文旅融合的中国话语和价值转向

推动文化和旅游融合发展，是助力社会主义文化强国和旅游强国建设的重要抓手，是满足人民群众对美好生活向往的必然要求，是传承弘扬中华优秀文化和促进经济结构优化的有效路径。根据世界旅行与旅游理事会（WTTC）研究，旅游业对全球经济的贡献具有显著的乘数效应。2023 年数据显示，全球旅游业每创造 1 美元直接收入，可带动相关行业增收 2.9 美元；每创造 1 个直接就业岗位，可间接支持 4.3 个工作岗位[②]。在中国，由于产业链本地化程度较高，乘数效应更为显著。据中国旅游研究院测算，2019 年中国旅游业收入每增长 1 元，可综合拉动相关行业增收 4.3 元[③]；国家发展和改革委员会指出，旅游业每增加 1 个直接就业岗位，可间接带动 5—7 人就业[④]。习近平总

① BENCEKRI M，KWAK J，LEE D. A systematic review of the 15-minute city framework：Implications for environmental heritage preservation in the Anthropocene［J］. Journal of Urban Studies，2025，24（1）：1–20；KHAVARIAN-GARMSIR A R，SHARIFI A. From garden city to 15-minute city：A historical perspective and critical assessment［J］. Land，2023，12（2）：512.

② World Travel & Tourism Council. Economic Impact Report 2023［R］. London：WTTC，2023：15–18.

③ 中国旅游研究院. 中国旅游经济蓝皮书（2020）［M］. 北京：旅游教育出版社，2020：56–59.

④ 中华人民共和国国家发展和改革委员会. “十四五”旅游业发展规划［R］. 发改社会〔2021〕1831号，2021-12-22.

书记在全国旅游发展大会作出重要指示，“旅游业从小到大、由弱渐强，日益成为新兴的战略性支柱产业和具有显著时代特征的民生产业、幸福产业”，更要求我们在中国语境中寻找文旅融合高质量发展的前进道路。

1. 国内文旅融合的政策阶段

从产业发展史的视角来看，中国文旅产业肇始于改革开放初期。伴随着国民经济体系的深刻变革和旅游产业规模的指数级扩张，这一产业形态经历了从计划经济残余向市场化运营的范式转换。1978 年，原隶属外交部的中国旅行游览事业管理局改为直属国务院。1985 年底，国务院把旅游业纳入国家的国民经济和社会发展计划，确立了旅游业在中国国民经济中的产业地位。1986 年初，国务院原则通过国家旅游局编制的旅游业发展规划，作出了扶持旅游业发展的一系列决策。1992 年，中共中央国务院将旅游业确定为第三产业中的重点产业，国家旅游局以“中国友好观光年”为主题，拉开全国旅游主题年序幕[①]。直到 2009 年首份文旅政策出台，标志着正式拉开中国文旅融合发展的序幕。

第一阶段——萌芽发展期（2009—2012 年）：首份政策出台，内涵逐渐明晰。中国首份文旅政策《文化部、国家旅游局关于促进文化与旅游结合发展的指导意见》于 2009 年正式颁布出台。该政策指出“文化是旅游的灵魂，旅游是文化的载体”，其明确了文化旅游融合发展的必要性。2010—2011 年，为更好地推进文旅产业融合发展，相关部门相继出台各项政策，如原国家文化部、中国农业银行《关于加强全面战略合作的通知》、原国家旅游局《关于进一步加快发展旅游业促进社会主义文化大发展大繁荣的指导意见》等。2012 年颁布的文旅政策内容集中在对文旅产业的发展与规划，政策明确了在

① 此后15年间，半数左右的旅游年主题围绕着“观光旅游”。在相当长的时期内，观光旅游是中国以及全球旅游业发展最主要的模式，时至今日也占据着主要的市场份额和旅游人次规模。

“十二五”期间中国文旅产业发展的目标。如《文化部“十二五”时期文化产业倍增计划》和《文化部“十二五”时期文化改革发展规划》等。此时期中国文旅政策的内容主要集中在明确文旅融合的内涵及阐明二者之间的关系。

第二阶段——成长发展期（2013—2014 年）：加快模式转变，促进跨界融合。在 2013 年中央全面深化改革领导小组成立时，旅游被划入了文化体制改革专项小组。这一制度性安排催生了产业发展的两大转型趋势，共同推动中国文旅产业进入以质量效益为导向、以创新融合为特征的高阶发展阶段，展现出强劲的发展韧性和增长潜力：其一，消费形态实现了从浅层观光向文化沉浸与休闲度假的范式转换，出境旅游市场呈现出主题化、深度化的发展特征，医疗旅游、海岛度假等细分领域增长显著；其二，产业边界发生革命性重构，“旅游 +”与“+ 旅游”的双向融合机制推动形成了多产业协同发展的生态格局，全域旅游理念引领空间资源配置方式创新。值得关注的是，文旅政策颁布机构从原国家文化部、原国家旅游局扩展到国务院层面，各部门从文化产业或旅游业的产业视角出发，就如何提升文化产业和旅游产业高质量发展颁布出台相关政策。如《旅游质量发展纲要 (2013—2020 年)》《关于推进文化创意和设计服务与相关产业融合发展的若干意见》《关于促进旅游业改革发展的若干意见》等等，重点提出推动旅游产品向观光、休闲、度假并重转变，满足多样化、多层次的旅游消费需求等发展路径。该时期中国文旅政策的主要重点在于如何推动文旅产业融合发展。

第三阶段——规范发展期（2015—2017 年）：加强行业监管，注重市场规范。从 2015 年起中国颁布的文旅政策多集中于对文旅市场的监督管理，如原国家旅游局《关于打击旅游活动中欺骗、强制购物行为的意见》，原国家文化部、公安部《关于进一步加强游戏游艺场所监管促进行业健康发展的通知》等。以上政策的颁布，为文旅产业的健康发展提供支撑与保障。2016 年，国务院发布的《“十三五”旅游业发展规划》明确提出对中国旅游业提质升级高质量发展的新要求。此时期对文旅市场的规范与监督管理较为重视。

第四阶段——融合发展期（2018—2019年）：文旅机构合并，行业提质升级。2018年4月，原国家旅游局与原文化部合并，组建文化和旅游部，各省区市的文旅主管部门相继挂牌，文旅融合逐渐进入全面深入阶段。党的十九届四中全会审议通过的《中共中央关于坚持和完善中国特色社会主义制度 推进国家治理体系和治理能力现代化若干重大问题的决定》明确提出，完善文化和旅游融合发展体制机制。2019年3月，文化和旅游部制定的《国家级文化生态保护区管理办法》正式实施，其中明确鼓励保护区开展文化观光游等多种形式的旅游活动；同月，文化和旅游部印发《关于促进旅游演艺发展的指导意见》，着力将旅游演艺培育成更好的文旅融合载体；7月，文化和旅游部印发的《曲艺传承发展计划》提出，鼓励和引导曲艺项目进入城市和乡村旅游演艺市场，与当地旅游发展相结合，拓展更大发展空间；8月，国务院办公厅印发《关于进一步激发文化和旅游消费潜力的意见》，提出了继续推动国有景区门票降价、提高移动支付便捷程度、开发入境旅游产品及特色商品、鼓励把文化消费嵌入各类消费场所、打造特色类文化旅游演艺产品、推动旅游景区提质扩容、大力发展夜间文旅经济、丰富新型文化和旅游消费业态、加大文化和旅游市场监管力度等9项措施；12月，文化和旅游部发布《关于进一步加强演出市场管理的通知（征求意见稿）》提出，推动文化和旅游融合发展，促进文化和旅游消费；同月，文化和旅游部起草的《中华人民共和国文化产业促进法（草案送审稿）》开始公开征求意见，其中对促进文旅融合作出明确规定。文旅和各个产业也在全面融合，在线旅游、文旅小镇、文旅地产等形式丰富了文旅发展模式和发展新思路。此时期国家对文旅产业融合的认识逐渐成熟，文旅政策涉及产业融合发展的各个层面，为中国文旅融合提供了良好的发展环境与条件。

第五阶段——持续发展期（2020—2022年）：疫情重构格局，数字赋能转型。中国文旅产业在新冠疫情防控与复苏进程中呈现出显著的制度韧性与发展弹性。2020年初突发疫情导致行业全面停摆，文旅部紧急叫停经营活动的行政指令[①]折射出公共卫生危机下的治理逻辑。随着疫情逐渐得到控制，社会经济进入恢复阶段，文旅产业复苏政策体系逐步构建：在稳企业和保就业上夯基石，形成“政策组合拳”，包括发改委23部门联合推进消费扩容、国办优化复工复产审批流程等制度创新[②]；在促消费和拓市场上做引导，突出文旅消费提质导向，通过试点示范工作[③]培育新业态；在新趋势和新模式上强赋能，以《文化和旅游部关于推动数字文化产业高质量发展的意见》和《关于深化“互联网＋旅游”推动旅游业高质量发展的意见》[④]推动产业数字化转型。至2021年，“1+7”规划体系与“十四五”专项规划的相继出台，从文化和旅游发展的顶层设计、文化和旅游科技创新、文化产业、文化和旅游市场、

---

① 2020年1月，文化和旅游部办公厅印发《关于全力做好新型冠状病毒感染的肺炎疫情防控工作暂停旅游企业经营活动的紧急通知》，各地博物馆、景区等相继采取了闭馆、停业措施，多项原定于春节期间推出的文化展览也临时取消。

② 为缓解疫情影响下文旅企业出现的经营困境，中央与地方各省纷纷针对疫情出台政策，帮助文旅企业共渡难关，切实减轻企业负担，支持文旅产业平稳健康发展。2020年2月，国家发改委等23部门联合印发《关于促进消费扩容提质加快形成强大国内市场的实施意见》，提出重点推进文旅休闲消费提质升级；3月，国务院办公厅分别印发《关于进一步精简审批优化服务精准稳妥推进企业复工复产的通知》和《关于应对新冠肺炎疫情影响强化稳就业举措的实施意见》，从宏观层面对企业的审批制度和民众的就业形势提出了指导意见。

③ 2020年10月，文化和旅游部、国家发展改革委等三部门联合印发《关于开展文化和旅游消费试点示范工作的通知》，探索激发文化和旅游消费潜力的长效机制，培育壮大文化和旅游消费新业态新模式，尝试促进文化和旅游消费高质量发展，助力形成强大国内市场。

④ 2020年11月，文化和旅游部在总结近年来数字文化产业发展工作基础上，结合产业发展新形势新趋势，研究制定了《文化和旅游部关于推动数字文化产业高质量发展的意见》。这份文件明确了数字文化产业发展的目标、思路和主要任务，不仅推动深化供给侧结构性改革，扩大优质数字文化产品供给，提高质量效益和核心竞争力，还有利于以文化创意和科技创新培育新型业态，促进产业提质升级，增强发展新动能。同月，文化和旅游部、国家发展改革委等十部门联合印发《关于深化“互联网+旅游”推动旅游业高质量发展的意见》，提出优化“互联网+旅游”营商环境，以数字赋能推进旅游业高质量发展。

非物质文化遗产保护、文化和旅游发展、公共文化服务体系建设、艺术创作、旅游业发展等方面，提出完善现代旅游业体系、完善现代文化和旅游市场体系、推进文化和旅游融合发展、提升文化和旅游发展的科技支撑水平等具体要求和措施。这一阶段的政策演进过程既体现了特殊时期政府干预的必要性，更凸显了通过制度创新促进产业转型升级的发展路径，展现出危机应对与长远发展相协调的政策智慧。

第六阶段——崭新探索期（2023年至今）：过往经验不足以指导未来文旅发展实践。随着疫情结束旅游市场需求的提升，文旅行业强劲复苏，全国各地有针对性地创新旅游场景，丰富文旅产品供给，提升服务品质，激发消费新活力，国家及地区政策出台也在积极跟进，老字号复兴、非遗进景区、乡村文化产业振兴、智慧旅游沉浸式体验新空间等细分领域创新为文旅高质量发展注入了新动能，在实践中不断探索新的经验模式。2023年1月4日，商务部、文化和旅游部、国家文物局联合印发了《关于加强老字号与历史文化资源联动促进品牌消费的通知》，要求加强老字号文物保护利用。深化老字号文物历史研究，深入挖掘其历史文化价值，充分发挥老字号文物对弘扬中华优秀传统文化的积极作用，讲好中国故事。1月6日，文化和旅游部、教育部、自然资源部、农业农村部、国家乡村振兴局联合开展文化产业赋能乡村振兴试点工作，并制定《文化产业赋能乡村振兴试点工作方案》，促进乡村文化和旅游融合发展，形成可复制可推广的典型经验做法在全国推广，推动建设宜居宜业宜游和美乡村。2月22日，文旅部印发《关于推动非物质文化遗产与旅游深度融合发展的通知》，提出坚持以文塑旅、以旅彰文，牢牢把握非物质文化遗产保护传承和旅游发展的规律特点，在有效保护的前提下，推动非物质文化遗产与旅游在更广范围、更深层次、更高水平上融合，让旅游成为弘扬中华优秀传统文化、不断铸牢中华民族共同体意识、促进人的全面发展、服务人民高品质生活的重要载体。3月16日，文旅部发布《启动智慧旅游沉浸式体验新空间培育试点工作通知》，指出智慧旅游沉浸式体验新空间是指依托旅游景区、度假区、休闲街区、工业遗产、博物馆等场所或相关空间，运用增强现实、虚拟现实、人工智能等数字科技并融合文化创意等元素，通过文旅融合、虚实结合等方式，让游客深度介入与互动体验而形成的一种旅游新产品、消费新场景。

2. 国内文旅融合的市场特征

一是目的地驱动——从景点到城市，城市品牌建构文旅形象。2023 年中国旅游研究院数据显示，城市旅游综合收入占比达 68.7%，较 2019 年提升 12 个百分点，印证“城市即目的地”趋势深化[①]。游客的出行目的地不再局限于封闭的旅游景点、景区，城市成为重要的客源市场和旅游目的地；旅游不再拘泥于传统观光，而是人们普遍的生活方式，在不同文化的深度沉浸中寻找生活的各种可能，品读城市故事，品尝城市味道，品味城市风情，品享城市生活。这一转变背后是地方依恋理论（Place Attachment Theory）的实践印证：游客对城市文化符号（如重庆洪崖洞吊脚楼、长沙文和友复古街区）的情感联结强度较传统景点高 2.3 倍[②]。旅游目的地之间的竞争由重“景点知名度”向重“城市文脉”[③]转变，明确的城市个性和文化魅力，避免了“千城一面”的同质化发展陷阱，使城市拥有了文化旅游的核心竞争力。到淄博撸串，在江门狂飙，去有风的地方感受世间美好，因文化氛围、建筑景观、艺术空间或市井生活而火速出圈的网红城市正在为文旅发展“景”上添花，体现了城市的价值观、历史文化、城市精神、风俗民情，凝聚着城市的思想精髓和文化灵魂，是城市综合魅力的体现，也是城市聚集和吸引游客的核心因素。

---

① 中国旅游研究院. 2023—2024年中国文旅融合发展报告［R］. 北京：中国旅游出版社，2024.

② SCANNELL L，GIFFORD R. Defining place attachment：A tripartite organizing framework［J］. Journal of Environmental Psychology，2010，30（1）：1–10.

③ 城市品牌构建的KPI体系已从5A景区数量转向文脉识别度（0.78）、业态多样性指数（D=0. 92）等复合指标。见：中国城市科学研究会. 中国城市文旅竞争力蓝皮书：2023［M］. 北京：中国建筑工业出版社，2023：45–49.

二是场景化导向——从空间到情境，沉浸体验放大文旅力量。“场景”本身作为文化与价值观的外化符号，其所蕴含的文化产业价值及其与文化消费的契合点日益突显。“场景力量”所形成的具有互动感、体验感、叙事感和社交氛围感的沉浸式消费体验精确契合了当下消费者的偏好。当一个空间变成一个场景时，它可以成为培养各种文化精神的地方。场景是基于消费需求构建的“引力场”，是实体和精神的联系，创新是对向往生活的洞悉，是给未来生活模式的预判。当沉浸式文化体验成为主题场所的驱动力，带来的不只是一站式的方便舒适，还有沉浸的精神感受。当下“沉浸式体验”几乎覆盖文旅新兴消费的所有领域，从沉浸式博物馆、沉浸式演艺、沉浸式展览、沉浸式景区，到沉浸式主题公园、沉浸式体验馆、沉浸式灯光秀，再到密室逃脱、剧本杀、围炉煮茶，沉浸式文旅消费业态的蓬勃兴起因其强烈的代入感和互动娱乐体验而深受消费者欢迎。沉浸主题娱乐、沉浸文化旅游和沉浸实境娱乐是沉浸产业中的主要细分市场，三者市场规模占中国沉浸产业消费市场规模的 80.2%①。政策层面，《“十四五”文化和旅游发展规划》规划的 100 个国家级沉浸式项目已完成 24 个，形成故宫《紫禁城 365》、西安《长安十二时辰》等标杆案例②。

三是内容性偏好——从形式到内涵，创意产品彰显文化自信。文旅融合是现代人精神需求升级和对美好生活向往的体现，曾经依托门票售卖、硬件改造的资源消费时代已过去，旅游诉求日趋个性化、多元化，当观光式的传统旅游形式难以满足新需求，以内容创意、情感价值与品质消费为导向的体验时代已然到来。传统文化旅游内容演绎、复古国风和中国美学自信受到推崇，文博旅游、红色旅游、非遗旅游等文化旅游活动成为“新国潮”风尚。国家

---

① 艾媒咨询. 2023年中国沉浸式文旅产业发展白皮书［R］. 广州：艾媒研究院，2023.

② 文化和旅游部.“十四五”文化和旅游发展规划实施中期评估报告［R］. 北京：文旅部政策法规司，2023：34–38.

统计局数据显示，2023 年北京地区各博物馆文创产品营业额超过 2 亿元人民币，故宫淘宝的考古盲盒类目甚至增长超 40%。洛阳的汉服体验店单日最高接待游客量超过 5 万人次，月均营收超 15 万元，带动 3 万余人就业，汉服租赁、妆造、摄影等衍生消费带动产业链收入超过 12 亿元[①]。消费者通过丰富多样的文旅消费形式，在历史文化沉淀的精神中找到了韵脚，对于创意内容的关注和追求使其将文化自信融入日常生活。从盲盒经济到国潮元素，从创意产品到创意产业，文化符号的表达让消费者愈发凸显个性需求和多元审美，不仅是迎合 Z 世代消费者的志趣爱好，更是蕴含着丰富的文化积淀和时代特色，在凸显文化自信的同时也为文旅融合发展带来契机，彰显着城市形象和文化内涵。

四是影响力辐射——从流量到留量，社交平台成为营销主场。随着社交平台的快速渗透与迭代发展，以“IP 塑造 + 平台赋能 + 跨界联动”为表征的社交传播成为文旅融合发展的显著特征。抖音、小红书、快手、微信、微博等社交平台成为文旅内容传播的重要渠道，社交传播以 IP 为“社交货币”，通过社交平台建立社交关系，社交关系成为文旅产品平台化传播的纽带，营造圈层体验，持续精准宣发，平台口碑成为文旅产品传播效果的“试金石”，粉丝量多、黏性高、延展性好的热门 IP 变成文旅内容平台化传播的亮点，最终实现 IP 引流与价值变现。据统计，2023 年，抖音平台上“旅游 +”相关视频总播放量近 105 亿次[②]。旅游目的地营销策略呈现出显著的媒介化转向特征：一方面，目的地管理机构通过构建新媒体传播矩阵（包括但不限于官方微博、抖音、小红书等平台账号），以内容营销为手段，系统性地输出品牌形象宣传片、节事活动资讯等多元化传播内容；另一方面，采取 KOL 协同传

---

① 洛阳市发展和改革委员会. 汉服经济乘数效应研究［R］. 洛阳：洛阳市发展和改革委员会，2024：8.

② 巨量引擎城市研究院. 2023抖音旅游行业白皮书［R］. 北京：巨量引擎城市研究院，2023.

播策略，通过邀请具有垂直领域影响力的网络意见领袖进行实地体验，借助其粉丝经济效应和内容创作能力，制造具有病毒式传播潜力的社交话题，从而有效提升目的地的网络声量与关注热度。截至 2023 年 9 月 1 日，“大熊猫和花”话题在抖音上的播放量已达 135.3 亿次，和花的爆火带动了成都大熊猫繁育研究基地的游客数量显著增加。2023 年五一假期期间，和花吸引了 26.4 万游客参观，使成都大熊猫繁育研究基地成为全国十大热门景点之一。文化 IP 开始向体验性旅游产品延伸，以线上与线下结合的方式成为各大景点和目的地数字化营销的首要选择。以社交传播故事性、落地沉浸体验力和跨界吸引力为特征的文旅 IP 通过与商业综合体、综艺、体育、游戏等热门垂直领域的跨界联动，真正做到双向赋能、相得益彰。

五是数字化升级——从虚拟到现实，数字技术赋能智慧旅游。2023 年中国智慧旅游市场规模达 10382 亿。随着文旅产业数字化转型不断深入，各地数字文博、智慧旅游建设初见成效，线上 3D 博物馆、AI 数字人讲解、“云旅游”“云演艺”“云剧场”“云游博物馆”“云展览”“云直播”“数字非遗”等数字文旅新业态加速涌现，VR 沉浸景区、AR 互动乐园等数字文旅体验产品增多[①]，截至 2024 年，敦煌研究院已完成莫高窟总计 492 个洞窟中的 289 个洞窟的数字化影像采集，以及 45 身彩塑、140 个洞窟、7 处大遗址的三维重建[②]。《“十四五”文化和旅游发展规划》中已经明确指出“实施文化产业数字化战略”“积极发展智慧旅游”，强调要重点推进旅游景区、红色旅游、智慧旅游等建设，而数字孪生正凭借其跨平台、跨空间的传输技术以及逼真、高交互的现实拟真等特点，一定程度上加速了文旅行业变革升级，为数字文旅转型带来全新动力，提高其实体经济的抗风险能力。

---

① 中商产业研究院. 2023—2025年中国智慧旅游市场前景及投资研究报告［R］. 深圳：中商产业研究院，2023：52-56.

② 敦煌研究院. 一问到底：数字技术如何让千年莫高窟‘活’起来？［EB/OL］.（2025-03-14）［2025-03-30］. https://www.dha.ac.cn/info/1019/4619.htm.

六是规范型市场——从无序到有序，推动行业健康可持续发展。近年来，旅游演艺、旅游民宿、剧本杀、脱口秀等文旅新业态、新产品蓬勃发展，对拉动文化旅游消费、丰富人民群众的精神文化需求起到了重要作用。但新业态新产品的发展基本经历了从无序到有序的过程，相关行业领域、行业协会本身在市场与政府的双重导向下，本身在不断地进行纠偏与规范，2022 年至今，共有辽宁、四川、吉林、河南、广东等多地先后出台相关政策护航行业发展，内容涵盖剧本内容规范、消防安全、未成年人保护、新业态发展等，逐步让剧本娱乐这个新文化业态从乱象频生走向法律护航、引领经济发展①。随着《〈旅游民宿基本要求与等级划分〉（GB/T41648—2022）实施工作导则》《文化和旅游部关于进一步加强演出市场管理的通知（征求意见稿）》等相关政策导则的出台，行业在野蛮生长中不断紧跟国家步伐，标准化、规范化、有序化得到了极大的提升，推动了文旅行业的健康可持续发展。

3. 国内文旅融合的症结痛点

中国文旅融合的深层矛盾本质是“高速增长”与“高质量发展”的转型阵痛。从曾经快速扩张的增量市场到如今的存量盘活、提质增效趋势，文旅行业的发展正在从规模向效益转变，过程中部分传统景区、文旅地产、观光项目等已经无法适应文旅融合背景下的市场需求，既要认可新态势、新特点和新机遇带来的产业转型升级，也要意识到当下的市场中基于区域经济差异、文化转化效能、技术应用深度及人才供给结构维度依然存在着一些亟待回应的共性问题。

一是产品供需结构失衡，高质量供给略有短缺。面对人民群众日趋旺盛的精神文化需求和旅游需求，虽然在文旅产品开发和供给方面每年都呈现上涨态势，但比较 2023 年全国规模以上文化及相关产业企业营业收入数据，从

---

① 文化和旅游部. 全国剧本娱乐经营活动规范管理情况通报［R］. 文旅市场发〔2024〕15号，2024-03-28.

区域来看，东部地区实现营业收入 101223 亿元，比上年增长 8.7%；中部地区 15394 亿元，增长 3.6%；西部地区 11688 亿元，增长 10.0%；东北地区 1210 亿元，增长 5.4%[①]，区域差距较 2020 年进一步扩大；旅游业总体仍然呈现出“东强西弱、南强北弱”的不平衡特征，东部通过资本集聚与市场网络形成“虹吸效应”，中西部文旅资源开发陷入“低水平锁定”，不同地区在文旅吸引力、承载力、市场化运作能力和产品供给能力等方面的差距仍然悬殊，失衡问题依然严峻。在放大、活化特有文化 IP 的产品供给以及形成产业化竞争力方面还需加强，文旅产品供给的“同质化过剩”和“高品质短缺”并存。一些地方和景区高度依赖门票收入，门票收入占到旅游总收入的 70% 左右。例如，河南焦作云台山在 2017 年门票收入占比达到 80%[②]，仿古街区、玻璃栈道等同质化项目重复建设问题凸显。以研学旅游市场为例，“双减”政策实施之后，亲子旅游、研学旅游需求集中释放，2023 年市场规模达 1469 亿元[③]；但目前市场上仍存在既无“研”也不“学”、粗放低质的研学产品，教育部抽样显示，仅少部分研学课程符合“研究性学习”标准。而在冰雪旅游领域，游玩时间短、项目单一等情况普遍存在，根据平安证券的报告，中国每人的滑雪基本消费约为 600 元（不包括住宿和餐饮费），远低于欧美。这一现象折射出当前中国冰雪旅游产品供给仍主要集中于初级阶段的冰雪观光与基础滑雪体验等单一业态，尚未形成融合温泉康养、文化休闲等多元要素的高品质复合型度假产品体系。这种供给侧的局限性，既反映了产业发展的阶段性特征，也凸显出从单一运动型产品向综合性休闲度假业态转型升级的迫切需求。

---

① 国家统计局. 2023年全国规模以上文化及相关产业企业营业收入增长8.2%［EB/OL］.（2024-01-30）［2025-03-30］. https://www.stats.gov.cn/sj/zxfb/202401/t20240129_1946971.html.

② 光明日报. 景区摒弃“门票经济”才会有出路［EB/OL］.（2019-01-14）［2025-03-30］. https://www.gov.cn/xinwen/2019-01/14/content_5357599.htm.

③ 艾媒咨询. 2024—2025年中国研学游经济市场运行监测报告［R］. 广州：艾媒研究院，2024.

二是文化表达不够充分，创新动力稍显不足。布迪厄的文化资本理论指出，文化资源需通过符号化、制度化和身体化三重路径实现价值转化[①]。目前市场上的文旅产品普遍面临文化资本转化困境，文化缺乏在旅游产品和旅游体系中的市场表达和资本转化，旅游开发忽视对文化的活化利用和创新发展。对文化的理解和认识不深刻可能导致文旅资源开发者无法深入挖掘当地文化内涵，难以表达文化的深度和广度，影响游客对独特文化体验的感知与获得，仅停留在文化符号的表层景点和表演虽然可能会满足游客走马观花式“拍照打卡”需求，但无法真正传递文化核心价值和意义。文旅产品开发整合的创新动力不足，缺乏系统科学理论指导和完整的产品体系，甚至为了迎合市场需求，以商业利益为唯一目标，将产品中的文化内容进行简化处理或照搬模仿，导致产品类型相对单一，欠缺与当地历史文化相关的独特性和吸引力，如全国文旅小镇中，“古镇＋美食街＋民宿”模式屡见不鲜。重复雷同的产品不仅让文化内涵不断流失，逐渐降低了市场的需求，也让游客产生审美疲劳，丧失了对当地文化的兴趣和热情。

三是新技术应用流于表面，线上线下融合模式有待深化。内容生产环节存在创新动能疲软，技术转化层面呈现应用能力短板，这两大核心制约因素直接导致高品质文旅产品的有效供给仍显乏力。一方面，虽然数字文旅发展势头迅猛，但数字资源和数字基础设施的投入仍然不足，截至 2023 年，全国 3382 个 4A 景区和 5A 景区中，Wi-Fi 覆盖率仅达到 45%，AP/VR 设备普及率更不容乐观[②]。另一方面，已催生出的新业态数字化表现形式相对浅表化，对于技术形态的关注有时会大于文化内容本身，已知“云演艺”用户平均停

---

① BOURDIEU P. The forms of capital［M］//Richardson J. Handbook of theory and research for the sociology of education. New York：Greenwood，1986：241–258.

② 工业和信息化部信息通信研究院. 中国文旅产业数字化发展白皮书：2023［R］. 北京：人民邮电出版社，2023：78–80.

留时长为 8.2 分钟，但付费转化率仅为 3.8%[①]。文旅产业数字化也存在着一定程度的过热倾向与非理性成分，真正能够产品化并为市场接受的项目还较为稀缺[②]，虽然市场上已涌现出若干传统文化与数字技术融合的示范性项目和消费场景，但在内容创新的深度赋能方面仍存在显著不足，线上线下割裂的情况普遍存在：一是因为文化资源的数字化发掘尚未突破传统范式，缺乏具有颠覆性的文化解码技术；二是因为文化表达的科技化呈现仍停留于简单移植层面，未能形成具有鲜明文化辨识度的创新转换模式。这种“技术悬浮”现象反映出数字技术与文化内容之间尚未建立起深层次的创新耦合机制。以“云演艺”“云游博物馆”“云游景区”等为例，文化可以通过线上消费内容的生产、传播、互动分享，但旅游的消费核心依然是需要通过在地的方式体验，如何打造线上线下的一体化互动机制，使得消费者进入场景并实现价值共创，提升线上文化和旅游消费模式与线下体验行为的融合实效，仍有待考量。

四是复合型人才储备尚欠缺，行业智库建设有待推进。在文旅融合走向深化的背景下，院校学科建设与需求脱节、人才培养和实践脱节，专业化复合型文旅人才储备缺口较大，人才数量和质量供给难以同产业发展需求相匹配。2023 年，文化市场经营从业人员预估约为 117.7 万人，较 2019 年有所下降，主要由于中小型文化娱乐场所（如剧本杀馆、线下影院）受消费分级影响持续收缩；旅行社直接从业人员 31.26 万人，较 2019 年减少 25%[③]；高校文旅专业中，多数课程未设置数字化运营模块，但 2023 年文旅行业新兴岗位（数字化运营、跨境旅游、文化遗产保护等）需求总量达 56.8 万，而市场有

---

① 抖音集团. 2024年文旅短视频消费趋势报告［R］. 北京：巨量引擎研究院，2024：55.

② 范周，祁吟墨.逆势复苏、韧性凸显、创新求变——2021年中国文化产业和旅游业回顾与展望［J］. 中国文化产业评论，2021，31（2）：20–35.

③ 中华人民共和国文化和旅游部. 中华人民共和国文化和旅游部2023年文化和旅游发展统计公报［EB/OL］.（2024–08–30）［2025–03–30］. https://zwgk.mct.gov.cn/zfxxgkml/tjxx/202408/t20240830_954981.html.

效供给仅 22.7 万，缺口 34.1 万，供需失衡指数为 1:2.5[①]。文化和旅游行业的智库建设工作也有待进一步深化。2021 年，文化和旅游部办公厅公示了国家图书馆等 19 个单位入选首批文化和旅游行业智库建设试点单位[②]，其中既包括高校、科研院所，也包括市场性研究机构，从区域分布来看，东部占 63%（其中北京 6 家、上海 3 家），西部仅 2 家。长期以来，智库的重要地位没有受到普遍重视，缺乏具有较大影响力和国际知名度的高端智库，亟需搭建政界、业界、学界交流共享的研究平台，丰富智库成果，为文旅融合高质量建言献策。

四、城市逻辑与集体行动：文旅融合的区域探索和南京做法

南京致力于建设世界历史文化名城和国际旅游目的地城市，坚持以文铸城，以旅兴业，扎实推进文化和旅游供给侧结构性改革，加快推进文化和旅游深度融合，实现更高质量、更有效率、更可持续的发展，2020 年入选首批国家文化和旅游消费示范城市，2021 年文化产业和旅游产业领域工作获国务院办公厅督查激励，2023 年入选国家智慧旅游试点城市，以建邺高新区为载体申报成功首批国家对外文化贸易基地，南京秦淮特色文化产业园创成国家文化产业和旅游产业融合发展示范区。南京的文化软实力、旅游吸引力和城市影响力获得全面提升。

① 智联招聘研究院. 2023年中国文旅行业人才供需报告［R］. 北京：智联招聘，2023：27.

② 首批文化和旅游行业智库建设试点单位：国家图书馆、中国艺术研究院、中国旅游研究院（文化和旅游部数据中心）、江苏省文化艺术研究院、山东省艺术研究院、中国科学院地理科学与资源研究所、北京大学国家对外文化交流研究基地、中国人民大学文化产业研究院、北京第二外国语学院中国文化和旅游产业研究院、南开大学现代旅游业发展省部共建协同创新中心、上海交通大学文化创新与青年发展研究院、东南大学中国艺术发展评价研究院、武汉大学国家文化发展研究院、中南财经政法大学知识产权研究中心、中国旅游集团有限公司研究院、阿里研究院、腾讯研究院、美团文旅政企合作中心、上海格物文化发展研究院。

1. 山水城林夯底色，古今融合建设国际旅游目的地城市

南京地势得天独厚，诸葛亮赞其为“钟山龙蟠，石城虎踞，真帝王之宅”，孙中山称其“在世界中之大都市，诚难觅此佳境也”。“桨声灯影秦淮，虎踞龙盘钟山”充分彰显了南京的山水城林独特风貌和美丽古都鲜明气质，有着7000多年文明史、近3100年建城史和近500年建都史的南京，素有“六朝古都”“十朝都会”之称，文化为这座城市编撰了丰富的注脚，旅游为这座城市贡献了蓬勃的生机。南京已成功创建秦淮区、江宁区2个国家全域旅游示范区与7个省级全域旅游示范区①；2024年全市拥有国家级、省级旅游度假区6家②，5A级景区2家③、4A级景区26家④，A级旅游景区总数56家；旅行社923家；星级饭店54家，其中五星级饭店19家，高品质旅游要素位居全国前列。

统筹文旅空间布局，全市一盘棋。以“山水城林”为底色，聚焦“美丽古都”特色，结合南京“南北田园、中部都市、拥江发展、城乡融合”城市空间发展新合力，建设彰显南京文化精神气质的世界级旅游目的地，构建高能级、高标识度、强带动力的“一城一环两带两片”的文旅空间布局。以江南主城和江北新城为主体构成世界文化名城核心区，打造“美丽古都”文旅城；

---

① 南京省级全域旅游示范区分别是六合区、高淳区、玄武区、建邺区、浦口区、鼓楼区、雨花台区。

② 南京市的国家级旅游度假区：南京汤山温泉旅游度假区。南京市的省级旅游度假区：南京珍珠泉旅游度假区、南京金牛湖旅游度假区、南京栖霞山旅游度假区、高淳国际慢城旅游度假区、南京汤泉旅游度假区。

③ 夫子庙—秦淮风光带和南京钟山风景名胜区。

④ 南京市博物馆（朝天宫）、大报恩寺遗址公园、南京博物院、南京总统府、中共代表团梅园新村纪念馆、玄武湖、红山森林动物园、侵华日军南京大屠杀遇难同胞纪念馆、莫愁湖公园、南京科技馆、雨花台风景区、阅江楼景区、明文化村（阳山碑材）、牛首山、汤山紫清湖旅游区、金牛湖景区、平山森林公园、雨发生态旅游区、珍珠泉风景区、栖霞山风景区、高淳国际慢城、游子山风景区、高淳老街历史文化景区、天生桥景区、周园、南京欢乐谷、渡江胜利纪念馆、南京园博园。

深入挖掘历史传说、遗址遗迹、山水生态等优质资源，重点建设汤山温泉旅游度假区、珍珠泉旅游度假区、六合文庙历史风貌区等项目，形成绕主城休闲旅游环；推动南京长江文化旅游带、古运河—秦淮河文化旅游带、城北生态度假片区、城南康养慢生活片区“两带两区”开发建设，构建“江南江北”文化和旅游协调并进、美美与共的空间格局。

强化优质产品供给，融合生命力。打通文化与旅游的“融”字拳，增强旅游产品的文化力、故事力、情感力、传播力，把历史文化与现代文明融入旅游经济发展，重点打造一批世界级旅游项目、高人气旅游产品、乡村旅游迭代产品、优质红色旅游产品，大力发展大众旅游、全域旅游、全季旅游。近年来，南京持续推动金陵小城、华侨城欢乐谷、栖霞山国际邮轮母港等重量级文旅项目落地，加快明城墙、夫子庙、栖霞山、牛首山等优质资源向世界级文旅项目转化进程，开发夫子庙“梦回金陵城”沉浸式剧本杀、秦淮河水上婚礼、莫愁湖复古海棠花会、银杏里艺术街区、“南湖记忆”怀旧街区、熙南里“南京喜事”、城墙博物馆故址重游等新项目，挖掘老产品文旅潜力，促进“传统文化”与“年轻潮流”互动碰撞，推动传统景区、历史街区、文博场馆在旅游与文化交融中迸发出鲜活的创造力与生命力。秦淮灯会荣列文化和旅游部非遗与旅游融合十大优秀案例①榜首，非遗进夫子庙—秦淮风光带景区项目入选江苏省首批无限定空间非遗进景区示范项目名单，红色李巷、高淳西舍等红色文化与乡村旅游相得益彰，雨花台烈士纪念馆入选中华民族文化基因库（一期）试点项目，旅游赋予文化更广阔的生长空间。

创造城市文旅形象多面显示度。南京新增国家等级博物馆和国家一级博

---

① 文化和旅游部非遗与旅游融合十大优秀案例：江苏南京秦淮灯会、江西景德镇古窑让非遗“活”起来、江西婺源非遗让最美乡村更有“味道”、福建龙岩世遗永定土楼、湖南长沙非遗馆让非遗项目活态发展、四川凉山彝族火把节、陕西韩城非遗+景区、湖北十堰“郧西七夕”、贵州凯里推动麻塘精准扶贫、浙江东沙非遗让古渔镇焕发新活力。

物馆[①]数量居全省首位，雨花台烈士纪念馆、中国科举博物馆创建成为国家一级博物馆，首创总分馆机制被写入国家文物局提升博物馆陈列展览质量的指导意见，长江路、老城南、钟山三大博物馆集群聚落成功授牌，文化艺术深入街巷，“博物馆之城”品牌形象日益彰显。作为联合国教科文组织创意网络城市中国首个“世界文学之都”，南京以江苏网络文学谷为基地优先发展图书出版、版权交易等文学产业，加快文化精品内容生产创作，实施“城市文学坐标计划”，发挥“世界文学客厅平台”作用，开发“世界文学之都”主题游线，举办南京文学季等有国际影响力的文化活动，不断深化“世界文学之都”品牌建设。

2. 数智金创赋新能，科技驱动探索文化和旅游产业融合发展示范城市

数字经济时代，南京把握机遇聚力打造“文旅产业数字化高地、创新驱动产业标杆、全链融合产业样板、现代化发展产业典范”，持续深化数字科技在文化和旅游生产方式、体验方式、服务方式、管理模式等领域的创新应用，全面提升文旅产业能级和核心竞争力。2023 年南京市文化产业增加值占地区生产总值比重达到 6.65%[②]，实现旅游业总收入 3400 亿元，文化和旅游业首位度显著提升。文化数字化已成为南京文旅产业新增长极，可穿戴智能文化设备制造、数字出版、动漫、多媒体等 16 个行业小类实现营业收入 52395 亿元，同比增长 15.3%，快于全部规模以上文化企业 7.1 个百分点。文化新业态行业对全部规模以上文化企业营业收入增长的贡献率为 70.9%[③]。

完善智慧文旅综合管理与服务平台建设。南京积极参与国家文化大数据

---

① 分别有：南京博物院、南京市博物总管、南京中国科举博物馆、雨花台烈士纪念馆、侵华日军南京大屠杀遇难同胞纪念馆、南京大报恩寺遗址博物馆、南京城墙博物馆。

② 2023年，南京市地区生产总值为17421.40亿元，文化产业增加值1158亿元。

③ 数据来源于国家统计局官方网站。

体系建设，加速推进红色文化资源、历史文化遗产、图书馆藏等数字化进程，上线南京文学之都数字云平台（文都云），打造“一站式”公共文化数字化服务平台。为更好服务文化和旅游企业，南京搭建了集项目库、企业库、园区库、金融库于一体的“南京文化融合创新服务平台”，建设运营南京市A级景区、文博场馆统一预约平台和管理系统，全力推进南京智慧文旅综合管理与服务平台建设，构建“一机游南京、一图览文旅、一键管行业”智慧文旅体系。“南京市乡村旅游大数据服务平台”“南京市牛首山文化旅游区智慧旅游系统建设应用”入选全国文化和旅游信息化发展典型案例。

有效推动文旅数字场景和项目创新。南京大力推动文旅产业“上云用数赋智”，相继出台《关于促进南京市数字文化产业高质量发展的实施方案》《关于深入推进南京文化和科技融合工作实施方案》等政策文件，充分利用虚拟现实、增强现实、混合现实、扩展现实、全息立体成像、实时渲染、裸眼3D等数字文化关键核心技术，开展“科技+”文旅融合应用场景设计，探索数字艺术、沉浸式体验等新型项目建设。近年来，南京围绕中山陵、阅江楼、夫子庙等标志性景区开发了超高清慢直播、虚拟VR赏景等云旅游场景；运用数字技术打造“虚拟阅读空间”“云课堂”“云直播”等云展览场景；通过在线剧院、数字剧场推出网络展演、沉浸式演艺、夜间光影秀等云演艺场景；举办“云享金陵”线上消费季发展直播带货、线上团购、云上MALL等云消费场景。南京国展中心科幻沉浸式游戏剧场《阿尔法镇》、园博园崖壁光影秀《百年石光》、夫子庙沉浸式剧目《金陵幻夜·意境愚园》受到游客广泛好评，南京大报恩寺景区数字光影技术应用示范、白鹭洲公园沉浸式夜游项目入选2021年度国家文化和旅游科技创新工程项目储备库，文旅科技创新项目成效显著。

集聚壮大数字文旅优质载体和龙头企业。南京将文旅产业融合发展示范区建设作为促进全市文旅产业高质量发展的重要抓手，秦淮区、玄武区、鼓楼区石城虎踞文旅休闲区3家单位成为首批江苏省文旅产业融合发展示范区建设单位；中国（南京）文化科技融合成果交易会成为全国率先打造的文化科技融合服务平台。一方面，以园区载体建设推动产业集聚，秦淮特色文化产业园正创建国家级文化产业示范园区，目前全市共有177个市级以上各类文化产业园区（基地）①。另一方面，完善龙头骨干企业为支撑，大中小型企业协同创新、共享资源、融合发展的市场主体网络：2023—2024年度共有367家企业入选国家文化出口重点企业，成功引进阿里华东总部、小米、58同城等一批数字领军企业，途牛旅游网成长为全国第二大在线旅游运营商，截至2024年南京旅游集团荣获五次中国旅游集团20强，南京文投集团连续三年获得全国文化企业30强提名，江苏稻草熊影业成功在港交所挂牌上市，中国广电5G核心网中心节点项目落户南京，中国（南京）软件谷被评定为全国首批、江苏省唯一的国家数字服务出口基地。

争创国家文化和金融合作示范区。健全多层次、多渠道、多元化的文化和旅游产业投融资体系，建立文化和旅游优选项目库，统筹利用市文化和旅游产业发展专项资金、市大运河文化基金等财政支持，对数字文化项目、大运河文化旅游项目、文学之都产业链项目、城市特色文化艺术IP产业链项目等具有科技性、引领性、前瞻性的文旅项目开展精准扶持。引导“南京熙南里历史文化休闲街区”等重大文旅项目用好各级新型政策性金融工具，将更多中小文旅企业纳入“宁创贷”到服务范围。强化全国首家综合性文化金融服务中心平台作用，遴选授牌“南京文化银行”，与产权交易所联合推出文旅企业股权质押贷款产品，持续探索金融服务中小微文旅企业的“南京模式”。鼓励设立艺术品信用基金，支持文化创意成果转化、文创企业自主创新和开展国际合作。完善艺术品金融市场体系，加大金融支持艺术品消费力度。创新“非遗+金融”模式，以金融助力“非遗+”作为助力金融支持非遗保护

---

① 其中国家级17家、省级34家、市级126家。其中以数字文化产业为特征的平台载体103家。

开发利用的着力点。

3. 文旅商体促发展，破局突围打造国家文化和旅游消费示范城市

疫后时代不断涌现的新客群、新场景、新技术、新渠道，持续推动文旅市场消费转型升级，本地游、近郊游、周边游成为出游新选择，谋求主客共享、存量优化、边界重构的文旅商体深度融合发展时代正在到来。作为首批国家文化和旅游消费示范城市，夫子庙—秦淮风光带、南京长江路跻身首批国家级夜间文化和旅游消费集聚区①，熙南里历史文化休闲街区入选第二批国家级夜间文化和旅游消费集聚区②，南京夫子庙步行街、长江路文化旅游集聚区先后入选国家级旅游休闲街区，可借鉴、可复制、可推广的文化和旅游消费“南京模式”已形成。发挥文化和旅游消费示范带动作用，持续拓展文化和旅游消费空间、丰富夜间文化和旅游消费业态、大力培育文化和旅游消费热点、完善优化文化和旅游消费环境，促进全市经济繁荣增长。

纾困惠企破除疫情文旅消费困局。南京积极落实中央、省市系列纾困惠企政策，先后出台《关于应对疫情影响提振文旅市场促进消费的十项举措》《关于助力稳住经济大盘提振文旅市场的若干政策措施》等政策文件，精准界定财政资金补贴行业，多措并举助力文旅企业恢复发展。不断创新文化和旅游消费政府补贴试点政策，深入推进文化惠民“百千万工程”“南京文化消费政府补贴”和“文化和旅游消费积分多领域共享通兑”等消费补贴工程，持续开展文化和旅游消费季（月、周）等系列活动，打造常态化文化和旅游

---

① 截至2024年2月，文化和旅游部已确定了三批共345家国家级夜间文化和旅游消费集聚区，其中四川省、山东省、江苏省、上海市四个地区的集聚区个数并列首位，均达到16家。江苏省首批国家级夜间文化和旅游消费集聚区有（6家）：南京市夫子庙—秦淮风光带、南京市长江路、无锡市拈花湾小镇、常州市环球恐龙城、苏州市周庄古镇、苏州市金鸡湖景区。

② 江苏省第二批国家级夜间文化和旅游消费集聚区有（6家）：南京市熙南里历史文化休闲街区、无锡市清名桥历史文化街区、常州市青果巷、苏州市观前街区、苏州市同里古镇、扬州市瘦西湖。

消费惠民品牌。

“极美南京”打造文旅商体消费集聚区。在重点文化场所、历史文化街区、旅游景区、城市休闲功能区、商业中心区和艺术品街区等地域空间，南京巧妙借力城市更新植入消费空间，因地制宜融入演艺、电竞、动漫、体育、潮玩、艺术品和跳蚤市场等旅游元素，串联起剧场影院、美术馆、文博场馆、名人故居等文化和旅游场所，涌现出老门东、小西湖、D9 街区等一批典型的文旅商体集聚区，未来还将继续打造多个“极美南京”文旅商体融合消费示范区，实现“文艺范”与“烟火气”的有机融合。构建沉浸式体验商业空间，大力发展“首发经济”，推动文旅产品的首店、首演、首映、首展、首秀、首创等“首发”落地。解锁城市社交消费新玩法，汽车后备厢变身创意市集，咖啡馆摆起街头摊位，精致露营走进繁华街区，以消费场景新体验激发市民消费新需求。

在线在场培育文化和旅游消费新热点。鼓励支持社会机构、市场主体和科研院校利用现代高新技术，积极探索新型文化和旅游消费热点培育与内容创作生产模式。鼓励发展文旅消费直播电商，支持 MCN（多频道网络）头部企业和直播带货达人在文化和旅游消费空间开展常态化旅游、购物直播；鼓励市场主体与抖音、快手、B 站等合作，探索网红带货、直播卖票新业态，创新布局建设一批活力街巷、魅力街角、口袋公园等文化和旅游网红打卡地；打响“南京礼道”文创品牌，支持南京文化旅游地标与国际知名品牌合作推出彰显南京形象的时尚系列产品，推动新国潮、新国货、潮玩文创等文旅商品研发生产。

“夜之金陵”深潜夜经济文旅蓝海。在夜购、夜食、夜宿、夜游、夜娱、夜读、夜健七大维度持续发力，打造了超长待机版购物中心、南京特色深夜食堂、精品民宿、夜间市集、各类小剧场、文化书店、24 小时健身馆便利店等一批夜间消费场景，形成鼓楼水岸艺术街区、百家湖 1912、南京 1912、江北弘阳广场等一批夜间消费集聚区，为游客提供全时态文旅体验。创新“文化 + 科技”

演艺融合形态，推出金陵寻梦·夜瞻园、金陵幻夜·意境愚园、明月印·中华门、秦淮戏院里等夜间实景式演艺，未来将依托秦淮河夜间游船、夜游巴士等特色交通载体打造游船剧本杀、巴士电影院等新兴演艺消费，结合 5G+8K、虚拟现实技术开发“虚拟演唱会”“云音乐节”等在线演艺模式，为游客提供高品质夜间消费与沉浸式文化体验。发展夜间体育经济，支持举办灯光篮球、荧光夜跑、广场舞等赛事活动，引领夜间体育消费新风尚。

4. 江河湖海展格局，区域联动构建国家旅游枢纽城市

南京从玄武湖时代到秦淮河时代进而迈向江海联动时代，正致力于在国家长江文化公园与国家大运河文化带建设中塑造独特文化标识。石头城下的石头津作为中国最早的沿江达海大型国际皇家港口[①]，见证了海上丝绸之路的繁华景象，具备通江达海格局的南京推动了中华文化对外传播与交流，成就了世界海洋文明与中国长江文明的交流互鉴。南京应充分发挥作为南京都市圈核心城市、长江经济带重要枢纽城市、长三角唯一特大型城市的区位优势，主动投身区域文旅融合发展建设中，加强国际文化交流平台构建，全方位多维度讲好中国故事的南京篇章。

塑造新时代长江文化文旅融合品牌。南京是习近平总书记关于保护传承弘扬长江文化重要论述的提出地和实践地，在建设长江国家文化公园上被赋予了特殊的政治站位和使命担当。立足全球眼光、站位国家高度、锚定江苏示范、彰显南京特色，以国际化、精品化、创新化为路径，打造历史文化和现代文化交相辉映的国家文化公园南京段，建设新时代长江文化保护传承弘扬示范段、国际化长江文化公园旅游目的地典范、世界级长江水岸经济创新活力带样板。编制《长江经济带南京段长江文化旅游融合发展概念规划》与

---

① 石头津位于现在的南京市清凉山一带，是东吴时期的重要军事要塞。由于其地理位置优越，石头津成为当时沿江通海的大型国际皇家港口。在六朝时期，这里停泊着大量的吴国战舰、商船以及来自阿拉伯、波斯、日本、高丽等地的船只。这些船只通过石头津将南京与外界连接起来，促进了贸易和文化交流。

《保护传承弘扬南京长江文化三年行动方案》，重点打造长江文化博览园、揽江怀古望江带、国际邮轮母港三大高等级、高活力、高标识度的文旅融合地标项目，并将鱼嘴公园、长江达摩夜公园、幕燕赏樱风光带、幕燕飞行营地、滨江文博场馆等一批文旅项目串珠成链，贯通滨水公共休闲空间，形成一串长江南京岸线的文化项链，构建全国独一无二的江海联运旅游体系，为“水韵江苏”注入新的内涵。

深化南京都市圈和长三角一体化区域协同。作为长三角一体化国家战略中的“战略支点”“创新引擎”和“门户枢纽”，南京充分发挥两省三市交界区位优势，加强都市圈文旅惠民合作。成立南京都市圈自驾游推广联盟，启动南京都市圈自驾游推广、消费推广季等活动，推出十条自驾游精品线路以及文化旅游、交通住宿、餐饮购物等优惠联票，上线“南京都市圈自驾游圈圈卡”，打造都市圈文旅同城化发展的先行示范区。面向长三角以更高标准、更大力度展示南京魅力，深化政策互利互惠，加快文旅公共服务便利共享，完善“长三角 PASS”[①] 文化旅游年卡功能。重点推进与杭州、黄山协同建设宁黄杭国际旅游圈，与上海、苏南联动打造休闲旅游圈，共同建设长三角地区高品质区域旅游目的地。

高水平推进文化和旅游国际交流与合作。重点推进与联合国教科文组织、友好城市、世界历史文化名城之间的交流合作，共同办好世界知名城市“南京周”、世界城市文化论坛南京区域论坛等国际性活动。利用本地特色平台优势，扩大南京“软博会”、南京“金洽会”、南京“紫金山峰会”、世界智能制造大会、南京（国际）动漫创投大会等活动的海外影响力。发挥南京“世界文学客厅”[②] 平台作用，开展中国文学国际传播高峰论坛、“一带一路”国

---

① “长三角PASS”由上海市文化和旅游局、南京市文化和旅游局及杭州市文化广电旅游局联合推出。最多能免费畅游上海、南京、杭州三地的71个景区。

② 42个世界文学之都，南京是第29个。

际文学论坛、国际文学家驻地计划等。建好用好推特、脸书、图享三大境外社交媒体平台“发现南京”账户，高标准、高水平构建南京文旅对外传播体系，提高南京城市国际传播力度。

五、机会场景与实践场域：文旅融合的跟踪研究和比较研究[①]

南京要在推进文旅融合发展上做示范，探索真正适合南京的具有竞争力与可持续性的文旅融合高质量发展之路，需要从更广阔的视野、更深层的考量来认识文旅融合。文旅融合不仅是产业实践层面的资源整合，更是一场深刻的文化认知与价值重构运动——其内涵可解构为四组辩证统一的维度，共同构成理解这一现象的认知坐标系。文旅融合是系统观，也是世界观：作为“系统观”，强调文化资源与旅游要素的非线性互动，“文化—旅游”子系统之间具有协同放大效应；作为“世界观”，重塑着人类与时空的关系，本质是海德格尔 “诗意栖居”的现代转译，成为全球化时代构建文化认同的认知工具。文旅融合是方法论，也是资本论：方法论层面，强调文化符号的转化机制，尤其是文化要素在旅游通道中的价值变现、场景变现和资本变现；资本论层面，承认文化资本溢价能力的同时，仍需警惕“迪士尼化”风险，避免文化价值让渡于商业逻辑。文旅融合是产业链，也是价值链：产业链属性体现在对产业要素的横向延展与纵向整合，强调跨产业协同和全链条贯通；价值链属性则聚焦于文化符号向经济价值的转化与多维赋能，更多指向意义生产，这种升维标志着从“产业加法”到“价值乘法”的质变。文旅融合是现实主义，也是理想主义：现实主义维度体现为经济理性驱动，强调投资回报和生存逻辑；

---

① 此部分主要观点及内容见：宋广玉. 在推进文旅融合发展上做示范——对话南京大学城市科学研究院邵颖萍博士［N］. 南京日报（思想理论·策论），2023-08-23：A11.

但理想主义精神更值得关注，这种张力要求从业者在市场规律与文化伦理间保持平衡。

1. 文旅融合是系统观，也是世界观

国内的“文旅融合”概念是指文化、旅游产业及相关要素相互渗透、交叉融合或整合重组，逐渐突破原有产业边界或要素领域，相互交融形成新的共生关系的现象和过程[①]。而在国际上被更多提及的则是“文旅协同”的概念，是指公司、企业、社区和政府的合作，强调的是多方协同，共同发展，结成战略合作伙伴关系；它来源于联合国世界旅游组织发布的《文化与旅游协同发展报告》，其中提到“旅游业和文化之间的协同作用被视为大多数国家的关键机遇”，这也说明了文旅融合发展和协同创新已经是国际社会公认的必然趋势，是促进文化产业与旅游产业提档升级的必然选择。伴随着旅游业的持续快速发展以及跨文化传播的日益活跃，文化和旅游的深度融合更为迫切，呈现出以下几种明显的发展态势：一是旅游过程中的文化消费需求不断增加，随着全球经济的不断发展，人们对文化旅游的需求不断增加，不仅仅满足于简单的观光旅游，而是更加注重深入了解当地历史、文化、艺术、节庆等方面的体验；二是旅游产品中的文化内涵体现不断创新，为了满足消费者不断增长的文化旅游需求，全球各地的旅游机构和从业者持续创新文化旅游产品，将文化元素融入旅游体验中，如特色民俗体验、当地特色文化、主题节庆活动等；三是旅游过程中的数字文化技术不断发展，随着数字技术的不断发展，全球文旅融合发展得以呈现出更具创新活力的产品形态，如虚拟现实技术让消费者足不出户也可以获得非常不错的游玩体验，使传统文化旅游产品的开发方式更加丰富生动；四是旅游开发中的可持续性要求不断提高，全球文旅融合的发展也推动了世界各地优秀文化资源的保护传承和可持续性发展，越

---

① 程金龙，王淑曼，张瑞，等. 文旅文创融合发展——理论诠释与实践探索［M］. 北京：社会科学文献出版社，2023：94.

来越多的国家和地区开始重视文化遗产的保护和传承，同时也将文化遗产可持续发展作为文化旅游发展的重要方向。

文旅融合的关键在于处理好文化与旅游的发展关系，文化介入旅游、旅游成为文化的结构部分，两者在发展过程中相得益彰。文化的渗透性、跨界性和无限创新能力放大了旅游产业本身，使得文旅融合形成发展的动力机制和强可持续的引导机制，具有文化的灵魂和主张，也能够实现旅游资本的场域和力量。**首先，文旅融合可以促进地方社会经济发展**。文化旅游业正在成为国民经济和社会发展的名副其实的战略性支柱产业，通过文旅融合可以将地区优质文化资源转化为文化资本，优化整体社会经济产业结构，推动原有产业边界的消融，弥合传统一二三产的发展缝隙，衍生新兴业态和产业门类，尤其是需要在产业动态融合的过程中实现产业价值再造和转移，加强与工业、农业、商务、体育、会展等板块相结合，与地区城乡统筹发展、农民增收、农业结构调整等有机结合。**其次，文旅融合可以提升地方文化软实力**。文化是一个地区的灵魂和名片，文旅融合不是简单的叠加，而是创造新的以文化为魂、以旅游为载体、以产业间动能为价值输出的生产网络和场域，通过符号化、内容化、关联化、日常化、可操作化的文旅融合可以打造虚实结合、人景融合、场景感丰富的文旅消费体验，展现地方特色文化魅力，塑造区域文化身份认同，激励社会群体文化自信，提升区域文化交流与文化福祉的创造性、趣味性，增强城市影响力和文化竞争力。**最后，文旅融合可以推动地方城市的可持续发展**。文旅融合创新驱动是和城市社会的整体可持续发展紧密结合的。我们通常都会感受到，但凡是文化旅游相对繁荣的地方，也是产业招商、人才留驻和城市美誉度比较显著的地方。传统文化的历史丰度表现出艺术创作、市场表达和教育浸润的内在张力，推动中华优秀传统文化创造性转化、创新性发展是保持文化活力的有效路径。通过文旅融合可以保护和传承地区的优秀文化遗产，将文化塑造与旅游体验相结合，持续创造生产优质文旅产品，提升人民的生活质量和幸福感，深化文化产业和旅游产业的内涵发展和创新探索，推动地区经济社会可持续发展。

2. 文旅融合是方法论，也是资本论

致力于建设世界历史文化名城和国际旅游目的地城市，南京坚持以文铸城，以旅兴业，文化为这座城市编撰了丰富的注脚，旅游为这座城市贡献了蓬勃的生机。其一，南京地理区位优越，拥有庞大而高质量的文旅腹地和消费市场。作为长三角一体化国家战略中的“战略支点”“创新引擎”和“门户枢纽”，南京是南京都市圈核心城市、长江经济带重要枢纽城市、长三角唯一特大型城市，连接着江、浙、沪、皖各地，共享长三角一体化发展红利。其二，南京地势得天独厚，山水城林之间蕴藏着独特的文旅融合发展动能。诸葛亮赞其为“钟山龙蟠，石城虎踞，此帝王之宅也”；孙中山称其“其位置乃在一美善之地区。其地有高山、有深水、有平原，此三种天工，钟毓一处，在世界中之大都市，诚难觅此佳境也”；毛泽东豪言“虎踞龙盘今胜昔，天翻地覆慨而慷”。其三，南京文化源远流长，孕育着灿若繁星的文博资源和文化遗产。拥有世界文化遗产明孝陵、人类非物质文化遗产京云锦木机妆花手工织造技艺以及全球唯一的“海上丝绸之路·南京遗迹”申遗预备项目的南京，素有“六朝古都”“十朝都会”之称，是长江流域唯一的大一统王朝的都城，并长期作为中国南方的政治、经济、文化中心，从“天下文枢”到“世界文学之都”充分彰显南京古都文化气质。其四，南京旅游产品体系基础优良，文旅配套服务设施与服务水平日渐完善。南京通过高等级景区集群建设、智慧服务升级、基础设施扩容，已形成“全时全域全龄”的旅游产品体系，配套服务设施与标准化水平稳居全国第一方阵，为文旅高质量发展提供了坚实支撑。截至2023年底，南京拥有国家A级旅游景区58家，含2家5A、24家4A，全市A级景区100%实现“一码预约”，地铁运营覆盖90%以上4A级景区；全市星级酒店136家，其中五星级酒店26家，数量居全国

第四[①]；全市建成236个标准化文旅驿站，提供免费WiFi、应急药品等38项服务，2023年累计服务游客超1200万人次[②]；游客满意度综合得分89.2分（满分100），在全国重点旅游城市中排名第三[③]。**其五，南京文旅产业实力雄厚，数字赋能和促进消费的供需两端发力极大提升了城市美誉度**。2023年南京市文旅产业增加值达1542亿元，占GDP比重7.3%，增速高于全国平均水平2.1个百分点[④]；全市规模以上文旅企业1287家，其中数字文旅企业占比35%，年营收超亿元企业达62家[⑤]；全市发放文旅消费券1.2亿元，核销率92%，直接拉动消费18.6亿元，杠杆率1:15.5，居全国首位[⑥]；夜间文旅消费规模达723亿元，占全天消费的54%[⑦]。随着新形势下文旅产业变革加速、消费需求迭代升级，南京文旅融合也存在一定问题，典型的例如：就文旅间融合而言，就文说文、就旅说旅的情况依然明显，文化缺乏在旅游产品和旅游体系中的市场表达和资本转化，旅游开发忽视对文化的活化利用和创新发展；就文旅外协同而言，在城乡联动发展、部门联动发展、市场统筹发展等方面还不能充分有效协调联动文旅资源，发现并创造新兴旅游吸引物的能力不足，转存

---

① 南京市文化和旅游局. 2023年南京市旅游业统计年鉴［M］. 南京：南京出版社，2024：45-47.

② 南京市文化和旅游局. 2023年南京市公共服务体系建设总结［R］. 南京：南京市文化和旅游局，2023.

③ 中国旅游研究院. 2023年全国游客满意度调查报告（报告编号：CTA-2023-TS）. 北京：中国旅游研究院，2023.

④ 南京市统计局. 南京市2023年国民经济和社会发展统计公报［EB/OL］.（2024-05-11）［2024-06-30］. http://tjj.nanjing.gov.cn/bmfw/njsj/202405/t20240511_4663449.html.

⑤ 南京市文化和旅游局. 2023年南京市文化和旅游产业发展报告［R］. 南京：南京市文旅局，2024：15-17.

⑥ 南京市商务局. 2023年南京国际消费节数据分析报告［R］. 南京：南京市商务局，2024：8-9.

⑦ 中国旅游研究院. 2023中国夜间经济发展报告［R］. 北京：中国旅游研究院，2023：23-25.

量为增量、变流量为产量的突破口尚未完全打开。

从内在逻辑来看，文旅融合是文化活动中的旅游因子和旅游活动中的文化要素的崛起过程——文化是内容，旅游是通道，文旅融合的核心是文化要素在旅游通道中的价值变现、场景变现和资本变现，其发展核心是构建大资源观、大市场观、大产品观、大治理观和大服务观。就南京而言，文旅资源不仅是虎踞龙盘的自然山水、十朝都会的名人胜迹，更是金箔云锦的非遗技艺、南北兼容的地方美食、历久弥新的地标建筑，应当围绕目的地驱动发展理念，从建设景点向经营城市转变，以城市品牌建构文旅形象，建设世界文旅目的地城市；文旅市场不仅是频频登上热搜的旅游客群，更是细分领域的商务客群、研学客群、银发客群、亲子客群、海外客群，应当深入挖掘未来客群的消费内容偏好，注重提升市场辐射影响力，将文旅流量转变为文旅留量，创意文旅融合产品形式，彰显地方文化自信，把年轻化社交平台作为文旅营销主场，打造特色化国际消费中心城市；文旅产品不仅是传统景区、旅游度假区，更是遍布城市角角落落的文博场馆、历史街区、产业园区、商业综合体和商圈、城市公园和主题乡村，应当围绕文旅融合场景化导向，从旅游空间到文化情境，打造沉浸式体验焕新文旅融合力量，贡献文化和旅游产业融合发展典范；文旅治理不仅是旅游市场治理，更是城乡环境治理、山水生态治理、营商环境治理，应当借力数字化技术升级，以数字技术赋能智慧旅游，从无序粗放发展的传统市场向有序规范发展的现代市场转变，推动文旅行业健康可持续发展，建设文旅智慧化的治理先锋城市；文旅服务不仅是全域覆盖的旅游咨询、住宿餐饮，更是公共文化服务、智慧文旅服务、人文关怀服务、特殊群体服务，应当充分动员社会各方主体力量，打造政府主导、社会参与、主客共享、在线在场无缝衔接的文旅融合城市氛围，建设现代化文旅融合典范城市。

3. 文旅融合是产业链，也是价值链

以文旅高质量推动城市高质量，以文旅国际化推动城市国际化，以文旅高占位推动城市高占位，积极融入全球城市话语体系，寻找世界城市文化身

份识别，争夺世界文旅目的地建设，抢占未来文旅发展高地，是传承历史文脉、彰显地方魅力、弘扬城市品格、传播民族精神的价值所在，更是以文化自信固中华文化之根、铸新时代文化之魂的题中之义。只有紧跟文旅融合创新趋势与文化产业高质量发展新路径，优化顶层设计、丰富文化产品供给、释放文旅消费活力、提升服务能力水平、完善市场治理体系，才能不断探索真正适合南京的具有竞争力与可持续性的文旅融合高质量发展之路，建设具有世界水平、中国特色、南京风度的文旅融合典范城市。

从经营城市的视角看待文旅融合的高质量发展。南京的大商圈、大交通、大设施、大高校应当为从幕后走到台前，从配套转变为引擎，商圈目的地、交旅融合示范、会奖演出经济和知识旅游应当被重点关注，释放城市基础设施、产业经济等硬实力对于文化旅游、生活服务等软实力的刺激和带动作用，将文化浸润和涉旅化改造的思路深刻贯彻到城市日常建设中。

在数字经济的时代夯实文旅融合的可持续发展。在科技突破的同时，南京应加大对于内容生产创作和产权交易的平台网链布局，聚焦重大题材、重点领域、关键技术、核心数字文化生产线等集中部署，在数字经济的洪流中找到南京文旅产业的坐标，抢夺话语权和定价权，强化文化金融服务效能，让内容和科技互为里表，故事力和场景力双向赋能，全面提升文旅产业能级和核心竞争力。

为青年人才的未来争取文旅融合的包容性发展。文旅融合要研究趋势、尊重市场、顺应人性、引领价值，创新的土壤比创新本身更重要，南京应当结合城市基础特质和未来发展目标，加深对于青年人群和亲子客群的关照，在建设新青年旅游城市和亲子旅游目的地城市方面做大胆设想，将青年旅游和人才驻留形成前后手，和青年发展型城市、儿童友好型城市建设统筹考量。

在世界文化交流平台布局文旅融合的国际化发展。南京应推进“国际友好旅游消费目的地”建设，提升国际化服务水平，全方位多维度展示南京魅力。充分利用南京国际友好城市网络，扩大入境游朋友圈，精准分析客群市场，协调增开国际航线，增加国际航班班次，提高入境过夜游客量；打造一批具有文化底蕴的世界级旅游景区和度假区、国际友好消费街区、国际友好消费小店，优化多语言客服、无障碍外币支付服务环境，丰富国际品牌酒店与米其林餐厅，增强全球酒店及餐饮接待能力；健全与国际通行规则相衔接的旅游服务标准体系，构建高品质便捷化旅游消费服务体系，持续推动境外游客购物离境退税，设立城市免税店、保税店等购物场所，推动开展“即买即退”试点，释放国际游客消费潜力。

4. 文旅融合是现实主义，也是理想主义

文旅融合的本质，是对人类“出走”与“回归”这一永恒命题的回应：既承载着人们对理想生活的浪漫想象，又寄托着对文化根源的情感依恋，二者共同构成文旅融合的双重精神内核——所以说，文旅融合是“诗和远方”，也是“家和故乡”。长期以来，笔者和团队以南京城市为研究样本，成立了国内首个“文旅融合创新研究博士工作站”，在经年的持续观察和跟踪研究中，积累和记录着这座城市文旅发展的吉光片羽。特别感谢南京市委宣传部对本项人才项目的资助，感谢南京市社会科学院对本项人才项目的支持，感谢南京出版社对本书出版的关照，感谢我的导师南京大学张鸿雁教授对团队经年的指导，也要感谢团队成员刘云、赵银杰、李晓丹、昌昊甜、钟雪晴、尹春花、彭玉荣、彭竹君等对本书的诸多贡献，他们在田野调查、资料收集、文字撰写、书稿编辑和整理方面付出了很多心血，在此一并表示感谢。

秦淮区，作为古都金陵发源地，自古以来就是全国文化、商业、旅游的核心区，文化旅游资源具有极强的历史价值刚性。团队作为秦淮区全域旅游创建指导单位和全面合作伙伴，延续“十三五”期间与秦淮区达成一致的良好合作机制和规划思路基础，通过“规划编制＋驻场服务”方式提供伴随型全流程服务，进一步厘清基本面，找准突围路径和破题点，提出将其打造成为全域旅游城区型建设典范，成功助力秦淮区获评全国首批全域旅游示范区。针对“老景区、老街区、老城区”的特质，围绕打造国际知名、国内著名文

化休闲旅游目的地的目标，全力提升中心城区首位度，打造最文化、有情怀、高能级的精致城区，形成具有秦淮特色的“文化引领、文旅融合、城景一体、主客共享”城市型全域旅游发展标杆。作为古都南京的建成之地、金陵文化的孕育之地、休闲文化旅游的集聚之地，秦淮区本身是老南京的根系所在，通过全域旅游创建统筹推动城市有机更新、精细化建设管理、文商旅融合发展等工作，为世人呈现出了“城区即景区，旅游即生活”的秦淮模式。2022年团队在编制《秦淮区文商旅深度融合发展战略咨询报告》中，围绕“注重数字赋能，在文化强区、品牌塑造上争当典范”赶超突围目标，按照“文彰特色、旅引客流、商促效益”的工作思路，注重数字赋能、坚持创新驱动、满足美好需求，变历史文化底蕴为城市文化资本，转线下大流量为文旅高质量，化新生消费需求为经济内生动力，力争成为“数字经济创新发展示范区建设标杆”“国际消费中心城市核心区发展样板”“高品质文商旅公共服务先行区典范”，提供文商旅深度融合发展的“秦淮样本”。

建邺区，作为省、市重点打造的现代化国际性城市中心，以“现代化、国际化、生态化”为标签，既是南京政治经济新中心，也是长江沿岸产城融合发展的典范区域，很长一段时间被大众贴上“经济高地、文化沙漠”的刻板标签。团队服务建邺从 2018 年《建邺区文化旅游发展总体规划 2019—2035 及七年详细规划》开始，立足理念融合、产业融合、市场融合、交流融合、服务融合、职能融合六方面，大力推动滨江空间与和平研学、会奖商务、生态科技、体育文娱、文化金融、街区涉旅化改造等有机结合，致力于将建邺打造成国际滨江文旅新绿洲，探索从传统景点型旅游向全域复合型国际都市文旅新高地模式路径转型；2020 年《建邺区文体旅“十四五”规划》，明确文化、体育、旅游发展事业产业思路、方向、目标和布局，着力从行政管理职能和区域工作落实方面，助力指导形成符合逻辑规定的系统性可执行方案；2022 年《建邺区文化浸润三年行动计划》，着眼于优化文化发展格局，推动文化服务品质供给，激发数字文化产业活力，促进“文化 +”融合创新，实现“文浸城中”惠民生、“以文润城”塑形象、“文城融合”展未来，持续提升建邺文化软实力；2023 年，团队助力建邺以高新技术产业开发区为载体，提供规划方案编制、创建计划拟定、辅助建设落地、现场辅导提升、模拟自检自查、申报材料编撰等全案全程式系统集成服务，辅导南京市创成江苏省首家国家对外文化贸易基地。建邺文旅的发展，没有单纯依靠原有的景区景点资源，而是充分调动依托国际博览中心、奥体中心、江苏大剧院等引领性“大载体、大设施、大场馆”，围绕“大会奖、大演艺、大赛事”等功能性平台建设，升级“大商圈、大商街、大酒店”等活跃性市场消费空间，以不走寻常路的远见和勇气，谱写了产业反哺资源、城市配套文旅的国际都市文旅典范。

鼓楼区，过去是南京城报时中心，是长江与秦淮河的地理交汇点，承载着中国近现代史始末记忆篇章，集中了南京重要的文化和教育资源、科技研发创新载体和服务平台，如今正全力建设以人民为中心的首善之区、幸福鼓楼，打造中心城区社会主义现代化建设先行示范区。团队 2012 年承担幸福鼓楼研究课题，构建了《鼓楼区幸福综合评价指标体系》，涵盖了“崇文崇礼、福民富民、乐居乐活、善政善治、创新创业、美德美行”等 6 项一级指标、16 项二级指标、66 项三级指标组成的客观指标体系，以及由 18 项居民满意度构成的主观指标体系，实现了“幸福鼓楼”的可量化、可建构、可落地和可评估。2023 年团队围绕鼓楼滨江板块和阅江楼景区进行概念规划和提升策划，围绕“江（长江）河（秦淮河）山（狮子山）城（首善地）楼（阅江楼）”五位一体，希望以文旅融合补短板、城市更新塑形象、江河格局拔高度，通过文化驱动现代生活地丰容重塑内核场，场景引领都市消费地升级重构内容，智慧赋能都市目的地打造重建认知。当前城市发展正从增量扩张向存量提质转变，鼓楼区立足自身独特的资源禀赋和中心城区再中心化的现实需求，聚焦可持续城市更新理念，文旅发展形成“遗产深度激活、滨江开发破局、文教资源转化”的鲜明特征，但仍面临着有资源无爆点、夜间经济动能不足、年轻客群渗透率偏低的困境。将城市更新与文旅融合、科技创新相结合，用经营城市的理念最大程度发挥文化的力量激发板块的活力一直以来是我们最为关心的议题之一，鼓楼依然是非常典型的研究样本，其意义不仅在于探索文旅弯道超车的新路径，更在于为南京建设世界级滨江城市提供核心支撑。

玄武区，集南京“山水城林”之精华，区内明孝陵、中山陵、总统府享誉中外，南京博物院、六朝博物馆、江宁织造博物馆承载古今。区内 A 级景区占地约 37 平方千米，占全域总面积的 50%，景区与城区面积占比全市第一、全国罕见，是典型的文旅资源富集型城区。2017 年团队在编制玄武区全域旅游规划时，针对玄武区 90% 以上文旅资源“在地不在手”特别是文博单位因体制限制主动性不高的客观情况，重点提出以长江路文化旅游集聚区的建设为突破，以商旅文融合发展为支撑，为资源型城区全域旅游模式探索“不求所有，但求所用”的新路径，通过业态交叉渗透，产品跨界融合，长江路“消费动线”不断拉长，文商旅资源与市民游客多样化、多层次、多方面的需求精准对接，最终实现场景再造，体验升级；2024 年玄武湖东岸品牌形象策划的过程中，占位玄武湖东岸跨时代“金陵山水形胜”城市文化资本坐标，创意策划“爱和生命力都在这里”文旅品牌形象，助力在地景区、城区建设具有文化底蕴的世界级文化和旅游目的地，深度融入南京国际交往中心城市、国际消费中心城市与青年发展型城市建设格局。作为首批国家文化产业和旅游产业融合发展示范区建设单位，玄武区在文化遗产创新利用、文商旅融合场景构建上已经形成示范效应，但在夜间经济纵深发展、年轻客群吸引力提升等方面仍有优化空间，如何深化从“资源依赖型”转向“创新驱动型”发展模式，未来需在场景颗粒度、情感链接度、商业原创度上持续深耕，有望成为全球城市文化遗产活化的中国范式。

城市在人不在物，文旅融合的终极意义在于芒福德倡导的“城市文明再造”[①]。一座城市或区域编制文旅规划、深入文旅研究的过程，是这个地方重新审视自我文化认同的过程，也是再次建构自我身份识别的过程。笔者和团队笃信，用生命赞美城市，愿新来与世界为缘：能改变一个乡村就改变一个乡村，能改变一座城市就改变一座城市，用我们的微薄之力，共同构建更具包容性与可持续性的融合生态，使文旅真正成为“人的本质力量的对象化”[②]实践载体。

① 刘易斯·芒福德. 城市文化［M］. 宋俊岭，李翔宁，周鸣浩，译. 北京：中国建筑工业出版社，2009：325-330.

② 马克思. 1844年经济学哲学手稿［M］. 中共中央编译局，译. 北京：人民出版社，2000：87.

第二章
风雅腔调：秦淮区文商旅深度融合的历时观察

城市承载着一个地区深厚的历史积淀，映射着地区文明的深远脉络；它汇集了历代社会群体的实践成果与智慧结晶，将这些精华转化为经久不衰的城市记忆，并通过历史的连续性传递给当代及未来的市民[①]。秦淮区，是承载南京建城三千余年城市文化记忆的核心区域，展现着南京城市文化的深度与广度，将南京的过去、现在和未来紧密相连。它的名字，如同一首古老的歌谣，回荡在历史的长河中，吸引着无数游客前来探寻。在这里，每一砖一瓦都承载着故事，每一街一巷都记录着变迁。从六朝风雅到都市繁华，秦淮区一直代表着南京文化与旅游的最高水平，是这座城市最引以为傲的文化名片。

一、文脉流淌中传承烟火繁华，数字赋能里续写秦淮故事

秦淮区，作为南京的发祥地，承载着这座城市深厚的根基与灵魂。它是南京都城中心的恒久象征，历经沧桑几近不变。自古以来，秦淮区便是文人骚客的聚集之地，其文化旅游之昌盛，早已成为不争的事实。自新中国成立以来，秦淮区的文旅产业发展始终走在前列，历经几十载春秋的沉

---

① VLOLKER M W. Biopolis：Patrick Geddes and the City of Life［M］. London：The MIT Press，2002：93.

淀与发展。我们发现，秦淮区的文旅发展具有鲜明的阶段性，每一阶段都反映了不同时期的社会变迁与文化需求。秦淮区之所以能够在文旅领域遥遥领先并实现持续发展，最本质内因在于其对南京城市文化资本①的大量占有。从科举考场到护城河、瓮城城墙，再到宫殿、皇家寺院，这些地标不仅是南京的文化象征，更是吸引游客的强大磁石。正因如此，秦淮区在文商旅融合领域取得了显著成就，展现出独特的区域发展优势：它不仅是游客体验南京深厚底蕴的首选地，更是展示南京文化多样性与现代活力的重要窗口。

1. 都城文教商旅繁华腹地，千年长干沉吟金陵史话

秦淮区是南京的发祥地与都城中心。从考古发现来看，秦淮区的“长干”②一带是南京最早的建城地点。自2017年以来，考古工作者在今秦淮区中华门外、大报恩寺西侧的西街遗址进行持续发掘，让深埋于地下的长干古城终得重见天日，这座古城的繁荣时段以晚商到西周为主，至两周之际衰落③。此次考古发现不仅将南京建城史往前推进了六百年左右，更确定了秦淮区就是南京最早的发祥地。

---

① “城市文化资本”是中国学者张鸿雁于2000年首次提出的概念，强调城市业已存在的精神文化、物质文化、制度文化和财富的“资本性”意义。张鸿雁先生出版有其30多年“城市文化资本”研究的集大成之作，可参阅：张鸿雁. 中国城市文化资本论［M］. 南京：南京出版社，2024.

② 2008年，南京市博物馆在秦淮区大报恩寺遗址发掘出长干寺塔基与地宫，根据地宫出土石函及其他文字材料，确定了六朝长干寺的位置，进一步确定史书所载“长干”“长干里”就位于今秦淮区中华门外一带。

③ 长干古城的考古报告尚未发表，其最新公开资料请参阅：王伯强. 南京西街遗址与湖熟文化的相关问题初探［J］. 南京学研究，2024（01）：79-102.

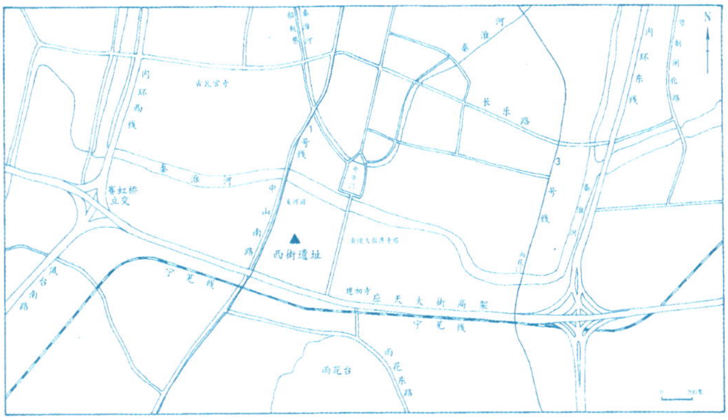

图 2.1　长干古城位置图①

春秋战国时期，诸侯王纷纷在秦淮区域修建城池、冶铁场所。在长干古城发现以前，同样位于秦淮区中华门外，大报恩寺西侧的“越城”一直被认为是南京古城的肇始之地。据记载②，越王勾践在灭吴后，命大臣范蠡在“长干”地区修建军事堡垒，驻扎军队，原名“越长干城”，俗称“越城”。此外，吴王夫差在今秦淮区朝天宫后的冶山上建造的“冶城”也曾被认为是南京建城之始。然而，“冶城”应只是吴国冶炼兵器的作坊，而非真正意义上的城池，它也不存在所谓的城墙，只以低矮的土墙或竹篱作为边界③。秦汉时期，纵然南京遭到统治者的刻意打压④，秦淮长干地区也依然是人口最为繁密的地区。三国时期，东吴领袖孙权在汉献帝建安二十六年（221 年），于今日秦淮区的

---

① 图片来源：王伯强. 南京西街遗址与湖熟文化的相关问题初探[J]. 南京学研究，2024（01）：80，图一《西街遗址位置》。

② 清顾炎武在《肇域志》中引唐许嵩《宫苑记》：“越灭吴，范蠡筑城于长干以图楚”，说明越筑城是出于军事目的，越城具有军事堡垒性质。

③ 卢海鸣. 南京历代名号[M]. 南京：南京出版社，2016：7-8，11.

④ 据说南京因呈现“帝王之气”，对政权不利，所以秦始皇在东游时有意将“金陵”改为“秣陵”。陈寿在《三国志》注引《江表传》：“昔秦皇东巡会稽，经此县，望气者云：金陵地形有王者都邑之气，故掘断连冈，改名秣陵。”唐许嵩于《建康实录》云：“始皇东巡，自江乘渡。望气者云：‘五百年后金陵有天子气。’……乃改金陵邑为秣陵县。”

中华门内东侧一带建造“丹阳郡城”，城池占地约百亩。孙权还进一步选定今秦淮区剪子巷至武定桥向东南延伸的广阔区域，作为东吴水师的驻扎营地。军需物资运输辎重，加上成千上万军民的日常需求，各种商铺和作坊应运而生[①]。黄龙元年（229 年）九月孙吴正式将都城迁往南京，筑“建业”城。在东吴迁都建业之前，这里的民众大多沿秦淮水入江口而居，秦淮区的“长干”地区是人口稠密的区域。东吴迁都建业后，此地更成为新的军政中心，大量人口乔迁至此[②]，在历史上产生了第一次大规模的繁荣。

图 2.2　《东晋建康城示意图》[③]

① 南京市秦淮区地方史志编纂委员会政协南京市秦淮区委员会文史资料. 秦淮夜谈：第1辑［M］. 1986：2.

② 张学锋，陈刚. 吴都建业的都城空间与葬地［J］. 魏晋南北朝隋唐史资料，2017（02）：1-27.

③ 图片来源：张学锋. 所谓“中世纪都城”——以东晋南朝建康城为中心［J］. 社会科学战线，2015（08）：71-80.

此后经两晋、宋、齐、梁、陈各朝，承袭孙吴旧址的六朝建康城建设繁盛起来，其都城的核心，仍位于秦淮区[①]。今秦淮区中华路，即内桥与中华门之间的御街，千余年来都作为南部地区的中轴线，走向几乎不曾更改，城南（秦淮区）一直是南京城人口最为密集、繁华之地，因为其民宅主要位于都城中部及南部[②]。后唐、宋、元、明、清各朝都在六朝建康城的基础上重新扩建、修整都城。因此南京的都城中心与人口密集区一直都位于秦淮区。

自古以来，秦淮区都是南京的文教中心。《秦淮志》第五卷《人物志》云："金陵人士，皆饮淮流。"至迟至六朝时期，秦淮地区就是文人雅士集聚之地：随着西晋政权的破灭，原来北方的中原士族纷纷南迁，他们就聚居在秦淮河一带。如今人们耳熟能详的"朱雀桥边野草花，乌衣巷口夕阳斜。旧时王谢堂前燕，飞入寻常百姓家"，描绘的正是原先居住在秦淮区乌衣巷、朱雀桥一带的士族阶层最终衰亡不见的景象。东晋著名书法家王羲之、王献之父子也旅居秦淮良久，留下了不少传奇故事。南唐时期的南京城还形成了文人群体，他们多居住在今秦淮区一带，如南唐宰相宋齐丘（887—959年）就居住在国子监巷。秦淮区除了是文人士族集聚、文化昌盛之地外，自东晋以来更逐渐成为南京的科举与教育中心。东晋时期，成帝接纳王导的提议，在秦淮河南岸建立太学。据《景定建康志》记载，南唐在秦淮河沿岸开设国子监："在御街东，旧比较务即其地，里俗呼为国子监巷。"此后历朝，南京的文教中心都位于"国子监巷"（今秦淮区状元境）[③]，也就是现在夫子庙地区。北宋时期，先是在天圣七年（1029年）文宣王庙（今秦淮区朝天宫）创立建康府学，

---

① 六朝建康城的实际范围很广，《太平寰宇记》记载梁朝时期的建康城"城中二十八万余户""东西南北各四十里"；有上百万人口，已达到国际化大都市标准。2002年以来，考古工作者相继在秦淮区大行宫新世纪广场、利济巷、游府西街、长白街等地发现高等级城墙、道路、房址等遗迹，证明秦淮区是六朝建康城的中心所在。

② 邹劲风. 唐宋金陵考［M］. 南京：江苏人民出版社，2020：76.

③ 邹劲风. 唐宋金陵考［M］. 南京：江苏人民出版社，2020：92-93.

五年后府学移址至夫子庙区域。不幸的是，该学府在战乱中受损严重。南宋绍兴九年（1139年），官府决定恢复其昔日辉煌，并增设江南贡院作为科举考试的场所[①]。元代在宋朝建康府学（夫子庙）的基础上设“集庆路学”，设大学四斋，包括常德、守中、育才、进德；小学二斋，包括兴贤、说礼，共有学生二百余人。朱元璋占领南京后，改原先的“集庆路学”为“国子学”，明洪武十四年（1381年）又改为“应天府学”，并实现了与江宁、上元两县县学的合并，课程包括经、史、律、礼、仪等。清朝同治五年（1866年），李鸿章于秦淮区朝天宫旧址上重建“江宁府学”，直至1905年科举最终被废止[②]。除官学外，从南宋开始，秦淮区也有较多书院繁盛。南京最早设立的书院就是位于镇淮桥（今秦淮区中华门北）的“明道书院”，作为一所由官方设立的府级教育机构，该书院建筑群宏伟壮观，主要构筑物包括庄严的祠堂、雅致的春风堂以及肃穆的主敬堂等。明道书院西南还有“南轩书院”。元代著名的“江东书院”也位于秦淮河畔。值得关注的是，经过历代扩建和持续重视，从东晋的太学、北宋时期的建康府学，历经元朝的集庆路学、明初设立的国子学，直至清代的江宁府学，秦淮区始终是南京城教育和文化活动的核心区域。

自古以来，秦淮区都是南京的商旅中心。早至春秋战国时代，长干越城外、秦淮河两岸就聚居着工匠、商贩和居民，在长干里一带形成了繁华的交易市场[③]。自先秦至六朝，民众一般沿秦淮水入江口而居，秦淮区的“长干”地区一直是人口稠密的区域。六朝时期，建康城最重要的商旅空间仍位于长干里

---

① “贡院”伴随“科举制度”最早出现在唐玄宗开元年间，是省试的管理机构和考试场所。进入宋朝，随着参加科举考试的士子不断增多，州郡创建贡院才开始逐渐普遍。南宋时于秦淮区夫子庙建“江南贡院”，足以彰显其文教中心的地位。

② 南京市地方志编纂委员会办公室. 南京简志［M］. 南京：南京出版社，2014：388-390.

③ 南京市秦淮区地方史志编纂委员会政协南京市秦淮区委员会文史资料. 秦淮夜谈：第1辑［M］. 1986：2.

一带。左思《吴都赋》中所言“横塘查下，邑屋隆夸。长干延属，飞甍舛互”就是描绘长干里一带房舍连片、飞檐斗拱交错的景象。为了满足居民的日常生活，商铺、作坊自然也相对集中于秦淮长干里地区。

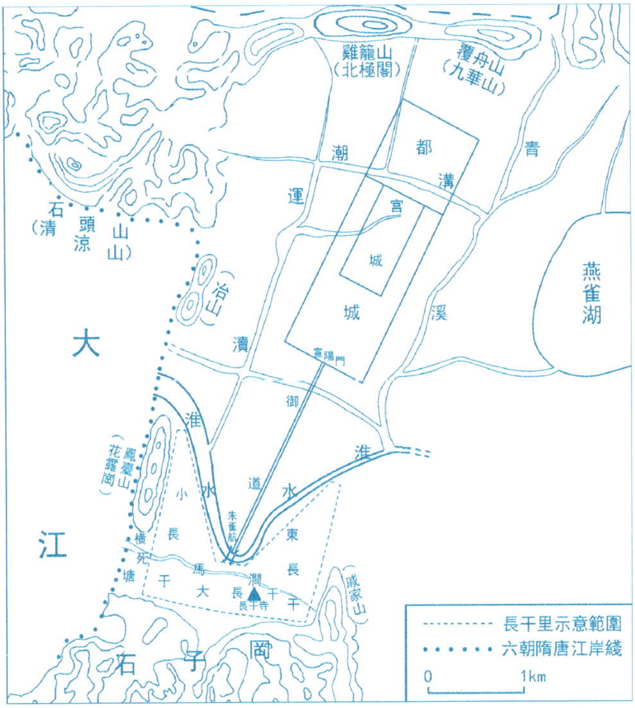

图 2.3 “长干”地区位置图[①]

2015 年 7 月至 12 月，南京市考古研究所又在秦淮区“越城天地”地块发掘出大量水井等相关遗存，再一次证明“长干里”区域是六朝时期重要的居民生活空间[②]。六朝过后，金陵随着政权中心的变迁迅速凋敝，昔日最繁华的地带自然也成为文人雅客旅居金陵、抒怀吊古之首选地。唐代诗人李白就曾留下“同居长干里，两小无嫌猜”的千古佳句。王昌龄也常旅居在青溪（今

① 图片来源：许志强. 六朝建康长干里考略［J］. 魏晋南北朝隋唐史资料，2017（02）：76–87，图一《六朝建康长干里示意图》。

② 许志强. 六朝建康长干里考略［J］. 魏晋南北朝隋唐史资料，2017（02）：76–87.

秦淮区淮清桥、桃叶渡）一带，设宴作乐。最著名的当数杜牧夜泊秦淮时写下的“烟笼寒水月笼沙，夜泊秦淮近酒家。商女不知亡国恨，隔江犹唱后庭花”，描绘了当时秦淮河沿岸夜夜笙歌、朝朝醉舞的喧嚣场面。南唐定都金陵后，秦淮区繁华更甚从前。据推测，著名的《韩熙载夜宴图》描绘的就是秦淮区夫子庙一带的景象[①]。自宋、元、明、清相继在秦淮区设立府学及贡院后，这里更成为最重要的商旅中心。至迟到清康熙年间，秦淮河两岸已商贾云集、会馆林立。清代外来客商大都在此建立会馆，如歙县会馆位于今秦淮区马府街、新歙会馆位于今秦淮区钞库街、江西会馆位于今秦淮区评事街、庐州会馆位于今秦淮区马道街、金东会馆位于今秦淮区状元境、山西会馆位于今秦淮区明瓦廊等[②]。秦淮区不仅汇聚外来客商与各种商铺，还汇集了科举赶考群体，形成了庞大的消费主体，带动了秦淮河沿岸的经济发展。据记载，当时秦淮河两岸酒馆茶楼相连成片，“东则桃叶渡口，西至武定桥头，张幕挑帘，食物俱备”。聚宝门前、大报恩寺旁的道路也遍布着茶馆与客栈，供往来的客商与赶考的读书人租住[③]。秦淮游船业也在明清时期达到鼎盛，晚清时期甚至出现了“楼船”，船上不仅有餐厅、书房，还有“卧榻与浣濯、便旋之所”[④]，楼船船尾还建有“舵楼”供游客登高远眺，船两旁留有便道供酒店饮食进舱；除楼船外，也流行摸黑船、火食船、局船、漆板、小边港等类别的游船[⑤]。时至民国，秦淮已成为“南京”的代名词。朱自清与俞平伯同游秦淮河，在《桨声灯影里的秦淮河》里写道：“我们终于恍然秦淮河的船所以雅丽过于他处，

---

① 陈宁骏，欣辰. 解读夫子庙[M]. 南京：东南大学出版社，2016：28–29.

② 范金民. 明清江南商业的发展[M]. 南京：南京大学出版社，1998：301–302.

③ 南京市地方志编纂委员会办公室. 南京通史：清代卷[M]. 南京：南京出版社，2014：166–169.

④ 晚清秦淮河上的“楼船”，原为湘军水师的战舰，战后被转卖给了秦淮舟子，改装成了游船。因此，秦淮楼船往往体量庞大、装饰精美。

⑤ 南京市地方志编纂委员会办公室. 南京通史：清代卷[M]. 南京：南京出版社，2014：464.

而又有奇异的吸引力的，实在是许多历史的影像使然了。”[①] 民国时重要的旅馆，如中华饭店、集贤栈、南洋旅馆、文明旅馆、东方饭店、秦淮旅馆、凤仪旅馆等都位于秦淮区；民国时最有名的菜馆，如六华春、邵复兴、马祥兴、绿柳居等，也都位于秦淮区；民国时南京的茶戏厅、剧院也多半集中在秦淮区夫子庙地区——秦淮区作为南京历史悠久的商业、文化枢纽，一直是这座城市经济繁荣与人文荟萃的象征。

2. 文旅存量优化边界重构，仰取俯拾启航融合新篇

秦淮区近现代文旅起步较早，具有明显的阶段性特征。20 世纪 80 年代开始至 2012 年，随着夫子庙景区的复建[②]，秦淮区文旅发展开始复苏，迅速呈现出传统旅游经济的繁盛。“秦淮风光带”是这一时期秦淮区文旅建设、投资的重点。1984 年，《南京历史名城保护规划》中明确表示要建设“秦淮风光带”；1984—1986 年期间，市规划局相继编制并发布了《夫子庙文化商业中心规划设计》《秦淮风光带规划设想》，明确将秦淮风光带规划定位为“文化商业游览中心”[③]。在复建过程中，秦淮风光带的文庙、学宫、东西市场、夫子庙广场、步行商业街区等都得到重建，江南贡院科举文物也得到了集中展示，整个区域划分为特产小吃、古玩字画、百货服饰、特色商品四大片区，永安商场、花鸟鱼虫市场、游乐场、旧货市场等地尤其受到居民游客的欢迎。1984 年秦淮风光带的商业销售额就高达 8700 万元，更在三年后翻倍至 1.7 亿

---

① 上海辞书出版社文学鉴赏辞典编纂中心编. 文学经典鉴赏：现代散文名篇［M］. 上海：上海辞书出版社，2021：133.

② 秦淮区最重要的文旅地夫子庙，于1937年毁于日寇战火。新中国成立之初，政府集中在夫子庙地区建设秦淮区文化馆、娱乐场、夫子庙人民游乐场、戏曲演出场等，娱乐场日人流量达5万人次。1962—1965年保持上述状况，一直到被“文化大革命”冲击停止开放。改革开放以后，百废待兴。

③ 张书苑. 南京夫子庙历史文化街区空间形态变迁研究［D］. 西安建筑科技大学硕士论文，2020.

元，上缴国家税收 900 余万元，占整个秦淮区财政收入的一半[①]。随后十年，秦淮风光带景区范围不断扩大，以“旅游胜地、文化长廊、美食中心、购物乐园”为发展定位，汇集餐饮、娱乐、购物、商贸等 200 多家商企，形成了以夫子庙为核心的“城南商贸圈”。2000 年秦淮区文商旅经营额高达 20 多亿[②]，推动了区域经济的快速发展，秦淮区也成为南京乃至全国文旅的示范标杆。与此同时，有学者结合时代变化和公共需求对秦淮风光带进一步发展的现实问题提出了若干思考：一是秦淮风光带景区内的商业气息太重，江南贡院、明远楼等历史遗迹被现代商业建筑团团包围，没有还原历史文化街区的本真面貌；二是景区内各类建筑与商业店铺密度过高，严重缺乏公共空间；三是低廉的小商品市场已逐渐退出经济潮流，景区内的文化产业也相对落后、停滞，初期设计时仅出于对游客观光、购物的考虑[③]。进入 21 世纪，秦淮风光带的建设从依赖国有资金转型到通过融资、招商等多种方式共同推进景区建设，改造扩建了“白鹭洲公园”，重点打造了“人文秦淮”的品牌，调整景区内各类业态，更加注重历史文化的宣传。据统计，至 2011 年，秦淮风光带全年文旅收入已超过百亿[④]。在这一阶段，秦淮区通过融入现代商业体系，延续了其在南京文旅中的主导地位，提升了对市场需求变化的敏锐洞察力，为后续率先推进文旅改革奠定了坚实基础。

2012 至 2019 年间，秦淮区文旅发展实现了从传统观光游向文化休闲游的重大转型，形成了“一城一河一庙一馆一寺多街区”的全域旅游格局。在此阶段，秦淮区的旅游发展战略聚焦于“打造以文化旅游为核心，辅以创意

---

① 蔡雄. 在改革开放中促进旅游业的发展［J］. 旅游学刊，1989（03）：40–42.
② 陈庆琳. 进一步繁荣南京夫子庙地区旅游经济［J］. 江苏政协，2002（03）：28–29.
③ 丁沃沃. 南京夫子庙东西市场的规划和设计［J］. 建筑学报，1987（05）：56–61.
④ 量力. 旅游消费升级背景下夫子庙景区旅游企业组织变革研究［D］. 南京邮电大学硕士论文，2018.

休闲旅游的国际级知名文化创意旅游区域”，致力于成为南京市域内重要的旅游服务基地。首先，秦淮区在体制机制上实行了创新性改革，组建了夫子庙—秦淮风光带风景名胜区管理委员会，负责统筹、实施、督促全局性工作、景区管理、产业发展、规划建设、历史文化名城保护、法律法规细则等。其次，秦淮区实施了经济体制改革，通过引入现代企业，实现管理权与经营权的分离，成立健全南京夫子庙文化旅游集团有限公司、南京历史城区保护建设集团有限责任公司（秦淮区历保集团）、南京城南历史文化保护与复兴集团有限公司等国有资本控股集团。针对核心景区夫子庙—秦淮风光带，投资建设中国科举博物馆（2014 年），精心打造蕴含秦淮文化精髓的旅游纪念品与文创产品品牌——“秦淮礼物”，引进星巴克、南京大排档等特色潮流企业。再次，不再拘泥于夫子庙核心区域，陆续拓展了旅游新空间、新产品：积极开发、恢复老城南风貌，于 2013 年正式开放体现老城南明清建筑风貌与市井生活的“老门东”历史文化街区，建立“一院两馆”[①]，引入“老字号”、名人工作室、文娱商铺等，在街区内置明清人物街头雕塑、灯光秀等；根据最新考古发现成果积极建设大报恩寺遗址公园（2015 年），复原地上地下建筑、报恩琉璃塔，构建四座博物馆，包括遗址博物馆与中国佛教文化博物馆等，打造长干佛脉、千年对望、菩提树下等灯光展示区、大型实景演出、明韵明街，推出佛教讲坛等；升级翻新朝天宫，将展厅内外连为一体，将后院的东山园林、飞云阁、冶山等景点打造为游客游览休憩的场所，改造朝天宫市民广场，并将朝天宫古玩市场整体搬迁；规划建设中华门秦虹地块，恢复成具有历史风貌的文化特色社区；投资建设国创园产业园区，深度融合文化创意、设计服务以及科技创新等多元化业态；南捕厅“熙南里”金陵历史文化风尚街区也逐渐健全完善。基于顶层战略规划思路的转变，秦淮区在这一时间段取得了非凡的成果：

---

① 老门东历史文化街区保留了大量历史建筑和文物保护建筑，将老厂房改建成南京书画院、金陵美术馆、老城南记忆馆等“一院两馆”。

2013 年以来逐渐形成夫子庙、门东、门西、门外、朝天宫、新街口、太平南路七大文旅集聚区，其中夫子庙片区创建了首批城市中央休闲区，新街口逐步引进体验型经济新业态；南京秦淮特色文化产业园[①]荣膺“国家级文化产业试验园区”称号；老城南区域晋升为南京市旅游管理体制综合改革的实验区，积极探索开放运营模式、环境优化与提升，最终建成“1+X”旅游集散体系；秦淮区完成《夫子庙秦淮风光带信息化规划》，继推出“秦淮旅游”微信号之后，开发出“智慧夫子庙”App，免费提供公共 Wi-Fi 与停车位、厕所方位等与游客息息相关的即时信息；开展“厕所革命”，整治公共交通，配置停车资源等。至 2018 年底，秦淮区建成 5A 级景区 1 家，4A 级景区 2 家，建成了桃叶渡休闲街区、门东历史街区箍桶巷示范段等特色景点街区；当年全区旅游总收入近 600 亿元，占南京市旅游总收入约四分之一，接待游客超过 5500 万人次，接近南京市接待游客的一半[②]。至此，秦淮区文旅的综合协调机制已经得到完善，“一城一河一庙一馆一寺多街区”的文旅基本格局也已经形成，“城景一体，主客共享”的理念初步得到体现，2019 年秦淮区正式成为首批国家全域旅游示范区。

2020 至 2022 年疫情三年间，结合城市网格化治理的时代背景，秦淮区积极采取“城市微更新”策略，以文化旅游的场景焕新和公共服务的有效覆盖推动主客共享。新冠疫情导致的跨省文旅市场紧缩和间歇性全面停滞，加速暴露了秦淮区文旅业长期高度依赖外地游客消费的发展本质；周边玄武

---

① 南京秦淮特色文化产业园地处夫子庙—老城南板块，以秦淮河、明城墙风光带为两轴，以晨光1865创意产业园、南京国家领军人才创业园、悦动·新门西产业园、南京越界·梦幻城文化创意产业园、江苏网络文学谷、南京无为文化创意产业园和银都·锦创广场7个子园区为主体，占地面积约7.29平方千米，总投资超过230亿元，现入驻企业近3000家，形成了文化旅游、演艺娱乐、文化传媒、艺术品交易、文博节庆、创意设计六大文化产业集群。

② 南京市统计局. 南京市2018年国民经济和社会发展统计公报［N］. 南京日报，2019-04-01（A06）.

区、建邺区等瞄准消费新需求推出市场认可的系列化文旅产品，则对秦淮区传统文旅产品结构形成日益明显的后发优势与竞争压力。面临新时期、新挑战、新机遇，秦淮区开始深入反思并调整其旅游发展策略，通过“城市微更新”来挖掘本地市场潜力，增强社区居民对本地文化的认同感和参与度。所谓“城市微更新”，即注重在现有城市空间内进行小规模、精准化的改造与提升，包括对历史街区的保护性修复、对公共空间的艺术化改造、对传统商铺的创新升级和对城市基础设施的数字赋能等。许多代表性的“城市微更新”项目在这一时期基本落成，如悦动·新门西产业园、南京城墙博物馆、小西湖历史风貌区、西白菜园历史风貌区、南京万象天地、南京银行消费金融中心[①]等。秦淮区还积极优化公共文化服务，加速推动“全民共享”，包括面向市民与游客免费开放文化馆、图书馆、博物馆等文化场所；引进 24 小时南书房、晓书馆等品牌阅读空间；提升改造老城片区部分社区服务中心；打造四季惠民系列活动，如“礼赞百年·乐享”非遗无限定空间、非遗进景区暨“秦淮之夏”社区文化艺术节等。

2023 年疫情全面放开后至今，秦淮区步入了文商旅产业高度融合的新时代。随着行业格局在疫情下的重构，市场变化、技术创新、政策导向使跨界融合、数字赋能成为文旅发展大势所趋，秦淮区因此迎来新一轮变革式发展：**第一，积极招商引资**。组团前往长三角、珠三角、成渝经济区以及长株潭城市圈开展招商谈判工作，并通过“秦淮最情怀·共赴新未来”南京市秦淮区文旅产业上海招商推介会等渠道，推动具有影响力的重点项目落户秦淮，引入了携程专车、新东方文旅、龙源集团文旅等优质产业，2023 年全年累计引进十亿元以上项目 10 余个、头部企业 20 余家、签约亿元以上项目近 200

① 南京银行消费金融中心位于四条巷，涉及李公祠的保护与复兴，该项目还对地块范围内的8座建筑实施文物加固修缮，对大小照壁和保护设施进行历史复原，属于高品质老城更新项目。

个[①]。第二，打造消费新场景。秦淮区以文商旅融合为重点，在夫子庙和新街口商圈等中心引入如遇见博物馆、开心麻花、芒果 MCITY、大明 · 凤凰数字艺术馆等小型文化馆、艺术馆、博物馆和数娱综合体，打造了文博剧场、艺术书展、时尚秀场、主题集市等新消费场景。2023 年，秦淮区新增餐饮消费应用场景 10 个、“全市体育消费新场景”8 家、“省级夜间文旅消费集聚区”1 家、“市级夜间文旅消费集聚区”1 家[②]。第三，举办文商旅活动。秦淮区陆续举办如非遗 · 无界、秦淮婚恋季、门东运动嘉年华、中国街舞联赛 · 南京站、世界华人狮王争霸赛、秦淮国际文化旅游节、新街口国际生活节、家电家居焕新季、国际黄金珠宝腕表节、秦淮民俗文化季等大型优质文商旅融合活动，持续有效刺激文旅市场的消费。2023 年全年，秦淮区实现旅游总收入约 860 亿元，占南京市总体旅游收入的四分之一左右[③]，累计招引高端消费品牌首店、旗舰店 93 家，新增特色消费场景 214 个，组织大型文商旅活动超过 100 场，区文化产业增加值占地区生产总值的 10.4%[④]。2024 年 9 月秦淮区成功获评“全国旅游综合实力百强区榜首”[⑤]。我们看到，在疫情全面放开后，秦淮区文旅发展不仅恢复到 2019 年的水平，还在文商旅高质量融合发展上有了更长足的进步。

---

① 田诗雨，严玲，秦萱，王生. 全力跑出“产业强市”秦淮加速度［N］. 南京日报，2024-02-21（A01）.

② 秦淮区发展和改革委员会. 秦淮区2023年国民经济和社会发展计划执行情况及2024年国民经济和社会发展计划报告，2024-01-23.

③ 凌向前.“三个统筹”推动文商旅融合发展［J］.群众（思想理论版），2024（17）.

④ 秦淮区发展和改革委员会. 秦淮区2023年国民经济和社会发展计划执行情况及2024年国民经济和社会发展计划报告［R］. 2024-01-23.

⑤ 2024年9月，第五届全国市辖区旅游研究成果《全国市辖区旅游研究报告2024》暨“2024年全国市辖区旅游综合实力百强区”名单在北京发布，江苏省南京市秦淮区位居旅游综合实力百强区榜首。参阅：邱犇. 第五届全国市辖区旅游研究成果发布［N］. 新华每日电讯，2024-09-18（005）.

3. 因势顺导凝结城南文化，当仁不让引领城市文旅

秦淮区最能代表南京文化特质。外地游客提及南京，自然而然会想到夫子庙、老门东、秦淮河、大报恩寺等文化设施或景观，充分证明秦淮区是南京文化特质的代表。秦淮区拥有丰富的唯一性文化资源。区内拥有中国历史上最为庞大的科举考试场所江南贡院、中国唯一一座以详尽展示中国科举考试制度为核心的专业博物馆南京中国科举博物馆、被誉为“天下第一瓮城”的中华门城堡、我国目前等级最高且规模最大最完整的寺庙遗址大报恩寺遗址、中国最为悠久且享有盛名的古巷乌衣巷；南京明城墙唯一的船闸入口东水关遗址公园、江南地区规模最大且保护状况最佳的古建筑群落朝天宫、中国规模最大的近现代工业建筑群晨光 1865 科技・创意产业园、国内顶尖的节庆品牌秦淮灯会、目前唯一使用南京方言进行表演的民间说唱艺术南京白局等。这些，都是秦淮区无可替代的文化印记。秦淮区的文化遗产数量、质量双优。秦淮区内共有各级文物保护单位 133 处，其中全国重点文物保护单位 12 处、省级文物保护单位 26 处，全国和省级文保单位数量皆占南京市总数的近四分之一[①]，涉及古遗址、古建筑及历史纪念建筑物、近现代历史遗迹及革命纪念建筑物。在非物质文化遗产方面，秦淮区拥有各级非遗项目近百项，其中昆曲、金陵琴派、金陵刻经技艺和南京云锦[②]已被正式列入联合国教科文组织（UNESCO）人类非物质文化遗产名录；秦淮灯会、南京白局、南京剪纸、金陵金箔等 10 项入选国家级非遗项目；此外还有 36 个市级和 93 个区级非遗项目。2020 年，晨光 1865 科技・创意产业园内成立“非遗传承人孵化空

---

① 南京市秦淮区人民政府. 关于历史文化名城重点片区保护利用工作情况的报告[R].2016-12-07.

② 昆曲在秦淮区的演出历史悠久，明末清初秦淮文人余怀在其著作《板桥杂记》里把秦淮比作昆曲表演的“仙都”，沿秦淮河一带就有昆曲戏班130多个，“秦淮八艳”皆是昆曲的知名演员。江苏省昆剧院如今就坐落于秦淮区朝天宫旁。金陵琴派属于中国古琴艺术，金陵刻经技艺属于中国雕版印刷技艺。

间”“南京非遗人之家”。2021年，作为“南京市非遗体验中心”和“秦淮区非遗保护中心”的“秦淮·非遗馆”也在夫子庙—秦淮风光带核心景区建成。秦淮区文旅资源载体稳居全市第一方阵。目前，秦淮区内共有1个5A级景区，即夫子庙—秦淮风光带①；2个4A级景区，即南京市博物馆（朝天宫）和大报恩寺遗址景区；多条省级特色历史文化街区，如“国家级旅游休闲街区”夫子庙历史文化街区、“国家级夜间文化和旅游消费集聚区”熙南里历史文化休闲街区、荣获“联合国教科文组织亚太地区文化遗产保护奖”的小西湖历史风貌区等，占全市总量比重超过55%②。秦淮区内国家一级博物馆数量位居全市第一，即南京市博物总馆、南京中国科举博物馆、城墙博物馆以及大报恩寺遗址博物馆4所；1所国家二级博物馆，即位于南京国家领军人才创业园的江南丝绸文化博物馆；其他各类文博场馆20余个。秦淮区通过对这些独特文化资本的深度挖掘、不断创新，使得地区文化影响力不断扩大，成为南京乃至中国重要的文化旅游目的地。据统计，2023年上半年夫子庙核心景区接待游客的数量占到了南京市所有景区总体接待数量的近三分之一③，这些都充分证明了秦淮区内文化资源的巨大价值和深远潜力。

秦淮区拥有卓越的文旅优势。秦淮区的景源数量及客容量位居全市第一。核心景区夫子庙—秦淮风光带共有人文景源124个，自然景源21个，日游客容量高达30万人次，日极限游客容量为60万人次，年游客容量接近9500万人次。其中，南京城墙风光带景区（水西门—通济门段）的日游客接待量为4万人次，极限容量为6万人次；夫子庙—白鹭洲景区的日游客接待量接近14

① 南京市共有2个5A级景区。“夫子庙—秦淮风光观光带”包括夫子庙—白鹭洲景区、门东—门西景区、大报恩寺—金陵兵工厂景区、朝天宫—评事街景区。

② 秦淮区文化和旅游局. 秦淮区“十四五”文化和旅游发展规划［R］. 2021-11-01.

③ 田诗雨，秦萱. 景区“老酒新酿”，澎湃创新发展动能［N］. 南京日报，2023-08-25（A03）.

万人次，极限容量则接近 30 万人次；老门东景区的日游客接待量接近 4 万人次，极限容量约为 10 万人次；愚园景区的日游客接待量为 1 万人次，极限容量接近 2 万人次；大报恩寺—金陵兵工厂景区的日游客接待量接近 2 万人次，极限容量接近 4.5 万人次；朝天宫景区的日游客接待量为 1 万人次，极限容量设定为 2 万人次；南捕厅—评事街景区的日游客接待量接近 2 万人次，极限容量接近 5 万人次[①]。**秦淮区是南京“老字号”企业发展的主场**。秦淮区各景点内共有 37 家老字号企业，诸如宝庆银楼、绿柳居、科巷、马祥兴、永和园、六华春、蓝老大糖粥藕店、蒋有记餐馆、瞻园面馆、韩复兴、中央商场以及新街口百货等著名老字号品牌，占据了全市总数的三分之一。其中，中华老字号品牌多达 11 家，占据全市中华老字号总数的 55%，涵盖了餐饮、零售、工艺品等多个领域。一方面，为保护老字号品牌，秦淮区个体私营企业协会抢注了 8 件老字号商标[②]，为南京的文化传承提供了法律保障；另一方面，为传承老字号品牌，秦淮区通过线上线下的融合、品牌营销和市国际推介会、文化活动等方式，不断提升品牌的知名度和竞争力，让老字号品牌焕发新的生机。**秦淮区的商圈街巷深度融合发展**。据秦淮区统计局公布的数据，2023 年秦淮区社会消费品零售总额达到 1063.14 亿元[③]，这得益于秦淮区主客共享、协同发展的新模式：通过整合核心景区与周边区域的资源，改造升级夫子庙、新街口两大繁华商圈，如引入“万象天地”等项目弥补夫子庙商圈在三山街地区的结构性空白，与熙南里街区、水游城、水平方等商业综合体形成互补，将文旅资源的影响力扩展到整个老城区，从而拓宽商业价值的转化空间，促

---

① 秦淮区人民政府. 夫子庙—秦淮风光带风景名胜区总体规划（2023—2035年）[R].2024-05-31.

② 截至2024年，秦淮区个体私营企业协会已经在国家商标局注册了“六凤居”“得月台”“江南贡院”“十里秦淮”“东水关”“中华门”“夫子庙”和“李香君”8家老字号的商标。

③ 秦淮区统计局. 秦淮区2023年消费品市场运行简析[R]. 2024-03-01.

进人流、客流向商流的转化。

秦淮区具有辉煌的文旅成果。在旅游总人流及营收方面，秦淮区稳居南京市第一。2024 年上半年，秦淮区旅游总消费、总人流排名南京市双第一[①]。根据南京智慧旅游大数据运行监测平台公布的数据，在 2024 年春节期间，南京市共接待游客 1500 余万人次，旅游总收入达到约 170 亿元人民币，秦淮区作为重点区域，景区、景点接待游客总量近乎 500 万人次，占据南京市总游客量的三分之一，OTA 消费金额[②]在全省区级行政单位中位列第一。根据旅游部技术创新中心（筹）监测的数据，2024 年五一劳动节假期期间，秦淮区核心景区夫子庙—秦淮风光带接待游客量位居全国 5A 级景区的第二，仅次于杭州西湖风景名胜区，游客接待量接近 165 万人次；2023 年十一国庆节期间，夫子庙—秦淮风光带客流量位居全国第二、全省第一，夫子庙景区、老门东历史文化街区、大报恩寺遗址景区、朝天宫、熙南里历史文化休闲街区和愚园累计接待游客近 400 万人，营业收入近 6000 万元。秦淮区文化产业发展成效显著。通过“文旅兴区”战略的深入推进，全区文化园区数量居全市第一，累计建成国家级文化产业示范园区 1 个、省级文化产业园区和基地 3 个、市级重点文化产业园区 13 个，文化产业增加值增速连续四年位居全市第一。截至 2023 年，秦淮区各产业园区内引进文化企业将近 2200 家，文化企业营收入超过 480 亿元，税收 5000 万元以上子园区达到 3 个[③]。秦淮区也多次获评“国字号”荣誉。2019 年，秦淮区通过“首批国家全域旅游示范区”验收，2020 年获得“全国旅游标准化单位”称号，管委会获评 2020—2021 年度全国

① 邱犇. 第五届全国市辖区旅游研究成果发布［N］. 新华每日电讯，2024-09-18（005）.

② OTA消费金额指的是通过在线旅游平台（Online Travel Agency，简称OTA）进行的旅游产品和服务的消费总额。这些服务通常包括酒店预订、机票预订、旅游套餐、度假租赁以及其他旅游相关服务。

③ 田诗雨，江永强，王传瑞，等. 南京唯一，秦淮再添“国字号”荣誉［N］. 南京日报，2023-03-29（A01）.

商业街行业“先进集体”。区内各景区、街区、产业园连续得到官方肯定：夫子庙步行街荣获“全国首批示范步行街”“国家级旅游休闲街区”等称号、夫子庙—秦淮风光带及熙南里历史文化休闲街区荣获“国家级夜间文旅消费集聚区”称号、南京秦淮特色文化产业园则被授予“国家级文化产业示范园区”的崇高荣誉。

二、景区核心驱动品质升级，力持刷新秦淮印象

在繁华与古韵交织的秦淮区，历史与现代交相辉映，文化与商业共融共生，景区的商机与挑战并存。夫子庙—秦淮风光带、大报恩寺遗址景区以及南京市博物总馆（含朝天宫、瞻园、甘熙宅第等）各自承载着不同的历史使命和文化价值，同样也在新时代的发展背景下面临着一些普遍性与差异化问题。我们欣喜地看到，这些传统景区在文旅新发展阶段下的有效探索和突围经验，不仅对于南京未来文化旅游的发展具有重要意义，也为其他类似的城区旅游提质增效提供了宝贵的参考和借鉴。

1. 夫子庙—秦淮风光带：持续彰显核心优势，强化城市文旅名片形象

夫子庙—秦淮风光带作为秦淮区的老牌传统景区，至迟至六朝时期就集聚着文人雅士、世家大族，距今已有 1700 多年的兴衰史。2009 年，夫子庙—秦淮风光带被正式评为国家 5A 级旅游景区，这是中国旅游景区质量等级的最高评定，标志着该景区在旅游设施、服务质量、环境管理和市场影响力等方面均达到了国内顶级水平。夫子庙—秦淮风光带因其深厚的历史文化底蕴和旖旎的桨声灯影风情，不仅在国内享有盛名，也在国际上具有一定的知名度，长期以来吸引着大量的海内外游客。据统计，2019 年核心景点夫子庙接待游

客量达到了5477万人次[①]；疫后的2024年春节夫子庙—秦淮风光带接待游客近365万人次[②]，位列全国前三。尽管有着对外地游客的较高依赖，夫子庙—秦淮风光带仍依靠其显著的核心优势持续发挥着头部引领作用，承担着南京乃至中国文旅的门脸。

夫子庙—秦淮风光带彰显核心优势的关键之一是主题的可持续性。主要得益于在文脉延续化、地标显性化和IP体系化三个层面的不断努力和创新。在文脉延续化方面，夫子庙—秦淮风光带牢牢抓住了“科举文化”这条主线，传承发扬历史价值和充分激发文化活力，积极与现代社会的时代要求和现实需求相结合，持续丰盈中国文化的内涵表达和形式表现。科举作为中国古代选拔官员的系统，始于隋朝，盛行于唐、宋，直至清朝末年被废除，持续了1300多年。自南唐在此开设国子监后，夫子庙地区成为此后历朝的科举文化中心，南宋时期还增建了中国历史上规模最大的科举考场——江南贡院。此后明清夫子庙地区商旅的持续发展、繁荣，都与此地为科举中心离不开关系。夫子庙—秦淮风光带始终坚持“科举文化”的主题，通过举办各种与科举相关的节庆活动、学术研讨会和文化展览，不断创新游客参与形式和互动体验，让科举文化的精髓得以在现代社会中继续发光发热，使之成为连接古今、传承文化的重要纽带。在地标显性化方面，夫子庙—秦淮风光带不断翻修、凸显“科举文化”的最重要载体——江南贡院。从1986年的“贡院博物馆”[③]

① 新冠疫情的爆发曾一度对夫子庙—秦淮风光带造成了前所未有的冲击，2020年核心景点夫子庙在3—12月接待外来游客量同比降低了近50%。见：刘培学，王欢颖，陈伟，等. 新冠疫情对旅游景区客源市场需求的空间分异影响——以南京夫子庙景区为例［J］. 地理科学，2022，42（07）：1250–1259.

② 徐宁，李子俊，黄琳燕，等. 振奋龙马精神，书写奋进新篇［N］. 南京日报，2024-02-18（A01）.

③ 1986年8月市规划局明确提出要扩建贡院博物馆，重点展示“贡院科举文物”。

再到2014年的南京中国科举博物馆一期工程[①]，博物馆主馆、江南贡院南苑及明远楼遗址区三大地标被清晰地显现出来。自2017年开馆以来至2024年初，科举博物馆已经累计接待游客700余万次、推出近百项专题特展、开展“状元大讲堂”近90期、“状元”系列社交活动近3000场[②]。在2024年“中博热搜榜”[③]全国“百强热门博物馆专题馆前30”中，南京中国科举博物馆位列第20名。除持续在馆内举办与科举文化有关的展览、社教活动外，科举博物馆还通过跨界合作等方式，利用馆外景区的公共文化空间，推出一系列以科举为主题的文化活动，打造特色沉浸式场景。如2024年5月，科举博物馆与江苏新东方联合举办“科博国潮文化节”，以科举文化以及君子六艺八雅作为互动文化逻辑串联，结合真人NPC让游客在观光时身临其境地体验科举文化。**在IP体系化层面**，夫子庙—秦淮风光带不断开发科举文化相关文创，“秦淮礼物”就是以科举文化为核心的“网红”文创旗舰店[④]。据统计，“秦淮礼物”自2013年以来一直研发新产品，不断上新，现与科举文化有关的文创品类有近1000类，款式超过2000种[⑤]，2023年全年营业额已经超过5000万元[⑥]。采用Q版孩童形象，头戴状元帽身着状元服的“状元郎”系列是“秦淮礼物”的王牌产品，主要包括文房用具，如摆件、书签、书包、笔袋、钥匙扣等品

---

① 2012年秦淮区政府在《江南贡院文物保护规划》中提出新建“中国科举博物馆”、在明远楼复建部分号舍、恢复江南贡院中轴线。经过两年的规划建设，南京中国科举博物馆一期工程终于2014年8月11日正式开放。

② 朱彦，顾蓓蓓. 全世界最大的古代考场，今天是座博物馆［N］. 南京日报，2024-04-19（A10）.

③ “中博热搜榜”是由中国文物交流中心指导、博物馆头条统计发布的权威官方榜单。

④ “秦淮礼物”文创旗舰店及主题店由南京夫子庙文化旅游集团有限公司的全资子公司——南京夫子庙状元郎礼物有限公司负责运营。

⑤ 李青波. 南京中国科举博物馆文创产品设计及开发研究［D］. 南京林业大学硕士论文，2024.

⑥ 李子俊.“南京礼物”故事多，圈粉又吸金［N］.南京日报，2024-06-17（A01）.

类，广大的学生及家长是其主要消费群体。除此之外，“秦淮礼物”还陆续推出了“榜”系列、“鱼化龙”系列、当年生肖与科举元素结合的系列产品，品类范围不断扩大、面向群体持续多元化。需要引起重视的是，在文创产品的开发上有时科举文化被片面理解为追求功名、升学备考[①]，缺乏更深层次的价值传达，夫子庙景区容易被游客赋予刻板印象，这点值得深思和改进。

夫子庙—秦淮风光带彰显核心优势的关键之二是运营的可持续性。关键策略在于保证餐贸消费、延长游船产业和研创特色场景。首先，景区持续优化商业街运营，保证餐贸消费等最重要的收入来源。根据 2018 年秦淮区统计局公布的数据，夫子庙景区的餐饮、贸易业收入占比最大，接近景区总收入的 93%，此外就是服务业（住宿业为主）与相关景点经营收入（主要是门票及游船收入）[②]。景区自 2012 年全面企业化管理后[③]，逐渐加强引导、规划街区的业态，对贡院街、贡院西街、大石坝街三条不同主街进行精准定位及改

① 据统计，购买“科举文化”文创的群体以15—24岁对升学备考有强烈需求的年轻人为主，以25—35岁的年轻家长群体为辅。统计数据见：李青波. 南京中国科举博物馆文创产品设计及开发研究［D］. 南京林业大学硕士论文，2024.

② 2018年春节期间夫子庙—秦淮风光带实现旅游商贸总收入5. 08亿元，其中贸易业2. 3亿元，餐饮收入2. 41亿元，服务业收入（住宿业为主）2794. 98万元，相关景点经营收入1002. 5万元（游船收入484. 55万元，江南贡院155. 28万元）。数据参阅：秦淮区统计局. 春节夫子庙地区旅游消费收入稳步增长［R］. 2018-02-22.

③ 夫子庙—秦淮风光带自复建以来直到21世纪初，一直由政府牵头开发，在这个过程中不仅政府承担了大量贷款，景区业态也由零散的小商小贩构成，为此后景区的运营埋下隐患。2004—2011年，随着旅游产业的兴起，区政府开始重视夫子庙地区文化与商业的双重功能，对景区进行扩容升级，将景区总面积由0. 21平方千米扩充到1. 21平方千米，开通了东华里水上游线，开始重视“夜泊秦淮”的产业发展，并在周边大量兴建商贸设施，同时整治店招店牌，完善旅游配套设施，规范餐饮、商业标准等。据统计，2007年旅游商贸产业收入达到了秦淮区地区生产总值50以上，然而景区仍然面临着商业气息过重的问题。

造[①]；并与国有资产部门携手合作设立规模为 20 亿元的文旅并购基金，高效整合并收购夫子庙步行街内闲置、低效的房产及商业资源；同时引入专业管理团队负责代管与运营，积极打造“智慧街区”，优化管理服务设施；推进柔性管理行政指导，做好店招店牌风貌管控[②]。据统计，2023 年夫子庙步行街引入独立门店或专柜的各类品牌超过 600 家，其中独立门店特色品牌 138 家、1000 平方米以上的独立特色品牌 43 家；截至 2024 年 3 月，夫子庙步行街核心街区已全部出租（包括正在装修），2023 年实现总营业收入 36.41 亿元[③]，街区每平方米年均收益超过 1 亿元。**其次，景区不断拉长“夜泊秦淮”[④]产业链，游船收入成为新的增长点。**1980 年以来至 20 世纪初期，由于秦淮河治污效果不佳、游船运行时间过短，秦淮游船业稍显停滞，后随着南京市治污工作的推进、秦淮河沿岸风光带的持续开发、南京夫子庙文化旅游集团有限公司的成立，秦淮游船始有起色[⑤]。2017 年，南京秦淮风光旅游股份有限公司获得了内秦淮河水上游览线特许经营权，该公司是南京旅游集团旗下控股的唯一上市公司——南京商贸旅游股份有限公司的子公司，2019 年又并入南纺

---

① 贡院街定位文博展览、体验旅游，贡院西街定位特色购物，大石坝街定位秦淮美食，水游城、水平方、茂业天地3个商业体定位现代时尚体验购物。夫子庙步行主街长度1284米，总占地面积约36万平方米，总商业面积达50.64万平方米。

② 据江苏省商务厅，2024年上半年夫子庙步行街共办理店招店牌、店铺装修等各类行政指导202件，按时办结率100%。

③ 江苏省商务厅. 商文旅体康融合实现经济社会效益双提升——南京夫子庙步行街[R]. 2024-08-01.

④ 清代文人在《秦淮画舫录》中曾言：“游秦淮者，必资画舫，在六朝时已然，今更益其华靡。”清初文学家余怀也在《板桥杂记》中云：“秦淮灯船之盛，天下所无。”从清人的记载来看，至迟到六朝时期，“夜泊秦淮”就已经成为秦淮河沿岸游赏的重点。

⑤ 据统计，2007年全年秦淮河游船的营业收入达到880万元。至2008年，夫子庙已具备大型游船40条，小型画舫8条，特色摇橹船8条，游船游览时间也变为55分钟。参见：殷建宁，卢识. 南京秦淮河游船行业悄然兴旺[N]. 江苏经济报，2007-10-30（B01）.

股份上市板块。此后，秦淮游船得到了一系列开发：秦淮游船线路被分为东、西两条，东线由公司自主运营，西线于 2022 年 9 月开始与南京淮风十里文化旅游有限公司合作运营；游船船身也进行了声光电改造，还增设了灯景、水上浮台的花船民乐演奏、歌舞表演等内容。2024 年内秦淮河西五华里沉浸式游船全面启航，巧妙融合“科技、艺术、历史”三大元素，再现诗词歌赋中古秦淮那令人陶醉的沿岸景致。2024 年上半年，游船营收超过 1 亿元[①]，秦淮河游船已经变成代表景区运营最高水平的招牌之一。再次，景区着眼研创特色主题场景，进一步释放文旅消费潜力。通过结合国内先进声光电及 AR、VR 等技术，营造“秦淮・戏院里”鳌山灯会、“MO 音琵琶街”集装箱街区、“古秦淮・新国潮”市集等猎奇度高、互动性强、体验感深的新型消费空间，推出“十里红妆，情定秦淮”明制水上婚礼、《跟着诗人游秦淮》景点游线、梦回金陵 VR 剧本杀等将秦淮主题与婚庆、研学、剧本杀等结合的复合型文化创意产品，持续吸引年轻群体关注，消费潮流热点频出。

夫子庙—秦淮风光带彰显核心优势的关键之三是节庆的可持续性。“秦淮灯会”自 1986 年以来已经连续举办了 38 届，据统计，2024 年通过“秦淮灯会”为关键词的发文数量达到了 178.39 万，引发互动声量 8.97 亿，影响力值更是高达 1087.63 亿[②]，秦淮灯会是景区当之无愧的首位节庆品牌。为了保证节庆品牌的可持续，景区尤其注重“秦淮灯彩”的保护发展、“秦淮灯会”的空间打造以及“秦淮灯市”的运营推广。秦淮灯彩已有 1700 多年的发展史，巧妙融合了编扎、刺绣、皮影等多种中国传统手工技艺，2007 年入选首批江苏省非物质文化遗产名录。秦淮灯彩拥有百名扎灯艺人和近万名从业人员，

---

① 刘彬. 南京商旅双轮驱动战略显效 业绩稳健增长 2024年中期营收3. 99亿元，净利增长23. 22%［N］. 大众证券报，2024-08-29.

② 南京市委研究室，秦淮区联合课题组. 这里，何以“点亮中国灯”？［J］. 调查与研究（内部刊物），2024-01-30.

其中包括30余位各级代表性传承人[①]。**第一，景区注重“秦淮灯彩”的保护发展**。通过鼓励传承人不断创新，拓展了灯彩的造型、主题、制作技艺和材质；扶持秦淮灯彩公司等一批龙头灯彩企业，由现代化企业专门运作秦淮灯彩的研发、设计及制作，并精心搭建“秦淮灯坊”这一综合性平台，将非遗传承人的精湛作品集中展销，构建起一个全方位、多层次的非遗产业链[②]。**第二，景区注重“秦淮灯会”的空间打造**。秦淮灯会的空间被不断精塑：从夫子庙这一核心景区出发，漫步至历史悠久的明城墙，游逛在充满古朴韵味的老门东，最终抵达庄严肃穆的大报恩寺遗址公园等地，灯会的实体场景被不断延伸；从陆上、水上、城墙上的立体赏灯体验再到快闪、实景演出、游园会，灯会的观赏与娱乐性也被不断增强。2024年12月1日，第39届南京秦淮灯会“《上元灯彩图》非遗艺术展区”开放[③]，已将非遗、科技、娱乐、文化、节庆等元素有机嵌合。2024年“秦淮灯会”期间（2024年1月10日至4月30日），白鹭洲灯会展区的观灯人次已近80万，营业收入达3000万元[④]，秦淮区当年春节期间累计接待游客约480万人次，带动住宿、餐饮、游船等旅游收入逾52亿元[⑤]。值得一提的是，“秦淮灯会”更开拓了线上空间：2020年景区推出“线上点灯助力”活动，邀请了来自超过十个不同国家的大使、领事以及留学生等各界人士积极参与其中，同时借助先进的互联网H5技术和全球直播

---

① 南京市委研究室，秦淮区联合课题组.这里，何以“点亮中国灯”？［J］.调查与研究（内部刊物），2024-01-30.

② 陈渝.秦淮灯彩：探出非遗跨界融合新路［J］.群众，2023（05）：51-52.

③ 该灯会位于白鹭洲公园，最大亮点在于灯展观感的全面优化，亮化面积相较上届提升了35%。展区将灯彩主题与《上元灯彩图》的文化内涵深度融合，分为瑞兽闹春、鱼跃福运、鸟语花香、上元灯市、蝶舞鹿悦、十里灯街等主题灯彩区，更举办如曲艺、国风乐器表演等系列秦淮主题文化演艺活动，为游客复原全景沉浸式的上元主题市集。

④ 姚雪青.传承历史文化，释放消费活力［N］.人民日报，2024-05-22（019）.

⑤ 徐晋，秦萱.秦淮区：老城新韵，遇见“最南京”［N］.新华日报，2024-12-09（A04）.

的广泛覆盖，成功打破了地域限制，让身处海外的广大网民也能实时参与到这场盛大的活动中来，实时分享与互动。第三，景区注重“秦淮灯市”的运营推广。秦淮灯彩公司正积极携手国内灯彩行业的领军企业以及金融机构，推动“秦淮灯市”在国内的产业链发展[①]。与此同时，南京市政府以及秦淮区也通过“南京周”活动陆续在意大利米兰、英国伦敦、美国纽约、法国巴黎、加拿大蒙特利尔等 40 多个世界知名城市的国际推介会上进行灯彩的展示和销售。据统计，2023 年“秦淮灯市”总销量超过 12 万盏，销售总额高达 350 多万元[②]。“秦淮灯市”的品牌美誉度与影响力正在国内外市场中持续攀升。

2. 大报恩寺遗址景区：巧妙挣脱定位束缚，构筑城市禅意美学空间

大报恩寺的历史可以追溯到东吴赤乌年间（238—250 年），孙权于此圣地，亲自主持兴建了庄严肃穆的建初寺及巍峨壮观的阿育王塔，标志着佛教在江南地区的正式传播与扎根。历经晋、宋、元、明等朝代的更迭与战火洗礼，大报恩寺虽屡遭毁坏，却总能在废墟中重生。明永乐十年（1412 年），朱棣下令在原址上重建了宏伟壮丽的大报恩寺，并精心打造了举世闻名的九层琉璃宝塔，使之成为当时中国规模最大、工艺最精的佛教寺庙之一[③]。清朝时期的大报恩寺虽受到皇室的重视与保护，但在太平天国运动中不幸被毁。直到 2007 年，南京市政府正式启动了大报恩寺遗址景区（以下简称“大报恩寺”）的复建项目，并于 2015 年完工开放，使得这座古老的佛学寺庙得以全新的面貌重现在世人面前。在文旅融合新时代的背景下，大报恩寺要怎样突围出圈？

围绕空间场景的营造，景区更加关注“禅意生活”与“松弛疗愈”的美学意境和精神滋养。第一注重“空间禅”。通过一系列主题片区的设置，如“洗尘净心”“长干佛脉”“千年对望”“莲池海会”等，让游客在参观的

---

① 李子俊. 南京向全球发出文旅合作“邀请函”［N］. 南京日报，2023-05-18（A04）.

② 陈渝. 秦淮灯彩：探出非遗跨界融合新路［J］. 群众，2023（05）：51-52.

③ 付启元. 南京文化遗产概览［M］. 南京：南京出版社，2023：53-56.

过程中能够深入体验禅意的宁静与深邃。每个区域都围绕“禅意”这一核心概念进行延展，通过现代展览技术和传统文化元素相结合，创造出超越时空的对话，让游客在静谧的环境中体验到深刻的禅意。例如，“洗尘净心”长廊的设计，让游客在步入之前就能体验到一种仪式感，游客必须洗净双手，准备接受心灵的洗礼。“千年对望”长廊中，玄奘法师与佛祖对望的场景，通过现代展览技术，为游客提供了身临其境的体验。僧庐、玻璃砖经幢、梵铃等元素的设置，以及地面屏幕上象征“七步生莲”的图案，通过视觉、听觉和嗅觉的全方位表达，传达了净化心灵的寓意。第二注重“生活禅”。大报恩寺在景区内设立了“澄观禅境”“澄观书院”“禅意素食区”等功能节点，主打“禅意”融入生活：提供如“禅意工笔画”“书法论道”“感恩雅集”“古琴神韵”“禅意插花”“禅香打篆”“茶修我悟”“沐心抄经”“菩提坐禅”等多个面向公众的体验学习项目，让游客在参与中体验禅意生活；创新了“素未谋面”等素食，为游客提供了一种健康、禅意的饮食选择；推出了包括“团扇”“插花”“云锦”“螺钿”“香道”“茶道”“抄经”等体验的“禅意美学企业定制服务”；还通过现代化的装置艺术、数字媒体等提供“数字禅修”服务，让游客在现代科技的辅助下，体验禅修的宁静。第三注重“城市禅”。大报恩寺主打“城市美学”与“城市疗愈”路线，塑造一系列面向南京市民的网红热点。2023 年，报恩文化艺术馆引入“穆夏展”，引起“东方美学”的讨论；发起“我在大报恩寺走花路”“大报恩寺，松弛感 City Walk No.1”等话题，探索“颂钵音疗”“舒缓拉伸”“石膏像挂手作分享”等新兴项目；联合 Lululemon 南京德基店推出“醒春瑜伽会”，以“感受身体、平静心灵”作为活动主题，进一步强化景区作为城市疗愈空间的形象……不仅为游客提供身心放松的机会，也为城市居民予以一个逃离日常喧嚣、寻找内心宁静的疗愈空间。

围绕功能定位的拓展，景区更加关注“遗址公园”与“文博场馆”的主体责任和社会形象。一是关注自身作为“4A 级旅游景区”的市场思维。大报恩寺作为国有企业全市场化运营的旅游景区，在亲子研学、文创、演艺、文博展览等产业板块上发力，通过多样化载体打造特色产品体系，不断探索出独特的发展路径和模式。如在传统节日里开展一系列主题活动，包括春节的金陵纳福地、清明节的传统古礼、五一劳动节的“有·轻松”遗址奇愈·晒晒大会等，充分发挥了遗址景区作为传统文化主阵地的功能；上演如《神奇百戏：宝塔传奇》等自有 IP 剧，全年各类演出活动超过 160 场[①]，充分发挥了景区休闲娱乐的功能。**二是关注自身作为“考古遗址公园”的主体责任**[②]。大报恩寺不仅致力于古塔塔基及地宫遗址保护建筑的维护，还计划建设博物馆的主展馆、碑亭，以及室外的遗址保护区和展示区，并完善相关的配套服务设施。作为一处重要的考古遗址，大报恩寺的考古发掘工作始于 2007 年 2 月，由南京市博物馆组织考古队进行全面发掘，至 2010 年 11 月田野工作基本结束[③]。大报恩寺遗址于 2010 年入选“全国十大考古新发现”，2013 年正式成为“全国重点文物保护单位”。围绕“考古学”“文物”“遗迹”的展示与宣传，景区也开展了一系列工作，包括在核心展区里设置义井遗址和琉璃官窑，直接向公众展示考古成果，让游客能够直观地感受到历史的痕迹；通过“闻·物之声”等特别节目，以音频的方式讲述博物馆的藏品及展览，让听众以声音为线索，一起游走在历史文化的时间与空间里；不断提升改造博物馆展陈，

---

① 戴鸣蔚. 向“新”出发的南京大报恩寺遗址博物馆［N］. 江南时报，2024-06-14（A02）.

② “考古遗址公园”是指以重要考古遗址及其背景环境为主体，具有科研、教育、游憩等功能，在考古遗址保护和展示方面具有全国性示范意义的特定公共空间。这种公园不仅保护和展示考古遗址，还通过多种方式使文化遗产活起来，让公众能够更加直观地了解和感受历史。

③ 在这段时间内，考古队在大报恩寺遗址北区进行了深入的考古工作，发掘面积达到了3.6万平方米，揭露了香水河桥、御道、天王殿、大殿、琉璃塔、观音殿、法堂等主要建筑，以及永乐、宣德两座御碑亭，油库、伽蓝殿、画廊、香水河道、排水涵洞、水井等建筑和设施，还在地宫中发现了佛顶真骨、感应舍利以及七宝阿育王塔等重要佛教文物。

首次展出60件套重量级文物，包括彩釉龙纹琉璃砖、宋长干寺地宫出土铜镜等；组织文博专家为游客导赏，解读文物的历史价值和背后故事；提供多样化的研学体验，提升考古遗址公园游览体验的质量和深度。三是关注自身作为“博物馆”的社会形象。自2015年由南京市文化投资控股集团及其下属的南京大明文化实业有限公司精心打造并对外开放的南京大报恩寺遗址博物馆，2024年已经被评为“国家一级博物馆”，至今已吸引了超过630万人次的观众，仅2023年一年就接待了超过140万人次的游客。博物馆全年无休，即使在周一也照常开放，夜间开放时间累计超过60天，成为公众文化生活的重要组成部分[①]。2023年4月，大报恩寺遗址博物馆试运行“全真互联元宇宙”，通过端云协同、数字孪生、AI多模驱动、XR、VR等技术手段让游客与馆藏文物互动，提供沉浸式游览体验[②]。博物馆还策划执行了“文博大讲堂”、博物馆奇妙夜“明朝生存记”“琉璃塔里的传奇”等研学活动，使博物馆成为学校教育的延伸，讲述着“交往、交流、交融”的时代新故事。

围绕文化内涵的延伸，景区更加关注和历史对话、和城市对话、和世界对话。大报恩寺通过延续“报恩文化”，达成了与历史的对话。大报恩寺及其琉璃宝塔是明成祖朱棣为纪念明太祖朱元璋和马皇后所建，以表达对父母养育之恩的感激和报答。为延续这种中国传统文化中孝道和感恩的价值观念，景区举办一系列以“报恩”为主题的文化活动或典礼：推出《报恩盛典》大型实景演出、“报恩”讲堂、报恩主题曲、“以器物传递惦念之情”的报恩文创等；积极培育并壮大“报恩使者”（志愿者）；与各幼儿园、中小学、高校合作打造“开笔礼”“成童礼”“成人礼”“感恩礼”等四仪八礼特色礼仪活动，面向市民推出“明代汉式中秋拜月礼”“端午古礼”“七夕乞巧

---

① 刘源隆，张欣，张影. 晋级“密码”是“文化传承＋观众服务”［N］. 中国文化报，2024-06-04（001）.

② 邢虹，储宜建. 一边实地游览场馆一边穿梭虚拟世界［N］. 南京日报，2023-04-11（A03）.

仪式”“春日簪花礼”“华裳春衫行”等传统文化仪式。大报恩寺也因此获得 2013—2016 年度南京市博物馆青少年教育项目推广价值奖，2016 年更被评为“爱国主义教育基地”。大报恩寺通过推出面向市民的庆典活动，达成了与城市的对话。“庆典”活动之一就是在传统节庆及重大赛事时点亮特色塔灯[①]。每年跨年夜时，“大报恩寺琉璃塔灯光秀”采用超白玻璃还原曾经的琉璃塔影风貌，假期灯光秀充分融入了科技手段，精心设置了数段灯塔视频。以塔灯为契机，景区还举办一系列节庆主题活动，如 2024 年初元旦的“大集大利”盖章主题活动，印章包括从文物“琉璃拱门”上提取元素设计而成的“龙纹限定章”等；“妙趣百戏”“福运年帖、朱砂赐福”“五谷丰登纳福袋”等跨年夜活动。2024 年巴黎奥运会期间，大报恩塔还点亮特殊的“奥运色”，采用法国 2024 奥运会徽的金色，和中国队队服“逐梦”、吉祥物“弗里吉”的红色，金红配色象征着全世界运动员的团结和公正竞赛的精神，也寓意幸运和喜庆，成为热门打卡点。大报恩寺以“天国花园”为引，达成了与世界的对话。大报恩寺在国外具有较高知名度，它不仅是安徒生童话《天国花园》中的“中国瓷塔”[②]，还是游戏《文明 5》[③] 内的中国建筑代表，更频繁出现在国外中餐外卖盒上，甚至被印在了硬币上[④]。大报恩寺充分发挥着国际交流

---

① 由于琉璃塔建成时，明成祖朱棣已经去世，明宣宗下令点燃9层长明塔灯，此后明清时琉璃塔的塔灯都是昼夜通明，被称为“金陵四十八景”之一。

② “天国花园”是丹麦童话作家安徒生在其作品《天国花园》中提到的一个充满奇幻色彩的地方，它象征着一个理想、美好的世界。在故事中，东风从中国回来后描述了他在瓷塔周围跳舞，使得风铃叮当作响的情景，这里的瓷塔指的就是大报恩寺的琉璃塔。

③ 《文明5》（Sid Meier's Civilization V）是由Firaxis Games开发的一款历史策略回合制游戏，最初于2010年发布。游戏以其深度的策略性和丰富的历史元素著称，通常会选择一个国家最具盛名的历史建筑作为游戏的历史元素，如罗马竞技场、俄罗斯营垒、玛雅金字塔、埃及葬礼墓穴等。

④ 邢虹，程锦欣. 全球青年创客续写“南京瓷塔”故事［N］. 南京日报，2024-07-12（B01）.

的文化枢纽作用，通过与伦敦大学、布里斯托大学、清华大学未来实验室、东南大学建筑学院等全球多所院校机构合作，举办如“消失的遗产——沉浸式文化遗产创客大赛”等国际交流活动，辐射范围涉及 13 个国家、34 个城市、61 所顶尖高校[①]，不仅在保护和传承中华文化遗产方面做出了贡献，也在国际文化交流中发挥着重要作用。

3. 朝天宫・瞻园・甘熙宅第：创新破解单体桎梏，唤起城市记忆情感共鸣

南京市博物总馆成立于 2014 年，是国内首个实行总、分馆制的国家一级博物馆[②]，其坐落于秦淮区的三大分馆——南京市博物馆（朝天宫）、南京市民俗博物馆（甘熙宅第）和太平天国历史博物馆（瞻园），是如何在南京这座博物馆之城[③]里以各自独特的方式展示秦淮区深厚历史文化底蕴的？

朝天宫尤其注重与城市的关联。主要体现在承载南京城市记忆、提供南京城市服务和推动南京城市创意这三个层面。朝天宫承载着南京城市记忆。朝天宫素有“金陵第一胜迹”之称，其历史最早可追溯至春秋时期的“吴冶城”，东晋时增设“卞壶祠”[④]，东晋丞相王导也在此兴建西园，后经南宋、唐、杨吴、北宋、元各政权陆续改建为“总明观”“太清宫”“紫极宫”“天庆观”“玄

---

① 邢虹，程锦欣. 全球青年创客续写“南京瓷塔”故事［N］. 南京日报，2024-07-12（B01）.

② 南京市博物总馆下辖“七馆”，包括南京市博物馆（朝天宫）、太平天国历史博物馆（瞻园）、中国共产党代表团梅园新村纪念馆、南京市民俗博物馆（甘熙宅第）、渡江胜利纪念馆、江宁织造博物馆、六朝博物馆7家市属文博馆所。

③ 南京正在积极有序地推进博物馆建设，构建门类齐全、形式多样的博物馆集群，努力打造有影响力的“博物馆之城”。截至目前，南京市备案博物馆数量达80座，其中国家等级博物馆15座。参见：李健，苏雁. 在博物馆读懂一座城——江苏南京着力打造博物馆之城［N］. 光明日报，2024-08-02（B03）.

④ 晋成帝咸和二年（327年），苏峻、祖约二人发起了一场大规模叛乱，咸和三年卞壶父子为平定叛军以身殉国，葬于朝天宫冶山西侧。卞壶父子忠心报国，事迹感人，历朝历代对卞壶墓均曾加修葺，今朝天宫西门外，卞壶墓碣仍在。

妙观”“永寿宫”，至明洪武十七年（1384 年）才正式命名为“朝天宫”。清朝末年，两江总督曾国藩还将江宁府学迁至朝天宫。1936 年，朝天宫被辟为北平故宫博物院南京分院[①]，存放着故宫南迁文物。朝天宫遗址本身见证了南京从古至今的发展历程，南京城几乎每一个时期的变迁都在朝天宫留下了深刻的印记。20 世纪 60 年代初，南京市博物馆迁至朝天宫后，作为文博场馆的朝天宫收藏保护着与南京城市记忆相关的文物十万余件，举办“龙蟠虎踞—南京城市史”“新的融合——南北朝历史文化特展”等反映南京城市历史变迁的陈列展览，开展“西园美育读书会——金陵四十八景中的朝天宫”“小小古建师”“知我南京·争做南京代言人”等让青少年深入了解南京城市历史的研学活动。朝天宫提供着南京城市服务。朝天宫棂星门前的石阶被数代南京孩童当作“滑梯”已有 100 多年的历史[②]，至今仍被社区内的孩子当作游乐的设施。拥有 100 多年历史的朝天宫古玩市场自 2010 年从朝天宫内部搬迁至安品街道 77 号后热度仍然不减，不仅筹建线上拍卖平台与商场，还开发夜间古玩市场，开设大学生文创、淘宝超市等主题文化消费区，打造近 10 个夜市直播间[③]；2011 年朝天宫古玩市场被中华工商总会和中国收藏家协会评为“中国收藏界唯一风云市场”。2001 年 7 月—9 月，占地总面积 1.1 万平方米的朝天宫市民广场建成，不仅包含鹅卵石铺（含盲道）、喷泉、供市民休憩的条石凳子、厕所（含残疾人专用厕所）等配套设施，还种植了马蹄金草坪、银杏、香樟、牡丹、杜鹃等景观植被；2018 年朝天宫市民广场完成进一步改造，在原有配套设施基础上增设了新石椅、带扶手的斜坡、夜景照明等，以万仞

---

① 南京市地方志编纂委员会.南京文物志［M］.南京.方志出版社，1997：73–74.

② 朱彦.走进这座博物馆，穿越南京城的“前世今生”［N］.南京日报，2024–07–16（05）.

③ 秦淮区朝天宫街道办事处.朝天宫古玩市场重构视觉体系，点亮古玩夜文化［EB/OL］.（2020–07–02）［2023–06–26］. http://www.njqh.gov.cn/qhqrmzf/202007/t20200723_2306286.html.

宫墙为中轴线优化了景观植被的分布，还在广场内部增添红色展示牌介绍荣誉人物及社会主义核心价值观，变成了秦淮区首个“好人广场”。**朝天宫推动着南京城市创意**。2024 年 5 月 31 日，朝天宫作为主场地承办了“南京创意设计周”。开幕式当晚，朝天宫棂星门前设置了以“明洪武釉里红岁寒三友梅瓶”为原型的创意花园装置。在设计周期间，朝天宫与创意工作者合作，引入了舞蹈、影像、雕塑、景观、交换装置、数字创意等，吸引市民朋友前往游玩、观赏，原先作为文化地标、市民休闲地的朝天宫一跃成为南京城市创意公园。

甘熙宅第尤其注重与街区的关联。立足毗邻熙南里街区的优势打造游赏联动的展览社教、实景演艺、非遗节庆活动。第一，在研学路线中融入展览社教。甘熙宅第，又名“九十九间半”“甘家大院”“甘熙故居”，是南京目前现存面积最为宏大、保存状况最为完好的清代多进穿堂式民居典范，其历史可追溯到清嘉庆年间，距今已有约 200 年的悠久历史。1992 年，甘熙宅第作为南京市民俗博物馆正式对外开放，2012 年又挂牌增设南京市非物质文化遗产馆，成为华东地区首家民俗、非遗“双博馆”。作为文博场馆，甘熙宅第积极联合江苏省文物局、南京市文艺家协会、南京市工艺美术协会等单位，持续提高展陈质量、拓宽办展渠道；多年开展“四时八节”系列、“二十四节气”系列、“非遗进校园”“非遗周周学”“南京非遗云课堂”“南京非遗云竞赛”“童心向党·我是小小传承人”等品牌社教、爱国主义教育活动。据统计，甘熙宅第每年举办临时展览超过 10 场、社教活动超过 100 场、青少年观众数约 3 万人次[①]。**第二，在夜游路线中融入实景演艺**。常态夜景演出《甘宅雅韵》以甘熙宅第内的花园、连廊、假山、池塘、津逮楼等自然景观和建筑为参观路线，结合纱幕投影、3D 水幕灯光秀、室内 5D 沉浸立体空间数字展示等声光电展

---

① 杨书娟. 探索博物馆发展新路径——以南京市民俗博物馆为例［J］. 新西部，2023（02）：131–133.

示手段，将古筝、水袖舞等传统乐舞与昆曲、南京白局等传统戏曲表演进行创新性表达并融入夜游行进路线，为市民和游客提供全新文化体验，一度成为南京夜间经济的新亮点。第三，在观光路线中融入非遗节庆。2023 年 6 月，甘熙宅第与熙南里街区联合举办 2023 年文化和自然遗产日系列活动，在熙南里街区将非遗文化巧妙融入吃、住、行、游、购、娱的每一个环节，通过丰富多样的非遗展陈、展示、展演以及体验活动，让游客在整个街区旅程中，全方位地感受并共享非遗文化的生动魅力。在 2024 年 2 月举办的第十一届南京民俗文化节暨第四届南京楹联文化节中设置“好戏连台・喜乐年”“楹联送福・吉祥年”“龙年大展・红火年”“非遗市集・韵味年”四大板块，邀请非遗传承人在馆内和街区进行非遗展演，使整个民俗馆和街区都成为非遗精品和民俗文化的展示舞台，极大地丰富了游客的观光体验。

瞻园尤其注重与景区的关联。依托夫子庙—秦淮风光带，通过太平天国、古典文学、明代园林等错位主题成功留住了景区的客流。瞻园主创太平天国的主题。瞻园是全国范围内独一无二的太平天国史专题博物馆。太平天国运动期间，瞻园曾是东王杨秀清的王府，后成为幼西王萧有和的府邸。1958 年，南京市太平天国纪念馆迁至历史悠久的瞻园，随后于 1961 年正式更名为“太平天国历史博物馆”。馆内现收藏有太平天国及相关文物藏品 4000 余套[①]，设有“天国春秋——太平天国历史陈列”常设展，陆续承办“字里行间——太平天国历史博物馆藏晚清名人函札展”“山水与游——徐达家族与南京园林特展”“笔下妙意 壁上丹青——陈崇光与太平天国壁画展”等原创性临展，持续吸引人流。瞻园主打古典文学的意境。瞻园是 1987 年版电视剧《红楼梦》、以《白蛇传》为原型翻拍的《新白娘子传奇》的重要取景地。2019 年，瞻园

① 朱彦.“藏”在王府中的博物馆[N].南京日报，2024-03-22（B04）.

推出以《红楼梦》为主题的夜间实景秀《金陵寻梦·夜瞻园》[①]，通过传统戏曲、悠扬器乐与多媒体技术的精妙结合，巧妙利用瞻园内廊、亭、厅等园林空间，力求360度全景再现《红楼梦》的经典场景，更增设《牡丹亭》《西厢记》《梁祝》等古典文学相关演出。据统计，“夜瞻园”2019—2022年底演出观看累计观众人数约1.3万人次[②]。2025年春节（乙巳蛇年）期间，瞻园举办“金陵寻梦·又见青白”主题新年游园会，将《白蛇传》的“青白”二人与蛇年主题巧妙结合，推出《又见青白》等舞蹈节目，文化创意迭出。瞻园主推古典园林的静谧。瞻园作为南京现存历史最为悠久的明代古典园林，已历经600余年沧桑，赫然名列“江南四大名园”之中，更享有“金陵第一园”之美誉，其历史渊源可追溯至明朝的“吴王府”，后又成为中山王徐达的府邸私园。基于此背景，2023年5月，瞻园推出南京首个沉浸式互动戏曲园林实景演出《金陵·王府往事》，以中山王徐达的孙子——徐澄的婚礼为剧情背景，让观众作为“王府贵客”跟随“王府管家”在光影中追寻一段“王府往事”，并体验明代婚礼的“六礼”（纳彩、问名、纳吉、纳征、告期和发册奉迎）、拜堂仪式等全过程，游客也从被动的观赏转变为积极地融入，实现全方位的沉浸式体验。自《金陵·王府往事》问世后的半年间，瞻园的参观人次与经营收入均跃居南京各大博物馆之首[③]。此外，瞻园还与译林出版社联合打造“逐月·译空间”，为游客提供能够沉浸在园林美景中阅读、品茗、闲谈的复合型休闲空间[④]，赋予快节奏的夫子庙—秦淮风光带以松弛疗愈和情感共鸣，进一步升华游客的文化体验之旅。

---

① “夜瞻园”由南京市文投旗下大明文化实业有限责任公司、南京演艺集团、南京市越剧团以及南京市博物总馆联手打造。

② 王峻峰.“夜瞻园”何以愈演愈红？［N］.江苏经济报，2023-07-07（A01）.

③ 王峻峰.“夜瞻园”何以愈演愈红？［N］.江苏经济报，2023-07-07（A01）.

④ 邢虹，王峰.江苏南京：在书店里走进博物空间 在博物馆里走进阅读世界［N］.南京日报，2023-10-20（A11）.

三、街区共建共享生活即景，匠心独运城南记忆

秦淮区老城南的历史街区承载着南京几百年的历史记忆，其内的众多历史遗迹与传统民居，至今依然保留着明清时期的建筑肌理，彰显了南京独特的市井文化风貌。然而，随着时间的推移，该区域的基础设施逐渐老化，房屋破败不堪，公共服务设施不健全，传统商业模式也难以适应现代需求，导致建筑风貌衰退、居民大量迁出，街区活力显著下降。近年来，秦淮区政府着手对老城南的历史街区进行全面的保护性更新，改造策略经历了从早期的大规模拆迁重建、镶牙式填充，逐步转向以小尺度、渐进式更新为核心的精细化发展路径[①]。通过一系列有针对性的更新举措，老城南的历史街区不仅恢复了传统文化魅力，还通过现代业态的引入与功能优化，转型为集居住、商业与旅游功能于一体的多元复合型空间，成为吸引本地居民和外地游客的重要城市文化节点。

1. 老门东历史文化街区：修旧如旧老酒新酿，引领城南艺术文化新象

老门东历史文化街区（以下简称“老门东”）是南京市目前唯一的大体量历史文化风貌区[②]，北起箍桶巷，南至明城墙，东始江宁路，西接中华门城堡段的内秦淮河，总面积约为 7 万平方米。门东地区因地处“中华门”之东，遂得此名。城南一直是南京城人口最为密集、繁华之地，“半壁门东回照诗书礼仪，两弯淮水摇来灯影桨声”[③]，门东地区作为南京城南的精华区域，不仅见证了南京工商业的繁荣，也集中体现了南京传统民居的本真风貌，更承载着南京众多非物质文化遗产。2010 年重新开发以前，门东地区的违建现象

① 董亦楠，韩冬青. 居住类地段更新的类型、历程与关键问题——以南京为例［J］. 城市规划，2024，48（04）：34–42.

② 范秀平. 空间生产视域下历史文化街区的旅游发展研究［D］. 南京艺术学院硕士论文，2022.

③ 该句出自现今老门东历史文化街区牌坊的楹联背面。

普遍，居住建筑年久失修，历史风貌遭到严重破坏①。在南京市政府和南京城南历史街区保护建设有限公司的共同推动下②，老门东正式完成改造、升级，在 2013 年 9 月 29 日正式对民众开放，成为集文化、休闲、旅游为一体的特色历史文化街区，获得了“江苏省示范步行街”等 30 余项荣誉。老门东营业十余年来，热度不减，甚至可与传统老牌景区“夫子庙”相提并论。据统计，2024 年上半年老门东街区接待游客量超过 1000 万人次，营业额近 3 亿元③。门东地区的转变不仅是城市更新的典范，更是文旅融合的生动案例。

老门东秉承“修旧如旧”的原则。通过精细修缮建筑、还原街巷肌理和统一风格基调，重现了老城南的历史风貌。**一是精细修缮历史建筑，保留传统建筑特征**。在修复历史建筑的过程中，对老城南 100 处保存完整、具有代表性的传统民居进行定量测绘、横向对比，记录这些民居的铺地、门窗、梁柱等各部件的样式、尺寸、色彩等，并将《南京老城南传统民居修缮技术图集》作为修缮工作的参考指南，修缮时所用材料也是与民居同时期的老材料或依据古法烧制而成的材料④，力求保留明清时期南京传统建筑的典型特征——**“青砖灰瓦马头墙，回廊挂落花格窗”**。重建的“骏惠书屋”便是建筑修复的典型代表，它完整恢复了三进式徽派庭院及青砖灰瓦、马头墙、木雕、月梁等元素，被誉为“南京第一木雕楼”，仿古建筑也选择了古木材、旧墙砖、青石板等材料，与精细修缮后的历史建筑混为一体。**二是还原真实街巷肌理，再现城南空间布局**。老门东的街巷肌理经历了从六朝时期的“棋盘式里坊制”

---

① 孙世界. 演变与再生改革开放以来的南京老城更新［M］. 东南大学出版社，2021：117-118.

② 老门东保护更新计划由南京市政府全额出资，地块内部分居民分片逐步迁出，回购房屋权属，通过南部的新城建设对老门东更新进行资金补偿。

③ 田诗雨，秦萱. 新场景聚人气新玩法“招财气”［N］. 南京日报，2024-09-03（A08）.

④ 何聪，姚雪青，李卓尔. 历史街区，在保护中发展［N］. 人民日报，2024-04-24（007）.

到宋明清“开放式街巷制”的转变[①]，而20世纪末的违章搭建乱象使得街巷布局愈是复杂。老门东地区前后共规划设计了三次，走过不少弯路，经历了破坏到修复、再破坏、再修复的过程[②]。2010年《南京老城南历史城区保护规划与城市设计》出台后，老门东的改造策略由前期的大拆大建向保护性更新转变。通过结合底图和民国时期的文献资料，街区还原了街巷的真实肌理与内在结构逻辑，让其本真的空间布局得到重现，又填充以餐饮小吃、休闲娱乐等商铺，拟真古代的“市井生活”氛围。游客漫步其中仿佛置身于历史时空之中，感受着老南京日常生活的场景。三是统一街区风格基调，营造古朴雅致氛围。街区的铺装以灰色、青色为主，占比超过55%[③]，打造了“粉墙黛瓦”的灰色基调，引入的现代商铺如星巴克、花迹酒店等也与街区保持了建筑风貌的一致性，分布在各处的视觉系统通过结合中式镂空窗格、明城墙等元素让街区更添古朴典雅的韵味。街区在众多点位都设置了以市井人物为主题的铜铸塑像，呈现出如玩转陀螺、对弈象棋、糖芋苗的叫卖、黄包车夫的忙碌身影、学童踏入书馆的步履、箍桶老汉的精湛手艺等生动画面，再现了明清时期老门东独特的民居生活风貌。此外，还利用紫藤花、凌霄花、古藤、古树等景观植物，营造出静谧和谐、古朴雅致的街区氛围。然而，需要引起警惕的是，仿古建筑及人为景观终难传达出更为深邃的古朴韵味，加上街区内部引入了过多的商业设施，缺乏本地居民日常生活的真切体现，街区的商业化氛围显得尤为浓厚。

老门东遵循“老酒新酿”的思维。通过“老字号＋新零售”“老场所＋

---

① 朱健. 以南京老门东为例阐述历史建筑的城市维度和历史维度［J］. 山西建筑，2019，45（19）：15-17.

② 陈妍，赵蕾. 文化传承视角下城市街区活力复兴研究——以南京老门东街区为例［J］. 美与时代，2022（03）：39-42.

③ 赵天鹏，丁彦芬. 南京市老门东历史文化街区铺装解读［J］. 农业科技与信息，2015（02）：117-120.

新体验”“老城墙＋新场景”，丰富了街区的消费业态。在“老字号”引入新型零售模式。一方面积极引入“蒋有记锅贴”“绿柳居”“六凤居”“鸡鸣汤包”等代表南京传统饮食文化的“老字号”品牌，并于2018年获评“江苏省老字号集聚区”的称号，另一方面创新线上采购、个性化定制、休闲外摆等新零售方式，不仅让老字号焕发新活力，也吸引更多年轻消费者的关注。如“桃源村”不仅勇于创新传统糕点的口味、样式，还巧妙利用二楼空间创建“糕点文化博物馆”，设立烘焙体验、特色茶饮等区域，为游客打造了一个集品尝、文化、休闲于一体的综合空间[①]。在“老场所”增添新型文化体验。老门东在原有的老厂房、古民居、古城墙基础上修建了金陵美术馆、南京书画院、老城南记忆馆、德云社、城墙博物馆等文化场所，将原有的小街巷弄改造为画廊、茶馆、咖啡店、艺术工作室、书店等，引入文博展览（城墙博物馆、金陵美术馆、南京书画院的展览等）、沉浸式演艺（开心麻花沉浸式剧场）、主题民宿（花迹·酒店等）、名人工作室（张京海工作室、施霖生工作室等）、品牌文创（如TOI图益、deli曼物文创馆等）等新兴业态，给予游客全新的文化体验。正因如此，老门东先后获评“首批国家级夜间文化和旅游消费集聚区”“江苏省首批现代小剧场示范点”“南京十大夜色地标之一”等荣誉。2024年8月20日，老门东开心麻花老门沉浸剧场还被评为江苏省“优秀小剧场”[②]。在“老城墙”补充新型消费场景。凭借紧邻南京明城墙的显著优势，精心策划并推出了城墙灯光秀以及“城南新座corner”等别具一格的新场景。城墙灯光秀作为历史街区中独树一帜的创意常驻展览项目，融合了四季变换的氛围投影、趣味横生的笑脸墙互动拍照区、温馨有趣的敲敲乐亲子游戏、刺激好玩的互动3D动感单车体验，以及震撼人心的大型3D城墙投影秀等亮点，成功吸引了络绎

① 黄琳燕. 不服“老”！“老字号”还挺潮[N]. 南京日报，2024-07-25（A04）.

② 老门东的开心麻花剧场是南京唯一一家大型实景沉浸式剧场，每晚几乎都上演全国独家的沉浸式剧目，剧目类型包括悬疑推理、亲子互动，持续吸引着年轻群体的关注。

不绝的游客，将昔日门可罗雀的古城墙区域蜕变成为炙手可热的消费新地标。“城南新座 corner”则是在街区旧有角落基础上匠心打造的“下沉式”新型空间，不仅引进了令人叹为观止的裸眼超视觉体验馆“飞越南京”，更携手沉浸式国风演艺剧场“金陵梦华”，共同构筑了一座集艺术鉴赏、妆造跟拍、市集体验、剧情互动、沉浸演艺等多功能于一体的国潮科技融合全实景体验中心，为游客们带来前所未有、丰富多元的文化娱乐享受。

老门东本着“文化焕新”的夙愿。承办南京城大型文化活动、艺术嘉年华和各类赛事，引领了南京城市文化新象。一是大型活动荟萃。每年举办的秦淮灯会是南京最具代表性的文化节庆活动之一，老门东是灯会的主展区之一，秦淮灯彩与老门东的历史建筑相结合，形成了独特的文化景观。灯会期间，老门东推出了街区特有的灯彩装置，如身穿状元服、手提非遗荷花灯的福兔（身高 15 米，重达 4 吨）、《龙腾盛世》生肖龙灯组（高约 16 米、宽 22 米）等，吸引了大量国内外游客。据统计，2023 年春节期间，老门东每天接待游客近 10 万人，2024 年春节假期老门东营业收入近 3000 万元，其中南京本地人占到 70%[①]。老门东还举办了“非遗 · 无界”国际文化遗产展，代表南京城建立起与西宁、金坛、杭州等城市的合作交流[②]，承办南京市第二届“城”聘会首场活动，举行南京市 119 消防宣传月启动仪式等，充分证明老门东已成为南京城市文化的新地标。二是潮流文化聚集。老门东锚定年轻消费群体，

---

① 陈洁，仇惠栋. 南京老城焕新打开“人文经济”密钥［N］. 新华日报，2024-02-29（001）.

② 根据国家东西部协作部署，自2016年起，南京和西宁建立起了对口协作关系。在南京老门东“非遗传习馆”里，还特别设置了“青海非遗文化体验馆”，2024年秦淮灯会，老门东也引进了西宁湟源排灯。2024年5月25日，“逍遥金坛，与宁共赏”2024金坛文旅（南京）系列推广活动暨长荡湖籽虾季开幕仪式在老门东举办，本次活动由常州市金坛区人民政府主办，旨在推动金坛与南京都市圈的合作交流。2021年5月27日，杭州市文化旅游越剧快闪活动在老门东举办。本次活动旨在通过越剧快闪及视频推广的形式，让更多的南京市民认识杭州、走进杭州。

已经举办 2022—2024 年三届“门东运动嘉年华”和“门东音乐季”、2022 年“老门东艺术季”、2023 年“国际青年艺术节”等艺术嘉年华活动。据统计，为期 20 多天的“门东运动嘉年华”在活动期间共吸引超过 1000 名运动爱好者参加，累计接待游客量达到 160 万人次；为期 4 天的“门东音乐季”上演了近百个音乐节目[①]；为期 10 天的“门东艺术节”通过举办 50 多场演出及活动，吸引了超 20 万人次参与，促成消费额近 800 万元[②]。除传统的艺术嘉年华活动外，老门东街区还举办了如 2018 年《连理枝》[③]中国首映礼（动漫元素）、2019 年“繁华三世·相遇门东”携程达人团采风活动（达人元素）、2021 年“Ninebot Space”（科技元素）、2021 年“门东装造节”（国风元素）、2023 年“高定时装秀”（潮流元素）等活动，引领了从二次元到国风潮玩的文化新象。三是知名赛事引领。老门东还承办了许多市级、省级、全国性甚至国际性的赛事，例如 2019 年“门东杯”中国南京大学生电子竞技对抗赛、2022 年中国街舞联赛（南京站）、2024 年中国龙狮运动公益万里行启动仪式暨江苏省龙狮大赛（南京站）、2024 年英雄联盟全球总决赛资格赛（LPL 夏季总决赛）[④]等，显著地提升了老门东在省内、国内乃至国际范围内的影响力。在秉持“修旧如旧”的原则下，老门东融合“老酒新酿”的思维，不断为街区注入新的活力，老门东也由此成为年轻群体心中引领南京城市文化新象的潮流地标，达成了“文化焕新”的夙愿。

---

① 田诗雨，秦萱. 新场景聚人气 新玩法“招财气”［N］. 南京日报，2024-09-03（A08）.

② 李子俊，李鑫芳. 串珠成链，看“夜明珠”点亮“夜金陵”［N］. 南京日报，2022-07-29（B02）.

③ 《连理枝》为全美最大动漫展COMIC-CON国际电影节最佳动画短片，作者为好莱坞高级动画人、80后南京姑娘刘婷婷。

④ 2024年英雄联盟全球总决赛资格赛的主场馆是南京青奥体育公园体育馆，老门东街区是唯二的线下观赛区。

2. 小西湖历史风貌区：以人为本与民同乐，共塑城南居民真实生活

小西湖历史风貌区（以下简称“小西湖”）位于城南武定桥与朱雀桥间，古称“大油坊巷历史风貌区”，是南京现存 8 个传统民居类历史风貌区之一。六朝唐宋时期，小西湖称“翔鸾坊”；明代时又因此处有最大的王姓油坊，更名“油坊巷”[①]。小西湖内保有 2 处文保单位、7 处历史建筑、历史街巷 7 条、传统院落 30 多处[②]，较好地保存了传统建筑空间格局及街巷肌理，是南京现存整体风貌最完整的明清民居建筑群之一。近现代以来，该片区年久失修、杂乱无章，传统历史风貌遭到不少破坏，为了改善居民的生活环境、保护片区传统街巷肌理，南京市政府与南京历史城区保护建设集团（秦淮区历保集团）自 2016 年起持续开始小西湖的改造工作。2022 年，小西湖的改造工程获得了“联合国教科文组织亚太遗产保护奖”中的“历史环境中的创新设计奖”，评委会给予了“该项目在社会和技术创新方面提供了可复制的重要经验”的高度评价。

小西湖的更新采用“分级分类微更新”的策略。通过充分调研产权归属、“一房一策”策略、逐步改善市政基础设施与居住环境品质这三大措施，实现了“分类分级微更新”。遵循“确权分类”的更新前提。在改造初期，小西湖的土地产权问题异常复杂，不到 4.7 万平方米的用地内却容纳了 810 户居民和 25 家工企单位，涵盖 216 个相对独立的产权地块，涉及超过 800 位产权人，包括公房、私房以及公企单位等不同类型产权性质。不仅牵涉到包括但不限于政府职能部门、街道办事处、居民委员会、开发建设平台、当地居民以及专业的设计团队等多个主体，且各方诉求存在差异、去留意愿不尽相同[③]。面

---

① 明代时武定桥以南沿着秦淮河边，一条巷子里有王姓油坊行、吕姓鞭炮行、马姓香烛行、陈姓茶叶行四大商行。因王姓油坊最大，故更名“油坊巷”。

② 侯博文. 南京老城南小西湖街区保护与再生（一期工程）[J]. 建筑与文化，2022（02）：2-3.

③ 董亦楠，韩冬青，黄洁. 从南京小西湖历史地段小尺度、渐进式保护再生看城市设计的过程性和参与性[J]. 时代建筑，2021（01）：51-55.

对复杂的产权归属及去留情况，遵循“确权为前提、分类更新为手段”[①]的原则，在更新项目启动之初开展了街区现状调研，明晰了产权关系、产权边界和产权人自身意愿，并利用“权属类型学地图”[②]记录各房屋、建筑、地块的产权归属和搬迁意愿，动态调整规划方案，为小西湖的分级分类更新奠定了基础。在级别上小西湖的院落被划分为“一级院落”“二级院落”“三级院落”三级体系[③]；在类别上片区又被分为15个规划管控单元和127个更新实施单元，每个单元根据产权性质和居民意愿按类别逐步推进更新。采取“一房一策”的设计策略。在具体实施过程中，充分结合历史保护需求与居民诉求，探索出平移安置、共生院、自主更新、公私合作等多样性的更新模式。例如将堆草巷转角处的刘氏家族私宅后院的鱼池、铺地、院墙等重做，打造为在特定时间段面向街巷开放的“共享院”；将堆草巷31号的两组四合院式直管公房改造为居民空间与文创、社区规划师办公室等多功能服务区的“共生院”；将堆草巷南侧31–18号的工商企业与个体私房改造为引进商业与民居并存的“共融院”等[④]。强调“微观改造”的翻新尺度。除民居传统风貌的改造与更新外，小西湖原先也存在排水、消防、通信等基础设施不完善的诟病。为了不破坏两侧既有建筑、不影响居民生活，在片区改造的进程中摒弃了传统反复开挖的“拉链式”维修模式，转而采用经过精心研发的“微型综合管

---

① 李杰，罗小龙，顾宗倪，等.基于产权的社区渐进式更新困境解析与治理探索——以南京市小西湖街区为例[J].现代城市研究，2024（06）：16–21.

② 由小西湖街区改造的设计团队“权属类型学地图”（Typological Map）能够通过图示有效地呈现土地和房屋产权的属性与分布，为政府、设计单位、实施主体、居民等多方参与者提供协同工作的底图工具。

③ 包宇喆.产权地块在传统居住街区形态解析及保护与再生中的运用[D].东南大学硕士论文，2018；“一级院落”由外部道路空间限定，是由街巷围合的一系列产权地块。“二级院落”的划分具有不固定性及动态性：依据满足相邻，并且有条件联合保护、开发的几个产权地块。“三级院落”即为一个产权地块。

④ 鲍莉，孙艺畅.人地共构的小西湖传统街区居住建筑多样性更新[J].建筑学报，2022（01）：22–27.

廊”技术[①]实现生活消防给水系统、雨污分流排水系统、电力系统、信息系统及燃气系统的细致化“微更新”。此外，片区还通过美化电线杆、增加绿植、局部改善软装材料等方式对居住环境进行微观改造，通过众多细节整体改造街区的风貌气质。据统计，2022 年小西湖片区一期改造工程完成时，共迁出居民近 450 户，保留原居民 360 多户，腾迁工企单位 12 家，改造示范性居民院落 3 处；完成市政微型廊道 600 米，整治街巷环境共 3180 平方米，修缮文保和历史建筑 6 处，改造公共服务设施 9 处，建设消防控制中心 1 处[②]。小西湖在改造过程中避免了“大拆大建”，通过分级、分类、分阶段的改造更新及功能优化，逐步提升片区的精神面貌与活力。

小西湖的运营体现“与民同乐”的理念。片区内的业态设计紧密结合社区实际需求，既涵盖了居民生活的基础设施和服务内容，也引入了文化创意和轻商业等新兴业态，丰富了片区居民（游客）的生活、文化体验。首先，充分考虑片区居民的生活需求。通过引进传统的老澡堂、多样化的特色餐饮、24 小时书店、茶馆等，提升了居民的生活便利性，公共澡堂、共享院、戏台、广场等公共空间的再造也使小西湖片区传统的社交生活得以延续。针对片区内的儿童家庭，还设立了儿童户外休闲区、儿童图书角、小小民生观察站、星空屋顶等空间。为了确保居民的生活质量不受到影响，片区还制定了相应的运营规则，如禁止引入重餐饮业态、商铺营业时间不得超过晚上 10 点等。其次，全面满足片区居民的文化追求。引入如非遗工作室、科普馆、茶馆、手工艺作坊等丰富的文化业态。例如秦淮灯彩工作室通过手工艺课程等展示秦淮灯彩这一非物质文化遗产；虫文馆面向儿童和家庭游客推广科普昆虫知

---

① “微型综合管廊”利用官腔隔板减少管线敷设间距，实现1—4米狭窄街巷的管线安全有序敷设，后续可通行检修，避免反复开挖，廊内左右管线不受土壤和地下水侵蚀，电力和燃气各设独立耳室。

② 侯博文. 南京老城南小西湖街区保护与再生（一期工程）[J]. 建筑与文化，2022（02）：2–3.

识；茶馆、咖啡馆常常与非遗工作室等文化场所合作举办小型文化沙龙和非遗展览；24 小时书屋不仅为居民提供了一个全天候的阅读空间，还定期举办读书会和文化讲座等，满足了片区居民的文化追求。再次，多元创新片区居民的商业配给。为了实现经济可持续发展，引入了多种新型商业形态。如利用三官堂遗址改造而成的"花间堂"特色民宿为游客提供了沉浸式的居住体验；腾讯光子工作室群旗下腾讯棋牌 IP 场景"欢乐茶馆"将线上游戏《欢乐斗地主》及《欢乐麻将》首次搬到现实空间；国内顶尖剧本游戏品牌"我是谜"实景推理馆吸引众多年轻游客前来街区打卡等。据统计，小西湖街区在改造完成时已引进商家超过 20 户，包含文化展馆、非遗工坊、文创零售、民宿餐饮、休闲娱乐等新型业态，2022 年小西湖片区各类业态总收入超过 4500 万元[①]。通过日常生活、传统文化与新型商业的复合型业态布局，小西湖探索着经济效益与文化保护双重增益，实践着老城区更新改造的诸多可能，真正做到了"与民同乐"。

小西湖的发展体现"以社区为主体"的模式。通过社区引领的跨界联名、夜游夜娱、社会公益等活动，小西湖成为南京文化艺术活动的重要平台，吸引了大批游客和文化爱好者。在跨界联名方面，早在 2021 年，小西湖就携手南京保利大剧院等文化地标，共同策划并举办了南京"戏剧漫游城市"主题活动，精心在街巷间布置了即兴戏剧表演、小丑艺术秀、小西湖限定版沉浸式戏剧体验、造物市集、街头音乐演出等新颖体验，为市民及游客带来了一场场精彩绝伦的文化盛宴。2022 年 9 月，由南京市话剧团创排的同名原创话剧《小西湖》也进入了大众的视野[②]，该话剧由小西湖片区改造的真实故事创排而成，展现了小西湖更新过程中的小人物和真情感，并在 2023 年南京"紫金文化艺术节"颁奖典礼上荣获"优秀剧目奖"。2024 年 7 月小西湖又与江

① 姚雪青. 微改造更新老街区［N］. 人民日报，2023-12-15（013）.

② 《小西湖》话剧于2022年9月27日在江苏大剧院戏剧厅首演，又于2023年3月、11月分别进行升级版演出和全国巡演。2024年3月和5月，该剧也在南京文化艺术中心和临空港大剧院上演。

苏省中国科学院植物研究所等机构合作举办“茶，不止于 TEA”艺科融合展、与植染文创品牌联展、举办“迤里 zigzag”展集等，通过多元化的跨界合作，片区得以塑造出独特的文化氛围和游客互动体验。在夜游夜娱方面，翔鸾广场在夜晚成为社区娱乐的核心，社区居民们经常在广场上聚集，跳广场舞、组织小型戏曲演出等；露天电影院放映的老电影也常吸引不少社区居民与游客驻足观看；节庆时社区也会张灯结彩，秦淮花灯的开灯仪式就曾在此举办……夜晚的小西湖充满着生活气息，展现了浓厚的社区文化氛围。在社会公益方面，在 2021 年“走近留学生 · 宣介新南京”留学生城市记忆寻访活动中，留学生们在小西湖参观并体验了花灯、脸谱、抖空竹、皮影戏等非遗文化；开展“走近科学殿堂 · 畅享暑期时光”儿童暑期科普游、“小小民生观察团训练营”“童梦花园”美化改造等活动——通过多种形式的文化与公益活动，小西湖成功打造了一个以社区居民为主体、兼具历史韵味与现代活力的文化地标，增强了社区凝聚力和文化传承。小西湖的改造、运营与发展充分体现了“以人为本”的理念，始终强调居民的主体地位与社区的引领作用，为社区居民带来了经济与文化双重收益。需要更多关注的是，小西湖的资本收益往往更多流向大规模的连锁商户和外来投资者，社区原有的小商户与个体经营者要如何应对这种不均衡也是个不小的挑战。

3. 熙南里历史文化休闲街区 · 科巷 · 南台巷—明瓦廊：社区商区主客共享，复现城南浓郁市井烟火

熙南里历史文化休闲街区（以下简称“熙南里”）、科巷、南台巷 - 明瓦廊作为秦淮区涉旅化街区的典型代表，在保留原有社区功能的基础上，逐步形成了兼具社区、商业和旅游功能的多元空间，实现了经济效益和社会效益的双重提升，成为城市更新的重要示范。

熙南里实现了传统与潮流的接轨。从空间改造、业态布局、文化体验三维度完成从明清古宅到商业空间，再到文化空间、国潮街区的转变。第一是

从明清古宅到商业空间的转变。“熙南里”[①]是现代新提的地名，因初期工程位于甘熙宅第以南而得名[②]，它的前身是明代十八坊、清代南捕厅，也是《南都繁会图》描绘之地[③]，承载着老城南生活、劳作的诸多印记。2008 年 9 月，熙南里正式建成开街，虽然街区是在拆除一些没有价值的民居建筑后重建仿古建筑而成的，但是在改造过程中严格控制了原肌理尺度，在保留“青砖小瓦、马头墙”等典型江南风貌的前提下增设餐饮店、文创店、咖啡馆、酒吧、露天电影院、沉浸式剧场等现代商业载体，巧妙地将原本具有私密性的传统住宅转变为具有公共性的商业空间。第二是从商业空间到文化空间的转变。奥尔恰、Seven Poke、烁枝、漫心、花筑、LAVA Lab 美学餐吧、爆锐篮球馆等时尚品牌的入驻为熙南里注入了鲜明的现代时尚元素；20 多个非遗传承人工作室、2 名国家级非遗代表性传承人、251 项市级以上非物质文化遗产[④]的入驻则进一步强化了其传统底蕴。熙南里还通过举办“摄影微课堂”“走进非遗艺术—南京白局公开课”“非遗活化展示体验”等特色交流活动，引入《熙南有戏》《青春音乐汇》《南京喜事》等“夜游”展演项目，将原先单一的商业空间转变成以沉浸式场景为基的文化空间，打出“传统 + 潮流”的业态

---

① 广义范围的“熙南里街区”分四期而建，主要包含“一路、两街、十三巷”（“一路”为升州路，“两街”为评事街和绒庄街，“十三巷”为大板巷、千章巷等），基本涵盖了古南京“评事街历史风貌区”的范围。本文讨论的是狭义的“熙南里街区”，即南捕厅、大板巷一带。

② 2006年，甘熙故居被列为第六批全国重点文物保护单位，同年在政府主导下，由南京城建历史文化街区开发有限责任公司负责的甘熙故居后期修缮及环境整治工程正式启动，工程计划包括修缮扩建甘熙故居地块，并复建民居曾有的津逮楼、后花园等。

③ 李子俊. 穿梭“灯火天街”下 走进《南都繁会图》[N]. 南京日报，2024-09-15（A03）.

④ 江苏省文联办公室. 喜报!南京市熙南里历史文化街区入选中国文联“文艺两新”集聚区实践基地[EB/OL].（2024-08-15）[2024-09-23]. https://www.jswyw.com/org/gedi/nj/202408/t20240815_8377760. shtml.

组合牌。其中，国内首部大型实景 360° 全沉浸互动演出《南京喜事》开演一年多以来共计演出超过 400 场，接待观众近 4 万人次[①]，并荣获“2020 年文化和旅游融合发展十大创新项目”。第三是从文化空间到国潮街区的转变。依托节庆不断推出品牌活动，创成南京首屈一指的国潮街区：春节期间举办“戏曲迎新春”活动，搭建露天舞台邀请艺术家表演经典曲目；元宵灯会期间街区组织“小而美”的灯彩集市和新春国潮市集；端午期间推出“粽享夜端午”活动，包含非遗展示、潮玩市集和乐队表演等互动内容；中秋节复兴明朝鼎盛一时的“笪桥灯市”等。熙南里先后获得“南京特色文旅商品街区”“江苏省夜间经济集聚区建设单位”“江苏省级夜间文化和旅游消费集聚区”“国家级夜间文化和旅游消费集聚区”“江苏省示范步行街”“第二批江苏省无限定空间非遗进景区示范项目”“中国文联‘文艺两新’集聚区实践基地”等称号，成绩斐然，但熙南里在改造过程中多为“镶牙式”发展[②]，许多街区居民也被强制搬迁，导致原有历史文化街区的真实性、完整性受损。

科巷实现了社区与商业的平衡。通过构建一个社区生活与商业繁荣和谐共生的生态体系，实现了从传统菜市场到科巷新市集再到便民生活圈、涉旅化街区的全方位持续转型。首先，从传统菜市场转型为科巷新市集。科巷菜市场，这一始建于 1958 年的地标性建筑，不仅是南京城历史最为悠久、规模最为宏大的菜市场之一，更见证了城市变迁的沧桑岁月，被誉为“老南京的城市记忆，最秦淮的市井烟火”[③]。科巷曾经是全国十大城市菜场之一，也是南京人心中的“买菜圣地”。改造前的科巷菜场，尽管早已荣膺南京市“老字号”品牌（2016 年），但在其业态布局、环境卫生等方面却显露出显著的

---

① 朱彦. 以文化为支点，撬动城市美好生活［N］. 南京日报，2022-01-14（A09）.

② “镶牙式”发展指的是在保护历史街区的过程中，对一些历史建筑进行修复和保护，同时拆除一些不再具有保护价值的建筑，以实现历史文化保护与城市发展的平衡。

③ “老南京的城市记忆，最秦淮的市井烟火”篆刻于“百年科巷浮雕墙”。

滞后性，日益难以满足现代城市居民对于新颖购物体验与多元化需求的追求。历经数次精心改造，特别是2020年的大规模升级蜕变后，科巷菜场已成功转型为焕然一新的“科巷新市集”[①]：总面积约为8000平方米，一层是充满活力的新型商业街区，二层则精心保留了传统的菜市场功能，传承着浓厚的市井气息。其次，从科巷新市集升级为便民生活圈。科巷新市集在保留福印板栗、草鸡蛋糕、紫燕百味鸡、小郑酥烧饼等传统生鲜、果蔬及熟食店的基础上，引入了诸多现代科技元素，包括溯源电子秤、商户多功能信息屏、客流统计系统、电子测温系统、电子监控系统以及实时销售数据统计系统等，极大地提升了市场的运营效率，更为社区居民带来了前所未有的便捷与舒适的购物体验。为满足社区居民多样化的生活需求，还设立“社区工坊”提供家政服务、家电维修、干洗缝补、老年助餐点等便民服务，顺利建成了15min便民生活圈。据统计，科巷拥有超过220家便民店、10多家网红店，服务对象涵盖10多个小区、13幢商办楼宇和近1000家企事业单位[②]，内部还增设了手绘墙面、水墨幔帐、浮雕墙、老物件等造景，营造了社区文化氛围。再次，从便民生活圈发展为涉旅化街区。改造后的科巷已成为南京市规模最大、品类最全的“老字号”品牌小店经济街区，引进了特色餐饮、时尚购物、休闲娱乐等业态，入驻品牌包括小杨生煎、Nowwa挪瓦咖啡、名创优品、罗森、杨国福麻辣烫等。创新一系列活动吸引大量年轻游客：例如联合《寻味》栏目邀请非遗传承人、老字号商家走进社区向公众展示非遗技艺、邀请公众品尝非遗美食，包括淮安钦工肉圆、南京鸡鸣汤包、兴化蒋仕昌卤菜等；引入直播空间，创新推出线上线下互动的“新消费”模式，利用网络直播和社交媒体将非遗美食和老字号产品推广全网络平台。科巷从传统菜市场转型为集购物、休闲、文化体

① 科巷菜场的改造是由明商投资控股集团作为主管单位完成的，改造工程从2019年11月启动，改造后的科巷新市集在2021年1月28日重新开业。

② 朱凯，黄琳燕. 总量破百万，“小个体”扛起“千斤担”[N]. 南京日报，2023-04-12（A03）.

验于一体的现代社区商业中心，并成功荣获“国家标准化社区商业示范项目”的称号。然而，人流量增加带来的交通不畅、运营成本增加带来的商品价格飙升也是今后街区需要长期关注的问题。

明瓦廊—南台巷实现了热闹与静谧的并存。明瓦廊、南台巷等盘互交错、错落有致的小街小巷共同构成了新接口西南象限的生态街巷圈，以丰富路为主轴，一边是热闹，一边是静谧，丰富了新街口商圈的生态多样性。**一是能在明瓦廊的“网红市井”中探秘烟火气。**明瓦廊得名于明朝初期，“明瓦”即以羊角为原料制成的薄而透光的瓦片，“明瓦廊”则是生产、经营这类薄瓦片的场所，毗邻新街口地区[①]。从明清时期起，明瓦廊就是商业贸易的繁荣中心，街市内有众多官府衙门、权贵宅邸。昔日的瓦片作坊已经转变为自发集聚的美食小吃街，却存在着停车混乱、占道经营、路面坑洼、污水横流、油烟扰民等问题。2019 年精品街巷改造后，明瓦廊街区按照统一规范推出了新门头 20 多家、拆除了 40 余块各类违规的门头标牌，清理了 3100 余张招贴牛皮癣，重新漆画了 700 余米长的行车标志线，规范了 9000 余辆非机动车的乱停放现象，并对 750 余辆违规停放的机动车贴发了违停通知单；通过实施 24 小时定岗巡查制度，严格检查门前三包工作的执行情况，以长效保持街景的整洁容貌，有效确保了小吃街的公共秩序；增加了文化墙、灯带等软性装饰，整体提升了明瓦廊街区的环境[②]。相比科巷，明瓦廊的老南京传统美食品牌不多，除易记皮肚面、金宏兴鸭子店外多为“网红”平价美食，如蚵仔煎、烤冷面、地锅鸡、比萨饼、铜锣烧等。亲民的小吃价格与多样化的美食品类使得明瓦廊成为不同消费层次人群的共同选择，人们在街区内排队品尝、分

---

① 《秦淮志》载：“羊角灯者，旧为金陵特产。用羊角煎熬成液，和以彩色，凝而压薄成片，谓之明瓦。金陵街市，有明瓦廊，皆制此者也。连缀明瓦而成灯，透光明，无火患，且不脆裂，故宫中亦用之。”

② 李有明，严玲，徐新. 明瓦廊小吃街成网红打卡地［N］. 南京日报，2020-07-25（A02）.

享体验、与摊主交流，街区，充满着活力与市井气息。二是能在南台巷的“宝藏店铺”中寻求静谧感。与明瓦廊的热闹不同，毗邻的南台巷街区则以其宁静的氛围和文艺气息吸引着更多寻求个性与品质的游客。南台巷旧时称“南塘里”，晚清陈作霖在《运渎桥道小志》曾言：“高井大街有巷西出为南塘里，晋时豪侠所聚。”晚清时期两江总督张之洞公馆的旧址就位于南台巷，据说张之洞取《诗经·小雅》中“南山有台，乐得贤也”一句将这条街道最终命名为“南台巷”。南台巷以前是传统的“服装一条街”，周边主要是90年代的老小区，建筑风貌老旧、街道狭窄[①]。经香港置地与秦淮区政府联合改造后[②]，如今的南台巷呈“Z”字形，长约300米，因其独特的小资氛围被誉为“南京版武康路”，业态多以咖啡馆、手作店、小酒吧、古着店为主，如日式侘寂风的Gallery Coffee、法式浪漫风的蓝鲸咖啡、融合植物与冲浪元素的NIJO COFFEE等，风格独立且个性鲜明。南台巷合理布局的商业与周边的老旧住宅区形成了和谐的共存关系，其沿街的咖啡馆、酒吧、手工艺品店等非但没有破坏老街区的原始风貌，反而增添了其独特的文艺气息，营造了静谧的环境与充满创意的商业形态。三是能在新街口的“Citywalk”中体验自在感。被誉为“中华第一商圈”的新街口核心CBD商圈，基于对南京城市特点、年轻消费群体、未来商业趋势的深度洞察，正逐渐给予沿街的品牌店铺、市井小店以自由与空间去“野蛮生长”，将从明瓦廊到丰富路再到南台巷的小型特色街巷有机串联。空间开放、营业时间自由的沿街店铺与商圈内老牌大型购物中心互为补充，打造出“各美其美”的自在一隅之地，不仅成为南京城市居民在生活与工作间隙中寻找自由感、松弛感、社交乐趣的情绪承载口，更成为游客心目中必去的“Citywalk”路线，在新街口喧嚣的商业环境中成功

---

① 邓露洁，田诗雨，卫凌云等. 从街巷“三变”看更新“新气象”［N］. 南京日报，2023-04-07（A06）.

② 凭借其百年来升级改造香港中环的成功经验，香港置地同步联动南京秦淮区政府，对南台巷进行景观、市政、道路等多维焕新。

地塑造了一片自在的空间。

四、园区文化赋能产城融合，创意谱写长干新章

2023年3月28日，南京秦淮特色文化产业园喜提“国家级文化产业示范园区”殊荣，不仅成为省市文化创意产业园区的标志性品牌，更在全国范围内产生了广泛的影响。范围内诸如晨光1865创意产业园、南京国家领军人才创业园及悦动·新门西产业园等一系列子园区，作为近现代工业历史的代表，已成功蜕变为南京最具创意活力的特色文化产业园区。这些园区依托文化创意、数字科创的龙头企业，融合休闲旅游商务办公，形成了现代化的产业结构和优势产业集群。它们的发展历程充分展现了秦淮区“园区融入城区，产业塑造风景”的独特战略布局，各具特色的文化产业园区成为展示秦淮乃至南京市文化产业的窗口。

1. 晨光1865科技·创意产业园：解锁非遗创新转化，开发国潮科创融合平台

晨光1865科技·创意产业园（以下简称“晨光1865”）的前身可追溯至李鸿章于1865年创立的“金陵机器局”，这座工厂不仅是南京历史上首座实现近代机械化的工厂，更标志着南京近代工业时代的启幕，同时也是中华民族军事工业的重要摇篮。2017年9月19日，国有资本独资控股的南京晨光集团[①]与秦淮区政府共同投资建设的晨光1865正式开园并以文化艺术和创意设计为总体定位面向全球招商。截至2021年，晨光1865已累计进驻企业300余家，其中文化科技融合企业占70%，整体营收超过80亿元，税收超过4亿元，提

---

① 南京晨光集团由其上级集团中国航天科工集团有限公司100%控股，而中国航天科工集团有限公司则直接由国务院国有资产监督管理委员会独资控股。因此，晨光集团是由中央政府国有资本独资控股的集团，其上级主管部门为国家航天工业部。

供了 6000 多个就业岗位[①]。作为南京最早转型的工业园区之一，晨光 1865 已先后荣获“国家级科技企业孵化器”“国家级双创示范基地”以及“江苏省省级科技企业孵化器”等众多荣誉，总计超过 40 项。

晨光 1865 实现了从工业遗产到工业景观的转变。通过保护性修缮历史建筑、引进互动创意展览以及打造沉浸式场景形塑新型工业景观。晨光 1865 坐拥 21 万平方米地块，总建筑面积高达 10 万平方米，其中珍贵的历史建筑更是占据了 4.6 万平方米的显著份额。这些历史建筑不仅包括了 9 栋清朝时期的古朴建筑，还涵盖了 19 栋民国风格的独特建筑，共同构成了园区内一道亮丽的工业遗产风景线。首先，保护性修缮古建筑统一工业风貌基调。园区保护性修缮了 9 栋清代建筑、23 栋近代建筑及 20 多栋新中国成立初期建筑，保留了工业生产时期的设备和痕迹，如旧时工厂的弦梁结构、坡屋顶等，并严格规范每家公司对于租赁房屋进行装修改造的行为，确保合规性：在内部装修过程中，严禁擅自更改房屋结构；同时，空调外机必须按照指定位置进行安放，以保障园区建筑风貌的和谐与统一。其次，引进互动创意展览展示工业艺术场景。金陵兵工展览馆（金陵兵工厂旧址）通过人物雕像、实物模型、音效和光影效果再现了百年前兵工厂的历史场景，于 2009 年成为首批“国防科技工业军工文化教育基地”，2017 年成为“金陵兵工史研究基地”；永银钱币博物馆设置互动体验区，利用钱币墙、万花筒隧道等让游客仿佛置身于钱币的世界；宝姐珠宝艺术廊、香山家具美学馆、承创空间、榴莲国际艺术空间、云隐筠艺术空间等小型展示空间也会有定期的展览。再次，打造沉浸式场景渲染工业文化氛围。一方面，将锯齿形大厂房建筑群打造成具有德国包豪斯风格的“凡德文化艺术街区”，再以街区为载体引入新媒体、摄影、影视、茶艺、艺术教育、咖啡馆、非遗展示等多种类型业态，这些创意店铺

① 邢贺扬. 晨光1865文化创意产业园——从金陵机器局到文创园区［N］. 人民日报（海外版），2023-08-16（07）.

多由园区本身的工业建筑改造而来，具有浓厚的复古风格，包括由“物料库”改造而成的咖啡店、具有南法复古风情的拾光森林主题酒店等；另一方面，在各点位都安置了金陵制造局大牌坊、浮雕墙、马家山西坡文化墙、厂歌厂训墙、架退克鲁森式膛炮等公共艺术装置或雕塑，勾起游客穿越时空的怀旧记忆。

晨光1865实现了从工业园区向文创园区的转变。园区内的文化创意企业主要拓宽了传统工艺的应用领域、扩大了传统文化的影响范围和创新了传统文化的展现方式。作为近代工业的摇篮，园区的前身金陵机器局的产业重心主要集中在传统制造业，园区改造后着重发展文化创意产业，文化科技融合企业占园区入驻企业总数的70%[①]。在2021年至2023年的三年间，园区成功吸引了近30家大规模的文化科技企业入驻，并在此期间，积极培育出了一批优质企业，包括2家独角兽企业、4家瞪羚企业、15家国家高新技术企业以及近30家科技型中小企业，实现了显著的园区发展和企业成长[②]。一是以南京承创织绣公司、宝姐科技公司为代表的文化创意企业拓宽了传统工艺的应用领域。南京承创织绣公司以传统云锦工艺为基础，通过现代化改良和创新设计，成功将云锦艺术融入服饰、家居饰品、汽车内饰设计、大型公共空间的装饰壁画等领域，还与欧莱雅、腾讯游戏DNF、Bang & Olufsen、New Balance等多个知名品牌进行跨界合作，将云锦艺术推向了更广阔的市场和消费群体；宝姐科技公司将“花丝镶嵌”非遗工艺与现代珠宝设计相结合开发了“花丝传家”系列珠宝，并在2017年巴黎时装周上荣获“国际臻尚奖全球原创珠宝设计大奖”，展现了中国珠宝设计的国际影响力。二是以永银文化发展集团为代表的文化创意企业扩大了传统文化的影响范围。一方面，永银

---

① 邢贺扬. 晨光1865文化创意产业园——从金陵机器局到文创园区［N］. 人民日报（海外版），2023-08-16（07）.

② 赵莉萍，徐宁，张梓扬. 晨光1865：百年工业遗产奋进复兴之路［N］. 新华日报，2023-03-10（030）.

文化发展集团深入研究和传播钱币文化：通过出版《无缺——中国熊猫金银币图鉴》等专业著作，深化了钱币文化的学术研究和普及教育；通过建立永银钱币博物馆，为公众提供了一个了解和学习钱币文化的重要场所，博物馆累计接待了超过10万名参观者，举办了1000余场钱币文化活动。另一方面，永银文化发展集团将钱币文化拓宽到更广阔的市场：通过银行渠道为客户提供“熊猫金币”等钱币类产品，连续多年在中国金币集团特许零售商中排名第一；与国内外各大评级公司建立了紧密合作关系，提供钱币鉴定估价、拍卖等服务。三是以盘古影业有限公司为代表的文化创意企业创新了传统文化的展现方式。盘古影业通过TVC广告、城市形象片、电影、电视剧等多元化的影视作品创新了传统文化在电视广播领域的展示效果。如由盘古影业创始人王柯执导的2024年央视春晚陕西西安分会场创意节目《山河诗长安》就利用增强现实（AR）技术，展现了李白跨越千年来到现代的震撼场景；舞蹈短片《舞清影》将中国传统文化中的二十四节气通过舞蹈演员的肢体动作、服装、妆发造型以及背景、音乐等转变为了可视的舞蹈，让观众以全新的方式沉浸式体验传统文化。

晨光1865实现了从科普展示向文化体验的转型。通过特色旅游线路、研学活动、文化交流活动让公众更直观地感受园区的文化与历史。园区开发特色鲜明的旅游线路，为游客提供连贯的体验路径。策划设计多条融合历史文化与现代科技的体验线路，包括工业遗产游览线路、红色体验线路和非遗体验线路，利用专业导览和互动装置将历史建筑、文化展馆和非遗技艺点位有机串联：在工业遗产游览中，60多栋老工业遗存串联成的工业遗产博览带让游客“入园即入馆、入馆即体验”，园区也因此被认定为“南京市工业旅游区”，入选“江苏省工业游自驾线路”；在红色体验中，游客能够感知中国近代民族军工的发展历程和革命精神，园区也在2012年成为“南京市党史教育基地”，2021年成为首批“中央企业爱国主义教育基地”；在非遗体验上，游客能够找到与日常生活息息相关的元素，例如瀹茶文化博物馆通过向游客普及茶文化知识、举办敬茶仪式等方式，让游客体验到茶道与现代生活的融合价值。园区推出不同受众的研学产品，深化市民群众的文化体验。针对青少年开发了长期、中期、短期的不同研学课程，推出如“三点钟暑期研学”“‘飞向月球’定制夏令营”“追寻军工历史·传承非遗经典”“金陵制造局‘小小枪械师’”“兵工厂里的非遗小使者”“暑期红领巾寻访小队”等不同研学产品，为本地学生家长提供多样化的选择；针对党员干部，园区党支部持续接待本地街道、高校、企业的党建学习团队，已累计举办了上百次党建、党史、党日活动[①]，包括南京中华门街道党工委、江苏省戏校第三党支部、南京航空航天大学产业党工委、南京紫东物业党支部、江苏省吉林商会党支部等，在地党员干部们都在园区深度学习、体验了党史与军工精神。园区举办跨界联名的交流活动，扩大文化体验的广度和深度。与万象天地商场合作展出“镜花江海”《南都繁会景物图卷》局部等非遗活化相关的公共艺术装置[②]；与行业协会、研究院、拍卖公司等合作举办如“钱币文化嘉年华”等活动；与出版社、研究所、社区等合作举办了如“在这里读懂长江——长江大保护科普图片展暨青少年长江流域生态调研活动”“千年寻迹——江苏大运河文化展暨科普研学活动”“寻访南京晨光 1865 创意产业园”等；与高校、国际组织等合作举办如“国际茶日”等针对国际友人进行文化宣传与交流的活动等。

2. 南京国家领军人才创业园：主客共创链式协同，打造青年首选潮流空间

南京国家领军人才创业园（以下简称“国创园”）的前身可回溯至 1896 年创立的“江南铸造银元制钱总局”，该机构在历经岁月的洗礼后，于 1959 年蜕变成为“南京第二机床厂”。2013 年 10 月由南京金基集团投资改造的金基·国

---

① 赵莉萍，徐宁，张梓扬. 晨光1865：百年工业遗产奋进复兴之路［N］. 新华日报，2023-03-10（030）.

② “镜花江海”由云锦经典图案江崖海水纹改造而成，《南都繁会景物图卷》局部是用云锦金宝地工艺织就的，皆由园区内南京承创织绣公司研发。

创园正式开园，截至 2022 年吸引了超过 160 家人才企业入驻，年税收达到 7000 万元[①]，出租率一直保持在 90% 以上。园区内的建筑和设施经过精心设计和修缮，既保留了原有的工业特色，又适应了现代办公和文化活动的需求。依托发展成熟的周边生活设施配套，国创园作为与当地社区共享共建的创意园区，对于发展富有活力的历史城区也起到了重要作用。如今，国创园不仅是南京的潮流文化新地标，也是城市青年漫游、休闲和创意交流的理想场所。

国创园通过精塑园区历史人文面貌，促成了产业与城区的融合。国创园的建筑设计体现了历史与未来的交融。国创园以双轴为核心，东西向的“时间轴”保留旧建筑原有的材质、厂房结构等，展现工业遗产风貌；南北向的“未来轴”则以“城垣四季”“红院聚落”等八景串联文化空间[②]，游客穿梭于交错的“时间”“未来”双轴，路过残留锈迹斑驳的厂房、缠满枯枝藤蔓的老式牌楼、设计感极强的现代建筑、洋溢着青春自由的时尚买手店，经过一次次独特而浓郁的视觉冲击，历史与未来的界线在行进中也渐渐模糊，仿佛漫游在历史与未来交融的折叠空间。国创园的产业集群体现了文化与创意的交融。园区的主导产业包括设计服务、文化创意和生活创意。在设计服务产业方面，以其深厚的工业文化底蕴，吸引了包括洛可可、兴华设计院等知名企业，聚焦南京的工业设计，更好地传递了南京城市文化风貌：首批“国家级工业设计中心”洛可可，凭借超过 400 个项目的卓越开发经验和数百款成功推向市场的产品，荣获 20 余项国内外知名的设计奖项，与夫子庙文旅、城墙博物馆等权威机构建立了稳固的长期合作关系，共同匠心打造了“状元郎”“城墙八音盒”“城墙麻将”等极具创意的文创礼品系列，涵盖 21 个品类、超过 50 款精品，深受来自全国各地游客的广泛赞誉与好评；在文化创意产业方面，

① 江永强，王传瑞，杨康. 南京秦淮入选国家级文化产业示范园区［N］. 新华日报，2023-03-09（006）.

② 沈玉青. 华丽变身，工业遗产为“江苏创造”积势蓄能［N］. 江苏经济报，2024-05-30（A01）.

龙头企业金锋团队作为南京本土的视频创意公司，推出了与数字 VR 技术结合的《南京故事三部曲》《南京 48 小时》等经典作品，在网络上获得了极高的点击量，广泛地传播了南京文化与城市形象；在生活创意产业方面，代表企业雨琪创意在首届秦淮婚恋季 · 国创园站、2022 中国（南京）文化和科技融合成果展览交易会等活动中，推出“寻光 · 遇见爱”“怦然心动”“月照秦淮”等浪漫唯美的婚礼主题场景，为年轻群体带来了前所未有的视觉盛宴。国创园的开放空间体现了园区与社区的融合。园区内的生活体验馆、艺术花房、绿植咖啡馆、非遗画廊、定制婚纱店、网红店铺、美妆造型店、文创商店、艺术家工作室、室内设计工作室、艺术博物馆等都位于开放空间内，服务着周边居民和外来游客，这种“无边界”的构造促进了创意和文化交流，同时为社区居民提供了便利和丰富的文化生活体验；还通过停车位共享服务缓解了周边居民停车难的问题，积极与社区共享资源[①]。从创意办公园区到社区活动的补充配套，国创园正呈现出突破原有设计框架的新面貌。

国创园通过精准招商自由主理人，促成了复合型业态的发展。一流顶层设计驱动，自由“育种播种”。抛弃以往的单一招商逻辑或组团模式，在顶层规划层面招引熟知创新需求的策划人、心领神会的设计师、专业的餐饮零售团队、突破传统的视频文化传播公司等与园区内入驻的创意产业集群相辅相成、能够形成下游产业链协同关系的自由创业者或团队，为一个充满活力的商业和文化生态系统奠定基础。在独特的顶层设计驱动下，国创园也逐步成长为南京年轻主理人和设计师、创意者们云集的时尚之所。自发形成生态社区，自由“野蛮生长”。主理人与园区产业集群自由形成社群化、生态型

---

① 南京市城市管理局. 临时地块“化身”停车场，为居民缓解停车难题［EB/OL］.（2024-01-29）［2024-05-23］. https://mp.weixin.qq.com/s?__biz=MzI3OTM3MDkzNA==&mid=2247544911&idx=2&sn=1238ccd5ca7ce4443a2f4d734c2c59a5&chksm=eb4abd96dc3d34805d2b5b216b598e4c2bb8987cf4f8e24af7995e8dce63b44c2e6801dca8ef&scene=27.

的组织方式，单个项目往往能够汇集单个初创者和多个主理人的力量，主客共同孵化着富有创意的复合型新业态：园内多功能艺术展示空间“23BOX”巧妙地融合了陶谷公园 TOKU Gallery 的艺术底蕴与 BURP CAFE 的创意咖啡氛围，集艺术展览、文化交流与商业推广于一身，打造出独一无二的“传统文化艺术 + 当代展陈方式 + 工业空间”新典范；由知名球鞋文化店铺 WZK SNEAKER 携手嘻哈歌手 JONY J 共同创立的 OKAY WZK，专注于球鞋及潮流服饰的售卖，同时融入精品咖啡、文身工作室及美式理发店等多元化元素，为顾客带来全方位的潮流体验；家居集合店今日商铺 TODAYS SHOP，在展示家具与饰品的同时，创新性地引入咖啡与植物等功能区，为顾客营造出更加温馨舒适的购物环境；美式复古空间 HERB & SPICE，更是将美食、咖啡、杂货、古董与鲜花等多样业态完美融合，为城市生活增添一抹独特的复古风情。**适度提供交流平台，自由“沐浴阳光”**。采取一系列措施给主理人创造更为自由的环境与交流的平台：开设南京创意设计中心、“创意南京”“南京设计廊”等面向园区乃至全市的综合性服务平台，为主理人提供强有力的技术支持与广阔的市场拓展机遇；通过策划并实施一系列培训活动，采用“要素深度剖析 + 成功案例分享 + 即时答疑解惑”的先进培训模式，营造出一种“互学共进、互动协作、互帮互助”的积极共赢氛围；组织主理人沙龙、技术交流会等多元化活动，为主理人搭建起学习与交流的桥梁，为复合业态的蓬勃发展奠定坚实基础；特别开设版权知识宣讲、政策深度解读等“C+ 公开课”，并诚邀行业内的专业导师进行经验传授，助力主理人高效完成项目注册流程；举办多场企业服务活动，如三八妇女节专属女性话题沙龙、税法宣传活动等，为园区企业带来了一场场精彩纷呈的服务盛宴。在国创园的积极引领与精心培育下，各主理人的个人素质得到了显著提升，创业创新成果层出不穷，园区也因此荣获了“江苏省小型微型企业创业示范基地”“南京市文化产业园”及“南京市现代服务业集聚区”等多项殊荣。

国创园通过精准定位年轻消费群体，打造了南京青年新社区。首店效应

短期集聚人群。“首店经济”利用区域优势吸引国内外品牌首店开设，已成为激发地区消费潜力的重要引擎之一[①]。国创园通过引入一批全国或区域性的首家品牌门店，有效提升了自身的市场竞争力与知名度：“遇见博物馆·南京馆”作为该品牌在南京的首家门店，开馆后迅速通过“遇见敦煌光影艺术展”等热门展览吸引了超过 10 万人次的游客，成为园区文化品牌的亮点；长安马自达全国首屈一指的用户体验中心——“MAZDA MOMENT 用户体验中心”，其店内供应的咖啡尤为年轻顾客所青睐，每逢周末及节假日，每日的咖啡销量高达 140 杯；D Department Store，这家专注于先锋暗黑、阿美咔叽、古着珍品及小众女装设计师品牌四大风格的时尚殿堂，也在该园区内设立了江浙沪地区唯一的线下实体店；还有南京首屈一指的个性潮流气息家居集合店“今日商铺 TODAY'S SHOP”、南京首家美式复古风格的 ete 餐超、南京首家专业经营自然酒的餐吧“饱嗝餐厅”等，共同为顾客们带来前所未有的购物与休闲体验。口碑效应快速占领市场。国创园经过改造后由背街小巷变为接入城市路网、不设围墙的公共休闲消费地，短短 300 米就有 3 家餐厅上榜大众点评 2024 必吃榜，集复古与小资于一体的打卡出片点频出，在社交网络上享有 # 工业风、# 街拍圣地等标签，因此除园区入驻企业的上班族外，每天也吸引周边社区居民及慕名游客前来逛街打卡。园区内各具腔调的主理人店铺自带“圈层”文化、自维线上口碑、自营粉丝群体，另兼上班族、社区居民、网红 KOL 三方加盟，品牌辐射影响不断扩大，口口相传吸引圈层群体。2022 年金基集团成立建致商业管理公司，以全球生活方式本土化为目标，在更高的维度上继续推动着国创园本地商业生态占领南京市场。2023 年 3 月 31 日—4 月 2 日国创园举办“INS 潮人集结”，将有腔调有创意、精致时尚的生活态度与理念揄扬于社交媒体圈层活动。网红效应持续吸引人流。为成功将流量

---

① 王国俊，宁穗. 发力首店经济 激发消费新活力［N］. 南京日报，2024-04-13（A02）.

转化为留量，经常举办艺术节、潮流市集、文化消费节等活动，打造网红热点：2022 年 6 月举办“菱角文化艺术节”，包含市集活动、音乐会等，吸引了超 6000 人打卡；2022 年 11 月—12 月，联动园区 30 多家商企共同打造“时间漫游 · 国创园秋冬文艺体验集”，包括漫游艺展、漫游市集、漫游消费系列 IP 活动；2023 年 3 月底，为期 3 天的东也复古市集吸引了来自全国各地的 100 个摊主，涵盖音乐、艺术、家居、摩托车、玩具等丰富内容；2023 年 7 月 7 日在秦淮区人民政府、南京广电集团的带动下，成功举办了首届秦淮婚恋季·国创园站活动，主题为“盛夏遇见爱”[①]。通过一系列时尚化、多元化、场景化的新型活动，园区满足了当下都市青年群体的精神文化需求和成长性需求，增强了年轻群体对其的情感纽带联结，成功将自身打造为南京青年首选的潮流文化空间。

3. 悦动 · 新门西产业园：园城一体空间共享，精雕体旅融合无界硅巷

南京门西片区自古以来就是繁盛富庶之地，由南京万科善跑体育发展有限公司更新改造的悦动 · 新门西产业园（以下简称“悦动 · 新门西”）是南京首个体育文化产业园，其前身是“南京第一棉纺厂”与“南京人民印刷厂”。整个园区巧妙地融合了青砖、红砖、混凝土、金属与玻璃等多种材质，构建出独特的基调：原本用于大规模生产的大跨度车间，经过精心改造，已蜕变为充满活力的体育运动主题场馆；而那些小巧精致的庭院式建筑，则摇身一变，成为集产业办公、青年公寓及商铺于一体的多元化空间。据统计，悦动 · 新

① 此次活动汇聚了园区内众多婚庆产业链上的精英企业，包括品诚创意、雨琪婚礼、金锋团队、M+镁铱概念、怀念树、HOMA荷玛造型、ROOT木艮至造、良制Lounge suit、领域主持、JOYHILL喜悦山婚礼艺术中心、GEMOWL玑慕珠宝以及初珠宝等，共同为恋爱中的男女青年打造了一场高品质、一站式婚礼盛宴。

门西自 2018 年开放以来，连续三年税收破亿元[①]。作为“江苏省体育产业示范园”“江苏省体育服务综合体”，悦动·新门西却更像公园而不是传统意义上的产业园区——成为市民休闲娱乐的新热点，也为南京增添了一处富有活力的文化体育新地标。

悦动·新门西通过“秦淮硅巷”[②]模式实现了产业与人才的双轮驱动。秦淮硅巷模式是一种以老城区更新为基础，通过改造老旧厂房、楼宇等闲置资源，打造具有科技创新和创业孵化功能的城市创新集聚区的一种发展模式。悦动·新门西作为秦淮硅巷模式的典范，其核心产业——物联网、体育、文化产业为区域经济提供了基础支撑，园区内的人才则是推动这些产业创新和发展的关键因素。物联网产业提供“新智慧”生活服务。在物联网产业方面成功吸引中国联通物联网总部、和而泰、丰疆智能、科舸物联、PNP 中国等较有影响力的科创企业，带动秦淮区链上企业在业务交流、技术融通、能力孵化上持续创新。2024 年 11 月 28 日，第二届“格物杯”联通物联网应用创新大赛暨南京秦淮物联网产业招商活动在白下高新区举行，以中国联通物联网为领军企业的悦动·新门西已变身秦淮区物联网行业桥梁及产业孵化器。考虑到物联网产业人才工作强度大、追求数字化高科技体验的需求，园区提供完善的智慧生活配套：招引专为青年人提供品质运营服务的长租公寓“泊寓”，嵌入拥有智能化体验的科技运动场馆“门西球馆”，并融入“万物互联”设计理念的互动喷泉，将生活烟火气与归属感氤氲于数字科技。体育产业提供“新场馆”活动服务。在体育产业方面布局精英运动、体育总部，拓展自

---

① 何钢.“腾笼换凤”，以城市更新助推产业焕新［N］. 南京日报，2024-03-20（A03）.

② 悦动·新门西是南京白下高新区为老城产业更新所建的“秦淮硅巷”。2018 年，秦淮区在全省率先建设城市硅巷。白下高新区也连续8年位列全省高新区创新驱动高质量发展综合评价的第一方阵，其中两项指标——创新能力和创业活跃度、结构优化和产业价值链，位居全省省级高新区第一。

行孵化体育运动产业的创业项目等，积极引入门西球馆、金吉鸟健身、弹力地带蹦床馆、蓝鲸攀岩馆、费斯轮滑滑步车体验馆、羿世界射箭俱乐部等多类型体育业态。据统计，园区现已有物联网、体育相关产业链企业 65 家，提供了超 2200 个就业岗位[①]。考虑到体育产业人才运动需求大、追求园区整体活力氛围，设置城墙沿线的步道以及开放式的运动广场，举办各类体育赛事和文化活动吸引外部参与者和观众。值得一提的是，作为开放性社区，悦动·新门西没有设计围墙，与周边社区融为一体，吸引着周边社区居民前来体验与参与，有效提升了园区的整体活力。**文化产业提供“新消费”内容服务**。考虑到文化产业人才分众审美需求多样、追求高品质文化体验与社交，融入时尚餐饮、体育酷玩、汽车服务等一系列都市新兴消费业态，包括时尚眼镜店、街舞店、户外生活用品店、肖像写真馆、小众婚纱店、绿植店、手工杂货铺以及街角咖啡馆等；以门西球馆的多功能秀场为载体举办各类文化展览、时装走秀、艺术表演、品牌发布等活动。

悦动 · 新门西通过“体育 +”融合模式实现了经济与社会的双重效益。构建体育服务的示范性载体。为了积极响应 2017 年《关于加快体育服务综合体建设的指导意见》（苏体经〔2017〕6 号）的文件精神，悦动 · 新门西精心策划引入一系列体育项目，包括攀岩、轮滑、蹦床、射箭、篮球、足球等业态，极大丰富了体育服务内容；精心打造了 5 千米环城墙步道、林荫夜跑道以及轮滑广场等户外运动设施，旨在满足人民群众日益增长的多元化、多层次体育需求，让不同年龄段的消费者都能在这里找到适合自己的运动方式，积极参与到体育运动中来——悦动 · 新门西逐渐成长为集休闲、娱乐、健身于一体的综合性体育服务场所。2020 年，悦动 · 新门西成功入选“江苏省第三批体育服务综合体”，标志着对其在体育服务领域成熟度和引领示范作用的认

---

① 何钢. “腾笼换凤”，以城市更新助推产业焕新［N］. 南京日报，2024-03-20（A03）.

可。布局体育消费的复合型业态。园区通过复合型业态塑造了独特的体育消费体验，例如多功能场馆“门西球馆”不仅可以进行篮球比赛，还可以举办文化展览、时装走秀、艺术表演、品牌发布等文体活动，实现了体育与文化的融合；rabbit block 篮球中心不仅是篮球运动的场所，还定期举办篮球训练营和赛事，实现了体育与教育的融合；众体育设施与周边的咖啡馆、轻餐吧、木艺馆、服装店、书店等商业业态结合，并定期举办多种文化活动，如露天电影节、街头市集等，实现了体育和商业的融合……这些复合型业态及独特的体育消费体验不仅增加了体育场馆的附加值，也极大地提高了园区的吸引力和竞争力。打造体育活动的社会化效益。悦动·新门西通过多样化的活动凸显体育文化的社会效益，已成为南京秦淮·城墙马拉松比赛、明城墙赛事IP“三十六丈跑”、青少年轮滑比赛、“乐跑赛”等南京市体育文化品牌赛事的首选地。此外，还通过定期组织轮滑社区赛，引入后备箱夜市、国潮新市、戏剧节等多样化的特色活动吸引大众参与，让“体育+”的概念得到了更加丰富的展现。据数据统计，2019 年度悦动·新门西共接待了超过 36 万人次的访客，成功举办共计 169 场丰富多彩的赛事活动——尤为值得一提的是，其中公益活动数量超过了 20 场，不仅极大地提升了当地的体育消费水平，更在全社会范围内有力推动了全民健身的热潮①。园区成功地将体育与文化、休闲、娱乐等元素相融合，为市民提供了一个多元化的体育文化体验平台，进一步凸显了体育文化的多元价值和社会效益。

悦动·新门西通过“目的地引领”模式实现了流量与留量的双重提升。“目的地引领”模式指的是当前景区需求已转向生活目的地需求，以营销热点、爆款产品先行吸引游客实现流量落地，再带动区域空间发展的模式。悦动·新门西先后通过“晓书馆”“砖集馆”“南京墙”这三大“网红热点”成功带

---

① 国家体育总局体育经济司，国家发展和改革委员会社会发展司. 体育服务综合体典型案汇编例［M］. 北京：电子工业出版社，2021：168-171.

动了园区的整体流量。“晓书馆”[1]的火爆第一次让园区走进大众视野。“晓书馆”是由知名作家高晓松创立的公益图书馆，它不仅提供免费的阅读服务，还定期举办文化讲座和文学交流活动，是文学爱好者的集聚地，本身就具有超高话题度与流量。2019 年 11 月，全国第二座、南京首座“晓书馆”落地悦动·新门西，设计师将“一城、二马道、三瓮城、四城门”等城墙元素巧妙地融入空间设计中，创造出了“城墙阅读区”“绘本角”等功能区域，为南京市民提供了优质的阅读空间。据报道，“晓书馆”开馆首月预约书友近 3 万人，显示出极高的人气和受欢迎程度，同时也迅速成为南京市新的网红打卡点。紧接着，“砖集馆”让园区声名鹊起。2020 年 1 月 9 日，位于悦动·新门西的南京城墙城砖保存与展示公益空间——砖集馆正式拉开帷幕。“砖集”之名，蕴含了“城砖文化之精髓，集大成而传承”的深远意义。该馆旨在汇聚并保护自 2016 年“颗粒归仓 守护城墙”活动启动以来回收的超过 20 万块散落各地的珍贵城墙砖，将它们一一呈现于世人面前，以记录南京市民合力保护城墙的努力和成果。2020 年末，“砖集馆”在备受瞩目的“2020‘美好生活’长三角公共文化空间创新设计大赛”中脱颖而出，荣获了“最美公共文化空间奖”与“百佳公共文化空间奖”两项殊荣。该馆深植于城墙文化的沃土之中，不仅承载着厚重的历史记忆，更生动记录了南京市民对城墙这一珍贵文化遗产的深切热爱与呵护。自诞生之日起，“砖集馆”便迅速吸引了南京市民的广泛关注，其热度始终居高不下，成为城市文化的新地标。如今，“南京墙”更是让园区成为新晋的南京标志性景点之一。“南京墙”作为园区入口的一块造景墙，这面墙的设计灵感来源于南京城墙，利用了园区原有的城墙砖肌理构造，通过涂鸦艺术家的创作，将“南京”两个大字以醒目的方式展现在墙上。“南京墙”因为弥补了南京缺乏城市字符打卡点的缺憾，成为游客争相打卡的热点。据统计，“南京墙”在抖音、小红书等多个社交平台

---

① “晓书馆”目前处于暂停营业状态。

走红后，打卡游客直接带动了园区内咖啡销量增长约3倍左右[①]。2024年1月，园区再次利用16栋建筑原有的城墙砖肌理构造打造“金陵墙”，引起网络火爆后又为其带来巨大流量。从“晓书馆”“砖集馆”再到“南京墙”，悦动·新门西成功地将自身打造为南京的文化新地标，获得了持续的流量与关注度。

五、秦淮区都市文旅发展的经验总结、问题与展望

秦淮区作为古都金陵发祥地、南京主城核心区，代表着南京的城市面孔，是最能体现南京商业繁华的中心地区、最能展现古都风貌的窗口地区。秦淮区历史人文荟萃、产业要素富集、配套服务完善，占据了全市文旅发展的半壁江山，旅游景区的文化品质、历史街区的盈利能力和产业园区的文化属性稳居全国第一梯队。秦淮区基于高位再求进、发展再破圈的战略需求，持续探索文商旅高质量融合发展，提供了以下三点有特色、能借鉴、可推广的“秦淮经验”：第一是“文化为魂、旅游为体”。成功摆脱了以往“就文说文，就旅说旅”的发展格局困境，以文化科技融合发展为发力点，推动了传统文化旅游产品向数字化、网络化、智能化、高端化转型升级，既包含对传统文化的创新性解读和传播，又涉及AR、VR技术等现代科技手段以增强文化旅游体验；通过标准化涵盖食、宿、行、游、购、娱等六大要素的旅游服务促进旅游质量提升，为建立黏滞力强、复游率高的专属新兴客群市场，持续推动六大要素的创新，如将传统小吃与主题文化、消费体验相结合，形成多样化的商业模式；扎实推进高能级复合型文旅项目、沉浸式体验新场景的建设，以创新路径活化文化资源、打响在细分领域的文化知名度，建立文旅消费引爆点，提升旅游吸引力。第二是“城区即景区、旅游即生活”。依托明城墙与秦淮河作为骨架，将夫子庙、朝天宫与大报恩寺等核心地标作为重要节点，

---

① 邓露洁，田诗雨，卫凌云. 地名上墙，激活多元消费“墙”引力［N］. 南京日报，2024-03-03（A03）.

同时借助门东、门西历史街区以及 1865 园区、国创园区等文化园区作为支撑，精心构建了“一城一河一馆一寺多街区”的全域旅游空间布局，旨在打造一个集居住、产业与旅游为一体的文化旅游强区。秉持“城景一体、主客共享”的核心理念，致力于实现城区与景区的高度融合，让旅游成为居民日常生活的一部分：一方面，在城市网格化管理下实现“城市微更新”，在危房消险、保护性修缮的基础上活化利用具备文旅资源禀赋的街区、社区，不仅提升了居民的居住条件，也成为旅游的新亮点；另一方面，构建起覆盖全域、结构合理、功能健全的公共文化服务体系，提升区、街道、社区三级基层文化阵地，建立健全适应市民需求和游客需要的公共艺术设施，既提升了城市宜居性，也拓宽了文化旅游的产业链条，让市民与游客在同一个空间中共享文化、历史与生活场景，真正实现城市功能与旅游服务的深度融合。第三是“文旅＋”思维。按照“文彰特色、旅引客流、商促效益”的工作思路，突出抓好旅游景区、历史街区、产业园区“三区协同”，推动文化旅游与娱乐、体育、科技、商业、工业等领域的深度融合，形成新的增长点和竞争优势。在具体做法上，采用点、线、面的综合策略：注重如文化地标、新兴体验、热点活动等关键节点的打造，在景区、街区、园区引入新商业品牌和体验，通过多类型的沉浸式演艺、艺术展览、文化沙龙、创意市集等重塑城南旧空间，使其焕发新的活力；串联区域内的文旅资源打造多条主题旅游线路，包含秦淮小吃游、非遗研学游、工业旅游、红色旅游、博物馆游、园林游等类型，同时积极探索将客群消费、文化体验、体育娱乐、科普教育等巧妙融合的多主题全方位沉浸体验模式；打造“风雅秦淮”核心 IP 构建起覆盖全区的文旅消费网络，建立协调共生、相互赋能的高质量文旅产业体系。

尽管秦淮区已通过布局文旅新产业、培育文旅消费新模式推动了文旅产业的结构性调整，但随着数字经济和后疫情时代的到来，文旅消费需求迭代升级倒逼产业加速转型，秦淮区文旅融合发展中存在的问题也逐渐凸显。第一，文旅融合发展的体制机制仍有桎梏。秦淮区对旅游市场需求变化的感知洞察力虽然始终走在全市甚至全省前列，但仍缺乏对新形势下文旅业态、产品主题、场景布局等细分领域的顶层思路研究，致使区内文旅产品存在同质化发展问题；同时，由于区内景区权属复杂、国资平台众多，对存量空间回收及高效开发缺乏统筹考量，对产品主题及功能布局缺乏梯度化创意设计，对项目运营及后期管理缺乏市场化资源及敏感度，使得文旅产业项目仍无法形成从规划建设到运营管理的一体化运作模式。第二，核心文旅资源的融合互促有待深化。秦淮区文化和旅游产业资源丰富，文物资源和非遗资源尤甚，文化资源却缺乏在旅游产品和旅游体系中的市场表达和资本转化，使得区内优秀传统文化大多沉睡在博物馆、非遗馆、文化馆中，难以活化利用；更导致区内旅游产品的秦淮文化特色彰显不足、文化内涵演绎不深，难以给外地游客留下记忆点、给本地游客留下兴奋点。第三，数字赋能文旅融合的成效尚不显性。数字文旅产业已成为文化和旅游融合发展的重要引擎，但秦淮区在推动数字赋能文旅融合发展领域还处于初级阶段，数字技术融合不够、数字产品类型单一、创新商业模式缺乏，“短期有流量、长期无消费”、线上文旅消费规模较小、线上线下消费互促不足等问题较为明显，数字文化内容产品建设较为匮乏，数字赋能文旅融合发展的效能有待进一步提升。

秦淮区未来突围出圈应该走什么样的路径？第一，深化顶层设计与体制机制创新，建立高黏性生态圈。未来应当着力完善顶层思路研究设计，成立秦淮文旅产业发展研究院等机构，开展秦淮区文旅“产业体检”，研究梳理文旅全产业网链图谱，为片区开发、文旅业态布局提供决策参考与智力支持；着力建设综合性公共服务平台，推进实施“融投管建”一体化运作模式，提供产业咨询、创业孵化、融资推介、营销推广等服务，推动景区、街区、园区、酒店与区域内文旅平台企业在资源联动、推广互动、协同招商上发挥合力；着力打造特色创新服务管理模式，加强对地标商圈、核心景区、特色街区等重要载体的灵活用地保障，健全对存量空间盘点建库、效能评估、退出再利用的全生命周期管理模式。第二，激活扩大文旅融合发展乘数效应，重塑南京文化辨识度。要以“内容共生”创新优质文化转化路径，依托南京市博物馆、民俗博物馆、非遗馆等载体针对性提供文物、非遗、研究著作等一手素材，鼓励社会群体以各种新形态挖掘演绎秦淮文化资源内涵，通过建立长期合作实现秦淮原创优秀文化内容的持续性转化输出；要以“无界共融”推动城市空间复合利用，结合城市商业、生活、公共空间引入小型文化馆、艺术馆、博物馆、数字文娱体验、主题化视觉包装，实现从整体视觉体验到游览漫步观光、再到艺术互动打卡等全方位的文化氛围营造；要以“雅俗共赏”推进景区、街区、园区产品业态的梯度化升级，发掘老南京的日常风俗、生活仪式等贴近大众的文化主题，针对季节、节庆、重大文旅活动等重要节点实施渐进式内容更新，实现重大文旅项目“常游常新”。第三，培育泛在智能共享文旅产业生态，争创赛博数字未来城。加快推进数字赋能传统文旅产业发展，持续推进“数字场馆”“数字景区”“数字商圈”“数字酒店”等建设，不断提升数字文旅场景在市民与游客日常生活中的覆盖率；切实提升客流监测、AI 研判、智能预警、辅助决策等智慧化监管水平，推进文旅数字化监管治理应用；加快培育新兴数字文化产业发展生态，对网络文学、数字藏品、数字视听等细分产业领域加大扶持力度，加快招引产业上下游企业集聚发展，建设完善秦淮区高质量数字文化产业生态圈；加快打破传统线上线下消费隔离局面，以数字文娱、在线文旅、虚拟购物等产业场景为切入口，推动 AR、VR 等元宇宙场景体验新兴技术在景区、街区、园区等文旅载体中实践应用，以虚拟沉浸式游览体验积极引导线上高净值消费人群在秦淮区内的线下集聚消费，以线上优质流量导入赋能线下文旅载体发展。

展望未来，面对新时期、新挑战、新机遇，秦淮区更应积极谋划主客共享、存量优化、边界重构的文商旅深度融合发展，更好地保留南京集体记忆与场所精神，进一步彰显秦淮远见与秦淮经验，勇当南京市在全国文商旅市场争先抢位的排头兵。承载着千年历史的秦淮区，必将延续“天下文枢”的古都气质，守护住中华民族传统文化的根与魂。

第三章
锦绣江城：建邺区现代大都会文旅的创新探索

二十余年沧海桑田，建邺区由江边洼地转变为最能彰显南京市现代化、国际化发展成就的城市活力客厅，展现出充沛的成长活力和奋进的开拓精神。依托现代化城市建设，建邺区明确“国际文旅都市新高地”的目标定位，走出了非传统旅游资源优势区的文旅发展之路。在深耕与活化优势文化资源的基础上，建邺区推动国际化文体设施、城市地标、特色街区、高新技术产业园、绿地公园等空间载体，与文化艺术、体育娱乐、潮流商业等业态创新融合，形成内涵丰富、场景复合、主客共享的新文旅目的地。文旅融合的深度成就一座城的高度，建邺区的文旅业发展势头良好，逐渐探索出现代都市文旅融合创新发展的有效路径，为同类型的后起新城区提供了文旅发展借鉴的样板。

一、历史兴衰脉络绘就发展底色，现代都市蝶变开启文旅新程

建邺区[①]的历史可追溯至先秦时期，城市命运随时代变革而沉浮。建邺区曾是明清时期江南重要的商贸集聚地，文人墨客流连，也曾在近代历史中留下过“南京大屠杀”的黑暗一页，经历史长河积淀的文化遗产铸就区域文旅

---

① “建邺”曾是西晋时期南京的旧称，除这一时期的历史介绍，本章的“建邺”均指现南京市建邺区。

发展的底蕴和基础。建邺区早期的旅游活动以爱国主义教育和文化休闲为主，随着河西新城开发的逐步落实，建邺区依托现代都市载体和重大节事活动，逐步形成文、商、旅、体、娱创新融合的发展模式。近几年，建邺区旅游吸引力更加突显，文化软实力不断提升，体娱能级提升明显。

1. 河湖演变积淀人文底蕴，战火洗礼镌刻黑暗篇章

先秦至宋元时期，建邺区兴起于河流运输，河湖变迁奠定建邺区发展基底。河流孕育人类文明，建邺区的发展开端即是在秦淮河畔。建邺区西临长江夹江，秦淮河由南至北穿境而过，对应的江河流域承载着建邺区的命运起伏。在夏商时期，区境内的秦淮河水岸已有先民临水居住[①]，劳作繁衍，是南京早期的聚居区域之一。宽阔河道和充足水量也为交通运输、金属冶炼和军事防御提供了必要的条件，成为古代城市建设发展的优势条件。汉献帝建安十七年（211年），孙权由京口（今江苏镇江）迁至秣陵（今江苏南京），为在政治方面“建功立业”，次年秣陵县被改为建业县。黄龙元年（229年），称帝的孙权由武昌（今湖北鄂州）迁都至建业[②]。西晋太康元年（280年），司马氏灭吴，武帝司马炎为抑制前朝王气，将建业改为“建邺”。“邺”来自司马氏的发迹地“邺城”，“建邺”寓意“不忘故土”。建邺区与古南京渊源深厚，由于滨江优势在南京城市建设中也占据重要地位。东吴孙权建都于建业后，区境内已开始在原有民居基础上兴建城市公共建筑设施，并开始疏通河流、兴建桥梁、修筑道路等公共交通建设，宫城、居住区和码头得以相连，水上交通迅速发展。南朝时，建康（今江苏南京）成为江南漕运中心，秦淮河是主要的漕运水道，区境内沿河的粮仓南塘仓（今莫愁湖一带）为朝廷重要粮仓[③]。在汉朝以前，水西门外便有“滚滚长江东逝水”的磅礴壮观景象，建邺区西部区域还未完全显

① 南京市建邺区地方志编纂委员会.建邺区志［M］.北京：方志出版社，2003：25.

② 南京市建邺区地方志编纂委员会.建邺区志［M］.北京：方志出版社，2003：3.

③ 南京市建邺区地方志编纂委员会.建邺区志［M］.北京：方志出版社，2003：310.

露。此后的一千七八百年间，长江逐渐西移，建邺区的发展区域也随之向西拓展。唐宋时期，长江改道，区境内留下大片泥沙淤积的冲积平原，为后来的农业发展提供基础条件。境内秦淮河沿岸形成各类商铺、行市，街市具有一定规模。

图 3.1　六朝时期长江岸线图[①]

图 3.2　南唐时期长江岸线图[②]

明清时期，码头休闲文化兴起，莫愁名胜享誉江南。明清时期商品经济发展，社会风气改变，世俗化、娱乐化的活动增多，区境内上新河一带休闲文化繁盛。明朝建都于南京，城市大规模建设逐步展开。南京城外设置多处临水粮仓，水运繁忙，区境内夹江边拓宽了上新河，开通了新河及运粮河。

---

① 图片来源：姚亦锋. 南京历史地理与古都景观规划研究［J］. 中国名城，2018（08）：46-52，图3《六朝时期，南京城市与自然地形关系鸟瞰示意图》。

② 图片来源：姚亦锋. 南唐时期的南京城市景观［J］. 中国名城，2016（02）：73-77，图4《南唐时期“金陵”城市与自然景观鸟瞰示意》。

长江上游广收江西、湖广的粮食，运送至境内赛虹桥附近的预备粮仓。上新河水域被誉为“天下大码头”，墙砖、竹木等货物经此到达秦淮河一带货栈[①]。境内三山门（今水西门）片区工商业发达，为江南著名的水陆物资集散地，对于南京城市发展具有重要影响。清朝时期，漕运数量减少，货运逐渐繁荣，竹木油麻等物资运输至上新河，大量农副产品集聚，上新河镇发展成为沿江重镇[②]，商业贸易往来频繁。上新河地区聚集各路商人，他们积极参与社会公共事务，也推动了正月灯会的举办，引来全国商贾参加，成为物资交换的盛会，其壮观程度可与秦淮灯会相媲美。清代甘熙在《白下琐言》中描述道：“徽州灯，皆上新河木客所为。岁四月初旬，出都天会三日，必出此灯，旗帜伞盖，人物花卉鳞毛之属，剪灯为之，五色十光，备极奇丽”[③]，展现了上新河地区灯会的热闹繁盛景象。莫愁湖也在这一时期声名鹊起，成为文士休闲游乐之地，文化底蕴不断积淀。隋唐以前，长江与秦淮河交汇于石头城下，之后在长江西移的演变过程中，许多池塘和湖泊形成，其中最大的一处湖泊便是莫愁湖。莫愁湖得名于金陵莫愁女的传说，“莫愁女”的形象最初出现于梁武帝的《河中之水歌》，北宋周邦彦在《西河·金陵怀古》中写道：“断崖树，犹倒倚。莫愁艇子曾系”，“莫愁女”与金陵建立起了联系[④]，这也成为古人为莫愁湖命名的典故由来。明初，莫愁湖畔修筑了十余座楼台，明太祖朱元璋与大臣徐达曾于湖畔楼阁对弈，相传朱元璋输了棋局并将此楼及莫愁湖赐予徐达，此楼故称“胜棋楼”。另有一说，在棋局难定胜负时，徐达请朱元璋换个方向看棋局，棋盘上呈现“万岁”二字，朱元璋大悦，便将莫愁湖赐予徐达，

---

① 南京市建邺区地方志编纂委员会. 建邺区志［M］. 北京：方志出版社，2003：310.

② 南京市建邺区地方志编纂委员会. 建邺区志［M］. 北京：方志出版社，2003：311.

③ 甘熙. 白下锁言［M］. 南京：南京出版社，2007：106.

④ 胡箫白. 南京莫愁湖之得名与成因考［J］. 学海，2014（05）：118-125.

后人将此地称为“胜棋楼”[①]。因此，莫愁湖也一时成为“金陵第一名胜”。明亡后，莫愁湖一度陷入萧条，屋阁倾塌。乾隆年间，江宁知府李尧栋重修破败的莫愁湖并发起诗歌创作活动，此次群体性诗歌活动为莫愁湖留下众多诗篇，此后以莫愁湖为主题的文人唱和也更加频繁。莫愁湖本是一隅无名小湖，但诗文典故为其增添了风雅之韵，莫愁湖的文化底色更为绮丽。

图 3.3　明代上新河位置示意图[②]

民国至新中国成立期间，战火摧毁建邺区，江东门留下黑暗篇章。1927 年，在国民政府《首都规划》的指导下，区境内开展现代化城市建设。1933 年，南京开始设级区建置，区境为第五区。建邺区本已开始现代化的发展，但由

① 南京市建邺区地方志编纂委员会. 建邺区志［M］. 北京：方志出版社，2003：139–140.

② 图片来源：鲁国尧. 郑成功两至南京考［J］. 南京大学学报（哲学、人文科学、社会科学版），2007（04）：88–98，图1《明代南京城》。

于抗日战争的全面爆发，城市命运风雨飘零。1937 年 11 月 12 日，侵华日军占领上海后，将南京作为进攻目标。日军计划封锁南京北部及长江以北的退路，企图迂回包围南京，消灭中国军队。中国守军以东、南为主要防御方向，在 12 月 10 日遭到日军激烈的攻击，中国军队难以抵抗。12 月 12 日，南京卫戍司令长官唐生智发布撤退的命令，但命令仓促导致部队陷入混乱，撤退失败。12 月 13 日，日军切断长江的撤退之路，占领南京城，缴械的军人、难民、南京市民和海外侨民被封闭在南京城。在日军进攻南京的过程中，屠杀令就已下达，南京郊县已发生大量屠杀事件。自南京攻陷之日起的六星期左右时间，日军开始了罪恶的大屠杀，遇难同胞多达 30 余万人。南京失陷前夕，江东门聚集了两三万来自苏州等周边地区的难民，他们本想西行避难，但被长江阻隔。他们拖家带口，饥寒交迫，已无法进入城内由国际红十字会办的人满为患的难民区，只得聚集于此无助等待。江东门地区还聚集着数万中国官兵，12 月 12 日夜，南京西南方向约 5 万官兵在雨花台等地失守，约一半官兵未撤到城内，溃退至此，已缺乏作战指挥的力量①。由于这些部队在南京保卫战中都与日军激战过，日军在包围江东门地区后，下令联队斩尽杀绝，两天内这里共有 5 万多军民被杀害。江东门地区是南京城 30 余处大屠杀现场中遇难者最多的地方，解放后先后 3 次在江东门地区发现万人坑②。南京大屠杀是人类历史上黯淡的一页，是世人不能忘记的记忆，建邺区的遗迹为这些历史记忆提供了不容置喙的现实载体。

2. 历史根基铺就文旅开篇，新城建设助推全域发展

20 世纪 80 年代至 2000 年，建邺区初步发展文化休闲游和爱国主义教育活动。新中国成立后，莫愁湖公园成为“第一区人民公园”，园内建筑分别于 1952 年、1955 年得到修整。1958 年，公园实施浚湖、建造湖心岛、遍

---

① 王炳毅. 南京大屠杀纪念馆为何选址江东门[J]. 湖南档案，2002（07）：22–23.
② 王炳毅. 南京大屠杀纪念馆为何选址江东门[J]. 湖南档案，2002（07）：22–23.

植树木、修缮胜棋楼等建筑，景观风貌得到极大改善。“文革”时期，园内景物被严重破坏。1976 年，国民经济恢复发展，公园开始重建工作，昔日美好风光重现，“怡然莫愁”被评为“金陵四十景”之一。20 世纪 80 年代，随着市场经济的深入，公园陆续充实景点，增加休闲娱乐项目，举办大型活动，逐年不间断。1981 年，公园开始举办“海棠花会”，持续至今。1982 年举办中秋赏月晚会，市领导及文艺界名人出席，盛况空前。1991 年，南京与自贡在公园内合办金秋艺术灯节，持续 47 天，到访中外游人 200 余万人次[①]。莫愁湖公园一直坚持举办传统民俗活动，持续拉动人气，形成一派新气象。在这一时期，另一重要的事件是针对南京大屠杀启动编史、建馆、立碑工作，为推动南京大屠杀历史研究、开展爱国主义教育、建设和平城市奠定了基础。1982 年，日本官方通过的教科书淡化日本战争罪行，掩盖南京大屠杀的真实原因，这引起中国政府的抗议和批判，也激起民众的强烈不满。中共南京市委、南京市政府等陆续收到社会各界的来信，信中提议整理南京大屠杀相关史料、编写专史、建设纪念馆等。为响应民众呼声，建馆等工作于 1983 年被逐步推进。1983 年 8 月的“侵华日军南京大屠杀事件”座谈会讨论确定纪念馆馆址为江东门日军大屠杀遗址，随后启动江东门“万人坑”的发掘工作[②]。

---

① 龚永泉. 南京：灯火辉煌好夜游［N］. 人民日报，2000-10-06（001）.

② 张建军. 从“回应”到“记忆”：侵华日军南京大屠杀遇难同胞纪念馆的筹建及功能扩展［J］. 日本侵华南京大屠杀研究，2020（03）：16-27，137-138.

1985 年 8 月 15 日，侵华日军南京大屠杀遇难同胞纪念馆正式建成开放[①]。20 世纪 80 年代初，南京大屠杀历史事件存在被时间淹没的倾向，就连受害者也不愿回忆这段沉重悲痛的经历，而是深埋于心。纪念馆建成具有标志性意义，人们对南京大屠杀的历史认知不断深化并得到传承，这段历史记忆被永远镌刻在这一物理空间中。建馆时，纪念馆就有公众爱国主义教育基地的定位，纪念馆的仪式活动已成为爱国主义教育的代表性活动。自 1994 年起，纪念馆悼念活动在每年 12 月 13 日举行[②]。1997 年，纪念馆被列为首批全国爱国主义教育示范基地。此后，纪念馆仍不断升级展陈、加强历史研究与见证人普查、开展和平教育，促进南京和平城市的建设，在新时代被赋予了与时俱进的时代意义。

2001 年至 2014 年，重大赛事拉开建邺区“活力新城”的框架。建邺区的现代化建设开始于新世纪，为筹办第十届全国运动会而兴建的南京奥林匹克体育中心成为建邺区现代化城市建设的奠基性地标。早在 20 世纪 90 年代，江苏省就已开始谋划承办全国运动会，2000 年决定新建南京体育中心，同时请国务院调整全运会由固定城市轮流举办的规定，提出由江苏省承办的申请。

---

① 侵华日军南京大屠杀遇难同胞纪念馆馆名的确定经过了一个变化的过程。纪念馆馆名最早在1983年7月《关于收集、整理“侵华日军南京大屠杀”暴行史料的方案》（征求意见稿）被称为“侵华日军南京大屠杀暴行展览馆”；1983年12月“南京大屠杀”编史座谈会上，南京市市长讲话提到“侵华日军南京大屠杀暴行陈列馆”；1984年，纪念馆第一期建筑工程的奠基碑上所刻的馆名为“侵华日军南京大屠杀死难同胞纪念馆”；1985年春节前，邓小平到南京视察，南京市市长请邓小平为纪念馆题写馆名，邓小平挥笔写下“侵华日军南京大屠杀遇难同胞纪念馆”，据记载，这16字馆名是市长提前拟好并请中央领导同志阅示后题写的。因邓小平题写的馆名，“死难”二字改为“遇难”，并沿用至今。资料详见：张建军. 从“回应”到“记忆”：侵华日军南京大屠杀遇难同胞纪念馆的筹建及功能扩展［J］. 日本侵华南京大屠杀研究，2020（03）：16–27，137–138.

② 1937年12月13日是南京沦陷、侵华日军开始惨绝人寰的大屠杀的日期。2014年2月27日，十二届全国人大常委会第七次会议通过决定，以立法形式将12月13日设立为南京大屠杀死难者国家公祭日。

2001 年，国务院正式发函明确，有条件的省市可申请举办全运会。经过五省的激烈竞争后，江苏省于 2001 年获得十运会的承办权。十运会的赛事项目数量超过九运会，并首次包括部分冬季运动项目，场馆建设标准更高。在这一背景下，2001 年 5 月，河西的南京奥林匹克体育中心工程正式立项。过去河西满是荒芜空旷的农田河堤，但在筹办十运会这一重要机遇下，2001 年底南京将视野拓宽至城墙以外，重新调整区域格局，作出了“一城三区、三集中一疏散”的战略决策[①]，开启了河西新城以现代化新城为定位的建设发展篇章。2003 年下半年，建邺区的基础设施建设全面开展，奥体中心、商务区、住宅区、滨江风光带、公共服务配套设施五类建设同步进行。2005 年，河西新城形成现代化城市的雏形，奥体中心落成并投用，中央商务区高楼拔地而起，滨江风光带逐渐显露秀丽风貌，地铁通车河西等。随着重点城市基础设施的落成和逐步兴建，“一城三区”得以相连，为南京城区的外拓发展搭起了坚实基底。十运会以“体育的盛会，人民的节日”为口号盛大开幕，折射出“体育回归人民”的理念转变，这也促使体育的人民性更深入人心，推动竞技体育和全民健身共同发展。由于奥体中心良好的硬件条件、丰富的办赛经验以及南京深厚的历史人文底蕴，2010 年国际奥委会决定由南京承办 2014 年第二届夏季青年奥林匹克运动会，奥体中心是承办的主会场。南京青奥会是继 2008 年北京奥运会之后的又一重要奥运赛事，对于中国和南京本身的意义都是深远的。为迎接青奥会，青奥村、南京眼步行桥、奥林匹克博物馆、鱼嘴公园、滨江绿道、青奥双子塔等项目陆续建设。2014 年，青奥会成功举办，为提升建邺区知名度、拉动体育产业发展、营造公共体育氛围提供良好机会，同时赛事遗产和青奥精神也将深深嵌入到建邺区的前进之路中。

2015 年至 2022 年，延续青奥精神，文体娱深度融合发展。青奥会后，

① 宁建新，师擎.“一城三区”战略，助推南京发展［N］. 南京日报，2006-05-24（A04）.

国际奥委会一直很关注奥运遗产的可持续利用[①]，建邺区在载体空间利用和体育精神传承上都持续有效落实。建邺区充分利用青奥会遗产和办赛知识，与国际组织共同促成重大的国际体育赛事落地，先后承办了2016年世界速度轮滑锦标赛、2018年羽毛球单项世锦赛、2019年男篮世界杯等赛事。青奥期间，鱼嘴湿地公园的体育实验室成功进行轮滑展演活动，由此南京也与国际轮滑联合会签署长期合作协议，被授予“世界轮滑之都”的称号。同时，建邺区还创办城市品牌赛事，如“江岛半程马拉松”成为南京“春跑半马、秋跑全马”城市马拉松品牌的代表性赛事。奥体中心也承接大型演唱会，扩展艺体培训和剧场表演等业态，丰富空间使用场景。除了有效利用载体空间，发挥奥运精神的公众教育价值才是最终目的：建邺区不断完善公共体育设施，因地制宜建设体育街区、智慧健康步道、体育公园等，激发全民健身的热情；与教育局合作推进“体教融合”，丰富青少年体育赛事供给，开设特色课程——这些举措充分体现了奥林匹克精神在城市的传承，促进体育赛事和群众体育协同发展。在文化演艺方面，随着现代化的保利大剧院和江苏大剧院分别于2014年、2017年在建邺区落成使用，且在南京政府补贴剧目政策的带动下，演艺市场欣欣向荣，建邺区也逐渐发展为南京的城市文化客厅。保利大剧院和江苏大剧院均可满足音乐会、歌剧、戏剧、综艺会演等演出需求，是世界级演艺精品的展示平台和市民文化生活的精神殿堂。2016年南京成为国家首批文化消费试点城市，自2017年起每年在演出市场投入1500万元专项资金，形成了“剧目优选、C端直补、B端结算”政府补贴剧目的模式[②]，消费者购

---

① 奥运遗产具有多维度的内容，中国人民大学人文北京（人文奥运）研究中心徐拥军等学者将其分为体育型遗产和超体育型遗产，后者又包括奥运文化遗产、奥运经济遗产、奥运健康遗产、奥运精神遗产、奥运效益遗产、奥运环境遗产等。可见，奥运会的举办对城市的经济、文化、民生等各领域都有显著的影响。资料详见：徐拥军，张丹，闫静. 奥运遗产理论的构建：原则、方法和内涵［J］. 成都体育学院学报，2021，47（02）：16–21.

② 付远书. 供需两端发力. 文旅消费涌新潮［N］. 中国文化报，2023–11–22（001）.

票可享受补贴，演出机构引进优质作品也会获得奖励。在这一政策支持下，市民消费观念改变，主动买票看戏的积极性提高，高水准作品也络绎不绝，甚至吸引了跨城看演出的群体。在文旅消费补贴剧目中，跨城观影人次约为30%，政策福利直接带动演出市场消费比为 1∶6.5，间接带动旅游、住宿、餐饮等其他行业消费比例超过 1∶12.1①，取得以文促旅的良好市场表现。在2023 年的政府补贴剧目中，保利大剧院和江苏大剧院的补贴剧目共有 36 部，占全市的 44%，2024 年两剧院共有补贴剧目 30 部，占全市的 50%，对建邺区的文旅消费都起到了极大带动作用。

2023 年至今，建邺区文旅发展迈上国际化台阶。党的十八大以来，国家高度重视“文化出海”，建邺区汇集世界性文化符号和优质产业主体，也在积极推动对外文化贸易发展。对外文化贸易指在世界范围内文化产品与服务的双向贸易，包括货物、服务贸易及知识产权②。2011 年，中国提出建设社会主义文化强国的目标，文化强国体现在国家文化的整体创造力、竞争力和影响力，通过对外文化贸易才能提升中国文化的世界影响力。2014 年，国务院出台.《关于加快发展对外文化贸易的意见》，这是党的十八大以来支持对外文化贸易发展的关键文件。2022 年，商务部等 27 个部门出台的《关于推进对外文化贸易高质量发展的意见》是又一重要指导文件，表明中国对外文化贸易走向高质量发展，更关注供给质量和多元化发展。国家政策相继出台，对外文化贸易发展更向前一步，相应的平台载体也逐步落地，为对外文化贸易发展提供企业集聚平台、特色化服务平台。2011 年起，原文化部先后批准了上海、北京、深圳 3 家国家对外文化贸易基地。2023 年，文旅部、商务部联合认定了 12 家国家对外文化贸易基地，包括国家对外文化贸易基地（南京）

---

① 邢虹. 南京演出市场为何这么火？［N］. 南京日报，2023-07-26（A05）.

② 李小牧，李嘉珊，刘霞. 我国对外文化贸易的发展变革与成就分析：2012-2021 年［J］. 国际贸易问题，2023（06）：52-67.

等。新一批国家对外贸易基地的建设，是对沪京深三大基地先行探索经验的继承、发展与超越，是新时代推进文化贸易高质量发展和社会主义文化强国建设的新举措。国家对外文化贸易基地（南京）以建邺区高新技术产业开发区为载体，是江苏省首家获此殊荣的基地。基地文化贸易产业结构基本成型，目前已形成以文化内容创作、数字文化娱乐、知识产权服务和会议展览服务为主的文化贸易发展格局，集聚了一批文化贸易贡献突出的龙头企业，如位列全球百强语言服务企业排行榜第 30 位的江苏省舜禹信息技术有限公司①、营收位列 2022 年江苏省上市公司第一名的江苏苏美达集团②、国家文化出口重点企业江苏原力数字科技股份有限公司③、人类非物质文化遗产保护传承单位南京云锦研究所④、亚洲最大的剧院综合体江苏大剧院⑤、国家级知识产权示范企业苏交科集体股份有限公司⑥、国家体育产业示范单位南京边城体育用

① 江苏舜禹信息技术有限公司2022年被商务部认定为国家语言服务领域特色服务出口基地，在2024年全球百强语言服务企业排行榜上，排名亚太地区第6位、全球第30位。

② 江苏苏美达集团旗下苏美达纺织和苏美达轻纺分别并购1家外国知名企业，2020年进出口贸易总额达73亿元人民币。

③ 江苏原力数字科技股份有限公司是国家文化出口重点企业（2021—2022年度），2021年对外文化贸易额突破3500万美元。

④ 南京云锦研究所是经联合国教科文组织认定的人类非物质文化遗产保护传承单位，也是国家高新技术企业和国家级文化产业示范基地。

⑤ 江苏大剧院承办多次国际文化交流活动，原创歌剧《拉贝日记》是国内首部入围国际歌剧大奖的作品，2019年赴欧洲德奥两国三地巡演5场，创下中国歌剧多个“历史第一”。

⑥ 苏交科集体股份有限公司在全球30多个地区设立分支机构，在50多个国家开展项目，并荣获联合国人居署“城市发展良好实践奖”和“最佳实践奖”。2022年，苏交科在美国《工程新闻记录》“全球工程设计公司150强”排行榜中位列第57位，“国际工程设计公司225强”排行榜中位列第74位。

品股份有限公司[①]等。为促进对外文化贸易结构优化、规模增长和品质跃升，建邺区从完善综合性服务配套、深化产业高质量发展、塑造区域性融合互促、健全国际化交流合作四方面发挥效应，推动文化和旅游贸易融合互促发展。未来基地将通过扩大内需和提升国际消费并重、中华文化保护传承和文化创新价值释放并重，健全发展数字文化贸易交易促进平台，集聚头部文化贸易企业，增强对外文化贸易市场主体竞争能级和全球供应链整合能力。

3. 资源集聚丰富多元供给，特色品牌领航文旅经济

锚定滨江都市国际文旅高地目标，“经纬交错型”多元发展编织文旅经济。建邺区始终立足于现代化国际城市中心、国际文旅都市新高地的定位，以城市建设为支撑，推动文化、商业、旅游等领域创新融合，整合区域优质资源，不断提供高品质消费内容和产品供给，形成了都市文体艺术、国际会奖商务、世界和平文化、滨江生态休闲、莫愁城市生活等多元发展方向。建邺区文旅发展取得明显成效，游客量大幅提升。据统计，2024 年五一期间，建邺区全域访客量达 178.5 万人次，同比增长 29.27%；景区、文博场馆、街区等共接待 101.68 万人次，同比增长 72.16%；近 10 万游客在河西滨江夜游，南京眼旅游区累计接待约 5 万人次，七成游客选择夜游，较 2023 年同比增长 7 倍；区域商业经济发展得到极大带动，其中以万达广场、金鹰世界、吾悦广场、华采天地、龙湖天街为代表的五大商业综合体客流量达 168 万人次，同比增长 38%，销售额 2.44 亿元，同比增长 52%；2024 年新开业的国际金融中心客流量达 30 多万人，销售额近亿元[②]。2023 年中秋、国庆假期，建邺区全

---

① 南京边城体育用品股份有限公司2016年被评为国家体育产业示范单位。2019年因对中奥两国体育文化交流做出的杰出贡献，企业总裁被授予奥地利共和国银质荣誉勋章。2022年中国冬奥会“中国红”部分战袍由南京边城体育研发并提供知识产权。

② 殷文静，马羽.全域访客178.5万人次！“五一”假期南京建邺火爆“出圈”［N］.江南时报，2024-05-07（A02）.

域访客量达 204 万人次，同比增长 41.69%；景区、文博场馆、街区等共接待 85 万余人次，旅游消费收入 6.16 亿元。未来建邺区还将持续推进文旅高质量发展，瞄准数字文娱发展、新潮消费引培、“文化浸润”深入、全民体育推进、魅力江岛建设等重点工作不断深化，进一步提升城市客厅的现代风情、高档商圈的先锋时尚、文体场景的创新活力、江岛滨江的绿意生态。

高标识度和高影响度文旅资源突显，引领性载体设施和活跃性消费空间集聚。由于建邺区发展历史较短，文旅资源主要以现代新型文旅资源为主，传统文旅资源较少。传统文旅资源中的莫愁文化、和平文化、云锦文化具有鲜明的地域代表性，新型文旅资源中的大型文体设施、文体产业发展资源、优质住宿设施及商业载体具有突出的发展成效。在等级景区方面，建邺区拥有莫愁湖公园、侵华日军南京大屠杀遇难同胞纪念馆、南京河西青年文化（南京眼）旅游区三处 4A 级景区，分别是建邺区古代、近代及现代社会发展的重要文化象征符号。境内现存的文物古迹只能追溯到明初时期，现仅有 13 处文物保护单位。其中，全国重点文物保护单位包括侵华日军南京大屠杀死难同胞丛葬地（江东门）、侵华日军南京大屠杀死难同胞丛葬地（上新河）2 处，省级文物保护单位包括粤军阵亡将士墓 1 处，市级文物保护单位包括赛虹桥、胜棋楼、郁金堂及水院、太阳宫、江汉会馆旧址、恽代英烈士殉难处 6 处，还有 2 处区级文物保护单位和 2 处一般不可移动文物。文保单位集中在上新河周边一带及莫愁湖，两处区域曾是建邺区历史上的繁盛之地，文物古迹见证了建邺区作为运输节点的繁华、几经战火摧毁的曲折发展、莫愁湖兴盛的历史往事。如今，莫愁湖的文物古迹被修复开放，成为游赏之地，而上新河区域的文物古迹则逐渐被隐没在现代化建设中。在非物质文化遗产中，按照保护单位所属行政地，建邺区有 1 项人类非遗代表作，即南京云锦木机妆花手工织造技艺，南京云锦被誉为“锦中之冠”，凝结了中国丝织工艺的精髓；建邺区还拥有越剧（竺派艺术）1 项省级非遗，古籍修复技艺、古陶瓷修复技艺、书画装裱技艺、庞氏正骨法、水八仙饮食习俗 5 项市级非遗。在文体设施方面，建邺区拥有南京奥林匹克中心（国家级体育场馆）、南京国际博览中心（国家级会展中心）、江苏大剧院（亚洲最大的剧院综合体）、保利大剧院（南京市重要文化窗口）等引领性“大载体、大设施、大场馆”，为建邺区承办重大文体活动提供了硬件支撑。在文体产业发展资源方面，成立于2017年的建邺区高新技术产业开发区是发展数字经济的重要板块，被先后授予国家广告产业园（2012）、国家电子商务示范基地（2012）、国家级文化和科技融合示范基地（2013）、中国（南京）游戏谷（2013）等8块“国字号”招牌，高新区聚集了规模以上文化企业172家，其中对外文化贸易企业55家[①]，江苏原力数字科技股份有限公司、江苏省舜禹信息技术有限公司于2024年入选国家级文化产业示范基地；建邺区于2018年被授予“国家体育产业示范基地”，集聚了边城体育、咪咕互娱、南京魔盒等一批示范性体育企业，其中边城体育用品有限公司是南京首个国家级体育产业示范单位。与此同时，建邺区持续升级“大酒店、大商圈、大商街”等活跃性市场消费空间，以文旅体消费拉动品牌消费、服务消费、品质消费。在优质住宿设施方面，建邺区已形成高档酒店集群，目前已落地南京河西安达仕酒店、南京金鹰世界G酒店、南京卓美亚酒店等14家豪华型酒店，占全市同类酒店的15%[②]，此外还有美豪丽致酒店、南京河西奥体中心希尔顿花园酒店等21家高档型酒店。在商业载体方面，建邺区已形成由建邺万达广场、金鹰世界等商业综合体构成的江东商贸圈，以及由国际金融中心、德基广场等商业综合体构成的元通商贸圈[③]；建邺区拥有银杏里文化街区1处省级夜间文化和旅游消费集聚区，喵喵街、

---

① 沈汝发．“数字经济高地”何以崛起？［N］．经济参考报，2023-11-14（008）．

② 殷学兵，卫凌云．瞄准“顶流商圈”，元通“蓄势待发”［N］．南京日报，2023-07-27（A03）．

③ 在2023年南京市商务局、南京市规划和自然资源局发布的《南京市商业网点规划（2021—2035年）》（公众意见征询）中，元通商圈被规划为二级商圈，江东商圈被规划为三级商圈。

南湖记忆街区、西城·夜未央街区 3 处市级夜间文化和旅游消费集聚区，多类商业载体带动区域消费活力。

公共文化高质量服务形成“建邺样本”，“文化浸润”增进人民福祉。建邺区依托大型文化设施承接了高能级的区域文化活动，为满足人们的精神文化需求提供了硬件支持。2022 年建邺区创新性地提出了《建邺区文化浸润工程三年行动计划（2022—2024 年）》，“文化浸润工程”旨在通过提升公共文化服务的品质和供给，以满足人民日益增长的美好生活需要。2023 年“文化浸润工程”紧扣“更高水平建成现代化国际性城市中心”的城市发展目标，强调通过文化艺术浸润美好生活，以文化带动产业和城市发展，推进文化强区建设。2024 年建邺区持续丰富文体旅创新业态，推动文体旅与生态、商业、数字经济等融合互促，推动文体旅事业、产业高质量发展。在实施行动计划的一年内，建邺区举办群众性演出活动达 2000 余场，500 余万人次受益。建邺区现有公共文化空间总面积为 195 万平方米，人均公共文化空间面积为 3.56 平方米，位居全省前列。区内文化设施形成以国家级、省级、市级和区级文化设施为引领，街道和社区文化设施为支撑，其他社会文化空间为补充的七级文化设施体系。2023 年，建邺区文化场馆服务人次位居全市前列，全年服务人次 500 万人①。建邺区的主要做法有：一是以需定供布局公共文化载体。建邺区根据不同区域的居民诉求提供相应的公共文化服务，北部中老年人较多，建邺区布局社区文化室，为周边居民提供书画、歌舞等传统文化服务；中部以商品房居多，人口结构多样，建邺区打造网红街巷、小剧场等，形成传统与时尚融合的文化载体；南部以高收入人群为主，建邺区更侧重于布局潮流先锋、前沿小众的文化载体。针对年轻群体的再教育和休闲娱乐需求，建邺区在 15 分钟文化圈的基础上，还构建了 24 小时公共文化圈。二是广泛

① 殷学兵. 群众演、群众看，文化“浸润”人心暖［N］. 南京日报，2024-03-22（A05）.

整合公共文化资源。在运营主体上，建邺区政府起主导地位，社会主体多元化参与，区属国企发挥运营专业水平，市场化机构提升资源整合效率，事业单位运营突出公益性质。在空间载体上，建邺区的社区街道积极与周边学校、商场等单位合作共同举办文化活动；在内容创作上，与辖区内的剧院、文化公司、艺术机构等合作，共同开发原创作品，为居民提供优质、价廉的文化产品；在人才培育上，发掘辖区内文化艺术人才，成立居民艺术团体、高校毕业生艺术团体等。三是集群化打造公共文化品牌。以“文润建邺·艺美生活”作为核心品牌，形成了“城市生活季”“长江音乐节”“活力青年周”“莫愁文化节”等特色品牌，并在不同领域形成“建邺书房”“建邺文化微游”等子品牌。

大都会文体娱经济繁荣，品牌效应逐渐释放。得益于建邺区优质的文体配套设施和年轻化消费氛围，建邺区文体娱乐业发展领先：2023 年营收增速 25.5%[①]，位居南京主城区第一；2024 年上半年，文体娱乐业营收增长 7.3%。建邺区依托其多项大型文体设施和赛事举办经验，积极引进重大体育赛事和文艺演出，开发城市文体品牌，拓展消费空间，形成了具有创新活力的城市文化艺术中心。据统计，建邺区 2023 年引进演唱会、优质剧目等高水平演出 500 余场，超 170 万观众奔赴现场，其中跨市看演出的观众占比 55%，带动文商旅消费 10 亿元以上。其中，奥林匹克体育中心 2023 年举办了 32 场演唱会，2023 年举办了 10 余场省级以上的体育赛事。江苏大剧院 2023 年进行了 251 场演出，2024 年上半年有 112 场演出；保利大剧院 2023 年进行了 98 场演出，2024 年上半年有 53 场演出，两所剧院提供了主要的优质剧目。名家、名剧、名团纷至沓来，马克西姆、杨丽萍、李云迪、张国立等艺术家星光熠熠；美国原版音乐剧《一个美国人在巴黎》、法国原版音乐剧《巴黎圣母院》、陕西人艺版话剧《白鹿原》等经典剧目异彩纷呈；伦敦交响乐团、奥地利维也纳交响乐团、国家话剧院等国内外一流剧团的表演门票一票难求。原创剧

---

① 鹿琳.城市中心，建功立“邺”挑大梁[N].新华日报，2024-01-22（A06）.

目也获得良好市场反响，如江苏大剧院原创歌剧《拉贝日记》是国内首部入围国际歌剧大奖的作品，2019 年赴欧洲德奥两国三地巡演 5 场，创下中国歌剧多个“历史第一”。依托江心洲良好的生态环境，建邺区还举办了“江岛半程马拉松”“江豚音乐节”活动，吸引两万名跑者畅跑“世界最美马拉松赛道”，音乐节现场观众约 5 万人，线上观众超 5500 万人，形成了活力江岛的名片。活动的经济溢出显著，“江岛半马”赛事举办前两日，区内 9 家高档酒店平均入住率较前一周上升 10% 以上，赛事当周周末全区各大商业综合体客流量同步增加 49.6%，营业额同比上升 15.4%；音乐节举办期间，区内商业综合体客流量较平日增长 12%。此外，建邺区还打造了高校电竞联赛、中国街舞公开赛、河西滨江马拉松联赛、瑜伽大赛等品牌赛事，拓展赛事衍生品，增强赛事影响力；积极丰容文体娱消费场景，建设 24 小时活力街区、滨江健身绿道、文化艺术街区等，探索“体育 + 商业”“体育 + 科技”等创新模式，带动体育消费。

二、文化精粹奏响时代共振新声，内外双拓搭建区域特色文化窗口

建邺区的传统文旅资源具有鲜明的地域特征，自二十世纪七八十年代就开始了相关的文化保护和开发工作，形成了独具特色的区域文化名片，尤以莫愁文化、云锦文化、和平文化为代表。建邺区立足于本底文化基因，挖掘与时代精神相契合、与现代社会相适应的元素，通过具有广泛参与性、时代教育性、融合创意性的形式转化推广，让公众共享城市文化成果，把立足本国又面向世界的文化创新成果传播到国际平台，让文化遗产活起来，以历史记忆传递当代价值。

1. 莫愁湖公园：深耕传统文化，平衡市场性和公共性的长效运营城市公园景区

莫愁湖形成于唐宋时期，经明初修筑楼台十余座而成为游赏休憩之地，

后被朱元璋赐予中山王徐达作为私园，逐渐成为金陵名园之一。清朝时，莫愁湖成为文人吟诗唱和的风雅之地，“莫愁烟雨”被列为金陵四十八景之首。在民国时期和新中国成立初期，莫愁湖区域又经历战火、重建、毁坏等阶段，直到 20 世纪 70 年代被重新修复，1979 年正式向游客开放。经过 40 余年时间发展，莫愁湖公园由收费的城市休闲公园转变为免费开放的首批古典园林，是如何实现长期良性发展、由市场趋向过渡到突出公益属性的？

整合资源，景区运营兼顾商业性与公益性。党的十八大以来，旅游业正逐渐成长为具有显著时代特征的民生产业和幸福产业，公共景区优质资源的公平共享是满足大众精神文化需求和突出社会效益的重要举措。莫愁湖公园作为南京城区主要的公园之一，经历了从多次门票价格调整到免费开放的过程。早期莫愁湖公园的门票价格很低，2011 年票价调整为 27 元。彼时，玄武湖公园、中山陵陵寝部分实施免费开放，公众对于莫愁湖公园免费开放有很高呼声；但由于运营管理成本的压力和对玄武湖公园免费开放持有观望态度，莫愁湖一直未实行免费开放。到了 2021 年，莫愁湖公园的门票已是 35 元，一定程度上会影响游客到访意愿。2021 年 12 月，江苏省出台《关于开展古典园林免费开放试点工作的通知》，莫愁湖公园作为首批古典园林免费开放试点单位之一，于 2022 年 1 月 1 日免费开放。门票减少收入及管理维护成本分别由省、市财政部门承担，试点单位可按照市场化方式开展主题活动，适当收费[①]。以往访客中，85% 以上是免费入园的 60 岁以上老人和使用年卡的游客；而免费开放后，总体客流上升 33%，60 岁以下的游客数量上升 20% ～ 25%[②]，亲子和年轻客群显著增加。**由收费景区到重视公共性的城市公园，莫愁湖公园长期持续的发展得益于其商业性与公益性的双向兼顾。**莫愁

---

① 白雪. 开放绿地，亲近自然“零距离”［N］. 新华日报，2023-02-12（002）.

② 许瑾. 免费开放 南京莫愁湖让游客“到此莫愁”［N］. 中国旅游报，2022-05-10（004）.

湖公园的商业项目运营模式分为三类：一是景区自营，如游船服务、莫愁茶铺；二是合作运营，莫愁湖公园于2024年8月在新建的“梧桐语城市客厅”引进金陵图书馆·云儿书房，两者合作经营，按照场地内的总营业额分成；三是直接租赁，莫愁湖管理处将空置房产面向社会公开招租，引进与公园文化主题相符的优质企业，按照房屋面积收取租金并按逐年递增比率增长。商业项目为景区发展提供资金保障和多样化内容载体，但景区要实现长期良性运营也要突出公共属性，平衡生态效益和社会效益。针对不同群体，莫愁湖公园也提供了相应的公共文化服务：针对青少年，莫愁湖公园与莫愁湖街道、莫愁湖小学合作开展“莫愁湖小导游”项目，自2003年发展至今，该项目已成为建邺区的青少年品牌活动；针对文史爱好者，在2023年底新建的“梧桐雨”城市客厅，景区会邀请文化名家定期开展“莫愁大讲堂”活动，涉及诗词创作、诗词朗诵、历史文化等主题，为市民带来了精彩多样的文化盛宴；针对年轻情侣，2024年园内得藕轩被设为园林式户外结婚登记点，登记点每周六会办理结婚登记业务，举办婚俗改革活动，促进婚姻登记与文化休闲有机融合。

以文促旅，古典园林焕新突出核心文化表达。莫愁湖公园作为拥有1500余年历史的江南古典园林，具有莫愁传说、园林建筑、诗词楹联、女儿花海棠、围棋轶事等文化元素。莫愁湖公园以园林空间为基础，演绎文化意象，并融合南京传统文化和创新体验形式，形成集合性价值和多元体验场景。具体做法有：第一，有效利用载体空间，注入文化灵魂。莫愁湖公园内的建筑有十余处，公园对建筑进行修缮维护，并利用其内部空间设置艺术展览和文化活动。其中，华严庵、胜棋楼、莫愁女故居、红木家具珍藏馆等为常年固定展览，莫愁湖美术馆为临时展览。展出内容包括莫愁湖历史沿革、太祖徐达对弈场景展示、明清红木家具展、围棋文化展、莫愁女展览等，临时展览曾举办南京非遗代表性作品展、莫愁湖公园门票展等，既增添了园林的文化底色，也为文艺爱好者提供了交流学习平台。第二，树立节事品牌，弘扬传统文化。自20世纪80年代起，莫愁湖公园以莫愁文化和传统民俗为核心内容，以季节性花卉为亮点，注入传统文化仪式和体验活动，树立了海棠花会、莫愁龙舟赛、荷花文化艺术节、莫愁烟雨文化节四大节事品牌。四大节事品牌持续发展，生命力和吸引力强，极大带动景区人气，2023 年景区内共接待游客 370 万人，较前年同比增长 21%。具体做法包括：结合莫愁湖过往文人雅聚、吟诗唱和的历史，景区邀请知名学者、艺术创作者开展多主题的雅集，在码头开展画舫游湖活动，再现湖亭诗会场景；邀请南京非遗传承人创作主题非遗作品，展示云锦、秦淮灯彩、金箔、白局等多项南京非遗技艺；邀请本地戏团带来持续性经典剧目演出；围绕传统节日习俗，节事期间增添仪式展示、手工制作体验、民族体育竞赛等活动。第三，经典文学创新演绎，打造沉浸式体验场景。在古典园林中，公园曾引进《浮生六记》沉浸式戏曲演出项目，游人随着演出移步换景，在园林间伴着诗文和戏曲勾勒出江南雅致生活的图景。此外，景区还将品茶与戏曲、舞蹈等艺术形式结合，打造了“海棠茶秀”沉浸式主题活动，演出以《红楼梦》《儒林外史》《桃花扇》为创作基础，呈现了六朝烟火气息，游人可品鉴桃花红茶、绿萼雨茶等定制茶品，感受汉服游园、非遗制作等体验活动，享受文化与感官的盛宴。

提升品质，赋予场景性格化表达。当下，文旅融合正迈向高质量发展，消费市场更看重产品文化内涵、情感体验和综合场景，这对目的地的优质产品供给、目的地形象塑造、多元产品体系都提出更高要求。莫愁湖景区在下一阶段的景区焕新过程中，可进一步激发文化活力，营造魅力场景，联动周边优质的城区配套资源和基础设施，丰富游客的游览趣味和新奇体验。第一，塑造莫愁湖 IP 品牌形象。南京潘西（南京女孩）与莫愁女具有性格上跨越时空的相似之处，率直，洒脱，敢爱敢恨[①]，且与建邺区活力时尚的城市特征高度契合；另外莫愁寓意不忧愁，和文旅追求幸福生活的精神内核完全圆融，DON’T WORRY 的口号营销也朗朗上口，具有国际化和现代性的特征。可将莫愁创意 IP 形象设计和应用作为建邺区和莫愁湖景区文化品牌建设的抓手行动：将莫愁作为“建邺区文旅形象代言人”“建邺幸福生活代言人”；与国家知名品牌、优质国货品牌等合作，以“莫愁”形象为设计元素，推出高级定制款产品，作为代表建邺区城市形象的礼物和象征；策划一系列的莫愁话题进行事件营销，吸引年轻群体关注和传播，打响莫愁 IP 知名度；营造主题场景，如设立莫愁文化主题车站、与周边店铺合作打造莫愁概念店。**第二，注入莫愁风雅场所精神**。结合当下的新内容、新技术改造景区空间内的体验场景，丰富文旅业态，营造情境氛围：如进行莫愁女展览的苏合厢可升级为场景式文创空间，进行莫愁 IP 文创系列产品的展示和售卖，利用莫愁 IP 形象复原莫愁女生活空间，将文创产品嵌入其中，打造一个具有场景感、鲜活感、趣味性的购物空间；空置的抱月楼可打造为古典中式风格的九大雅事体验馆，以“琴棋书画诗酒花香玉”九雅文化为主题，提供琴艺、茶道、花艺、香道、围棋、书法等表演与体验；北部广场可结合水域打造“莫愁印象”主题水上实景演出和歌舞秀。**第三，拓展和平幸福友好路线**。通过“北进、南拓、西融、东联”策略，加强莫愁湖与周边优质旅游资源的联动：通过设置幸福和平接驳车及导览营销合作，将北部的侵华日军南京大屠杀遇难同胞纪念馆和云锦

---

① 莫愁文化是莫愁湖历史文化的重要组成部分，有关莫愁女的传说更是为公园增添了独特底蕴。据史料记载，莫愁女为南朝梁时期河南洛阳人，嫁于建康卢家，后遭梁武帝逼迫而投湖自尽。另有一说，莫愁女是战国时期楚国歌舞家，今湖北省钟祥市人，所著《阳春白雪》为千古绝唱。无史料记载的传说有三：一为莫愁女为洛阳女出嫁建康卢氏，家业衰败后，扶困济贫；二为皇帝赐徐达之妾，受正妻折磨投湖而死；三为明代中山王府丫头，与公子徐澄相恋，为爱人牺牲双眼，含恨投湖。金陵莫愁女具有聪明伶俐、深情忠贞、勤劳善良、积极乐观、乐于助人的性格品质，为莫愁文化品牌建设注入了丰富内涵。

博物馆的客流引导至此；联动南部南湖美食资源，以“吃货莫愁的南湖美食之旅”为主题绘制南湖美食地图，利用莫愁 IP 形象与美食店铺举办营销活动；与西部的南京市妇女儿童友好中心合作，打造儿童友好街区，定制主题化研学旅游产品；与东部外秦淮河联合营销，从文化交流、节庆活动举办、联合对外旅游推介、联票优惠等方面实施联合推广。

2. 南京云锦博物馆：把握变与不变，“人才—科技—产品—营销”多措并举共促传统非遗产业化发展

南京云锦的历史最早可追溯至东晋南朝时期，第一个官办织造机构成立，云锦初现于历史舞台。元、明、清时期，云锦曾是皇家贡品，其用料考究、技艺精湛，图案色彩犹如天上云霞，绚丽璀璨至极，“云锦”由此得名。在上千年的历史进程中，云锦制作技艺持续精进，品类更为丰富。之后封建王朝逐渐没落，南京云锦也呈衰颓之势。新中国成立后，南京云锦研究所成立，60 余年时间完成了从“国家包干”到自掘市场的转型蝶变。在探索尝试与反复曲折中，云锦研究所巧妙地平衡着变与不变：既不忘初心，继承传统技艺精髓；又紧跟时代变化，满足多层次文化需求。

多梯队人才继火传薪，古老技艺焕发时代生机。新中国成立之初，云锦技艺处于濒危状态。在国家领导人的指示下，南京云锦研究所于 1957 年正式成立。改革开放以后，云锦研究所开始走向市场，进入新世纪又开始探索公司制改制。南京云锦研究所有限公司的市场化转型离不开历代云锦人的破釜沉舟、积极求变、厚积薄发，传统云锦得到生产性保护、创造性开发，在广泛宣传下知名度也得到提升。云锦人的接续传承主要分为三个阶段：**首先，老一辈传承人奠定发展基础**。从五彩丝线到华丽云锦需经过一系列复杂程序，对现代工匠而言，如何复原古代织造技艺是最大挑战。1978 年，刚恢复生产的云锦研究所开始对定陵博物馆的丝织文物复原进行技术攻关。以王道惠为代表的复织团队历经五年时间，成功复织了龙袍，还恢复了“纱地妆花”织造技艺，为后续的文物复原奠定了基础。此后，研究所还为故宫博物院、明

十三陵、美国波士顿美术博物馆等国内外文博单位复制了大批文物，马王堆丝织文物的复原研究成果[①]更是填补了中国古代服饰文化研究的空缺。2001年，昆曲被列入第一批人类口头和非物质遗产代表作名录[②]，时任云锦研究所所长的王宝林和同事看到了云锦走出保护传承窘境的希望，从2002年起开始了长达8年的申遗之路。原来仅专注织造技艺的手艺人倾尽全力投入资金、优化申报材料、对外宣传推广，经两次失败，终于在2009年云锦被列为人类非物质文化遗产代表作，得到了世界的认可与尊重。在入选后，云锦逐渐由民族的变为世界的，越来越多人领略到“锦中之冠”的魅力。**其次，青年传承人获得深入系统培养**。云锦研究所实施企业规范化管理，完善人才选拔和精准培养机制，制定了织造师评级、传承人评审、传承人培训等管理制度，为云锦人才队伍有序发展提供制度保障。80后青年传承人陈林推动“传承与教学相融合”，与南京莫愁中等专科学校签订产教融合校企合作平台的双师协议，将口传心授的传统技艺整合提炼，面向学生开展系统化教学，让云锦传承具有更多可能性。**最后，专业管理人才推动市场转型**。2020年云锦博物馆通过文化专业人才引进，聘请80后台湾青年简名伟担任馆长。简名伟将其过往十余年在海内外推广陶瓷文化的成功经验应用于此，走出了云锦商业化经营的新路。他推动云锦博物馆通过科技手段提升生产效率和质量，产业化进一步发展；深入挖掘云锦文化符号，探索云锦生活化、年轻化场景应用的可能性；推动两岸文化交流和云锦文化“出海”。据统计，云锦博物馆在2021年便转

---

① 2018年起，南京云锦研究所为湖南省博物馆成功仿（复）制六件马王堆出土的国家一级丝织文物，其中的素纱禅衣是存世年代最早、保存最完整、制作工艺最精、最轻薄的衣服。南京云锦研究所复原了四种古代丝织技艺——素纱、绒圈锦、平纹绢、四经绞罗，复原了西汉服装的三种成型——直裾单衣、直裾棉衣、曲裾棉衣，复原了失传的丝织组织——纂组织；利用特殊工艺完成了香枕、漆纚纱冠、羽毛贴花绢。

② 2008年，昆曲被自动列入人类非物质文化遗产代表作名录。

亏为盈，连续三年实现正增长[①]，2024 年有望实现云锦生产性保护、产业化发展的预期。

现代技术赋能技艺革新，“皇家贡品”亲民化发展。非物质文化遗产想要长久持续发展，需要“两条腿走路”：不能排斥复古，遗产需要回归传统；但在保留的基础上一定要有所创新[②]。云锦研究所与时俱进，突出非物质文化遗产的时代价值，将中华民族代表性文化符号放大发展为受市场追捧的国潮产业。首先，利用现代科技，革新制作工艺。云锦研究所在传承的基础上寻求变革，以现代科技方式实现纹样创新、突破视觉局限、革新使用面料。云锦研究所利用纹织 CAD 软件对图案设计数字化，提高设计效率和精度，使得云锦制品能表现出更多样的色彩和复杂图案。传统云锦受限于工艺操作，纹样显得不规律，通过电脑绘制技法，作品的纹样层次更丰富。此外，研究所还融合现代材料技术落地生产新云锦面料，攻克了云锦在原料起毛、耐磨性、材料脱落等方面的难题，提升了云锦的日常实用性。其次，衍生应用场景，升级产品体系。2017 年，云锦研究所创立云锦奢侈品牌“云先”，将云锦与艺术品、服饰家纺结合，开启文创产业化发展之路。2021 年起，研究所产品开发团队从生活场景和市场需求出发，形成了三条产品线：一是用于收藏鉴赏的艺术品；二是生活方式型云锦实用品，如云锦 + 皮具、香具、茶具等，目标客群定位为 90 后及 00 后，产品更突出时尚潮流感；三是融合云锦元素的文创精品，如柿蒂纹系列纹样寓意万事如意，是云锦传统符号，被应用于多类文创产品中。实现“云锦 +”和云锦元素提炼后的创新表达是团队的重点

---

① 黄琳燕. 不服“老”！“老字号”还挺潮[N]. 南京日报，2024-07-25（A04）.

② 摘自与昆曲演员沈丰英的访谈记录。沈丰英在青春版《牡丹亭》中饰演杜丽娘，曾获中国戏剧最高奖项梅花奖。资料详见：邵颖萍，张鸿雁. 集体记忆与城市文化资本再生产——“昆曲意象”文化自觉的社会学研究[J]. 南京社会科学，2019（05）：95-100，107.

发展方向。文创产品保持季度更新的频率，每月线上销量可达 3000 余件[①]。最后，实施品牌联名，拓展消费群体。云锦研究所积极探索云锦技艺在其他领域的活化价值，自 2021 年起，与多品类品牌进行联名合作，为传统云锦赋予了新的生命力。研究所与奔驰、保时捷合作[②]，实现现代科技与传统文化的碰撞，展现了云锦技艺的精湛水平，契合消费者追求品质生活的理念。为了将传统文化融入年轻群体中，研究所与多家知名汉服品牌合作推出多款汉服，共同推广云锦汉服产品，联名汉服市场表现良好。此外，云锦研究所还与 Z 世代喜爱的手游《闪耀暖暖》联动[③]，推出云锦端仪套装，在游戏中科普云锦知识，并在线下推出了相关展览。我们欣喜地看到，正是云锦研究所积极拥抱时代变化，坚持守正创新，其品牌认知不断深入触及更广泛的消费者群体。

促进非遗大众化传播，推动云锦文化“出海”。认知是非遗保护的开始，认同是非遗保护的原因。通过社会教育和公众传播，非遗的文化价值被认知和认同，其价值认同感越强，非遗保护的理念越能深入人心，也更能引导公众参与保护。首先，云锦博物馆针对学生和成人等不同群体策划了主题多样的研学体验活动。2023 年，云锦博物馆共开展 70 余场研学活动，累计接待研学游客 3000 余人[④]，获评南京市中小学生研学实践教育基地及博物馆精品课例优秀课例。云锦研学课程贯穿“理论—设计—材料制作—产品创意”各环节，深入浅出地让公众对云锦制作有基本认知，课程包括：博物馆深度游览，全面了解云锦非遗的传承与新生；云锦意匠绘制，体验云锦精致纹样的设计

---

① 王艺璇. 在这里，赏“锦中之冠”的织就与变幻［N］. 南京日报，2024-04-12（A10）

② 2018年，梅赛德斯—奔驰携手南京云锦研究所，将其高端品牌的豪华商务车融入云锦元素，吧台、座椅、车顶等都采用大面积云锦装饰。2021年，南京江宁保时捷中心开业，选用南京云锦研究所的绘纹成锦系列作为定制纪念品。

③ 《闪耀暖暖》是2019年推出的3D换装角色扮演游戏，深受年轻玩家喜爱。

④ 王艺璇. 在这里，赏“锦中之冠”的织就与变幻［N］. 南京日报，2024-04-12（A10）.

过程；缫丝机制丝体验，由手工触及心灵参与技艺传承；文创纪念品制作，激发参与者的创新能力和文化自信。其次，充分发挥基地文化宣教功能，促进合作交流。云锦博物馆一直与公众保持密切联系，充分发挥博物馆的社会功能，接待国内外高校开展社会实践活动，深入社区和校园传播云锦文化。作为首批“南京百家对外文化交流基地”之一，博物馆曾参与《丝海桑田》《丝绸之路传奇》《锦绣记》《匠人匠心》等非遗宣传片的取景拍摄。每年参加全国非遗展、文博展、商务部老字号展等数十场展演活动，与各地织锦行业、科研院所、非遗机构等共同探讨非遗传承保护与创新发展。最后，为响应国家提出的“文化出海”的号召，云锦博物馆还积极推动云锦非遗文化在国际舞台的展示和交流，计划将南京云锦打造为全球性品牌。以云锦面料制作的华服早在2007年、2010年两度闪耀威尼斯红毯，于2013年首次进入全球顶级时装周，云锦时装秀和云锦织机的现场演示都让国外观众领略到了南京云锦的魅力，这都得益于全球知名设计师许建树与云锦研究所的合作。2015年，云锦研究所推出的云锦版《蒙娜丽莎》亮相米兰世博会，其精湛的技法和表现力引起了不小轰动。近年来，云锦研究所以大花楼木织机的奇巧绝艺为主要展示内容，以华丽精美的作品为代表，展现中国传统手工织造技艺的突出成就，先后应邀前往美国、法国、日本、新加坡等十余个国家和地区进行展览和织造技艺展示。这些交流传播活动让南京云锦展现出中国独有的文化魅力和传统技艺，为建邺区的对外文化贸易提供了新的发展方向。

3. 侵华日军南京大屠杀遇难同胞纪念馆：营建记忆空间，多形式多群体精准施策推动和平文化传播

南京是二战中遭受战争摧残最严重的城市之一，建邺区的江东门更是直接承载着这段悲痛的历史。侵华日军南京大屠杀遇难同胞纪念馆在此落成，一直承担着历史叙述者与和平传播者的角色，从空间叙事、和平研学、学术展陈等各方面向海内外公众发出“以史为鉴，珍爱和平”的号召。自建成以来，纪念馆接待游客上亿人次。2023年十一长假期间，纪念馆接待人次位居全市

文博场馆接待游客量第一。2024 年春节期间，约 22.2 万人到此参观[①]。和平的种子不断撒播，深入人心。

构筑民族记忆载体，呼唤历史认同。纪念馆从无到有，其建成为南京大屠杀这段沉痛的记忆提供了实际的承载空间，为史实研究深化、实施公众教育、呼唤世界和平提供了依托。纪念馆打造这一记忆载体的主要做法有：首先，强化空间叙事，以史实研究为基础深化展陈内容。1985 年纪念馆建成，此后经 1995 年、2015 年的两次扩建，已形成暴行、抗争、胜利、审判、和平五大主题，面积由 2.5 万平方米拓展至 10.3 万平方米。在展陈布局方面，纪念馆也持续提升，经历了 1995 年、2007 年和 2017 年三次改造。1995 年增建了集会广场和一批主题艺术品，遇难同胞名单墙"哭墙"至今已镌刻一万余个遇难者姓名；2007 年新增了"胜利一九四五"及"'万人坑'遇难同胞遗骸展览"两个专题展览，广场上还新增了"逃难""家破人亡""冤魂呐喊""胜利之墙"四组主题雕塑，给人以直观深刻的视觉冲击和教育启发；2017 年馆内增加了幸存者照片墙和经历资料等，更突出从微观视角关注战争背后幸存者的命运变化，标志着南京大屠杀历史研究从宏观史实研究到个体关怀的转变，让参观者能更直观地体会到民族灾难会如何影响普通个体的生活。多次展陈提升丰富了纪念馆的展览教育内容，也更生动和深刻地呈现了这段记忆，让参观者更好地理解和铭记这段历史。其次，凝聚和平共识，推动城市记忆上升为人类记忆。1994 年以前，主题悼念活动多由纪念馆发起或民众自发进行，1994 年以后，南京市逐步将悼念活动常态化，之后北京、上海等地也纷纷开展系列活动。在 2005 年、2012 年的全国两会上，设立"国家公祭日"的议题被两度提出，2014 年，南京大屠杀死难者国家公祭日以立法形式确立，城市记忆升格为民族记忆。2008 年，时任联合国教科文组织文化委员会主席的卡

---

① 张楠. 过年来打卡，江苏博物馆迎客超700万人次［N］. 扬子晚报，2024-02-19（A07）.

门帕迪拉女士到访参观，提出申报世界记忆遗产的初步设想。2009 年，纪念馆与中国第二历史档案馆、南京市档案馆开始从各自保存的史料中挑选代表性材料，迈出了申遗的第一步。2012 年，申遗工作领导小组成立，正式启动申报工作。此后，“三馆”工作人员数次到北京向国家档案局汇报，在国家档案局的领导下，认真对照申报要求进一步增选了来自中央档案馆、上海市档案馆等的史料，完成了选材、整理、论证等大量工作。另有人员前往云南、北京等地，了解借鉴已申遗成功的“纳西族东巴古籍”“中国清朝科考金榜”项目的经验[①]。2014 年，一批记录真实完整、史实线索清晰、资料互补互证的档案资料被正式提交至联合国教科文组织。2015 年，《南京大屠杀档案》正式入选《世界记忆遗产名录》，国家记忆上升为人类记忆，代表着世界对这段历史的深刻共识。最后，建设“数字纪念馆”，拓展保护传播媒介。为适应现代信息化发展，纪念馆加快现有藏品、图书、影像等资源的数字化建设，提升数字资源的数量和质量。南京大屠杀影像档案数据中心资源平台目前已上传实物资源 1240 件、图片 4254 件、影音 597 段、报刊内容 3284 件等，未来还将分阶段对 11 万余件藏品进行数字化[②]，做好重要文物的三维数字化采集和展示，推出“云说文物”等网络传播产品。

活化利用世界遗产，创新分众化和平研学教育。为发挥纪念馆的爱国主义教育价值，推动南京大屠杀史实传播，促进和平教育，纪念馆整合教育教学资源，创新性地推出一系列研学项目及教学举措。首先，面向国际友人，开设国际性研学项目。紫金草国际和平学校是纪念馆、国家记忆与国际和平研究院共同设立的公益性质学校，旨在活化利用南京大屠杀历史遗址，推动南京大屠杀史实与“慰安妇”制度历史的国际传播。培训对象主要为外国留学生、国际和

---

① 纳西族东巴古籍于2003年入选《世界记忆遗产名录》，中国清朝科考金榜于2005年入选《世界记忆名录》。

② 江东平. 深化学术研究，提升社会教育成效 全力打造一流国家级博物馆［N］. 新华日报，2023-05-18（20）.

平志愿者等，培训时间会依据每期学生不同需求而定，开设缅怀仪式、探寻遗址、证言感悟、和平手工、夏令营等主题课程，结束后为每位成员颁发“和平使者”结业证书。自 2017 年 6 月开班以来，截至 2023 年 9 月项目已举办 80 期，涵盖来自美国、德国、日本、韩国等 80 余个国家和地区的 5000 余名学员[①]。该项目还荣获 2023 年联合国教科文组织颁发的“全球世界遗产教育创新案例奖”。其次，针对国内研学者，实施分众化教学内容。2022 年，纪念馆被列为全国首批“大思政课”实践教学基地，因此纪念馆于 2023 年成立爱国主义教育专班，制定专项方案。纪念馆与南京大学合作开发了“六个一课”分众化教学内容，即针对南京市即将出国留学的高中生的“行前一课”、针对官兵和军校学生的“入伍一课”、针对港澳台侨的“复兴一课”、针对思政教师的“从教一课”、针对新进公务员的“入职一课”、针对留学归国人员的“归国一课”。各课程的受众群体不同，课程教授重点也有所侧重，如“行前一课”旨在让准留学生认识到南京大屠杀历史是人类共有的记忆，号召学生们成为历史记忆的诉说者、和平文化的传播者[②]。2024 年暑假，“六个一课”吸引 131 批次 7000 余人参与，形成爱国主义教育新模式。最后，建设优质讲师队伍。为保障思政课的宣教质量，纪念馆十分重视“大思政课”讲师队伍建设：讲师团由大中学教师、馆内研究员、南京大屠杀亲历者或其子女等构成；纪念馆还邀请高校专家、教研机构等 20 余名教研员组建教研室，定期开展学术研讨活动，研发课程、编制教案和课件，不断提升思政课研究和教学水平。

深化史学研究与外译，对外传播和平之声。纪念南京大屠杀遇难同胞的最终目的是促进世界和平，纪念馆积极发挥世界记忆遗产的国际传播价值，提高南京大屠杀史实的海外传播力度，警示世界人民牢记战争所带来的苦难。

---

① 赵伊汉，江瑜. 紫金草国际和平学校获“全球世界遗产教育创新案例奖”[N]. 南京日报，2023-09-23（A01）.

② 孙红芳，严建强. 情感实践视野下纪念类博物馆的馆校合作研究——以侵华日军南京大屠杀遇难同胞纪念馆的“行前一课”为例[J]. 东南文化，2024（01）：155-162.

当这段记忆真正成为世界共有的记忆，构建人类命运共同体的步伐才会前进一步。首先，纪念馆长期持续深化南京大屠杀史实研究，开展研究成果外译与海外发行，向世界展示真实的南京大屠杀历史。2016 年，国家记忆与国际和平研究院、南京大学和平学研究所及和平学学科相继成立，纪念馆与南京大学等组织机构合作，共同推进研究成果出版发行，支持海外出版计划。目前已出版了《南京大屠杀国际安全区研究》等学术专著 6 本，2018 年创办了学术期刊《日本侵华南京大屠杀研究》，期刊被中国人文社会科学 A 刊引文数据库收录[①]。在中国外文局的支持下，期刊中的南京大屠杀研究、和平学研究等主题论文面向海外发行，每期英文刊 1200 余册、日文刊 1000 余册，面向日本、美国、英国等 40 余个国家发行，涵盖著名大学、重要图书馆、重要研究机构等[②]，这有利于进一步促进中外和平文化学术交流。此外，博物馆还加强与国外华人学者的合作，出版外文学术著作，在国内出版相应中文版。其次，面向世界公民，纪念馆在海外各地办展，以分众化传播、价值理念共鸣提升国际传播质量。截至 2023 年底，纪念馆已在美国洛杉矶、意大利佛罗伦萨、法国冈城、俄罗斯莫斯科等 30 余座城市办展，海外影响力持续提升。纪念馆秉持分众化传播的理念，针对展出国的国情和历史文化，制定相符的策展项目书，建立展览与参观者的文化联结，增进参观者对这段历史的心理认同。海外展览还充分利用南京大屠杀期间自发留在南京的外籍人士的相关史料，以第三方视角的医生、外交官、记者等人的资料展示真实的历史场景，呈现出国际友人和平援助的群像特征，唤起人类对于生命、和平等共通性情感的思考。最后，塑造“和平之城”的形象，发出代表南京的和平之声。南京大屠杀是人类遭受战争创伤的典型例证，纪念馆为南京开展国际性和平教

① 江东平. 深化学术研究，提升社会教育成效 全力打造一流国家级博物馆［N］. 新华日报，2023-05-18（20）.

② 付岩岩，孙庆. 让世界了解真相 让和平永驻人间［N］. 新华日报，2021-12-13（006）.

育活动、树立和平城市形象、培育和平城市文化氛围等和平文化建设举措的落实提供了载体依托。在国家记忆与国际和平研究院、南京大学和平学研究所的联合申请下，2017 年南京被评为中国首个“国际和平城市”①。纪念馆仍将持续携手其他机构共同推进和平城市建设，加强和平城市的形象推广和理念传播，共塑南京“和平之城”与“博爱之都”的城市品牌。

三、优质载体叠加复合业态功能，软硬兼修构筑国际文体娱新高地

为推进河西新城建设、迎接第十届全国运动会和第二届青年奥林匹克运动会，建邺区自 2003 年起，开始推进一批重大文体设施、城市配套设施、商务区、滨江风光带等的建设，逐渐发展为面向国际的活力集聚地。建邺区依托高能级文体载体，提供高质量供给，引入国内外知名文化与体育赛事品牌，并加强城市文体品牌的建设；充分利用载体空间和内外部资源优势，加强自身平台建设、人才队伍建设和发展环境建设，开拓文体娱新场景、新业态、新产品，创造新的消费增长点；拓宽城市公共文体空间，丰富公共文体供给，实现文化惠民，满足人民日益增长的精神文化生活的需要。建邺区文体娱市场活力旺盛，公共文化服务特色鲜明，为城市发展提供充足的精神支撑和动力。

1. 江苏大剧院：整合内外部资源，共塑文化成果展示和文化惠民的精神地标

江苏大剧院早期筹建由于选址涉及文物保护和景区保护问题几经波折，最终于 2012 年底在河西地区新址动工。历经 23 年规划准备、4 年施工建设、

① 国际和平城市组织（International Cities of Peace，简称ICP）是一个全球性的非政府组织，致力于促进全球城市的和平建设和发展，由全球400余座和平城市构成（截至2024年12月31日）。该组织通过连接、促进和鼓励城市开展和平活动，提升城市发展并推动国际和平。自南京市成为中国首个国际和平城市以来，湖南省芷江侗族自治县、山东省潍坊市和河南省登封市也先后加入其中。

5 个月演出调试，承载着万众期待的大剧院于 2017 年正式落成投入运营。江苏大剧院拥有戏剧厅、综艺厅、音乐厅、歌剧厅四个功能区及中部共享大厅，“荷叶水滴”的造型设计更是凸显了“水韵江苏”的文化底蕴，寓含汇流成川的开放姿态。江苏大剧院始终将“服务人民、汇聚艺术、面向国际”的理念落实到运营中，推动优质演出“引进来、走出去”，让大众共享丰硕文化发展成果，建成了文化成果展现和文化惠民的城市文化客厅。

丰富高质量文化供给，引进与自制共同擦亮品牌。江苏大剧院定位为世界级艺术精品的展示舞台，国内外优质艺术作品与本土文化力量在此精彩呈现。剧院提升文化供给的具体做法有：第一，荟萃中外艺术精品，搭建文化交流舞台。作为涵盖多种艺术类别的专业剧院，江苏大剧院以“名家、名作、名团”的引进为重点，自建立初，就邀请了一批各领域成就突出的艺术家组建艺术委员会，包括国际华人指挥大师汤沐海、著名小提琴演奏家吕思清、知名舞蹈家谭元元等，艺术家们不仅会带来各自的代表作品，还会在剧目引进等方面进行把关和指导。江苏大剧院也与国家大剧院建成联动机制，在国家大剧院引进的剧目中，江苏大剧院会第一时间引进适合江苏市场的剧目。江苏大剧院还与周边地区剧院合作共同引进剧目，形成常驻巡演，降低引进成本。自 2017 年以来，剧院邀请了来自世界各地 60 个国家和地区的院团、9 万余位艺术家登台演出，举办多种演出活动 4000 余场，420 余万人观演[①]。国内外一流艺术水准的艺术名家和团体在此会聚，马林斯基剧院基洛夫芭蕾舞团、国家大剧院、国家京剧院等艺术团体纷至演绎精品；“指挥沙皇”捷杰耶夫、国际知名编舞家林怀民、著名话剧演员濮存昕等与观众见面。第二，植根民族文化沃土，深耕原创剧目生产。江苏大剧院始终坚持艺术创作，巩固核心竞争力，逐渐形成生产型艺术中心的创作体系，获得观众与市场的肯定。七年时间，江苏大剧院从中国传统文化中汲取养分，坚持精雕细琢成就

① 苏雁，李健. 江苏大剧院：好戏不断 精彩不止[N]光明日报，2024-08-15（08）.

精品，创作了12部文艺佳作。其中，江苏大剧院原创民族舞剧《红楼梦》获评第十三届中国舞蹈“荷花奖”舞剧奖[①]，自2021年9月首演至2024年8月，已在全国32个城市进行240余场演出[②]，2024年9月首次出海在新加坡演出，巡演三天期间，近7000名观众领略到东方美学的浪漫[③]，跨越国界的演出增进了两国的文化交流。现代京剧《青衣》、话剧《红高粱家族》、歌剧《拉贝日记》等优质原创剧目满载荣誉，在全国巡演。**第三，形成剧院品牌体系，精细策划展演单元。**剧院演出的数量和品质不断提升，剧院也更注重在展演系列上的策划安排。在全年时间点上，剧院策划“春、夏、秋”演出季、“江南之声”音乐节、马林斯基剧院艺术节，构成“三季两节”演出品牌体系[④]；在艺术品类上，“名家名团”系列、国际钢琴系列、国际室内乐季展现国际水平音乐现场；“世界舞蹈剧场”单元汇集国际顶级舞蹈团队，呈现舞作精品。2024年，剧院还创新推出了“江苏大剧院·中国歌剧舞剧院演出季”“首届江苏大剧院戏剧节”等品牌，不断满足观众的各类艺术观演需求。

汇聚资源创新合力，探索艺术平台融合发展模式。为保证高质量的文化供给和艺术创作，江苏大剧院依托自身的品牌优势，吸引和培育艺术团体，联动优质院团资源，构建区域良好演艺生态。**第一，加强自有院团建设。**江苏大剧院自2019年开始组建多形式乐团组合，为专业人才培养、剧院常态化演出、品牌院团打造提供保障。童声合唱团成立于2019年，致力于少儿艺术人才培养，满足未成年人的艺术成长需求，曾多次举办专场演唱会，受邀参演歌剧《周恩来》等。爱乐合唱团成立于2019年，团员来自各高校和企事业

---

① “荷花奖”是由中国文学艺术届联合会、中国舞蹈家协会创意，1996年经中宣部立项、中央两办批准的全国性专业舞蹈评奖活动，自1997年创建以来已成为中国专业舞蹈艺术最高成就的专家奖。

② 蒋芳，邱冰清. 民族舞剧《红楼梦》新说“红楼”又“爆”了［N］. 新华每日电讯，2024-08-14（005）.

③ 郑娜. 红楼一舞动狮城［N］. 人民日报（海外版），2024-09-25（007）.

④ 董芳铭. 与艺同行，七载始终［N］. 新华日报，2024-08-05（05）.

单位，每年进行不低于40场的演出，曾在2022年江苏卫视春晚、“我爱你，中国”青春快闪活动等现场献唱。室内乐组合是江苏大剧院组建的驻院乐团，于2021年首度亮相，目前有6位青年演奏家，并邀请美国纽约大都会歌剧院交响乐团终身小提琴家徐扬担任艺术指导，未来将向国内一流、世界知名的专业团体发展。第二，探索场团共建与剧院战略合作模式。江苏大剧院与江苏省民族乐团、江苏省交响乐团、南京民乐团等合作，整合剧院的舞台资源优势和一流艺术团体的人才资源优势，实现优势互补，充分发挥剧院与院团的创作生产及演出服务功能。如江苏大剧院自2019年与南京民族乐团建立深度共建协议，以一流文化综合体的艺术平台承载优质演出团队，共同打造了“民乐演出季”，形成了“江南之声”音乐节、“南京国乐节”等展演品牌。此外，江苏大剧院还与中国歌剧舞剧院、上海歌剧院等知名剧院确立战略合作关系，在剧目展演、内容孵化、艺术教育、文旅提升、人才培养等方面进行深度合作。第三，建立区域协同联盟平台。自2019年起，江苏省文投集团、江苏大剧院发起组建“大运河剧院联盟”，联合江苏、浙江、上海、河北、北京等地区的29家单位形成以运河文化为纽带、剧院为载体的艺术平台。成立剧院联盟，一方面旨在共同创作大运河题材艺术作品，发掘各地独特人文资源，共同讲好运河故事；另一方面在于形成巡演院线，让更多有温度、有深度、有广度的艺术精品深入大众。剧院联盟成立既有助于整合演出资源，优化演出排期，提升联合创作水平和运营管理水平；同时，也有利于进一步疏通剧院产业链，实现联盟、院团、主创等的沟通合作，提高合作效率。

拓展多元休闲场景，释放文化客厅活力。江苏大剧院拥有大型会议厅、水滴影院、排练厅、美术馆等多元文化设施，除了提供优质的展演作品，剧院还推出艺术培训、艺术展览、电影展映等活动以满足公众多样的文化休闲需求。第一，依托剧院资源，开展艺术教育。江苏大剧院围绕教学、培育打造了“爱艺计划”“水滴艺术课堂”等艺术教育品牌，面向公众推出高水平、多形式的艺术活动。“爱艺计划”旨在传播高雅艺术、充实市民生活，积极引进艺术讲演，让艺术资源走进日常，形成主题多样、形式丰富的系列活动。例如，“戏里红妆，曲苑流芳”系列讲座为公众传授戏曲知识，“轻舞中国”系列活动培养参与者的舞蹈鉴赏能力，“暑期阅读计划”系列活动拓展“文学之都”内涵。“水滴艺术课堂”开设少儿芭蕾、成人芭蕾、音乐剧三种艺术课程，建立了启蒙、初级、中级、高级与专业剧团五级课程体系，可满足各阶段不同基础的艺术爱好者的需求。第二，策划艺术展览活动，打造公共交流平台。江苏大剧院依托内部的美术馆、水滴影院等举办公共艺术活动，为观众、艺术家搭建了艺术成果共享和交流的平台。美术馆策划承接了各类艺术展览活动 140 余场，各类公益性文艺活动让 18.5 万名参与者受益[①]。2022 年，美术馆举办的“江苏省舞台美术成果展”是省内举办的一次大型舞台美术展览，参加展览的设计师达 482 人。展览通过精致的服饰造型、独特的舞台装置融入微缩剧目场景，展示了当代舞台美术的变迁，为观众提供了认识文艺作品的新视角。第三，探索“剧院 +”文创产品，品牌联名丰富 IP 内涵。江苏大剧院发掘文化 IP 属性，实现艺术与其他行业的跨界，与中国邮政、瑞幸咖啡、茶颜悦色、金鹰等品牌合作，以独特的创意特色和社交传播体验吸引年轻群体关注。2023 年，茶颜悦色与剧院合作推出舞剧《红楼梦》联名款限定纸杯，设立限时“红楼梦主题店”，吸引众多国风爱好者前来体验。2024 年 8 月，金鹰集团与剧院携手推出民族舞剧《红楼梦》如意集锦团圆礼盒，以舞剧色彩元素和角色服饰为灵感，将红楼艺术融入精致中式糕点。文化 IP 与知名品牌融合呈现，让文化元素的传播场景和呈现形式更多元，也拓宽了品牌营销的内容创作空间和市场空间。

2. 南京奥林匹克体育中心：筑牢体育产业根基，“平台 + 内容”复合优势破解赛后场馆可持续利用难题

南京奥林匹克体育中心建于 2005 年，拥有“两场两馆三中心”的大型体

① 董芳铭. 与艺同行，七载始终［N］. 新华日报，2024-08-05（05）.

育设施以及“三环一园”的户外体育及配套设施，曾是2005年全国十运会、2014年青奥会的主会场。大赛过后，如何有效运营大型体育场馆是世界性的难题。2006年，奥体中心在省级体育场馆中率先实行企业管理、市场化运营，以服务大型运动赛事为根基，经十余年的探索创新，逐渐发展为融合全民健身、活动承办、商业发展、无形资产开发于一体的体育服务综合体，平衡了经济效益与社会效益的发展，是大型体育场馆创新发展的典型代表。

夯实体育主业，培育体娱新经济。南京奥体中心在成立之初就考虑到赛后的可持续运营问题，预留了商业开发空间并建立了现代企业制度[①]，目前奥体中心依托良好硬件设施、丰富赛事经验与优质人才队伍，以体育赛事为起点，积极拓宽空间的使用场景，实现“以馆养馆”。2023年，南京奥体中心实现营收1.8亿元，利润总额同比增长27.68%，全年举办各类文体活动近160场，文体活动板块营收同比增长717.62%，体育商业板块营收同比增长5.5%，体育培训板块营收同比增长4.73%[②]。具体做法如下：**第一，承接大型文体活动，创办自有IP赛事。**奥体中心成功地举办了全国十运会、南京青奥会、南京亚青会等重大赛事，这些赛事为奥体中心积累了赛事运作与服务经验、品牌知名度。奥体中心体育赛事承办日趋成熟，2023年为26家企事业单位、学校举办的校企运动会提供服务支持，为14家单位提供专项赛事全流程执行服务，承办江苏省青少年网球锦标赛、第十届中国（南京）啦啦操公开赛、王者荣耀职业联赛夏季赛总决赛等十余场大型赛事[③]，专业的赛事服务获得多方好评。奥体中心还不断提高自主办赛水平，瞄准中小型活动，形成大赛为引领、校企赛事为拓展、自有活动为补充的格局[④]。城市冰球挑战赛、业余网球公开

① 林华维，孙庆．体育场馆出路在于“开放+开发”［N］．新华日报，2015-10-08（005）．

② 南京奥体中心．南京奥体中心2023年社会责任报告［R］．2024-05-01．

③ 南京奥体中心．南京奥体中心2023年社会责任报告［R］．2024-05-01．

④ 林华维．我省大型体育场馆运营试水2.0版［N］．新华日报，2018-03-16（015）．

赛、青少年羽毛球赛等比赛为初创或连续举办，已逐渐由自主办赛探索发展为具有影响力的 IP 活动。第二，丰富空间功能，拓展体娱业态。利用场地资源优势，奥体中心积极探索“从体育到体娱”的产业发展方式，构建“体育+”音乐演出、会展博览、休闲活动等业态于一体的复合型体娱消费空间。奥体中心拥有可容纳 6.2 万人的主体育场和 1.3 万人的体育馆，场馆设备和配套设施条件佳，成为吸引众多知名歌手前来演出的优势条件。奥体中心于 2012 年首次举办滚石 30 周年南京演出会，这是奥体中心向承办音乐活动方向发展的起始点。近两年，音乐演出市场呈现快速发展趋势，奥体中心乘势而上，2023 年举办了大型演唱会 32 场次。一些热门演唱会观众数量众多，如 2024 年张韶涵南京演唱会举办时上座率爆满，周杰伦 2024 年在奥体中心连开四场演唱会，超 556 万人在购票平台点击“想看”，首次开票便售罄。演唱会影响力辐射周边地区甚至全国，吸引了约四成的外地观众前来，“跟着演唱会去旅行”焕发城市活力，跨市观看演唱会的群体也带动了建邺区的文商旅发展。演唱会相关话题在社交媒体平台保持较高热度，如 2023 年华晨宇火星演唱会南京站多个话题登上热搜榜单，周杰伦南京演唱会的开票信息也在社交媒体受到广泛关注等。2022 年，奥体中心还建设了彩虹剧院，总面积 1000 平方米，可满足 LIVEHOUSE 演出、轻型演出、品牌发布会、展览展示等需求，目前年均举办百余场次演出活动。第三，发展体育教培，实现产业转型。奥体中心在激烈的市场竞争中，寻找自身优势与市场需求的结合点，针对体育项目创新开发体育产品，实现由资源驱动到内容研发驱动的转变。2018 年，奥体中心率先对冰上运动项目实施俱乐部自主运营，走出了由低效场地出租到灵活性高的自主运营的新路。在冰上运动项目良好的示范作用下，奥体中心针对群众基础好、对青少年塑造作用强、产业联动性强的篮球、羽毛球、足球等项目，开发了相应的标准化体育培训产品，不断推进全链条开发和全流程服务。奥体中心明确了校外体育综合培训的功能定位，年均投资 2000 万元用于设施提升、产品体系丰富、专业师资培育、课程研发、活动基地建设等，形成了自营、委托、股权及孵化4种运营模式。目前，已开发20余个培训项目，年接待青少年超20万人次[①]。2017年以来，奥体中心体育主业收入占比都在50%以上，2019年体育培训收入超过体育健身收入，产品创新促转型效果明显。

优化产业发展环境，智慧赋能运营管理。完善硬设施是发展之基，优化软环境是高质量发展的必要条件。奥体中心围绕体育产业的发展，从产业生态、人才建设、智慧化提升等方面构建更优质的发展环境，激发内生动力。第一，创造良好的营商环境和产业生态。奥体中心作为全国体育产业示范单位，已形成以体育产业聚集为主的专业化园区。园区内设有10万平方米的商业空间，入驻商户200余家，文体培训业较为集中。近年来，运动康复、运动器材租售、击剑教学、空手道培训、舞蹈授课等体育相关业态纷纷入驻[②]，体育产业得到带动。为壮大体育主业，做优自主品牌，奥体中心将构建良好的产业生态作为重点工作，建立协同关联机制，运用股权投资、运营等多种方式重点扶持和孵化一批优质企业和特色品牌，并实施品牌集中打造、市场集中开发、资源集中利用，促进优质企业、产业资本、上下游环节之间高效联动，提升“体育+”的链式创新、协同互惠的产业发展水平。现有商户多为中小微企业，抗风险能力差，奥体中心针对受疫情影响缴付租金困难或提前退租的商户给予政策支持，提振企业信心。2020—2022年，商户租金减免累计超3000万元。第二，加强人才队伍建设。奥体中心在建设过程中面临要求高、任务急、环境挑战等不利因素，赛后留下的不仅是优质场馆设施，还有积累丰厚经验的运营管理人才以及奋进的“奥运精神”。奥体中心坚持推进人才建设工作，将体育精神融注于团队发展中。在管理人才培育方面，奥体中心实施内培外引，敢于起用年轻干部，形成管理、技术和技能人才并行的发展体系；

① 南京奥体中心.南京奥体中心2023年社会责任报告［R］. 2024-05-01.

② 汤澍，严伟，张维亚.休闲体育消费者体验对行为意向的影响——以南京奥体中心休闲体育消费者为例［J］.商业经济研究，2017（04）：46-50.

与上级单位江苏省体育产业集团有限公司实施人才交流学习，培养俱乐部营销队伍；打造以管理人才和青年业务能手为培训对象的“火炬手”专项培训品牌，全年开展专题培训 24 次，参培人员近千人次[①]。建设高水平的教练队伍也是人才工作的重点，奥体中心持续引培专业的教练员，制定俱乐部教练员管理制度，破除身份限制，落实同工同酬，目前教练员团队人数近 200 人，包含 9 名健将级运动员。团队以青少年为重点人群，从学校体育教学、日常培训及长期培训方面优化教学技术，提升体育培训能力。**第三，推进智慧化建设**。为适应数字化技术发展，提升园区运营管理效率和用户体验，奥体中心不断优化体育设施和管理平台的智能化水平。在服务设施上，奥体中心修建的智慧步道改善市民运动体验，日均运动达 5000 余人次，常驻跑团约 40 个；2023 年，可提供休憩、物件寄存、冲淋换装等需求的智慧健身驿站正式投用，可与跑道构成室内与室外结合、环线与站点相连的服务格局。在园区管理上，奥体中心推进智慧平台建设，实现生产经营的网格化和智能化，促进园区业务资源的统筹开发，发掘创新应用场景。

践行体育为民，促进全民健身的设施建设和理念传播。奥体中心秉持体育为民的理念，发挥空间资源优势及体育综合服务优势，推进公共体育服务发展[②]。2023 年，奥体中心园区全年开放，日均开放超 10 小时，全年接待健身群众近 400 万人次，享受免费、低收费健身人次 221 万[③]，充分满足市民的体育健身需求。奥体中心落实公共体育服务的举措有：**第一，盘活场地资源，增设体育新空间**。面对公众日益增长的体育锻炼需求，奥体中心采取免费、低收费开放政策，从盘活存量资源和拓展增量资源两方面着手，更关注运动空间是否足够。闲置场地和边缘空间被充分利用，专业羽毛球馆、篮球馆得

---

① 南京奥体中心. 南京奥体中心2023年社会责任报告［R］. 2024-05-01.

② 王晓晓，周颖. 城市体育公园发展研究——以江浙沪地区为例［J］. 山东体育学院学报，2019，35（05）：49-55.

③ 南京奥体中心. 南京奥体中心2023年社会责任报告［R］. 2024-05-01.

以开放使用；网球场地实行“应开尽开”，室内场和决赛场地得到扩建修缮；主体育场开放，极大地满足了足球爱好者的需求；冰上运动新增了受众广的冰壶体验项目，游泳馆新开设潜水项目和儿童游乐区，增加了运动的趣味性和丰富性。第二，开展公众体育活动，营造体育氛围。丰富公益性活动供给是奥体中心落实公共体育服务的重要举措。奥体中心围绕赛事展演、新兴运动体验、消费场景等元素，联动园区内的商户，为市民提供新鲜且多样的运动体验，引导公众了解体育、参与体育。体育健身嘉年华是奥体中心自办的公共体育活动之一，至 2024 年已成功举办八届。2024 年第八届体育健身嘉年华期间，奥体中心联动园区内的 23 家商户，组建商户联盟，带领青少年参与者体验搏击、武术、橄榄球等趣味体育内容。奥体中心的冰上运动、游泳、篮球、射击等体育俱乐部也参与到活动中，由专业教练带领青少年参与者体验各类运动项目，鼓励更多亲子家庭参与体育锻炼。第三，构建体育文化传播体系，推广健康生活方式。为提升公众对体育锻炼的关注度和参与度，真正落实体育为民的理念，奥体中心加大体育公益宣传，传播健康知识。奥体中心形成线上线下的体育文化传播渠道，在线下定期举办公益讲座、体质检测、康复指导等，2023 年策划举办健康公益活动和讲座 33 场，体质监测站服务约 4000 人次[①]；在线上，开设体育“云课堂”，定期发布健身资讯，普及科学运动理念和健康生活方式。

3. 江心洲：守护生态底色，智慧科技赋能江岛文旅多元化发展

江心洲是长江南京段的一座江中沙洲，与南京主城隔着一条夹江。十余年前，江心洲交通不便、配套条件差，岛上分布着果园、菜园与老房，农业和水产为岛民主要生计。如今，环岛滨江风光带、生态环保与科技智慧企业、商业生活配套设施一应俱全，这些转变始于 2009 年。在江苏省对外合作项目苏州工业园区建设 15 周年之时，为实现江心洲的绿色发展，中新双方决定在江心

① 南京奥体中心. 南京奥体中心2023年社会责任报告［R］. 2024-05-01.

洲共同打造“新加坡·南京生态科技岛”。在数十年的建设中，江心洲保留生态底色，以绿色生态吸引优质企业、发展江岛文旅，成为长江江岛的靓丽名片。

规划引领绿色发展，智慧创领科技示范。江心洲瞄准“生态科技岛”的定位，与新加坡合作共建“示范岛”，具体做法有：第一，科学规划指明“示范岛”实现路径。江心洲“生态科技岛”项目是新苏合作平台下的示范性项目，也是江苏省对外合作的又一重大项目，其发展不仅影响区域格局，更关乎新苏合作的整体局势。江心洲的蝶变来自一系列科学规划，发展蓝图铺就前进道路。2010 年，江心洲开始建设之初，双方专家就针对其未来数十年的发展编制了一份总体规划；2011 年，南京市政府审批通过新加坡·南京生态科技岛控制性详细规划。规划指出，江心洲围绕“生态”“科技”两个主力发展方向，建设以科技和智慧产业为先导、产居一体发展的“生态科技城、低碳智慧岛”①。经过历年建设，规划蓝图逐渐在江岛清晰起来，一批优质企业落地，一系列重要基础设施、公共服务配套等由蓝图变为现实。2022 年建邺区对江心洲提出“生态科技、绿色低碳、文旅融合”的发展方向，全面启动岛城交通设计、未来出行发展、智慧步道设计、清洁能源发展、零碳中和行动、教育事业发展、卫健事业发展七类专项规划，提升岛城协同发展的战略布局。针对南部非建设区的发展规划《江心洲村庄规划》也启动编制，将“新加坡经验”与江岛实践结合。第二，绿色发展绘就江岛底色。在十余年的发展中，江心洲始终坚持长江大保护战略，不开发建设用地、不破坏生态湿地、不影响 6.5% 的水面率。江岛景观环境的塑造以原有风貌为基底，青奥森林公园旁的 2.5 万平方米池杉林被全部保留，江岛两端的果园被打造为农业生态景观，展现着往昔田园风光。发展至今，江心洲的生态保护用地面积占比为 55%，综合绿化覆盖率为 70%。以水科学为引领的生态环保产业是江心洲的主导产业之一，为全岛绿色发展提供

---

① 南京日报编辑部. 生态科技岛十年澎湃“蛹”化“蝶”［N］. 南京日报，2022-10-20（A07）.

有力支撑。近年来，江苏省环境资源有限公司、国能朗新明环保科技有限公司、胜科水处理科技（南京）有限公司、南京江岛环境科技研究院等生态环保企业及研究机构陆续签约落户，形成水环境科学产业集中发展区域。通过产业链的延伸和扩展，生态环境保护产业飞跃式发展，扬子江生态文明创新中心、江苏省环保集团有限公司陆续入驻，江岛生态产业集群形成规模。尤其是扬子江生态文明创新中心在江心洲落地后，40 余家环境保护、绿色低碳等方向的研发机构和企业在此集聚，科教研发资源与产业成果助力江岛生态环境持续优化。**第三，科技示范激发江岛活力。**江心洲聚焦产业链上游，以可持续、高质量发展为导向，以“人工智能示范岛”为目标，着力发展以人工智能为引领的信息技术产业。近年来，江心洲引进了腾讯云启、交通运输部自动驾驶技术交通运输行业研发中心、工信部安全中心 AI 总部研发基地等一批人工智能技术平台，科大讯飞、虎牙科技等人工智能项目相继落地，2018 年中新人工智能高峰论坛、2020 年中国人工智能大会等行业会议陆续在江岛举办，科技智慧产业蓬勃发展。基于江岛宽阔的实验空间，江心洲瞄准“智慧交通”领域，吸引文远知行、仙途智能[①]等一批智慧交通企业集聚，智慧网约、公交、接驳等应用场景逐步实现，无人驾驶观光、接驳线自 2022 年 11 月开放，乘坐人数超 3 万人次，智慧出行未来将在江岛更广泛的领域应用。

智慧科技赋能设施升级，文体节事点亮“长江之心”。江心洲经过多年生态建设，已由阡陌纵横的农业孤岛变为景观秀丽、和谐美好的生态绿岛，智慧科技环境有助于文体设施服务水平的提升，开放的公共空间也为大型文体节事的落地提供了条件。2022 年，建邺区提出要将江心洲塑造为“长江之心”“南京封面”，发展为“文旅网红岛”，近几年江岛文旅 IP 的吸引力逐

---

① 文远知行成立于2017年，是全球知名的自动驾驶科技公司，已在全球7个国家30座城市开展自动驾驶技术研发、测试和运营，应用场景包括智慧出行、智慧货运以及智慧环卫。仙途智能成立于2017年，以人工智能和自动驾驶为核心业务，是最早进入且持续深耕环卫领域的无人驾驶公司。

渐释放。第一，智慧化体育设施建设。江心洲将智慧科技应用于体育场景中，实现运动场景感知化、数据化。江心洲智慧赛道总长22.4千米，分布着7处数据采集站，可对运动者的跑步速度、里程、消耗卡路里等数据进行采集，跑者可通过小程序实时查看运动记录、排行、成绩等。2024年全国首条环岛智慧骑行道启用，该赛道是对智慧赛道的升级，具有芯片识别、计时、排名、大数据分析等功能，可为骑行者提供良好的骑行体验。位于江心洲的吴曦足球公园计划升级为5G智慧球场，球员可通过智能设备获取运动数据和训练建议，教练可更准确分析球员表现并进行针对性训练，观众可观看高清赛事直播并参与线上互动等。第二，智慧设施助力体育赛事发展。凭借着良好的滨江风光和优质的智慧跑道设施，江心洲成为南京马拉松首次单独设置半程马拉松项目的举办地。2023年至2024年，“江岛半马”已举办两届，共有约3万人参加。2024年正值新加坡·南京生态科技岛建设15周年，“江岛半马”与新加坡马拉松赛事品牌Sundown马拉松、瑞典WSG赛事平台合作开启赛事报名，吸引了新加坡、美国、澳大利亚等国参赛者136名，现场还有新加坡sundown跑团、总部企业跑团、高校跑团等一同参与。“江岛半马”展现了建邺区全民体育发展的新气象，成为南京发展“春跑半马，秋跑全马”城市马拉松品牌的代表性名片。第三，城市精神注入江岛音乐IP。建邺区积极孵化音乐节，江心洲的“江豚”元素成为彰显长江文化及城市精神的重要文化符号，因此春秋两季的江豚音乐节落地于此，目前已举办2届，逐渐发展为全国优质的音乐IP。2024年，南京江豚音乐节吸引4万乐迷齐聚江岛，上亿人在平台讨论，获得同期多平台话题榜第一[①]。音乐节期间，主办方推出长江环保主题活动，与“蚂蚁森林”合作推出全国首个音乐节主题公益林，邀请参与者共同守护“南京江豚小树苗”；线下，进行“长江大保护”科普墙，

---

① 新华日报编辑部.欢迎来“邺”，畅快“买买买”［N］.新华日报，2024-04-22（A04）.

并准备种子券、江豚徽章等周边。同时，音乐节还邀请了多位南京艺人参加，与南京本地美食品牌合作将南京美食搬到现场，邀请美食品牌创始人分享人生历程，展现南京文化及新生力量与奋斗者所代表的城市精神。

传统新型旅游业态共融，多元细分市场布局。江心洲早期以农业为主，随着现代化建设，新业态、新场景逐渐丰富，旅游市场呈现多元化特点。第一，江岛休闲度假项目吸引亲子家庭。在20世纪80年代，江心洲就盛产葡萄，90年代开始发展都市田园观光、举办葡萄节，每年7—9月到江心洲采葡萄是许多南京家庭的固定体验项目。近些年，为增加葡萄节的趣味性和体验性，活动期间还设置了儿童乐园、互动游戏、葡萄市集、手作体验等环节。2024年，位于江心洲的池杉鹿苑开放，游客可与梅花鹿、羊驼、小矮马等动物进行互动，鹿苑也为亲子家庭提供了享受自然野趣的好去处。2024年仁恒文旅项目动工建设，将建成包括海洋生态馆、冰雪运动馆、水世界、活力小镇等的旅游度假区，覆盖南京主城及长三角地区的亲子休闲度假客群。第二，生态绿岛聚集圈层青年。江心洲拥有大片生态绿地与四面环水的江景，与主城相邻，新业态、新地标吸引众多具有专属标签的圈层在此相聚。江畔自然风光与建筑地标吸引摄影爱好者前来，池杉林、粉黛花海、江景落日、灯塔、教堂等成为时常出镜的江岛元素。绿意风光在健身步道、骑行道的蜿蜒曲折中徐徐展开，江心洲已成为新晋citywalk、骑行目的地，在22.4千米的江堤道路上，长江壮丽景色、南京眼、滨江公园、摩天轮等地标尽收眼底。江畔的“ROCHO灯塔咖啡馆”因其亲近长江的良好观景条件，成为咖啡爱好者、露营休闲者的热门打卡地，2024年国庆假期接待2万余人，一度占据微博“全国咖啡厅排行榜”首位。咖啡馆在策划设计时就被定位为一个景点，店里不仅出售咖啡，还免费提供门前草坪的露营工具、设置骑行服务点、布置露台区“江心洲12景”介绍，后续还将进行文创设计、开展社群活动等，真正成为以江景聚人气、以运营促长红的综合休闲空间。针对携宠出游的群体，江心洲拥有多处宠物友好草坪和宠物友好设施，2024年7月还开放了“狗狗公园”试运营，公园定期举办宠物友好活动，成为宠物和宠物主人共同出游的理想之地。第三，生态科技搭建研学课堂。江心洲是长江大保护和智慧科技场景应用的实践代表，为研学教育的开展提供了生动的学习资源。2020 年，以长江江豚保护和长江大保护为核心教育主题的长江江豚科教中心开业，具有标本观摩、知识普及、科技互动、行业交流等功能，开设了长江生态保护、水资源保护等相关研学项目，以及科普沙龙和假日营地等活动，2024 年被评为江苏省水情教育基地[①]。科教中心由专业机构运营，专家库学者策划场馆展示内容，吸引众多公众和学校团体前来开展生态文明教育实践活动。江心洲是国内首个无人驾驶开放道路运营测试岛，提供无人驾驶交通体验服务，这也是研学团队感受创新力量的重要体验项目。

四、精细管理雕琢宜居宜游环境，政企民互动共建都市文商旅地标

自 2019 年起，建邺区围绕新消费提质扩容打造文旅消费新场景，开发建设了喵喵街、银杏里文化街区、西城·夜未央街区等特色商业街；2021 年起，以文化属性注入城市更新项目，持续推进南湖东路的更新改造。根据时代记忆、场所氛围、片区特征，建邺区从居民生活休闲、商户经营发展、游客游憩需求各方面考虑，精准定位特色街区的主题风格和功能组合，以空间营造、业态导入及活动组织形成街区差异化品牌形象，以共商、共建、共享的管理运营模式精细化落实特色街区建设，释放区域文商旅消费潜力。

---

① 水情教育基地是面向公众开展水情教育的实体平台，通过各种活动，增强公众对水资源价值的认识，提供节水、护水的意识。目前，江苏省拥有国家级水情教育基地7家，省级水情教育基地21家。

1. 银杏里文化街区：呼应区域文艺基调，情景式文化符号与文化体验式商业串联新时代文艺连廊

银杏里文化街区位于建邺区乐山路北端，全长 330 米，地块 1000 米范围内可到达诸多南京重要的大型文体设施以及高档住宅区。过去该区域公共广场空间大，缺少可供停留的配套设施，功能单一，因此人流量少，无法充分发挥周边文体设施的文教功能。2020 年，银杏里文化街区成为建邺区落实新都市建设和南京“夜之金陵”目标的重点项目，于 2021 年 4 月正式开街，2022 年 8 月完成升级。街区在原有景观生态的基础上，融入体现南京文化内核的展陈空间、花园式活力商业，成为城市文化客厅的一张名片。

具象化南京文化元素，彰显文学之都魅力。银杏里文化街区处于河西文体消费的中心地带，将其打造为世界文学之都的窗口是题中应有之义。街区通过文化元素展陈、文化空间设计、文化地标联动，构建了一个开放式的都市文化生态空间。**第一，轻质建筑联动文体设施，构成艺术商业空间。**银杏里作为连接江苏大剧院、南京奥体中心、金陵图书馆、南京国际博览中心、保利大剧院等文体地标的重要地带，具有良好的区位优势。银杏里的开放广场被充分利用开发，与周边的文体设施和自然景观相互融合，增添游览的视野性和体验感。风雨长廊是街区极具设计美感的公共设施，外形由形似花叶的“花伞”轻质装置构成，它不仅可以起到休憩空间、入口提示、商业外摆的功能，还将江苏大剧院、奥体中心、金陵图书馆及街区商业文化设施进行串联，构成城市文化微系统。街区两侧种植有银杏和樱花，树丛与“花伞”装置构成“树林下的花海”的艺术效果。街区以“花伞”为基本单元，经过组合或者变形处理打造了 5 个商业单体和 3 栋两层建筑，公共艺术空间与商业空间有机融合，提升了商业空间的品质和氛围，也丰富了文化艺术的表现场景。**第二，文化元素演绎为可触可感装置。**银杏里文化街区将文学与艺术结合，选取与南京相关的古典文学作品和文学家的代表作，从中提炼灵感创作为小型艺术装置，融合多媒体互动、全息投影等科技手段，使文学从阅读

到可触可感。例如，《背影》装置灵感来源于朱自清的同名佳作，装置造型对老浦口火车站月台进行生动再现，配上金黄色的橘子让人不禁联想到文中描绘的片段；《桃花扇》《红楼梦》等经典文学作品也被具象呈现；中华门、明城墙在这里得到微缩版复刻，让人在文学意境中感受南京历史底蕴。第三，公共文化空间增强互动体验感。为丰富游客的街区文化体验，增添街区文化氛围，街区设有与金陵图书馆合作推出的24小时朗读亭，使用者可通过音频点播、诵读、原声播放等方式进行互动，了解《儒林外史》《科学的南京》以及鲁迅、汤显祖等名家与文学故事。银杏里音乐台是街区的小型户外表演空间，水幕投影技术配上字幕效果可营造独特的舞台氛围，活动期间可作为艺术演出舞台，平时可作为公众休闲娱乐的综合空间。

多元化业态活动汇聚，文化艺术赋能商业空间。街区以文化艺术为主题，将活力商业与景观生态、开放空间结合，提供高品质的城市休闲空间和商业服务空间。第一，聚焦品质先锋消费，发展多元潮流业态。银杏里文化街区所在的区位和周边设施决定了其吸引主力客群为城市青年精英和时尚先锋人群，街区也相应提供了品质高端、环境氛围好、体验丰富的新消费业态，重点培育音乐餐吧、时尚餐厅、露天咖啡、共享艺术空间、综合阅读空间等业态，引入知名品牌商户和风格独特的商户。金陵图书馆与云几文化共同在街区打造了云几书房，作为图书馆的延伸阅读空间，集阅读、餐饮、文化活动于一体的复合文化空间。云几书房采用“文化＋商业”模式，在书店业态的基础上还融入了餐饮业态，提供金陵图书馆的办理阅览证、借还书的延伸服务。餐饮业态种类丰富，风格各具特色，既有现代新式餐饮，也有传统中式餐饮创新，如坞里餐吧融合LiveHouse、露天咖啡店、私房菜等功能，夜间驻唱表演为餐厅增添独特氛围感；顽啤主营精酿啤酒与简餐，提供涵盖30余个国家、100余个系列、400余个品种的啤酒产品，让啤酒爱好者品尝到来自全球各地的啤酒；欣图轩作为知名粤菜食府之一，为食客提供正宗精致的粤菜美食，在传统风味的基础上，创新烹调手法展现食材原有的鲜美滋味，根据时令创新菜品。第二，文化艺术风格浓郁，营造幽雅体验氛围。为营造整体街区文化艺术氛围，街区的商业业态环境风格鲜明，围绕餐厅业态品类和定位在主题风格、空间布局、氛围营造、装饰设计等方面精心设计和细致安排，形成文化体验式商业的聚集街区。陆朝·临江台餐厅以六朝风物为主题，从室内空间、光影细节、艺术元素等呈现六朝文化，空间形态的变化寓意着曲径通幽、“酾酒临江”的意象，松竹元素起到空间过渡和营造古代风情的作用，包厢主题融入了瓦当、六朝绘画、碑刻艺术、六朝隐士、东晋二王书法、竹林七贤等文化元素，为食客营造了独特的地域文化与餐饮体验。翠贝卡西餐吧的内部设计采用了歌剧院式的装修风格，空间布局巧妙，融合了复古元素和现代设计，艺术气息与周边两大剧院形成呼应。HEY 美式餐吧内部装饰充满美式风情，具有简约与机械设计的美感，在西式节日时也会增添相应的装饰和布置以营造浓厚节日氛围。此外，民谣酒馆、艺术餐厅、花园餐厅等店铺也各具特色，构成了街区多样的文化体验式商业。第三，主题活动创新，聚集街区人气。在户外的开放空间，银杏里街区会定期举办各类年轻化、时尚化的文化艺术活动，联动各类优质品牌和艺术团体，活动形式以文化艺术表演和文艺市集为主。2021 年街区以“银杏邺游纪”为主题，举行了包括音乐互动演出、电影名人秀、昆曲、芭蕾舞的巡游嘉年华，举办了银杏里青年市集文创节，联动二条商店、蛋魂、凯旋摩托、失恋博物馆等契合年轻人的新潮品牌，为游客提供了一站式的消费娱乐体验。2021 年为期两周的河西建邺城市艺术生活节分为以复古风格为主的“新潮艺术生活周”，艺术表演包括潮流国风音乐演唱、国风舞蹈、汉服表演，复古潮市包括汉服、民国海报、非遗、冲洗老照片等类别；以文艺风格为主的“星潮艺术生活周”，艺术表演包括蓝调爵士轻音乐、COS 巡游、动漫人偶巡游，文艺潮市邀请学术艺术社团和文艺青年参与，以 DIY、手作为主。结合建邺区的群体特征，还融入文化教育元素打造相关活动，如开展南京·大学生毕业典礼活动，策划创新青年代言人、时间胶囊寄送、毕业主题歌等环节，吸引青年学生留宁就业，增添区域青春活力。

文化地标联动出新，品牌业态再升级。银杏里文化街区凭借大型文体设施的客流辐射、创意的文学诠释和时尚多元化的商业而获得人气，但要长久发展必须持续创新，抓住消费者的心。未来可从以下方面提质升级：第一，与周边文体场馆合作，打造特色主题体验业态。与江苏大剧院、保利大剧院合作，结合剧院剧目 IP 策划主题概念店或快闪店，如舞剧《红楼梦》、京剧《青衣》，以舞台造型设计、人物形象等元素进行产品开发和店铺装饰设计；在戏剧演出季期间，利用街区开放空间同步开展戏剧主题的展览、工作坊或讲座，邀请知名戏剧演员、导演等举办见面会，推广戏剧文化，为新剧演出进行预热宣传。利用金陵图书馆的文化资源和学术氛围，举办读书节、文化论坛等活动，设置新书推介、作家签售、读者互动等环节。利用奥体中心的体教资源，在街区开展街头运动展演、体育宣传公益活动、小型趣味赛等，营造全民体育氛围。第二，打造银杏里品牌 IP 体系，形成常态化节事格局。围绕银杏里的文化特质和符号元素打造系列节事、文创、自有文化品牌。例如，以银杏里具有吸引力的樱花和银杏元素设计相关文创和艺术装置；丰富品牌 IP“永不落幕的文化市集”的内涵，形成子品牌体系，如以图书为主题的“旧书新知”市集、青年好物市集、宠物友好市集等。第三，整合区域资源，提升文化体验式商业。依托建邺区的文化产业优势、周边文体设施的影响力，发展与文化艺术相关的体验式商业项目。例如，开设艺术创作工作室，提供绘画、雕塑、云锦非遗等艺术创作场地和材料，举办艺术创作培训和工作坊；将街区的文学装置元素进一步演绎，将作品中的场景或情节融入餐厅环境或菜品设计中，餐饮与文化体验融合；在公共空间，利用科技手段打造动态化文学场景、智慧互动装置、沉浸式文学光影秀，强化“文学之都”的文化元素。

2. 南湖记忆街区：公众参与共建共享，场景复古还原与功能开新拓展塑造南京时代记忆地标

南湖东路建成于 1982 年，因南湖而得名，处于南湖的核心地段。当时南

京市政府为解决下乡返城人员的住房问题，决定在南湖地区建设住宅区，经 3 年时间筹划建设，片区已发展为当时省内规模最大的居住区，拥有 278 幢住宅、7 万平方米的配套设施、4 万多住户[①]。南湖地区曾出现过“南湖夜市”等南京经典地标，是南京老城烟火的代表，经 40 余年沉淀的生活氛围和朴实气质生动地展现着那个时代独有的文化。但在底蕴积淀的同时，老街区逐渐破旧也使其落后于时代。为顺应城市发展，建邺区于 2021 年、2022 年分别启动对南湖东路的更新改造，旨在留住富有烟火气、人情味的“南湖记忆”。项目以还原南湖 20 世纪 80 年代场景为核心，从场景设计、公众参与、功能拓展等环节实现复古生活街区的打造，街区空间逐渐成为来往居民、游客驻足欣赏的“生活角”。

建立“南湖记忆”情感锚点，增进区域民生福祉。南湖记忆项目最关注的是实现地域文化的有机传承，街区改造通过清晰的主题方向和深入的文化研究进行逐步落实，从整体氛围到文化场景都深度还原了过去南湖的生活实景。具体做法有：**第一，明确主题定位，指引改造更新**。南湖东路改造项目的成功首先得益于严谨明晰的总体设计思路。根据片区的发展沿革，街区改造以 80 年代为主题，通过充分调研因地制宜塑造南湖场景记忆。在前期策划时，街区改造就确定了三方面的目标：一是改造方法创新，以渐进式微更新激发公众参与热情和地区活力；二是设计理念创新，将南湖沉淀的多代人的记忆和信息融入博物馆式空间中；三是业态功能创新，通过有效整合商户赋予商业空间更多的文化与情感，形成休闲、社交、消费的综合性场所。**第二，深度场景复刻，营造时代氛围**。为了深度还原 80 年代南湖地区的历史风貌，街区改造以文献资料、老电影、老书籍、老画报及相关人士访谈为文化线索来源，从各处细节复刻时代记忆。街区在建筑外立面、灯光效果、视觉识别

---

① 杨民仆，刘诗涵. 怀旧经济：挖掘“激活回忆”新商机［N］. 新华日报，2024-08-05（006）.

等方面都突出岁月流逝的斑驳感、时代复古感，注重突出特色、唤起情绪共鸣。在文化展示时，采用大立面呈现经典场景、小转角融入文化元素的方法，将 80 年代的记忆点巧妙地陈列于这座“户外生活博物馆”中。街道的墙面与玻璃构成展示界面，结合理发店、小卖部等主题，过去的旧家具、旧电器等被展出；小角落塑造微缩场景，集中展示了代表性元素，如一个角落布置了手抄板报、墙面口号、红砖水泥乒乓球台、跳房子图案等元素，还原了 80 年代的校园场景。参照八九十年代南湖地区学生的形象，IP 形象“南南”和“湖湖”被设计应用，他们出现在街道的座椅或墙上，鲜活立体地呈现了南湖记忆。第三，增添公共文化服务，改善生活服务配套。经环境治理和功能调整，街区公共空间存量扩充，为改善居民生活品质、丰富街区文化生活提供了可能。人行道的宽阔空间增加了老电影文化墙，大电视机装置不定时放映老电影，照相馆门口被改造为巨型象棋谱休憩空间，这些都为街区增添了文化氛围，更勾勒出旧时“附近”的轮廓感。南湖东路梧桐语城市文化客厅也在 2023 年正式运营，以互动式卡牌游戏、咖啡文化为核心运营方向，举办卡牌亲子活动、卡牌收集交换活动、咖啡文化推广活动以及各类文化艺术活动，让多元文化艺术生活走进市民中间。经过基础设施的更新治理，街道变得整洁美观，增添了 1 个市民广场、2 个街角公园、自助洗车点，南湖沉井式停车场预计 2024 年建设完成，有助于缓解老城区停车难的问题。南湖东路的改造不仅是风貌提升的工程，更是增进民生福祉的行动。

商业业态优化，再现老城烟火。南湖地区曾是老南京人眼中的美食天堂、老城烟火的代表地，街区从原有店铺的外观改造提升、整体的业态优化调整提升商业主题氛围，开街后政府、商家还开展主题营销活动，进一步提升街区人气。第一，店铺改造升级，延续经典味道。南湖记忆一期项目对文体路—玉塘东街 500 米街巷进行改造，实施店招立面改造、场景片段设计等，涉及沿街商户 72 家，二期项目对沿街的 46 家店铺进行改造提升，街区商铺整体吸引力提升。南湖记忆街区的微更新开始于对胖子砂锅、杨记面馆、李荣兴等老字号小吃店的改造，老字号店铺风貌焕然一新，以始终如一的经典味道持续吸引着食客前来打卡，延续着南湖地区的美食文化。截至 2024 年 9 月，“南湖美食”相关的话题笔记在社交分享平台上已有 13 万余条，大量的用户生成内容吸引着线上用户前去街区体验，又促成二次内容生产，持续积累。第二，业态整合调整，复古新潮融合。在对存量商业进行提档升级的基础上，街区改造也注重新业态、新消费场景的引入。原有的铝合金门窗、电动车销售、建材店等店铺迁出，更替为与街区风格契合的餐饮、文娱业态。南湖东路还增设了潮流美食区，布置了老式公交车、精酿自助售卖、夜间餐车点及外摆等，引进了部分网红店铺和连锁品牌，为老城烟火增添新鲜元素。1985 年，南京首家路边咖啡厅在南湖开业，如今南湖咖啡厅在原址重开。咖啡厅具有复古与时尚相融汇的气质，以复古轻食为特色，推出“艰苦养生搞建设”特调饮品，游客还可在店里体验鸡蛋糕、果丹皮、奶糖、山楂片等 80 年代美食，使用 80 年代风格的搪瓷杯。沿街的南湖小酒吧以复古公交车为载体，内装红蓝霓虹灯为主光源，利用 disco 灯球、收音机等物件塑造情境氛围，形成 80 年代 disco 创意怀旧酒馆。街区的改造成功，也吸引了马伍旺饮料厂等网红店和连锁品牌入驻。两期项目开放后，南湖地区夜间人流量平均增加约 30%，更新改造的商业带动作用明显，部分商户销售增长达 30%—50%[①]，一楼临街商铺租金上涨约 40%。第三，主题活动营销，话题热度造势。为持续塑造富有时代基因的新型特色街区的形象、提升街区的知名度与传播度，南湖记忆街区举办具有时代感的活动，增添摩登怀旧主题气息。在一期项目开街时，2021 建邺摩登复古文化节持续举办半个月，呈现文艺演出、怀旧歌会、露天电影放映、摩登舞会、时代影展等内容；二期项目开街时，街区举办南湖记忆生活节，在路边游客可观看霹雳舞、disco 广场舞快闪等表演，还可以体验

① 杨民仆，刘诗涵. 怀旧经济：挖掘“激活回忆”新商机［N］. 新华日报，2024-08-05（006）.

丢沙包、滚铁环等 80 年代童年游戏，在社交平台发布话题“# 南湖记忆 重返八十年代 #”可获得南湖童年零食礼包，为参与者提供了复古怀旧的时代体验，也带动了街区人气。一期项目开街十余天的时候，“南湖记忆”就已成为社交平台热搜关键词，“南湖记忆文化街区”话题于 2024 年 9 月在社交分享平台已积累了 1 万篇笔记，也成为南京热门的打卡点①，由此二期项目也得到快速推动。

多方参与共建，街道精细化治理。南湖东路改造是公众参与基层治理、城市精细化管理的生动体现。第一，全过程参与保证改造效果。南湖记忆一期项目自 2021 年开放以来广受好评，吸引众多游客前来打卡，其做法和成效被多家媒体报道。在此基础上，建邺区政府积极跟进，推动二期项目的实施，从策划设计、开工建设到完工期间，区城管局、建设局、城建集团、街道、社区、公众委员、商家、居民等各方人员全流程参与街道改造的研究论证、市场调查、意见征询、实地调研等环节。项目多次邀请专家指导，与设计施工单位反复沟通，边改造、边商讨、边验证，将街道改造与民生改善结合，解决了地面不平、门店招牌松动、安全隐患等问题，使得街道真正实现风貌改善和品质提升，获得群众认可。第二，建管融合确保管理机制健全长效。街道改造完成并不是终点，后续经营管理更是保障其有序发展的关键。在完成南湖东路景观提升的同时，莫愁湖街道城管部门在区城市管理局的指导下，根据城市精细化管理的要求，从“一街一策”对管理机制进行科学设计，对沿街店铺“门前三包”分级管理、建筑墙面保护、道路修补、停车秩序等进行深入有序安排，落实常态长效管理机制，让南湖东路成为更有品质、更有温度、更显魅力的示范街巷。第三，公众参与提升居民幸福感。城市更新从单一政府主导逐渐转向社会多元治理，更关注改造前的群众心声、改造中的群众智慧、改造后的群众体验，需广泛听取群众的反馈意见，提升公众参与度。项目立项

---

① 姜婧仪. 特色街巷复刻八零年代［N］. 南京日报，2021-11-15（A04）.

后，街道组织公众委员、志愿者向商家、居民进行调查走访，根据公众意见优化设计方案。在改造时，项目在广泛征询的基础上为商户制定了“一户一策”的改造方案，设计门头招牌时由政府和施工方展示改造的“样板商户”，邀请商户观看讨论，获得认可后再推广实施；听取群众意见，增加了符合居民诉求的人性化设计。在改造完成后，公众委员提出希望制定长效管理措施，街道果断采纳，通过问卷调查向商户和居民了解需重点整治的问题。经调查梳理，居民对占道经营、街道环境卫生、道路停车秩序等问题反映集中，这些意见给城市管理部门提供了精细化管理的思路。通过主动服务、公众参与、共商共建，公众参与感与项目落地性得到提升，街道环境更舒适、群众生活更美好。

3. 西城·夜未央街区：推动产城融合，主题化沉浸式新潮消费点亮产业园24小时活力街区

西城·夜未央街区位于建邺高新区新城科技园片区，占地超5万平方米，是南京首座24小时运动文化街区。“西城”指建邺区地处南京的城西，也指贯穿园区南北的西城路；“夜未央”出自《诗经》中的《小雅·庭燎》[①]，寓意夜色正浓，但长夜还未到高点，体现着该片区活力夜间的鲜明特点。建邺高新区集聚大量数字经济和科技服务企业，高收入、高消费能力的工作群体庞大，就近进行休闲活动的需求也更为突出，早期片区内缺乏休闲运动配套设施，产城分离问题凸显。为响应南京建设国际消费中心城市的号召，结合建邺区的发展特点和年轻人消费特点，西城·夜未央项目落地建邺高新区。街区围绕“夜经济”，创新发展夜体、夜读、夜娱、夜演、夜食、夜秀等业态场景，24小时满足消费者的吃、购、游、娱、体等需求。街区于2023年5月开街试运营，至2023年底，运动街区平均月流量达30万人次，活力街区

---

① 原句为“夜如何其？夜未央，庭燎之光。君子至止，鸾声将将”。

汇集众多潮流店铺，店铺都已全部入驻，80% 以上的商家营业额超出预期[①]。西城·夜未央是如何由一处低线公园发展为富有发展活力的 24 小时运动文化街区的？

合理选址分区，支持新消费产业发展。西城·夜未央街区经科学规划充分与周边资源联动，获得政府高度重视，形成市场优势、产品优势、品牌招商优势和产业发展优势。第一，合理选址锁定客群，充分利用闲置空间。街区所在的建邺高新区是建邺区科创、经济发展的主要阵地，青年人才消费力旺盛。早期商业设施欠缺，随着龙湖天街等商业设施的落地，此地的商业活力才逐渐释放。运动街区的落地与对街的龙湖天街形成商业互补，分别吸纳来往流动的消费群体和有定向需求的消费群体。街区以地铁站至核心区为主轴设置动线，方便消费者到达，借助地铁交通便利性，街区可获得稳定客流。此外，街区位于高架交通线下，充分利用园区的空间资源，实现公共绿化空间与商业空间的结合。第二，支持品牌孵化，促进产业集聚。为支持起始阶段规模小的新消费品牌发展，建邺区以西城·夜未央街区建设为切入点，鼓励新消费个体店铺成立企业、新消费企业持续发展、新消费产业快速生长，让建邺区发展为新消费品牌的集聚区域。建邺区也出台了相应的支持政策，根据企业规模和营收状况等给予分级租金减免，从发展奖励、经营补助、服务配套等方面提供支持。建邺区在新城科技园建设了产业孵化器，设有众创空间，鼓励新消费企业和品牌在此发展。西城·夜未央不仅是一个商业街区，在“前店后厂”模式和政策逐渐成熟的情况下，更是产业与商业融合、双向提升的实践平台。第三，分区主题鲜明，品牌引入创新。整个街区分为运动街区、活力街区和音乐街区，运动街区包括足球场、篮球场、马术场、滑板碗池、高尔夫馆等十余个专业体育场馆，以及咖啡店、餐饮店、便利店等配套；

---

① 鹿琳. 24小时不打烊，“西城·夜未央”有多香［N］. 新华日报，2023-11-19（001）.

活力街区拥有多家潮流店铺；音乐街区有集音乐表演、会展、文化艺术交流等功能于一体的“稻香演艺中心”。在品牌和商户的选择上，结合街区整体风格，突出新颖潮流，主要有现有品牌的新店型，如 Swoop 以咖啡工厂进驻，开设咖啡豆制作课程，传播咖啡文化；全新品牌，如 Pengyouquan 根据工作日和周末开设清吧或嗨吧；创意复合业态的品牌，如漫品空间以咖啡为主业，不定期举办国潮展览；主题化设计的连锁品牌，如肯德基国内首家复古店。进驻店铺多为品牌首店或南京本土品牌店铺，突出整体调性的协调统一。

紧扣区域客群需求，持续运营带动活力。年轻与活力是建邺高新区最鲜明的标签，街区精准捕捉区域的消费需求和痛点，以专业化运营和持续创新不断为街区注入新鲜发展动能。第一，瞄准体育供给短板，实施专业运营管理。户外球场在建邺高新区供给不足，难以满足年轻群体的运动需求，因此街区提供了种类丰富的专业场馆，涉及不同的热门和小众体育项目。24 小时开放的运营时间满足了不同群体的运动需求，并提高了运动场地的利用率。运动场地均为收费项目，如篮球场为单人门票制和订场制，门票价格为 39 元 / 小时，包场价格为 469 元 / 小时；足球场只可选择包场，七人制和五人制球场价格分别为 600 元 / 小时、500 元 / 小时，体育收费项目盈利可观。街区组建了专业运营团队，对体育业态的导入进行严格筛选控制，保证入驻项目的品质和专业度。第二，塑造品牌 IP，线上线下双端发力。作为南京首个 24 小时开放的运动文化街区，西城·夜未央具有突出的品牌标识和特色，形成了复合型的“运动 + 商业 + 生活”业态格局，通过活动叠加和多形式消费带动持续提升街区知名度和影响力。根据不同的季节、节日和特色主题，定期举办各类活动，迎合年轻群体的新潮生活方式。如 2023 年 7 月街区运营方联合商家推出持续 5 周的“下班节”，以夜市、电音、电玩系列活动丰富上班族的夜游生活；9

月，2023 年 KPL 王者荣耀职业联赛夏季总决赛冠军队伍亮相街区[①]，数百名游戏爱好者前往街区进行互动。街区还通过线上平台进行宣传推广，发放消费券吸引消费者线下体验，在 2023 年 8 月，活动线上浏览量超 1000 万次，累计发放 150 万元消费券，带动线下消费超 300 万元。第三，针对青年再教育，丰富夜游产品。2024 年，街区还创新推出了“西城 · 夜未央 Yeah 校”，青年夜校依托街区商户开设体验课程，针对 20—35 岁的青年群体，提供职业技能培训、兴趣爱好培养、社交互动等的课程服务。夜校运用市场化运营思路，秉持“小而精、特而新”的发展定位，提供 29.9 元体验课和 499 元 10 节课时包。课程包括箭道、架子鼓、咖啡、国学、普拉提等，符合市场需求，涵盖面广，深受青年喜爱。青年夜校填补了商户经营的闲时并丰富获客渠道，促使商户积极运营和推进创新，也提升了街区的知名度和营收效益。

强化街区视觉识别，创造沉浸互动体验。西城 · 夜未央整体设计风格具有现代感且充满活力，在整体氛围营造和设施布局上都有可借鉴之处，主要体现在：第一，塑造活力感空间场景。活力街区整合原有的闲置空间，以 9 个特色鲜明的集装箱作为商业空间载体，集装箱业态、运动体验仓等功能配套融合了工业风和创意元素，现代朋克的设计风格契合年轻群体的审美。街区内的集装箱和运动场地采用明亮鲜艳的红、黄、蓝主调配色，搭配个性化的店铺设计，形成园区的一抹亮色。街区的艺术雕塑《凤巢》以双曲面造型合围成花瓣雕塑，曲面在光影的效果下具有美轮美奂的动态画面，雕塑也蕴含着人才汇聚之意。部分商业空间融入绿地环境，结合南河风光带景观增设多处生态景观，有助于打造活力、宜人的街区氛围。第二，营造沉浸夜游氛围。西城 · 夜未央作为 24 小时活力街区，其夜间体验很大程度要依靠灯光效果来

---

① 王者荣耀职业联赛（简称KPL）是王者荣耀最高规格的专业电竞赛事，也是目前全球受众最多、影响力最大的移动电竞职业赛事之一。自2022年起，KPL全年分春季赛和夏季赛两个赛季。

实现。街区结合“夜秀”“夜游”的需求，协调各造景元素，关注园区内的建筑风格与街区通透箱体建筑的搭配，构建和谐的夜间环境。活力街区板块采用植入“光学情感”的方式，创新推出室外空中舞台，让光影呈现更具视觉冲击力并拉近互动距离，光影效果与音乐、业态等元素融合，呈现出沉浸式体验效果。运动场地运用专业夜间灯光照明设计增添夜间运动的趣味性和安全性，街区设有两处灯光足球场、一处灯光篮球场以及一条夜光跑道，跑道上的“呼吸灯”会根据运动者的步频闪烁。第三，创新互动设施。街区将科技与互动娱乐项目结合，创新互动体验项目。街区设有国内最大的游戏互动屏，允许八人组团一同在线，提供了大屏畅玩的良好游戏体验。在街区开放区域，还设有3D裸眼大屏、LED无动力风车、涂鸦绘画墙等互动娱乐装置，为到访者提供了丰富的互动体验。在科技健身区，AI技术与骑行、综合健身等项目充分融合，使参与者不受场地限制进行锻炼。在全民健身区，设置了桌上冰壶、迷你高尔夫等近十个亲子互动项目，满足不同群体的运动健身需求。

五、建邺区都市文旅发展的经验总结、问题与展望

建邺区是南京都市文旅蓬勃发展的生动写照，为城市文旅篇章留下亮眼一笔，而展望未来，它更肩负着成为南京在国际文旅舞台的“城市封面”的重任。为使建邺文旅前行之路更坚实宽阔，我们需回溯其发展历程，梳理过往积累的宝贵经验，同时也应清醒地审视现存问题，以高瞻远瞩之姿精准谋划，为建邺区都市文旅高质量发展勾勒清晰蓝图。

建邺区在二十余年时间中，都市文旅得到飞速发展，可借鉴经验如下：首先，高点站位引领，城市建设与文旅事业有序发展。从城市发展来看，建邺区以新城建设为指引，有重点、有计划地织就文旅图景，城市建设与都市文旅发展密切关联、相互支撑。以举办重大赛事为契机，建邺区在建立之初就从整个城市的发展定位谋篇布局，围绕现代化新城的目标，推进大型文体设施、公共服务设施、生态滨江带、商务区、居住区等的建设，为日后的赛

事举办、产业发展、人才吸引奠定了坚实的基础；凭借举办青奥会的重要机遇，持续推进一批体育场所和相关设施建设，将“奥运精神”的活力与热情融注于城市精神中，城市形象和美誉度提升，体育旅游和公共体育事业顺势得到大力发展；在城市建设相对成熟的情况下，梳理城市功能与产业发展、人群需求的适配关系，通过城市更新、产城融合、空间联动等策略提高街区生活宜居品质、公共空间环境品质、公共设施服务品质，完善城市功能，为公共文体事业和都市文旅休闲提供了良好的发展环境。从产业价值来看，建邺区以产业链上游、价值高的产业为主导，以优质资源和科学谋划培育优势产业，产业发展与文旅消费相互促进。建邺区形成文化企业和体育企业的集聚区，创立国家对外文化贸易基地，大力发展生态科技、数字经济产业，通过企业公共服务、产业支持政策、产业补贴等方式培育良好的发展环境，为优质文体产品生产提供保障；在产业发展成熟的基础上，积极探索“产业 + 旅游”的融合方式，打造如江心洲生态科技研学等的优质产品；为促进新消费产业的孵化和发展，建邺区积极招引和培育新消费品牌，为其提供“前店后厂”的场地环境和政策支持，同时新消费品牌的集聚也提升了业态丰富度和商业活力；支持传统技艺产业化发展，以市场化经营实现自我迭代发展。从利益主体来看，建邺区根据不同人群受众的需求，制定不同的发展策略和产品开发策略，提升居民生活幸福指数、游客体验满意度和经营者满意度。建邺区兼顾文体事业、产业发展，拓展公共文体空间，依托景区、社区、街区等建立 15 分钟公共文化圈和 24 小时公共文化圈，丰富公共文体活动供给；围绕不同片区居民需求，推进城市街区改造，提升老旧小区居民生活品质，保留传统时代记忆，为满足产业人才的生活休闲所需、提升区域文化艺术和休闲娱乐氛围，打造文化艺术街区和 24 小时活力街区；针对不同游客的背景和需求，推出分层次、系统化的产品体系，如云锦博物馆的多环节云锦体验课程、侵华日军南京大屠杀遇难同胞纪念馆的分众化研学课程；充分考虑产业发展主体的诉求，为商户和企业制定针对性举措，提振发展信心，在街区改造中，既维护街区整体主题环境又尊重商户个性化差异。其次，资源整合提效，打造优质文旅品牌。建邺区文旅主体对不同来源、不同性质、不同领域的资源进行识别与连接、创新与融合，使其具有较强的灵活性和价值性。资源整合主要包括：一是人才资源。建邺区拥有年龄结构年轻化、知识结构精深化的人才队伍，文体专业人才和创新团队集聚，文旅主体积极发掘相关的人才资源，建立文化研究合作、文艺作品创作合作，组建专业艺术团队，引进专业人才提升组织管理效率；二是品牌资源。文旅主体根据产品内容和主题调性与相关品牌联名合作，赋予文化元素新的场景生命力，创新推出文旅消费产品，利用知名品牌的市场带动性提升消费者对文旅主体的品牌认知和品牌商业价值；三是产业发展资源。由政府牵头或龙头企业发起，联合区域内相关行业组织机构、上下游相关组织机构建立合作模式，促进优质文化内容交流和引进，实现优势互补，提升资源配置效率。通过资源的整合利用，建邺区形成多样化文旅供给和区域特色品牌，如江苏大剧院的“民乐演出季”、莫愁湖“梧桐语”文化客厅名家讲堂、奥体中心“体教融合”项目等，文体产业与事业渗透融合发展。最后，空间内容叠加，创新特色消费场景。依托区域重要文体设施、特色街区、魅力江岛等文旅空间，注入文化、科技元素，打造复合型业态，充分利用场所空间发挥多功能价值。空间内容叠加的方式主要有：一是以文化记忆塑造空间灵魂。文旅主体以文化研究为根基，从文学作品、史料遗迹、时代记忆中提炼文化元素，以文化艺术装置、史料展陈、物品展示、细节化装饰等方式装点主题文化场景，通过常态化文化活动强化空间形象识别。二是以智慧科技提升空间品质。文博场馆以数字化手段丰富展陈内容，促进文博资源的有效保护；通过科技手段改良非遗技艺的生产技术，提升文创产品的艺术表现力和生产效率。运用智慧化管理技术和平台，文旅管理运营方以商户数据、游客数据、内部数据精准把控市场和产品的匹配度，优化管理运营流程和产品结构。在公共空间中，以生态科技改善自然生态环境，改造智慧化、数据化公共体育设施，打造良好的体验环境。三是以复合业态唤醒空间生命。文旅主体积极探索自身已有的空间和平台资源与多元业态的融合，寻求新经济、新业态的发展机遇。根据资源的性质和时代价值，结合游客深度文化体验的需求，文旅主体开发相关的研学、教培产品；根据空间环境特征和硬件设施优势，拓展功能场景，创新打造城市文体节事品牌，形成空间与城市品牌的强关联；根据区域特征和客群消费特点，将文化、艺术、运动、商业等业态要素进行组合性开发，形成新潮时尚、文艺精致的风格，赋予空间场景文化底蕴和情感共鸣；根据城市更新的发展需求，融合传统业态和新潮业态，延续城市地标时代记忆，赋予场所新价值。

尽管建邺区在文旅发展方面取得突出成就，但对比其“国际都市文旅高地”的定位及国内外知名的都市文旅目的地，仍存在一定差距。首先，在产品序列构建上，建邺区资源业态相对高端，但盈利能力有待提升。建邺区汇集了区域重大文体设施，拥有和平文化和云锦文化两张世界级的名片，优质住宿设施和商业设施优质且齐全，但营收与文旅强区仍存在一定差距，消费潜力有待持续释放。其次，在产业融合发展上，建邺区特色产业价值高，但文体旅产业深度融合程度不足。建邺区形成以金融贸易、数字经济为主导，人工智能、智慧生态、会展商贸等为特色的产业体系，但文旅与优势产业的融合程度不高，在数字文娱、文化创意等方面的发展还处于起步阶段，未能充分发挥产业融合的优势。再次，在城市品牌营销上，建邺区单体品牌活跃，区域品牌缺失，国际影响力不足。建邺区虽然有“文润建邺”公共文化品牌、“江岛半马”城市运动品牌、“江豚音乐节”音乐 IP 等一些特色文旅品牌，但在全国以及世界层面的知名度和影响力还不足。与国内外知名的文旅城市或区域项目相比，建邺区未形成有力的区域文旅品牌，宣传力度不足，难以吸引国际市场的旅游者。最后，在文旅目的地的打造上，建邺区的文旅带动效应明显，但游客黏滞度低。建邺区的节事活动吸引大量客流前来，带动区域住宿、商业消费，“网红”街区也聚集着一定人气，但缺乏深度体验的产品内容和联动线路，不利于游客长时间逗留游览以及多次消费。

裁云绣建邺，织锦绘江城。为提升文旅发展的质量、区域协同水平和国际化水平，建邺区未来可从以下方面着手：首先，立足南京，塑造“最年轻、最活力”城市名片，建设都市文旅消费样板区。重点聚焦新潮消费、青年文化体验、长江文化展示、江岛滨江休闲，汇聚人气，促进资源价值转化。依托现有商圈和特色商业街区，大力发展新潮消费，持续引入知名的高端品牌、优质新潮品牌、高价值小众品牌，增引品牌首店和旗舰店，并保持良性的更新与运营，形成业态互补、主题差异化的消费场景，定期举办时尚秀、新品发布会、主题体验日等活动以营造消费氛围，建设南京最具活力的商业消费中心。聚焦青年社交和文化体验，利用商业空间、街道闲置公共空间，建设一批具有辨识度、话题度的文化艺术互动装置，既可参观互动又可休憩社交；建立青年综合创意体验中心，发掘区域创意设计产业人才资源，引入艺术家工作室、文化艺术品牌，打造集文化沙龙、设计生产、手作体验、交流互动的艺术空间；拓展演艺空间，以南京文学故事和南京历史往事为基础，结合现代科技和文化创意，打造沉浸式互动体验剧场。衔接长江国家文化公园建设，将江心洲打造为长江上的“长江之眼”，从长江胜景佳迹展示、产业经济成果素描、文化传承艺术赏析、水利工程低碳环保等视角，打造集中呈现长江文化、生态特色、城市文明的文化景观中心和文化体验中心，将长江国家文化公园的时代价值充分彰显在建邺。依托生态绿色江岛及滨江风光带，打造夜间科技灯光秀，与地标建筑交相辉映；推进江心洲度假休闲项目的建设，与江岛的生态研学、科技体验、田园体验结合，建成最具夜间氛围和休闲活力的滨江水岸。其次，放眼全国，构建大载体—大设施—大场馆的大文体旅融合共振模式，打造中国都市文体娱交互式集聚区典范。以和平文化、云锦文化为核心，形成中国乃至世界的和平文化旅游中心，申报建设世界和平遗址公园，打造和平友好示范街区；建设云锦文旅综合体，以数字化、场景化方式设计多形式云锦元素体验空间，形成遗产活化典范、中国元素奢侈品标杆。打造集聚互动协同的会展生态圈，依托引领性大载体、大设施、大场馆，重点发展总部经济、国际商务、会奖展览等产业，鼓励与南京发展定位相契合的跨国公司总部、外资研发机构、投资公司等主体落地，引进国际品牌展览会、国际性会议；依托建邺区成熟的商贸资源，打造以“幸会滨江、幸会青奥、幸会和平、幸会莫愁”等为主题的建邺区特色会奖旅游品牌——“幸会建邺”，支持具有建邺标识的重要会展项目申请全球展览业协会认证；培育“展产一体”会奖旅游发展模式，优化“会展 + 文旅”空间布局，形成与数字文化、奖励旅游、餐饮休闲、住宿旅居等相关行业融合发展的“会展 + 文旅”产业集聚区。促进竞技体育与大众体育协同发展、体育向体娱创新性升级，植入多功能复合型的体娱综合体项目，塑造大众体育赛事品牌，放大体育赛事乘数效益与粉丝经济，健全智慧体育设施体系，完善体育赛事规划布局与结构体系。拓宽演艺类文化产品供应渠道，率先引入泰勒斯威夫特、碧昂丝等具有全球粉丝号召力的国际艺人演唱会，以及入演柏林戏剧节、阿维尼翁戏剧节、爱丁堡国际艺术节等重要节庆的经典剧目，将国际演艺 IP 转化为区域市场中的唯一性产品，在吸引海外游客流量的同时，最大程度吸附国内演艺市场消费力。**最后，面向世界，释放优势产业价值，整合互动要素资源，打造国家文化产业创新实验区**。依托建邺区对外文化贸易基地布局集原创孵化和戏剧演出于一体的国际友好戏剧创意产业园，可对标伦敦西区、纽约百老汇等，构建无边界的演艺发展模式，把剧场变工厂、秀场、聚场。依托“世界文学之都”强化国内外文学版权“走出去”与“引进来”并行，强化外国文学版权交易。依托优势金融产业，促进文化和金融组合发展，推动金融机构与文化企业对接合作，支持金融机构根据文化企业特点创新金融产品和服务，打造集文化金融银行、文化金融产品交易、文旅产业投资基金管理、文化金融产品资产证券、金融人才培训、文化旅游于一体的金融街区。深耕数字文娱，以南京国家广告产业园、中国（南京）游戏谷、新城科技创新综合体等为主，建设国家数字娱乐产业示范基地、国家级文化和科技融合示范基地；促进体育电竞赛事产业集聚，引进和培育国际性高水平电竞赛事，开发建邺代表性的电竞赛事品牌，打造为承接国内外高规格电竞赛事的理想选择地。

“穿过时间的烟尘，踏着长江的巨浪”，建邺区正处于文体旅发展提质增效的关键期、产业叠加优势发挥的窗口期，面临着新的发展局势和变革机遇。立足建邺区南京现代化国际性城市中心和城市客厅的建设基础，建邺区更应走在前、创示范，形成“消费领潮、文化浸润、体娱释能、开放创新”的都市文旅高质量发展格局，成为“城旅一体”的江苏样板乃至全国样板。

第四章
首善之区：鼓楼区文旅赋能城市更新的样本实践

鼓楼区历经千年岁月沧桑，目睹无数起落变迁，在历史长河中留下弥足珍贵的文化文物遗产，长江文化、商埠文化、明文化、和平文化、民国文化在这里汇聚，历史遗迹、文物古迹、人文底蕴等共同构成了鼓楼区的城市文化资本。作为南京老城区，鼓楼文旅发展始终与城市建设同步，从沿江军事重地到近代商贸开放前沿再到文旅科教齐头并进，鼓楼区全力建设以人民为中心的首善之区、幸福鼓楼，力争打造中心城区社会主义现代化建设先行示范区。当文旅的春风吹拂而来，鼓楼区以城市更新为抓手，开启了新一轮文商旅融合发展的全新篇章。

一、江河交汇处见证百年风云，文教智核地激活滨江新章

鼓楼区的历史发展，最早可追溯至史前时期，随后历经战国、明朝、清朝和民国时期，从最早的古人类文化遗址起源，到历代古都军事中心和近代开放首要区域，再到近现代风貌建筑核心集聚区和近代南京商贸重地，鼓楼区宛如一部厚重而又鲜活的史书，每一页都记载着岁月的痕迹与故事的传承。

1. 从沿江军事驻地到近代商贸开放前沿，首善之区雏形初现

史前时期，鼓楼区内发现的北阴阳营遗址[①]是迄今南京境内发现最早的古人类文化遗址。北阴阳营遗址的首次发现时间应早于1947年，据《夏鼐日记》记

① 6000多年前，南京最早的“居民区”就诞生于此。

录[①]，当时国内的考古学者已知道北阴阳营遗址，只是并未进行考古发掘活动。北阴阳营遗址的正式发掘是在新中国成立以后，具体从 1955 年至 1958 年分四次完成。1984 年 11 月，鼓楼区人民政府将其设立为鼓楼区文物保护单位。今天，北阴阳营是鼓楼区的一条街道名称，而北阴阳营遗址则位于鼓楼区的北阴阳营 8 号小区。根据发掘报告记载，北阴阳营古文化遗址的发掘总面积为 3132 平方米，依据土质土色其主要分为四层：第一层为新石器时代和商周时期的石器、陶片，六朝、唐、宋、明各时期的近现代遗物与陶瓷片；第二层为西周早期的文化遗物；第三层为商代早期的石器、陶片及小件青铜器等；第四层为新石器时代的文化遗存。据相关数据估算，北阴阳营遗址当时的居民应在 300 人以上。同时，北阴阳营古文化遗址又可划分为新石器时代、商代、西周三大文化层，其文化内涵在苏南一带（尤其是宁镇地区）具有一定的代表性[②]。北阴阳营古文化遗址的发掘，既是新中国成立以来的一次重要考古发现，也是江苏首次规模性的考古挖掘实践。

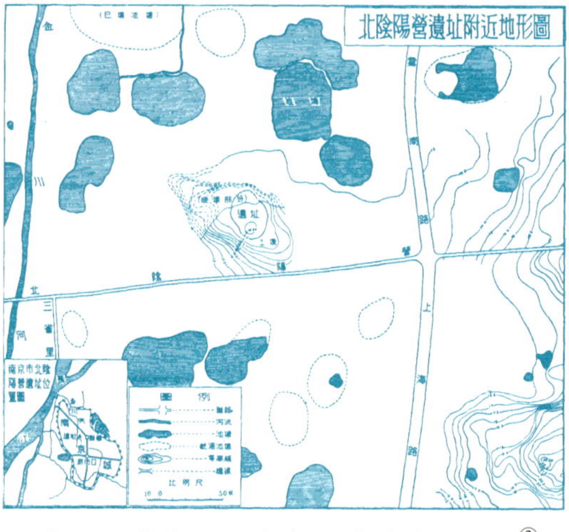

图 4.1　《北阴阳营遗址附近地形图》[③]

---

① 夏鼐是新中国考古工作的主要指导者和组织者，中国现代考古学的奠基人之一。

② 邢虹，朱彦. 六千多年前，这里是南京城最早的雏形［N］. 南京日报，2023-08-26（A04）.

③ 图片来源：赵青芳. 南京市北阴阳营第一、二次的发掘［J］. 考古学报，1958（01）：7-23，133-148，图一《北阴阳营遗址附近地形图》。

战国至明代，从金陵邑[①]到石头城，鼓楼区逐渐成为历代古都的军事中心。战国时期（前333年），楚威王大败越军，为加强对新占有土地的控制，在石头山（今清凉山、石头城一带）营建了金陵邑（最早见于记载的城池，当时仅是具有军事意义的小城堡），这是鼓楼区乃至整个南京主城区最早的行政区划，标志着南京“金陵”这一称谓的起源。秦统一后，曾下令毁去诸侯的郡县城。金陵邑城虽被废弃，但并没有就此消失。到了六朝时期，东吴孙权称帝（211年），正式移驻秣陵，开启南京作为都城的历史。212年，孙权修整金陵邑旧城，改名石头城，同时改秣陵为建业。选择重新启用金陵邑旧城，源于东吴与战国时期楚国同样重视沿江港口的军事战略选择。楚国水军重视沿江港口津要，而东吴以水军立国，其最初基地在吴（今苏州），后来西迁到长江沿岸的京口（今镇江），并一度推进到武昌（今鄂州），同样以长江为交通线。水军往来长江上，需要适宜的港口作休整，楚国金陵邑的遗址因而引起其关注。东吴将金陵邑原址（即石头城）纳入国都建设考虑范围，将其用于贮存军粮器械。从东吴开始，历代南京城，都以清凉山和石头城为西边的军事重镇（即军事中心）。至明朝（1368年），明太祖朱元璋在南京建立大明王朝，为建都南京的第一个统一王朝。其于1366年便开始建造南京城，后续陆续修建了宫城、皇城、京城（也称内城）、外郭这四重城垣（前后历时28年之久）。其中，明京城城墙周长达35.267千米（现状基本完好类的总长度为22.425千米），围合面积55平方千米；同时期修建的明外郭城墙，总长度约60千米，围合面积达230平方千米。1988年，南京明城墙被国务院列为第三批全国重点文物保护单位，是南京体量最大的历史文化遗产；2012年11月，作为“明清城墙”项目的牵头者被列入中国世界文化遗产预备名单；聚焦到鼓楼区范围内，南京明城墙大部分区域主要分布在明京城内，少部分

---

① 南京市地方志编纂委员会办公室. 南京简志［M］. 南京：南京出版社，2014：1–2.

区域位于明京城之外、明外郭至之内。鼓楼是区域内的一大重要公共建筑物，作为中国古代官式砖构建筑的代表，具有重要的历史价值，当今鼓楼区因境内有明代所建“鼓楼”而得名。鼓楼的建造特征在沿袭元代都城钟鼓制度的基础上结合南京地形特征进行了创新，形成了与南京不规则中轴线平行的“西北—东南”布局朝向，是我国“现存最古老的楼之一”。待明成祖朱棣继位后，都城由南京迁移至北京（1420 年），南京地位下降，公共设施鼓楼的地位也随之下降。

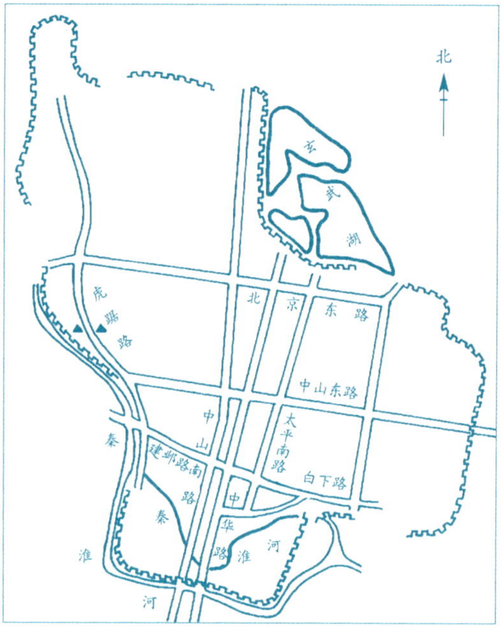

图 4.2　石头城遗址位置示意图[①]

清代时期，南京开埠与江宁马路的建设使鼓楼区成为南京城近代对外开放的首要区域。清顺治元年（1644 年），清军入关定都北京，南京政治地位比明代明显大为下降（南京成为江南地区省会城市）。1842 年，清朝政府与英国双方在南京下关江面的英国军舰上签订了《南京条约》。1858 年，在第

① 图片来源：贺云翱，邵磊，路侃，等. 南京石头城遗址1998～1999年勘探试掘简报[J]. 东南文化，2012（02）：37–44，图一《石头城遗址位置示意图》。

二次鸦片战争期间，清朝政府又签订了一系列不平等条约，即《天津条约》。在《天津条约》中，南京被增开为通商口岸之一，并在今日鼓楼区下关一带设立了外贸口岸。光绪二十一年（1895 年），为满足下关一带码头建设和洋务运动需求，时任两江总督张之洞下令修筑江宁马路，其是南京第一条穿越城区的近代道路，也标志着南京交通从土路、古道向近代道路的转型发展[①]。江宁马路以下关码头为起始点，沿途经过仪凤门、鼓楼直达位于大行宫的两江总督署，整条道路斜跨穿过今日鼓楼区的大部分区域。1899 年，南京正式对外开埠，清政府在下关一带设置了金陵海关，列强为便于自身客货运输在此建造码头。开埠后，南京下关一带成为繁华一时的黄金外滩，时有“南有夫子庙，北有大马路”之称。江宁马路沿路地区的繁荣和对外贸易的兴盛发展彰显了鼓楼区在当时的区位重要性，它成为南京城近代对外开放的重要象征和首要区域。

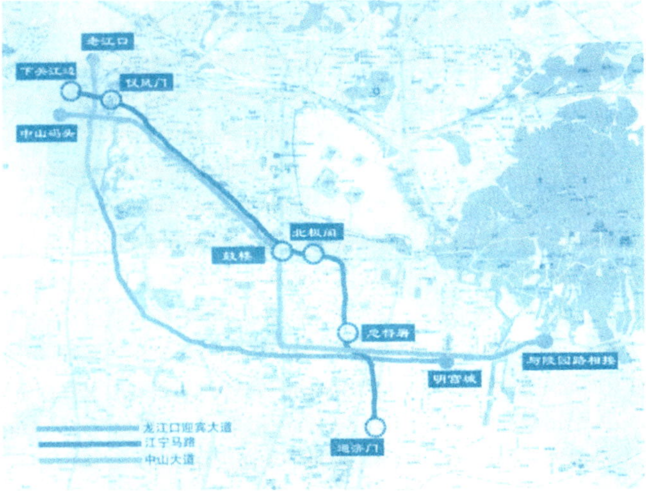

图 4.3　下关地区作为南京市重要公路的起点[②]

① 中共南京市委党史工作办公室，中共南京市委宣传部．南京百年风云1840—1949［M］．南京：南京出版社，1997（12）：121.

② 图片来源：翁翊暄．传承历史文脉开发南京下关滨江景观资源［J］．四川建筑，2004（01）：4-5，图一“下关主要公路建设”。

民国时期，港口贸易的发展和《首都计划》的实施推动鼓楼区成为民国风貌建筑核心集聚区和近代南京商贸重地。清朝时期下关码头和江宁马路的建设为民国时期鼓楼片区国际贸易与商旅经济发展奠定了坚实基础，现代化道路与码头的建设使其交通便捷性大大提升，鼓楼区成为当时南京最繁华的商圈之一。由清朝迈向民国的历史进程中，鼓楼片区的繁荣发展趋势未受到影响。1927 年，孙中山建立中华民国临时政府。为将南京建设成为全国乃至国际上的一流城市，1929 年由孙中山之子孙科牵头制订的《首都计划》[①]公布。从 1927 到 1937 年，十年期间，南京依据《首都计划》进行集中建设，原有计划中的道路系统、住宅区等部分得到了较大程度的落实，大量近现代建筑至今仍得以保留甚至使用。南京近现代建筑主要分布在鼓楼区、高淳区和玄武区，占比依次为 42%、17% 和 15%[②]，鼓楼区是南京近现代建筑的首要核心集聚区。同时，在《首都计划》中，鼓楼区以下关码头为依托，试图将南京建成国际贸易港口。据记载，1930 年前后毗邻商埠码头的大马路逐渐成为商业中心，片区内集聚了海关、码头、银行、商行、邮局、旅馆、零售店铺、汽车行（如大华、大陆、生昌、宏源、华洋、源昌等）等。如今，大马路沿线仍然保留了招商局旧址、中国银行南京分行旧址、江苏邮政管理局旧址、下关天主堂、天保里住宅群、天祥里 8 号等一批具有 20 世纪建筑风格的文保建筑。直至 1937 年，中国人民抗日战争全面爆发，大马路的多数房屋被日军炸毁，往日繁华不再，甚至沦为城市边缘的棚户区。

---

① 该规划分为6个分区：中央政治区在中山门外紫金山麓；市行政区在鼓楼以北的傅厚岗；两个工业区在长江两岸及下关的港口区；住宅区分3个等级，除旧城区外在城北另设高级别墅区（即今天的鼓楼区山西路、颐和路一带）；主干道两侧和明故宫、新街口一带为商业区；文化区在鼓楼、五台山一带。

② 王辰圆. 数据 | 一座金陵城，半部民国史［EB/OL］.（2023-11-13）［2023-12-16］. https：//www.thepaper.cn/newsDetail_forward_25197213.

2. 从传统商圈建设到沿江沿河文旅开发，文旅休闲格局奠定

20 世纪 80 年代末至 2000 年，鼓楼区多个传统商圈蓬勃发展。八九十年代的南京，是个被各种大市场包围的繁华都市。随着改革开放的深入发展，大量外来人口进入南京，鼓楼区境内逐渐形成热河路、山西路、中央门 3 个主要的传统商圈。就热河路商圈而言，它是民国至解放时期下关地区最繁华的商业街。热河路南起中山北路，北至龙江路，全长约 800 米，临近始建于 1905 年的南京西站[①]，往来熙攘；建设竣工于 1915 年 3 月，起初名为“黄泥路”，后于 1935 年改名为“热河路”。为适应火车站、轮船客运码头的客流需要，1947 年热河路进行了道路拓宽改造；至南京解放时（新中国成立初期），已成为下关地区内最繁华的商业街[②]。遗憾的是，随着南京西站和中山码头的没落，老下关车水马龙的景象无声无息地消失了，热河路也随之在南京城快速发展过程中逐渐被边缘化。就山西路商圈而言，消费场所类型的拓展速度加快，发展一度有赶超新街口的势头。20 世纪 50 年代至 80 年代，区内的山西路百货大楼[③]、湖南路商场[④]一直是商圈内的中流砥柱，也是南京最老一辈的国营商场。到了 90 年代，山西路一带的商业发展迅猛，涌现出苏宁环球购物中心、狮子桥步行街等零售、餐饮消费场所。其中，鼓楼区政府后期对狮子桥进行了重点改造：全街地面铺贴设了花岗岩，新建了彩色景观喷泉、花盆、景观路灯和休闲椅，设置了两尊反映老南京风土人情的仿真青铜铸小品——卖蒸儿糕和捏糖人，对沿街居民楼进行了欧式化出新和亮化，在南北两端各建了一座雄伟的“九九”狮子牌坊。伴随着商圈建设逐渐受到市政府重视，

---

① 南京西站是南京最早的火车站，后于2012年关闭。

② 热河路商场、老宝庆银楼、九龙布店、郑永和百货商店、荣春斋鞋帽店、得润泉浴室、笑芳照相馆、大新旅社、东方饭店等一批较有规模和影响的商店和服务场所皆落户于此。

③ 山西路百货大楼始建于1957年，是南京的老牌国有商贸企业。

④ 湖南路商场建于1986年，经营面积5800平方米。20世纪90年代，这里是湖南路的地标。

山西路夜市、狮子桥[①]美食一条街等特色业态发展得有声有色。再加上传统商业空间军人俱乐部[②]内开设的五星电器旗舰店，提升了家电零售的业绩，使得山西路商圈的地位稳步提升。就中央门商圈而言，高端时尚类与低价批发类业态兼容是其一大亮点。围绕三层式双环形的中央门立交桥[③]，中央门长途汽车站、南京商厦、金桥市场、玉桥市场等老南京地标场所都在附近，旅客、游客常在此聚集。一方面，商圈内的南京商场[④]是南京国营商场时代的代表，至今仍在营业。南京商场是当时最高档的商场之一，城北第一个现代化的商场，也是南京第一个拥有手扶自动电梯的商场、全市第一家推出迎宾制服务的商场、全市第一家实行会员制的商场。另一方面，金桥市场、玉桥市场[⑤]双雄称霸，盘踞在中央门的中心地带，是南京早期规模最大的批发市场，以价格低廉（具体品类包括衣物、鞋子、饰品、文具、年货等）名动金陵，后成为南京、安徽、浙江众多商品的批发集散地。其中，金桥市场是南京首个大型日用品批发市场，玉桥市场为规模和档次更上一个台阶的大型零售批发市场。

2001 年至 2018 年，鼓楼区依托境内现存历史文化资源建成开放多个景区。沿长江一带，龙江宝船厂遗址公园、阅江楼景区、大桥公园等景点自南向北呈线性分布。龙江宝船厂遗址公园，原先是明朝规模最大、专门建造战船的官办造船工场，是国家物质文化遗产、全国重点文物保护单位。永乐年间，

---

① 狮子桥是当时湖南路最具代表性的美食一条街，米乐星KTV、鸭血粉丝汤等餐饮休闲业态丰富。

② 自2018年1月1日起，军人俱乐部项目全面关停。

③ 中央门立交桥于1986年建成并通车，通行能力比以前提高了二三倍，成为南京交通车辆四通八达的重要调节枢纽。

④ 南京商场于1986年开业。1992年6月经南京市政府批准，商场正式改制更名为“南京商厦股份有限公司”。此后南京商厦陆续进行了扩建改造，成为一座大型多功能城市综合体。

⑤ 1992年，金桥市场开业。1999年，玉桥市场正式开业。2012年，玉桥市场进行业态升级，规划了集现代购物、餐饮、休闲、娱乐四大业态于一体的综合性购物中心。

明成祖朱棣委派郑和出使西洋，龙江船厂担当建造大型宝船的任务，官办龙江船厂的规模因而得到扩充，厂区向南延伸到今日三汊河上保村、中保村、下保村一带，龙江船厂由于建造宝船也一度更名为龙江宝船厂。基于这些历史背景，2005 年，为纪念郑和下西洋 600 周年，龙江宝船厂遗址被打造成为文化遗址公园，一期工程建成并对外开放，后于 2010 年被评为国家 3A 级旅游景区。**阅江楼于 2001 年正式竣工并对外开放，结束了六百年阅江楼“有记无楼”的历史**。阅江楼景区内分布有孙中山阅江处、地藏寺、五军地道、古城墙等 30 多处历史遗迹，是一个以城市山林和大江风光为特色，以明代历史文化遗存为主要内涵，集人文景观与自然景观于一体的城市景区，形成了水包城、城包山、山拱楼的独特景观，内部商业业态以体育休闲、特色餐饮、文化研学、非遗文创等为主。1968 年 9 月，南京长江大桥[①]的铁路桥通车；同年 12 月，公路桥部分竣工通车；大桥公园位于鼓楼区南京长江大桥南北桥头堡下，于 1971—1972 年间建成——公园为大桥增色，大桥为公园添彩，大桥公园成为南京长江大桥景点的重要组成部分。**沿外秦淮河一带，逐步建成乌龙潭公园、国防园、石头城遗址公园三个 3A 级景区**。**乌龙潭公园**建设始于 1982 年，于 1989 年正式向社会开放，方圆 5 万平方米风景优美，潭岸亭台楼阁错落；公园内有锁龙桥、芙蕖斋、妙香阁、冷花厅、武侯祠等多处景点，以及有着 400 多年树龄的“清桂”和世界上最大的景观象棋、棋盘——“中国象棋桥”等特有景观。**南京国防园**的现代建设始于 1990 年，于 1992 年 7 月 30 日落成开园，是目前国内一流、具有国防教育与休闲、娱乐功能的公园，由国防教育馆、军兵种馆、英模馆、专题展览馆、重兵器场、模拟演习场和

① 南京长江大桥是长江上第一座由中国自行设计和建造的双层式铁路、公路两用桥梁，是中国经济建设的重要成就、中国桥梁建设的重要里程碑。长江大桥是南京的标志性建筑、江苏的文化符号、中国的辉煌，也是著名景点，被列为新金陵四十八景之一。

军体乐园[1]等组成。石头城遗址公园建成于 1990 年，自开放以来便一直免费对外开放：公园以古城墙为依托，将石头城的历史文化与自然山水进行有机结合；分布有古城墙、石头城遗址、清凉门、燕王河、鬼脸照镜、龟石群、石城霁雪、城墙拜佛等主要景点，且外秦淮河游船的主码头便设在园中。

近年来，鼓楼区文旅载体空间建设积极融入长江国家文化公园建设。2019 年 12 月，《长城、大运河、长征国家文化公园建设方案》出台，确立了国家文化公园[2]的基本概念，并明确了长城、大运河、长征这 3 个首批国家文化公园的线性空间载体。2022 年 1 月，国家文化公园建设正式启动，明确了五大国家文化公园的建设布局（即长城、大运河、长征、黄河、长江五大国家文化公园）。江苏省是全国唯一同时拥有大江、大河、大海、大湖的省份，其位于长江与大运河的十字交汇处（交汇点包括北岸扬州市和南岸镇江市两处），省内大运河贯通南北 757 千米，长江横穿东西 433 千米；其是长江国家文化公园[3]的重点建设区域，大运河文化带和大运河国家文化公园[4]的唯一

① 军体乐园集娱乐、休闲、健身于一体，内部设有各具特点的爬网、醉桥、步云桥、木晃桥、走钢丝、独木桥等大型项目。

② 国家文化公园即整合具有突出意义、重要影响、重大主题的文物和文化资源，实施公园化管理运营，实现保护传承利用、文化教育、公共服务、旅游观光、休闲娱乐、科学研究功能，形成具有特定开放空间的公共文化载体，集中打造中华文化重要标志。

③ 长江国家文化公园建设范围包括青海、西藏、云南、贵州、四川、重庆、湖南、湖北、江西、安徽、江苏、浙江、上海等13个省区市，总面积、经济总量与人口分布总量均超过全国的40%以上。

④ 大运河国家文化公园建设范围包括京杭大运河、浙东运河、隋唐大运河主河道及重要支流沿线的设区市，辐射北京、天津、河北、江苏、浙江、安徽、山东、河南8省市内的其他设区市。大运河国家文化公园建设区域以不足全国10%的土地面积，贡献了近一半的经济总量，承载人口超过全国的1/3。

重点建设区，省内 13 个设区市[①]均被纳入大运河文化带的建设工作体系[②]。江苏通过持续深化文化体制改革，统筹推进两大国家文化公园的一体化建设，目前已在全国形成了具有示范效应的“江苏样板”。南京长江岸线绵延 280 余千米，自西向东依次流经市内江宁、雨花、建邺、鼓楼、栖霞等城区，沿江风光锦绣，洲岛星罗棋布，孕育了山秀、洞幽、江深、矶奇等独特自然风貌，十朝古都·天下文枢、世界文学之都、国际和平城市等文化内涵更是为南京打造长江国家文化公园江苏段示范区域提供了充分支撑。长江岸线南京鼓楼段上游自汉中门大街，下游至五马渡广场，全长约 12.2 千米，沿线分布有丰富的历史节点。其中，3000 米长的下关滨江岸线被誉为极具历史人文底蕴的“黄金岸线”，最南侧起于中山码头，止于北侧南京长江大桥，每走 100 米便有一个“第一”：南京历史上第一座火车客运站——下关火车站（建于 1905 年）；中国第一条城市轨道交通——宁省铁路（建于 1907 年）；亚洲“第一冷库”——和记洋行（建于 1913 年），是当时南京乃至全国最大、最现代化的食品加工厂；南京第一个“CBD”——下关大马路，堪称民国最繁华中央商务区；亚洲第一条铁路轮渡——铁路轮渡栈桥（建于 1933 年），其与浦口铁路栈桥组成亚洲第一条铁路轮渡，同时也是中国最早的火车轮渡；中国人第一座自行设计和建造的铁路、公路两用桥——南京长江大桥（1968 年全面建成）等。鼓楼区通过将“生态 + 人文”禀赋有机融合，景观节点串联呈现，使得南京鼓楼段长江国家文化公园建设成效凸显：下关火车站遗址变身为下关火车主题园；龙江宝船厂遗址焕新升级，转变成为展示郑和宝船文化的国家 3A 级景区和文

---

① 省内13个设区市分别是南京市、无锡市、徐州市、常州市、苏州市、南通市、连云港市、淮安市、盐城市、扬州市、镇江市、泰州市、宿迁市。江苏既有水系将全省13个设区市紧密联结在一起，长江国家文化公园江苏段由此建成了“十三强”共同的主题。

② 王星星. 国家文化公园立法研究［D］. 中南大学博士论文，2022：65–67.

化遗址公园；静海寺现作为南京条约史料陈列馆[①]对外开放；长江大桥下的大桥公园与相邻的映虹桥成为观赏江、桥、月的热门观光点等。

3. 从文化旅游发展到支柱产业地位确立，人文经济聚势突围

凝练四大特色文化资源，区域品牌识别度逐步确立。鼓楼区拥有深厚的历史文化底蕴，文化资源丰富，为片区内文化旅游内容与形式的创新提供了宝贵素材。其文化类型主要有四种：一是明航海文化，指明朝时期以郑和下西洋为代表的航海活动所形成的文化遗产和历史记忆。郑和船队展现了明王朝在当时世界较为领先的航海技术和造船工艺，所绘制的《郑和航海图》为后世航海提供了重要参考。明朝时期的航海事迹既将中国文化传播到了更广阔的地区，又带回了异域的文化、宗教和商品，促进了中国与亚非各国的文化交流与融合。在鼓楼区，明航海文化留下了较多的文化遗迹。如位于鼓楼区漓江路 57 号的龙江宝船厂遗址公园，其是明代洪武初年建设的专为郑和下西洋建造各类船只的明代大型官办船厂遗址，曾是世界上规模最大的皇家造船厂，是研究郑和下西洋史实以及中国航海史、造船史的珍贵资料，是中国在明代拥有发达的造船业及航海业的实物见证。2003 年，鼓楼区政府投资 6 亿元人民币经过近两年的建设，将其打造成一座融旅游、纪念、展览、休闲为一体的大型遗址性公园，并于 2005 年 7 月 4 日正式开园，成人票价 18 元 / 人。再如位于南京城北狮子山西南麓的静海寺，其为明成祖朱棣为褒奖郑和下西洋功德下令敕建的皇家禅寺，是中国海上丝绸之路以及郑和下西洋的重要历史遗存，现已列为全国爱国主义教育示范基地。静海寺内的天妃宫碑是中国现存最大的郑和下西洋石刻，碑高 5.48 米、宽 1.5 米、厚 0.5 米，文化价值极高，是直接反映郑和下西洋事迹的明代碑刻之一，对于郑和研究具有极其重要的价值。二是民国时期文化，指中华民国时期（1912—1949 年）南京作为当时的国都所遗留下来的物质性与非物质性文化遗迹。民国时期的鼓楼区是民国

---

① 2023年5月18日，南京条约史料陈列馆提升改造后重新对外开放。

风貌建筑（近现代建筑）主要集聚区，片区内近现代建筑主要分布在中山路、中山北路、颐和路、北京西路等地段，包括颐和路历史文化街区、南京博物院、南京大学鼓楼校区、美龄宫、中央医院等。这些建筑和街区成为传承和展示南京鼓楼区民国文化的重要载体，并对城市风貌特色的塑造以及文旅产业的发展产生了深远影响。三是长江文化，指在鼓楼区段所形成的与长江相关的历史文化、自然景观、社会经济和民俗风情的总和。据相关资料记载，南京长江段共拥有文旅资源总数达831多处，蕴含文化类型[①]多样，具有很高的旅游开发价值。四是科教文化，指新中国成立后南京高等院校、科研院所集聚鼓楼所创造的科学技术、文化艺术、人文关怀等。鼓楼区不仅是南京市内甚至是江苏省内科技文化资源最密集的城区，区内的科教资源种类多样，人文学术的环境可见一斑：拥有20多所高校（如南京大学、东南大学丁家桥校区、南京师范大学随园校区、河海大学、南京医科大学、中国药科大学、南京艺术学院、南京邮电大学等）、120多家科研机构、97个国家和省部级重点实验室（其中13个是全国重点实验室）、25个部省级工程技术研究中心、5家省级以上大学科技园（其中2个是国家大学科技园）、57个博士后流动站、52个国家重点学科，同时还有46名两院院士和10万多名专业科技人员集聚于此；此外，鼓楼区内还有大量优质中小学和幼儿园教育资源，如力小、琅小、南京代代红幼儿园等，区内教育浓度极高——这些教育资源促使鼓楼区成为南京市科教文旅的重要目的地，吸引了诸多学生和家长参观学习。鼓楼区锚定“科创＋文创”发展路径，坚持将文化产业升级和文旅融合发展进行有机结合。一方面，鼓楼区联合江苏省广电有线信息网络股份有限公司与南京艺术学院一同构建AI影视内容创作孵化基地，加快AI技术在影视内容创作孵

---

① 文化类型涵盖长江古都文化、海丝文化、红色文化、文学文化、山水文化、秦淮文化、工业文化、儒释道文化这八大类型，其中鼓楼区主要体现在海丝文化、红色文化、文学文化、山水文化和工业文化。

化方面的创新应用，不断深化新质生产力赋能文旅产业内容生产、场景应用与市场拓展的参与程度，从而为文化和数字艺术产业发展给予更多支持[①]。另一方面，鼓楼区不断推动与南京艺术学院、南京工程学院、江苏第二师范学院等高校的融合发展，加快推进区内文旅产业载体的优化升级和业态的更新换代，共同打造“文化＋创意”“艺术＋科技”特色功能区，全力争创国家级文化产业示范园区，奋力开创数字艺术产业高质量发展全新局面。比如，基于对艺术与科技融合发展趋势的深刻洞察，鼓楼区与南京艺术学院联合打造了数智科创中心，共同建设了“元宇宙艺术创新研究院”“声学实验室”，成功培育孵化出慵懒光影等一批优质艺术科技类企业，扎实推进了环南艺艺术科技融合创新生态建设。此外，2023 年 12 月 14 日，鼓楼区举行了协同创新发展联盟成立仪式，不断释放“一校一品一特一园”品牌[②]效应，探索打造集校地、校企、校校为一体的创新联合体。

深化文旅载体持续性供给，城市旅游吸引力稳步提升。在旅游景区和街区方面，鼓楼区内分布有南京阅江楼景区 1 个国家 4A 级旅游景区，乌龙潭公园、南京国防园、石头城遗迹和龙江宝船厂遗址 4 个国家 3A 级景区，以及一条省级旅游休闲街区——南艺后街 · 鼓楼水岸艺术街区。**在文物保护单位方面**，鼓楼区拥有全国重点文物保护单位共 19 处（具体包括明代龙江船厂遗址、东晋象山王氏家族墓地、明代南京鼓楼、鼓楼区南京城墙、国民政府外交部旧址、国民政府最高法院旧址、国民政府行政院旧址、国民政府交通部旧址、临时政府参议院旧址、侵华日军南京大屠杀死难同胞丛葬地、金陵大学旧址、美国驻华使馆旧址、国民政府中央广播电台旧址、金陵女子大学旧址、拉贝

---

① 2024年5月13日，由南京艺术学院和鼓楼区人民政府主办的“艺科融合 数字赋能——鼓楼数字艺术产业高质量发展大会暨AI影视内容创作孵化基地揭牌仪式”活动在南京艺术学院数智科创中心成功举办。

② “一校一品一特一园”品牌指鼓楼区致力于与每一所高校（院所）合作一个品牌项目、打造一个特色平台、建设一个特色园区。

故居、英国驻华使馆旧址、日本驻南京大使馆旧址、八路军驻京办事处旧址和马林医院旧址），省级文物保护单位共 34 处（具体包括东汉时期石头城遗迹 1 处古建筑，明代天妃宫碑 1 处石窟寺及石刻，扬子江饭店旧址、曾水源墓、中国国货银行旧址等 32 处近现代重要史迹及代表性建筑），市级文物保护单位共 106 处[①]，区级文物保护单位共 34 处[②]，区级一般不可移动文物共 345 处。2023 年，鼓楼区 17 条历史地名入选南京市第二批地名文化遗产保护名录，分别为虎踞关、龙蟠里、沈举人巷、商埠街、中山大道（跨玄武区和秦淮区）、中央路（跨玄武区）、慈悲社、北阴阳营、四卫头、三步两桥、丁家桥、盐仓桥、狮子桥、回龙桥、三牌楼 15 条街巷和虹桥、宝塔桥 2 座古桥梁。此外，鼓楼区还拥有红色纪念馆、著名人物纪念馆、特色专题馆等文博场馆资源。其中，红色纪念馆包括渡江胜利纪念馆，著名人物纪念馆包括鲁迅纪念馆、颜真卿

---

① 106处市级文物保护单位包括明代崇正书院遗址和老虎山采石场遗址2处古遗址；南朝幕府山古墓葬群、东晋温峤墓2处古墓葬；南唐还阳泉、南宋三宿崖、明代扫叶楼、明清时期静海寺遗址、清代颜鲁公祠、清代惜阴书院旧址、五代时期清凉寺、明代大市桥8处古建筑；私立鼓楼幼稚园旧址、原国民政府司法部大门、原国民政府联勤总部大门、原国民政府资源委员会旧址、中山楼、下关火车站、原中华邮政总局旧址、基督教百年堂及宿舍旧址、南京招商局旧址、青岛路近现代建筑、颐和路38号近现代建筑、傅厚岗32号近现代建筑、南京长江大桥等94处近现代重要史迹及代表性建筑。

② 34处区级文物保护单位包括新石器时期北阴阳营古文化遗址和南唐时期还阳泉2处古遗址；清代诸葛武侯驻马庵1处古建筑；天主教堂旧址、下关电厂死难工人纪念碑、北京西路19号法国驻中华民国大使馆旧址、中英文化协会旧址、北京西路75号建筑、北京西路77号建筑、北京西路66号澳大利亚驻中华民国大使馆旧、北京西路72号建筑、北京西路74号建筑、三民主义青年团中央团部旧址大门、李起化旧居、颐和路35号墨西哥驻中华民国大使馆旧址、任仲琅旧居、宁夏路4号法国驻中华民国大使馆旧址、邓寿荃旧居、杨华臣旧居、袁守谦旧居、杨公达旧居、吴光杰旧居、江苏路27号熊斌公馆旧址、张笃伦旧居、武夷路11号孙科旧居、李四光工作室、陈裕光公寓旧址、清凉山白崇禧旧居、北河口水厂、波兰驻中华民国大使馆旧址、俞大维旧居、中央地质调查研究所旧址、中山北路576号近现代建筑、江边路21号建筑等31处近现代重要史迹及代表性建筑。

纪念馆、傅抱石纪念馆、李剑晨纪念馆、龚贤纪念馆、魏紫熙纪念馆等，特色专题馆包括南洋劝业会博物馆、南京下关历史陈列馆、南京条约史料陈列馆、江苏省五环彩票博物馆等。

强化商贸文旅支柱性地位，文旅消费潜力持续释放。2022 年，鼓楼区成功入选江苏省文化和旅游厅公布的 15 个省级文化和旅游消费示范单位，并成为南京市唯一入选“中国夜经济影响力区县 20 强”[①] 的板块。2023 年鼓楼区提出致力打造以科创产业为先导，现代金融、航运物流产业为特色，商贸文旅、软件信息、专业服务产业为支撑的“1+2+3”现代化产业体系。产业构成上，占 GDP 比重超 90% 的服务业仍发挥“挑大梁”作用。2023 年，鼓楼区规上服务业营收超 1600 亿元，总量保持南京市第一。其中，商务服务业和软件信息业分别占比 55.1% 和 17.4%，商务服务在服务业中占据一半以上。据 2023《鼓楼区国民经济和社会发展统计公报》统计，2023 年地区生产总值 2038.79 亿元，首次突破 2000 亿元，按可比价格计算，比上年增长 4.6%。至此，鼓楼区成为南京第三个、主城首个“2000 亿板块”。商贸文旅作为鼓楼区重要支撑产业，对这一经济成绩的贡献显著。2024 年五一期间，根据全域旅游大数据平台显示，全区 13 家重点综合体及 6 家街区的访客人数 180 余万人，线下商文旅消费约 4.3 亿元。全区星级酒店 14 家累计接待客人 5.1 万人，营收 3186.7 万元。在鼓楼区内具有代表性的景点中，南京颐和路历史文化街区接待总客流量约达 2.6 万人次，较去年同期提升 12%；鼓楼吾悦广场总客流量约达 21 万人次，累计销售额同比提升 12%；喜年花生唐街区，总客流量约达 4.8 万人次，销售额较去年同期提升 30%；金银街国际青年艺术街区，总客流量约达 4 万人次，销售额较去年同期提升 5%。总体看，鼓楼区文旅发展保持稳定上升趋势，文旅消费具有一定潜力。

---

① “中国夜经济影响力区县20强”由《财经国家周刊》与瞭望智库联合发布。

二、以点带面，唯一性地标载体塑造金陵历史新生活力场

鼓楼区内存在多处唯一性地标载体，其中，鼓楼公园内的鼓楼建筑、大桥公园内的桥头堡以及阅江楼景区内的阅江楼建筑最具典型性。通过对这些景区内的唯一性构筑物的文化底蕴进行挖掘与创新再利用，鼓楼区打造出了一系列极具特色的文旅消费场景与创意性体验活动，为本地市民和外来游客带来了丰富多彩的文娱休闲体验空间与活动形式。

1. 鼓楼公园：历史文化遗迹焕新表达，塑造公共文化文旅新场景

鼓楼公园是一座历史悠久的文物型公园，曾是击鼓报时的地方，也是迎接王侯、颁布诏书的庆典场所，沉淀了深厚的历史文化内涵。鼓楼公园位于北京东路、北京西路、中山路、中山北路、中央路五条主干道的交汇点偏西处，在海拔 40 米的钟山上，占地面积约 3.7 万平方米，水面面积 80 平方米，绿地率达 62.1%，城楼、红墙、飞檐、格栅窗成为南京城的时代记忆，优越的地理位置也使其成为城市中一处独特的景观。在 2019 年，被国务院列为全国重点文物保护单位。

从旧报时中心到市民公园再到相亲场所，鼓楼公园的功能服务具有公共性特征。鼓楼公园作为旧时南京城报时中心，见证历史变迁与文化传承。南京鼓楼建于明朝洪武十五年（1382 年），为在全城统一时间，明太祖朱元璋在南京城中央设立了鼓楼这一报时机构。鼓楼共分为上下两层，底层是由城砖筑成的城台，城台东西两侧共 4 个侧室，由百余官兵镇守；上层为砖木结构建筑，重檐歇山屋顶尽显皇家气派。作为南京城报时中心，鼓楼规律的钟声或鼓声，不仅仅是时间的标识，更是一种秩序的象征。《金陵十记》中曾记载："以鼓报昼夜时，明之规制也。"鼓楼依据更次击鼓，旨在鞭策文武官员勤勉于国事，同时也提醒民众积极投身于日常劳作之中。这一时间管理制度不仅为南京城的居民生活作息提供了统一的规范，而且通过官方的广泛传播，其影响力扩展至全国范围，对当时社会秩序的稳定以及经济的繁荣发展产生了积极的推动作用。同时，鼓楼还承载着诸多重大的公共庆典活动功

能。《南京都察院志》记载："（鼓楼）为王妃迎送、诏书表章等用。"《明实录》记载："一路祭皇亲并文武命妇登一在于鼓楼。"[①]可见明代在迎见帝王、欢送帝王妃嫔、拜接皇帝诏令时，都会在鼓楼上进行击鼓奏乐以表隆重庄严，在举行大型庆典活动时，王公大臣等重要人物会登临鼓楼[②]。清初战争频繁，鼓楼被毁，直至康熙南巡至此，地方官员在鼓楼基座上立碑纪念，更名为"碑楼"。清代时期，鼓楼不再具有政治、祭祀等重要功能，但延续了明代的报时作用，同时又增加了供达官贵人登高赏景这一新功能。鼓楼公园作为近当代市民休闲公园，丰富社会功能并承载南京人的集体记忆。民国十二年（1923年），南京鼓楼被开辟成为城市公园，成为市民休闲娱乐的赏景好去处，作为当时南京城最热闹的地方，曾被列为"第一公园之名次"[③]。民国三十五年（1946年），国民政府还都南京后，鼓楼公园开展了一系列修缮工作，提升其作为城市公园的公共服务功能，通过组建鼓楼公园管理处加强对鼓楼广场及周边地区的绿化养护，增设座椅、路灯、指示牌等公共设施等，于1957年被列为省级文物保护单位。经过"文革"浩劫以及一系列修缮后，鼓楼公园于1979年国庆之际恢复对外开放，重新以它古朴典雅的姿态屹立于南京闹市之中。公园内建有多处花台、音乐亭、露天桌椅板凳等设施，这些公共服务设施为生活在周边的市民提供了休闲游憩的场所。鼓楼公园作为曾经的相亲活动公共场所，成为休闲社交的浪漫地标。鼓楼公园凭借优越的地理位置和独特的城市风情，吸引了大量单身人士及家长汇聚于此。南京鼓楼相亲会成立于2010年，在互联网尚不发达的年代，周末有相亲需求的人便会集中在一些公园内展开相亲活动。鼓楼公园二楼的茶社曾作为相亲角，为市民提供了

---

① 张惟贤.《明神宗实录》卷五百二十［M］.台北："中央研究院"历史语言研究所校印本，1962.

② 郭梦尧.南京鼓楼、大钟亭的历史沿革与保护利用［D］.南京师范大学硕士论文，2020.

③ 市政消息.切实整理鼓楼公园［N］.首都市政周刊，1928.

一个免费的相亲活动场所，成为当时经济实惠的婚恋交友平台之一。鼓楼公园相亲角每逢周六便举办“万人相亲会”[①]，并设有“海外、海归相亲专场”[②]等不同主题的专场活动，彼时，与会者需填写一份“相亲信息表”，由主办方统一将其悬挂在展示区，供大家相互了解；需要联系者，工作人员会当场帮助牵线搭桥，同时还有专业婚恋顾问为参会者牵线搭桥和提供咨询服务。在2012年的“扬子交友·万人相亲会”活动中，有3000余人在鼓楼公园参与了挂牌相亲活动，并相继被央视新闻、新浪等官网媒体报道。2017年后，由于受到周边商家投诉和线上相亲活动的影响，线下活动有所减少。

与紫峰大厦、OCC景观茶餐厅对话，鼓楼公园与周边空间的联动具有时代性特征。鼓楼公园的厚重历史与紫峰大厦的现代活力，共同构成古今交融的城市景观。一方面，两者在建筑风貌上形成鲜明对比。鼓楼作为明代遗存，红墙黑瓦，檐角高翘，雕梁画栋，其一线贯穿的对称风格，十分庄重大气，展现了中国古代建筑的宏伟与精致。园内的龙凤亭、乐之亭等古亭，更是细腻雕刻，体现了中国古代工匠的精湛技艺和审美情趣。而紫峰大厦则代表了现代建筑的巅峰之作，其独特的蟠龙式外观和三角形立体单元板块的幕墙设计，展现了现代建筑的流线美和科技感。另一方面，两者在城市天际线上形成对望。鼓楼作为历史建筑，在南京城市天际线中的位置极为重要，不仅是城市的地理标志，也是历史记忆的象征。紫峰大厦作为南京地标性建筑之一，以450米的高度成为南京天际线的重要组成部分，大厦的高度在视觉上形成了强烈的现代感。一个是底蕴深厚的历史，承载着无数先辈的智慧与记忆，一个是钢筋铁骨的现代繁华，彰显着时代的进步与创新，两者相互辉映，共同勾勒出城市独特的文化景观。鼓楼公园的公共娱乐与锦上·OCC的城市美

---

① “万人相亲会”2003年10月9日诞生于上海世纪公园，其最初名称为“上海白领相亲大会”，由上海滩网组织娃哈哈集团冠名主办。2005年元旦起，正式更名为“万人相亲会”，由上海汽车冠名主办。

② 每场人数参加规模有近百人。

学，共同构成文商旅融合的城市图景。2001 年，OCC 景观茶餐厅[①] 正式开业，其独特的花园别墅装修风格、精致典雅的空间格局和特色健康美味的餐饮（肋排大拼盘、红酒焖牛尾、楚香老藕炖蹄花、全家福、素什锦、糕点等）受到了周边市民游客们的喜爱。鼓楼区为了进一步推动文商旅融合发展，系统梳理了存量闲置载体，锦上 · OCC 历经两年的精心打造于 2024 年 10 月重新亮相。在空间上，锦上 · OCC 把鼓楼公园的人文气质、自然环境、体验氛围引入到空间内，从开放性的城市公共空间，到内部可以游走的墙院，完成了对传统空间的创新转译。在功能上，锦上 · OCC 通过融入文化沙龙、小型艺术展、咖啡小馆等，打造集餐饮、艺术、音乐、咖啡、家居等为一体的城市生活美学集成空间，成为鼓楼的新文化名片。餐厅以创新融合的淮扬菜系为体验内核，打造“可游、可品、可飨”的诗意饮食空间，同时，通过餐厅与艺术的深度融合，展示富含鼓楼文化特色的折叠灯、书签等多元特色文创产品，并举办了“探索城市生活的新美学”城市更新主题分享会等活动，不断拓展复合型城市美学空间的创意叙事。

融合艺术、科技与人文，鼓楼公园的活动打造具有创新性特征。围绕国潮国风，举办传统文化主题活动。在 2024 年 5 月举办的“我在鼓楼”生活节活动中，南京鼓楼与北京钟鼓楼首次形成南北联动，活动以“钟鼓来福 京宁和鸣”为主题，分为国风市集、音乐表演、艺术沙龙、汉服巡游和互动游艺等五大板块，涵盖了市集、音乐、诗歌、巡游、非遗、文创、艺术手作、沙龙和游艺等多项沉浸式文化体验活动，活动获得人民网、新华社、央广网等 9 家媒体刊播（发）高质量报道 11 篇，活动相关各类话题、报道、产品阅读播放量累计超 100 万次，通过创新的线上线下相结合的双城联动模式，开启了

---

① OCC咖啡馆（即北京西路1–1号）位于南京中心城最核心的1千米半径区域内，毗邻南京鼓楼医院（马林医院旧址，中国最早建立的西医医院之一）、南京大学本部、南京地标紫峰大厦、江苏广电&荔枝广场、华人时刊杂志社等文学文化气息浓厚的场所，与鼓楼公园空间紧密衔接。

文物古迹与古建筑的全新场景与互动体验。2024 年 10 月举办的“鼓楼公园游园会”活动，涵盖了红墙音乐会、金陵非遗工坊、古风巡游、游艺乐园等环节，活动得到了江南时报、腾讯新闻、南京广电集团等多家媒体的报道，展示了鼓楼区作为南京文化高地的独特魅力和活力。结合数字技术，打造“元宇宙”沉浸式体验场景。2022 年 10 月 6 日，“元动鼓楼”在 2022 南京鼓楼国际时尚文化旅游季上亮相。它通过“元宇宙”概念和区块链技术开发，基于南京鼓楼区丰富的历史人文等传统文化及真实地理位置进行构建，让用户可以随时随地沉浸式体验景区丰富多彩的历史文化场景。元动鼓楼第一期的开发场景便是鼓楼公园。该项目根据史实考据，用 3D 建模技术，从雕梁画栋到精致陈设一一复刻。游客可在复原的鼓楼中敲鼓祈福与答题赏景；可登上鼓楼城墙，近距离观看 636 年前二十四节气鼓；可在金陵烤鸭店和杏花酒肆向 NPC 探听下明朝的冷知识……游客可选服饰考据严谨，男装大帽子珠链配飞鱼服，女装对襟半袖马面裙。“元动鼓楼”是南京市鼓楼区推动全域旅游高质量发展，积极探索文旅资源数字化的样板之一。创新公园业态，探索未来喜事新场景。围绕“爱在鼓楼”主题，以婚姻、爱情为主线，将鼓楼文化、公园景观与婚姻登记、相亲社交有机融合，实现登记环境蝶变，服务端口前移，社交场景重塑，打造婚姻登记与相亲社交复合的喜事公园，塑造“良辰吉时”婚姻登记厅、“鼓乐齐鸣”婚拍打卡点、“情定鼓楼”幸福相亲角三大特色空间。以鼓楼二楼室内空间为载体，设立结婚登记、办证、颁证功能，为新人举办“此时纪念”婚书颁发仪式和拍摄“以城相待”户外定格照，开发“鼓往今来”手绣婚书和“一辈子”咖啡，打造鼓楼特色婚姻登记处。依托鼓楼天台，西面以明制汉婚为主题元素，结合传统节气等主题，打造“鼓色鼓香”中式婚拍场景，东面结合灯光和小景布置，打造“楼上花开”西式婚拍场景，古今结合，中西碰撞，塑造鼓楼昼夜婚拍网红地。围绕鼓楼东面露天场地，结合园中景观空间和游览路线，打造“一纸相连”“曲径相约”等特色空间，适老化改造座椅等配套设施，定期举办“八分钟约会”“红绳祈愿”“汉服游园会”等相亲社交活动。

2. 大桥公园：精神传承场所重塑，构建江岸空间文旅新地标

大桥公园位于南京长江大桥南北桥头堡下，西临长江，南临金川河（南京第二大河）入江口，由南堡公园（18.5 万平方米）、北堡公园（4.2 万平方米）和桥区绿地（17.3 万平方米）三部分组成。南京大桥公园一年花开不断，内部种植有多样的观赏型花卉，通过合理的花卉布局和搭配，使不同季节的花卉相互衔接，形成四季有花、处处有景的景观效果，逐渐成为市民游客休闲娱乐、观赏花卉的理想去处。

因利乘便，逐期建设接力成就城市地标。南京长江大桥是南京城市的标志性名片，传承着中华民族自强不息的伟大精神，大桥公园的建设发展与长江大桥息息相关。首先，依托长江大桥及承重试验墩，呈现完整工业文化遗产。1968 年 12 月 29 日，南京长江大桥全面建成并通车，它是第一座完全由中国人设计、建造并基本采用国产建设材料的特大型桥梁（其为双层式，上层公路桥 4589 米，下层铁路桥 6772 米）[①]。长江大桥作为南京的标志性建筑，不仅是具有交通意义的构筑物，也是中国人民“站起来”的精神象征之一：2014 年 7 月入选为南京市登记不可移动文物；2018 年，又入选第一批中国工业遗产保护名录[②]。大桥公园内还有两个重要的建筑：一个是大桥试验墩[③]，于 2006 年与南京长江大桥一同被列为南京现代工业文化遗产；一个是

---

① 南京长江大桥在建成当年便以“最长的公铁两用桥”被记载入《吉尼斯世界纪录大全》，素有“争气桥”之称。资料参阅：吴春霞. 55岁南京长江大桥正“青春”［N］. 南京日报，2023-12-29（A13）.

② 淳庆，杨红波，金辉，等. 南京长江大桥公路桥维修与文物保护技术研究［J］. 建筑遗产，2019（03）：24-35.

③ 根据设计，南京长江大桥正桥有9个桥墩，其跨度超过武汉长江大桥，这就意味着每个桥墩的承载力要远远大于武汉长江大桥。原有的施工设备、施工经验和施工方法远不能满足新的要求。大桥局决定在正桥设计线路上打一个由4根不同类型管柱组成的承重试验墩，取得第一手资料，从技术上科学地指导大桥施工。

集近现代建筑与工业文化遗产为一体的和记洋行外籍管理人员宿舍楼[①]（红瓦、乳白色墙面的三层近现代风格楼房）——这些丰富的文化载体资源为后期大桥公园的文旅开发奠定了深厚的物质基础。**其次，借助大桥通车契机建设公园，打造地方集体记忆场所**。随着长江大桥的建成通车，大桥两岸也需进行现代化的地块布局，大桥公园应运而生。从空中俯瞰大桥公园，长江大桥自南向北穿过公园中央上方，铁路和公路引桥从园中分叉穿过。作为大桥公园主体部分的南堡公园，于 1971 年 3 月 24 日竣工；北堡公园则于次年开始筹建。公园四至与主要道路两侧种有雪松、蜀桧、龙柏、紫薇、悬铃木、广玉兰、乔灌木、绿篱、盆景盆花等多样化植物，主要景点有大型花坛、大型喷水池[②]、盆景园、江边风光带和大桥平台与展示馆[③]等，是体现南京迈向现代化发展历程的重要地标节点。**最后，延伸拓展游览纪念服务功能，增设现代配套休闲设施**。南京长江大桥全面建成通车 50 周年纪念日之际，大桥公园以崭新的面貌呈现在世人面前，内部进行了提档升级。通过保留南桥头堡内原有物品[④]、增加大量展品等，大桥公园打造了南京长江大桥纪念馆[⑤]，是南京市首座以展示大桥历史背景及文物资料而专门修建的纪念馆——馆内展

---

① 1912年，英国韦斯特兄弟在下关宝塔桥东街168号投资兴建了英商南京和记洋行。它是当时南京乃至全国最大的现代化食品加工厂。在兴建厂房、办公楼的同时，“和记”又在宝塔桥东街1号兴建了这幢宿舍楼。大桥建成通车后，“和记”宿舍楼移交给新成立的大桥管理处（直属上海铁路局）。1980年，大桥管理处划归南京铁路分局管辖，该楼又成为南京铁路招待所。

② 1971年建成，两喷水池占地面积2800平方米。

③ 南京长江大桥的桥头建筑选用了南京工学院（现东南大学）建筑系钟训正等设计的设计方案，桥的南北各有一对复合式桥头堡，大桥头堡一对、小桥头堡一对。其中，南桥头堡内有电梯通往桥下的公园、铁路桥（不对外开放）、公路桥和堡顶的平台（即大桥平台与展示馆）。

④ 据了解，内所陈列展示的众多珍贵史料与文物，主要来源是江苏省内各个政府部门、企事业单位以及市民的慷慨捐赠。

⑤ 南京长江大桥纪念馆共分“历史意义”“伟大精神”“记忆对话”“科艺价值”“再励辉煌”等五个部分。

有八九十年代自行车、印有南京长江大桥图案的玻璃镜、复原后的一家桥工之家[①]、7首不同年代歌唱南京长江大桥的歌曲、扬眼视频“大桥50年·微人物志”[②]等，部分展品和展览内容已在国内外重大艺术活动和场所（比如上海城市空间艺术季、纽约新当代美术馆和2018伦敦设计双年展等）亮相，吸引众多游客前来探寻那段波澜壮阔的历史。

因地制宜，新旧风貌交融镌刻江岸魅力。在南京众多旅游景点中，大桥公园平淡无华，但其地理位置独特，周边分布有长江、长江大桥、映红桥等特色景点。新旧风貌在此相互交融，进一步增强了区域的江岸魅力，公园自建成后便逐渐成为市民与游客们休闲娱乐的主要场所。与长江对望，观光平台呈现绝佳江景。南京大桥公园临江而建，为游客提供了绝佳的观江视角。公园临江一面的江边风光带是欣赏桥景、江景、园景的最佳地点——设有江边步道，人们沿着步道漫步可欣赏日出日落、江鸥低飞、船只穿梭等壮丽景色，江面波光粼粼，美不胜收；设有桥头堡电梯，可到达长江大桥的公路桥面，再往上可到达南桥头堡观光平台，在此可观赏到石头城、钟山和长江等自然风光。与长江大桥对望，南北桥头堡彰显历史沉淀。大桥公园仿佛是长江大桥的守护者，公园内分布的长江大桥南北桥头堡采用复式桥头堡[③]的建筑方式，大小堡两两成对呼应，通过将大桥的正桥和引桥进行明显分离增强了长江大桥的宏伟气势。桥头堡的设计充分体现南京长江大桥自力更生、艰苦奋斗精神——大堡以三面红旗[④]为代表，红旗飘带采用预制混凝土构件，旗尖与飘带外喷有金粉，旗面稍微前突并朝向长江；小堡的特色则在于素材，设有灰色

① 内部大大小小的日常物件上都有南京长江大桥的图案或标识，小到杯子、温度计，大到风扇、自行车，点滴片段或多或少出现在中国人对家的记忆之中。

② “大桥50年·微人物志”是为大桥50岁生辰特别制作的融媒体产品。

③ 桥头堡建设时长仅用了28天。

④ 1960年，铁道部在全国范围内开展了桥头堡设计大赛，从近千份作品中精挑细选，经历多次方案调整修改，最终定下了“三面红旗”方案。

“工农兵学商”五人混凝土雕像，向世人诉说着中华民族艰苦奋斗的精神。2016年，南京长江大桥桥头堡入选首批“中国20世纪建筑遗产”。与映虹桥对望，玻璃栈道营造时尚氛围。2002年，大桥公园段滨江沿线建设了映虹桥：这条栈道从岸边一直延伸到水中，由主线桥和圆形玻璃景观桥组成，采用了玻璃景观护栏和透明玻璃桥面。夜间，紧邻大桥公园的映虹桥上亮起五颜六色的LED灯，照亮下方江面的同时又现代感十足。映虹桥以其优美的光滑曲线造型（半弧形玻璃栈道）和绚丽的色彩成为大桥公园周边的一道亮丽风景线，也成为南京长江大桥最佳的观景台，是南京滨江岸线的“网红打卡点”和市民健身观景的好去处。

因势利导，多元场所互补实现功能集合。其一，打造爱国主义教育基地。南京长江大桥是南京的地标建筑，在中国桥梁史和世界桥梁史上均具有划时代意义，有“争气桥”之称，承载了中国几代人的真挚情感与共同美好记忆。如今，南京长江大桥顺利入选鼓楼区公布的红色打卡线路，吸引众多爱国主义活动在此举办。“2024中国电影表演艺术周”①在南京长江大桥旁顺利举行，田华②、陈宝国③等70余位电影表演艺术家集聚于此，前来了解南京长江大桥的建设历程与背后故事，感悟伟大成就，汲取奋进力量。此外，南京长江大桥下还举办了面向青年群体的“童眼看大桥”“探寻大桥历史，赓续精神荣光”“横渡长江，学习大桥精神”“横渡长江，学习大桥精神”等研学教育系列活动，为人们了解中国制造的大国工匠精神和大桥建设者们的艰苦奋斗故事提供了重要空间平台。其二，营建怀旧精神堡垒。南京长江大桥是

---

① “2024中国电影表演艺术周”由中国电影表演艺术学会、中共南京市委宣传部联合主办，南京广电集团承办。

② 田华，原名刘天花，1928年8月3日出生于河北省保定市唐县，中共党员，著名电影表演艺术家。

③ 陈宝国，1956年3月9日出生于北京，毕业于中央戏剧学院，中国内地男演员、国家一级演员。

时代印记的鲜明体现，其从建设之初直至后续的改造与纪念活动，都凝聚着社会各界的热切目光，持续引发广泛的关注与共鸣。2016 年，南京大学鲁安东教授[①]联合南京大学、南京市委宣传部等单位共同发起“南京长江大桥记忆计划”，开展一系列记忆征集、研究、展示和设计活动，许多大桥建设的亲历者、收藏家和热心群众提供了大量珍贵史料和实物。“南京长江大桥记忆计划”展览于 2018 年在南堡公园内重现，免费向市民开放，促进了南京长江大桥的记忆活化，该展获得了第二届伦敦设计双年展首次颁发的特别荣誉奖。南京长江大桥市民开放日[②]前夕，为铭记大桥伴随南京市民走过的半个世纪，1000 多位市民[③]用身体在桥面拼出了“1968—2018”的字样，无人机实时拍摄，市中心新街口大屏实况直播，共有 4.9 万人在线观看。开放以来，大桥不断吸引众多市民和游客前往参观。其三，建设城市游憩绿洲。随着内部休闲服务设施的日渐完善，南京大桥公园逐渐成为南京市民的休闲娱乐场所，人们在不同季节分时段前来进行丰富多样的活动：春季，大桥公园内一片生机，绿意盎然的草地成为市民休闲的理想之地，羽毛球、武术、交谊舞、歌咏等不同爱好的人群们在公园内开展活动；夏季，长江、金川河以及公园绿地等共同构成了天然的巨型空调，许多市民带着草席、小板凳等工具来到公园内享受江边的清凉与惬意；秋季，大桥公园呈现出丰富多彩的自然景观，人们纷纷到此观赏秋色和拍照打卡，留下属于这个季节的美好记忆；冬季，大桥公园披上一层银装素裹，宽阔的江面覆着一层晶莹薄冰，吸引周边居民前来进行晨跑、跳绳、踢毽子、漫步、健身等冬季运动。

---

① 鲁安东教授，现任南京大学建筑与城市规划学院教授，南京大学—剑桥大学建筑与城市合作研究中心主任。2015年，南京铁道发展集团委托南京大学鲁安东教授团队完成南京长江大桥南堡公园改造设计。2016年发起了“南京长江大桥记忆计划”。

② 2018年12月26日—28日，经过27个月全封闭维修改造的南京长江大桥公路桥向公众开放三日。

③ 南京交通广播组织1000多位市民为大桥开放进行义务保洁工作。

3. 阅江楼景区：一楼引领景区建设，打造江城交汇文旅新坐标

阅江楼位于鼓楼区下关狮子山巅，高达 50 多米，是中国十大文化名楼、江南四大名楼[①]之一，有“江南第一楼”之称。南京市阅江楼景区[②]总面积 31 万平方米，以城市山林和大江风光为特色，以明文化为主题，以明代历史文化遗存为主要内涵，是集自然景观、生态休闲、人文鉴赏功能于一体的城市型景区。阅江楼景区内分布有丰富的唯一性资源：中国最大的一对雄狮，全国最大的汉白玉碑刻——汉白玉巨碑《阅江楼记》，全国最大的青铜浮雕——青铜浮雕，四大名楼牌坊之最——“江南第一楼”牌坊，全国最大的仿西周司母戊鼎——阅江楼鼎，清代金陵四十八景之一——“卢龙胜境”等。2003 年，阅江楼景区被评为国家 4A 级旅游景区。

从历史上看，阅江楼经历了有记无楼、有记有楼和景区建设三个阶段。第一阶段，阅江楼一直是“有记无楼”的状态，被世人戏称为“世界上四大烂尾工程”[③]。阅江楼始建于明朝洪武七年（1374 年），明太祖朱元璋准备在狮子山顶构筑楼台以便观览，赐名“阅江楼”，命众文臣撰《阅江楼记》。众多诗篇中，以大学士宋濂所撰最佳，其作品作为散文名篇被选入《古文观止》[④]。遗憾的是，因国力和连年战争等原因，阅江楼迟迟未能完工，仅留下了地基。而与之形成鲜明对比的是，文人墨客却竞相留下了诸多与阅江楼相关的诗篇，其中以明代文学家王守仁所作的《登阅江楼》、明末清初诗人成鹫的《阅江楼怀古》等尤为出名。**第二阶段，阅江楼结束了六百年来只有记载没有实际建筑的历史，成为南京长江岸上的重要地标。**随着改革开放的深

---

① 江南四大名楼分别是南京阅江楼、南昌滕王阁、武汉黄鹤楼和湖南岳阳楼。

② 景区内拥有孙中山阅江处、古城墙、阅江楼、静海寺等30余处历史遗迹。

③ “世界上四大烂尾工程”除明朝阅江楼之外，另外三个分别是：英国伦敦泰晤士河岸的威斯敏斯特大教堂、葡萄牙首都里斯本的阿茹达宫、阿联酋迪拜的“世界群岛”。

④ 张思齐. 宋濂的散文艺术与绵延意识［J］. 中国矿业大学学报（社会科学版），2011，13（04）：119–125.

入和经济的迅速发展，越来越多的名胜景观被开发出来并向公众开放。在此背景下，1993 年南京下关区政协提出续建阅江楼的提议。1997 年，南京市人民政府正式批准建造阅江楼。1998 年 12 月 20 日，阅江楼主体[①]工程建设正式开工，并于 2001 年 9 月 18 日竣工，同年 9 月 20 日正式对外开放。自阅江楼建成并开放以来，其内部举办了一系列丰富多彩的活动：设置常态展览，以图文并茂的方式向游客展示历史和文化；节庆假日期间，举办古装戏曲、民乐演奏等文艺表演和相关活动；结合科普交流，开展历史、文化、建筑等方面的系列讲座或研讨会；侧重教育宣传，组织“遇见鼓楼”文化行走系列活动等。第三阶段，联动静海寺—天妃宫—城墙公园，阅江楼景区建设逐渐步入正轨。2003 年，阅江楼景区被评为国家 4A 级旅游景区——其落成和运营，犹如一颗投入平静湖面的石子，在狮子山周边地区激起了层层涟漪，引发了一系列连锁反应，带动了周边区域的全面规划调整以及老城的改造升级。2004 年，位于狮子山西侧的静海寺面积再次扩建，改造后达 12000 平方米。同年底，为纪念郑和下西洋 600 周年，在静海寺旁重建天妃宫，规划占地面积 17000 平方米，建筑面积约 5000 平方米。同时，狮子山南侧的城墙沿线，逐步建设完善有绣球公园、挹江门、小桃园等城市公园。伴随着时间的推移和城市建设的推进，上述景点逐渐整合并形成了一条别具特色的绿化观光旅游带，旅游带东西方向的宽度达 500 米，南北方向的长度则长达 2000 米[②]。

从现时上看，阅江楼正通过活动交流逐步提升文旅品牌的竞争力和影响力。第一，关注自身打造研学主题品牌。2019 年，景区以自身文化 IP 为基础，将游与学相结合创建集研学教育、休闲娱乐、文创周边、配套服务于一体的阅江书苑；自主研发了以明代文化、长江文化、海丝文化、红色文化为核心

---

① 阅江楼由著名建筑专家、东南大学教授杜顺宝担纲设计。建设过程历时3年，投资7580万元，建筑面积5000平方米。

② 邢虹，朱彦. 从《阅江楼记》到阅江楼，隔着六百多年岁月［N］. 南京日报，2022-06-10（B01）.

的研学课程[①]体系，并结合不同课程特点推出配套拼搭体验、研学盒子和文创周边等活动与产品。同时，景区连续多年携“阅江书苑”主题文化研学课程参加由南京市文化和旅游局主办的“研学南京 成长旅行”研学旅游产品推介交流会活动，在南京、苏州、芜湖、济南、武汉等多地均开展过研学旅游交流合作。2021 年，阅江楼景区被南京市教育局评为第三批中小学研学实验教育基地，阅江书苑研学课程入选“南京市中小学劳动教育和综合实践活动优秀课程三等奖”；2023 年，“郑和下西洋海丝主题研学体验课”在南京市数字版权交易平台申请区块链作品登记成功并获得相应版权证书。仅 2023 年，景区内共举办百余场研学公益课程以及专题性研学活动，体验课程人次达 5 万人次。第二，片区联动开展多彩园事活动。阅江楼景区内种植有绣球花，其集中生长在主楼前的台阶下。每年的 4—6 月份是阅江楼景区绣球花盛放的季节，浓粉、淡紫等多彩的不同品种（木绣球、彩绣球等）的花球从绿叶中探出，高低错落、艳丽十足，绣球花海成就了初夏最浪漫的美景。阅江楼景区依托这一特有资源，至今已连续两年[②]举办“绣球花节”系列活动，旨在将园艺与文旅资源相融合，培育旅游新质生产力。绣球花节一般为期 45 天，期间会在阅江楼景区内开展文化旅游市集[③]、花海体验、亲子研学、集章打卡、汉服体验、植物科普教育（了解绣球花的品类、花色、花期、雅趣、传说故事等）等主题活动。同时，阅江楼景区还会与其他景区进行合作，以此营造活动氛围，较大提升了公园景区的吸引力：如 2024 年 5 月，与中山植物园合作“赏花之旅”联票，打造“狮子滚绣球”阅江楼绣球花节。第三，名楼互

---

① 课程包括郑和“下西洋·揭幕航海时代”“新时代小鲁班·我当木艺传承人”“基建狂魔·长江上的桥梁”“走进江南第一楼·感受阅江楼楼文化”四部分。

② 两年指2023年和2024年。

③ 在2023年第一届绣球花节期间，在市集上，南京牛首山文化旅游区、南京中国科举博物馆、南京红山动物园等30多家景区景点相聚阅江楼，亮相自身特色旅游产品和文创产品。

动合作系列营销行动。中国拥有黄鹤楼、岳阳楼、滕王阁、鹳雀楼、蓬莱阁、大观楼、阅江楼、天心阁、钟鼓楼和天一阁等诸多历史文化名楼。早期，这些名楼多各自独立，散落在华夏大地的不同角落，各有其独特的历史背景和文化意义。随着当代文旅产业的不断创新发展，这些名楼逐渐从孤立的景点变成了相互联动发展的旅游资源，共同推动着中国地方文化的传播与发展。2023 年 10 月，南京阅江楼联动武汉黄鹤楼、湖南岳阳楼、山西鹳雀楼等 20 座历史文化名楼共同开展“行遍中国·探访名楼”活动，以知识问答、打卡盖章、互动体验等多种形式，鼓励游客在了解中国历史的基础上记录自己的足迹，用时下流行的旅游互动方式留住探访名楼的记忆。2024 年，阅江楼与杭州城隍庙进行联动，合作开展门票联名优惠的营销行动，在活动期间，游客可凭一方已核销的购票凭证享受另一方门票 8 折优惠。

向未来去看，阅江楼应打造南京江城交汇文旅融合新坐标。第一，建构“一楼两驿，一宫一寺，一廊三路，一里一街”总体空间结构。据不完全统计，阅江楼景区的旅游资源有七大主类（地文景观、水域景观、生物景观、建筑与设施、历史遗迹、旅游购品和人文活动）、12 个亚类、26 个基本类型，旅游资源单体共 84 项[①]。阅江楼景区内文旅资源较为丰富，但存在资源利用效率不高与整体策划欠缺的现象。通过缝合碎片使小段落整合成为大景区，对阅江楼景区文旅发展有较强推动作用。在总体空间结构布局举措中，“一楼两驿”指阅江楼、仪凤城门驿和卢龙船游驿，“一宫一寺”指海丝·天妃宫、和平·静海寺，“一廊三路”指山水时空走廊、长江诗画路、狮狮如意路和时间光影路，“一里一街”指明潮里文化产业园区和盛世远洋大观文商旅综合体。第二，依托空间载体系统打造阅江楼古今穿越四十八景。依托上述空间结构，打造名楼地标、水陆驿站、道路走廊、场景街市等不同类型的空间

---

① 依据《中华人民共和国国家标准GB/T18972-2017旅游资源的分类、调查与评定》的分类系统对阅江楼片区的主要旅游资源禀赋进行分类和评价。

体验场景：依托“一楼”，以“光影演艺＋烟火节庆”深度还原明朝繁荣画面，运用“科技＋创意＋内容”手法丰富阅江楼主楼业态场景，打造集数字体验、文化交流于一体的文化体验高地。依托“两驿”，以朱元璋洪武之治时期为历史背景，打造还原明代繁荣面貌、提供休憩消费功能的两大主题驿站——仪凤城门驿和卢龙船游驿，凸显“龙凤呈祥”的祥瑞地势和金陵帝王州的时代精神。依托“一宫”，增设海丝波浪桥、妈祖祈福文创铺、海丝研学馆等体验空间，打造具有南京地域特色的文化活动，打造长三角区域海上丝绸之路活态展示的地标窗口。依托“一寺”，打造博物馆、展演广场、社交场，定期开展夜间“惟愿和平”灯光秀和许愿灯活动，形成全国甚至全世界的和平文化研究、展示、传播中心。依托“一廊”，打造可接近、可体验、科技感与文化性相融合的两大主题走廊——筑强走廊和水月走廊，通过明城墙实景光雕和卢龙湖多维亲水体验，打造立体化、沉浸式的山水意境走廊。依托“三路”，围绕“长江诗画、狮狮如意、时间光影”主题打造三条沉浸式网红步道，通过沿线互动装置艺术打造序列化阅江楼主题步行空间，串点成线，打造可互动、可感知、可辨识的阅江楼“打卡之路”。依托“一里”，提取明朝金陵特色元素、符号融入建筑和环境设计，布局青年夜生活微醺酒吧街、小众设计师买手店合集、办公商业生活相融合的创意产业园，定期举办艺术策展、创意生活市集，打造明朝文化底蕴与现代时尚先锋完美融合的综合创意街市。依托“一街”，以跨江出海为主题，提取郑和下西洋出使过的印度尼西亚、斯里兰卡、越南、泰国等地域的装饰元素和风格色彩，设计布局彰显异域色彩的水景艺术装置、街景小品、特色标志物和商铺店招，引入轻食餐饮、休闲娱乐、零售购物业态，打造还原自在水岸生活的户外潮流街市。**第三，创新景区品牌营销推广举措**。结合景区明代皇家建筑风格，以狮子盘绣球为原型，运用红、黄两种主色，塑造景区“小狮帝”形象 IP。采用导览标识、文旅地图＋推介会、“小狮帝”名楼掌门人计划和“小狮帝”时尚弄潮儿计划等途径进行传播，与文旅局、教育局和体育局等进行多方联动，并同步进行品牌跨界合作进行“小狮帝”文创产品开发、“小狮帝”青年潮玩商街开展和“小狮帝”亲子互动乐园打造等事宜。

三、串线成珠，涉旅化休闲街区营造青年艺术社交氛围场

鼓楼区作为南京古都核心地区的重要组成部分，拥有多类型、异质态的街巷空间，这些大街小巷不仅丈量着在地居民日常生活的尺度，也为鼓楼区的文旅发展提供了可能的时代指向。围绕文化赋能城市更新的主旨，通过临时性更新（使用而非拥有场地）、异业融合（空间和时间的分割使用）、主客共享（减少冲突以可持续）等策略的协同并进，鼓楼区涌现了一批涉旅化的休闲街区和夜间消费集聚区，典型的有以近现代建筑风格著称的首批中国历史文化街区之一的颐和路历史文化街区、外秦淮河畔紧邻南京艺术学院的南艺后街·鼓楼水岸艺术街区以及毗邻南京大学中美文化研究中心的金银街国际青年艺术文化街区等。这些嵌入在城市如毛细血管般的街巷突如其来的火热，恰是在诉说文旅行业最简明直白的真谛：我们一心想要奔赴的诗和远方，恰是别人稀松平常的家和故乡。

1. 颐和路历史文化街区：渐进式打造激发历史街区时尚消费潜力

2015 年 4 月，南京颐和路民国公馆区[①]成为首批中国历史文化街区。2019 年 12 月，《南京历史文化名城保护规划（2010—2020）》发布，规划中明确划定了颐和路、总统府、门西荷花塘、南捕厅、门东三条营、朝天宫、梅园新村、夫子庙和金陵机器制造局 9 片历史文化街区。颐和路历史文化街区保护范围北到江苏路、东至宁海路、南抵北京西路、西至西康路，内部 285 处院落中有 225 处被纳入文物及规划部门保护，总面积 35.19 万平方米，共分

① 南京颐和路民国公馆区即为下文的颐和路历史文化街区。

为 13 个片区，是南京保护规模最大的历史文化街区。由安居集团[①]和鼓楼区政府共同出资成立的南京颐和历史建筑保护利用有限责任公司（下称“颐和历保公司”）采用“保护 + 文化 + 商业”的开发运营模式，推动了颐和路历史文化街区空间的活化利用。

片区开发统筹推进，街区互补性格局铺陈。截至目前，颐和路历史文化街区已先后对外开放的片区分别为 12 片区、11 片区和 13 片区：这三个片区在后续的发展规划中，将会相互连接融合，进而形成一个整体，成为南京崭新的文化地标，共同为南京历史文化街区在城市更新方面的探索提供示范作用和引领价值。颐和路 12 片区“修旧如旧”，打造民国主题文化体验区。片区位于江苏路和宁海路合围的三角区域内，于 2014 年完成修复并对外开放，由 26 幢风格各异的民国时期别墅组成，总占地面积 2 万平方米左右，约占整个公馆区的十分之一：片区以住宿功能为主，集展览、休闲、餐饮于一体；内部设有民国主题文化体验酒店、民国文化主题展览、民国书籍阅读展示、民国题材老电影展播等空间类型；片区的修缮和改造开创了南京近现代建筑保护修缮、活化利用的新典范，投入运营后不久便获得了“联合国教科文组织亚太地区文化遗产保护奖”。颐和路 11 片区“切片焕新”，打造国际化时尚艺术区。片区位于宁海路边，处于颐和路历史文化街区的门户地带，是颐和路历史文化街区复兴的启动示范区，于 2021 年底正式对外开放：街区在空间更新的过程中严格遴选植入了国际化的功能业态，主要分为文化艺术片区[②]、国际高端零售区[③]和餐饮配套区[④]三部分——这些全新的功能业态与文

---

① 安居集团成立于2012年6月，全称为南京安居建设集团有限责任公司，是南京市政府批准成立的大型国有全资集团公司，业务包括房地产开发、保障房及租赁住房建设、康养产业、资产运营、城市更新建设等。

② 文化艺术片区约1400平方米，分布有6个展馆，区内引进了宝龙美术馆。

③ 国际高端零售区内含国际品牌数量将近40个，包括国际知名婚纱品牌Vera Wang。

④ 餐饮配套区业态兼具艺术性和文化性。

物建筑具有相互的“适应性”，能够达成文物建筑“存真”与功能业态“续新”的更新改造目标，让建筑遗产和现代生活实现融合共生的良好状态。据了解，2021 年 12 月 18 日正式开街后的颐和路 11 片区引进的国际高端品牌占比 32%，首进江苏品牌占比 67%，首店效应明显；2024 年“五一”小长假期间，颐和路 11 片区共接待游客近 3 万人次。颐和路 13 片区“点状突破”，打造城市数字展览示范区。片区内目前对外开放程度尚不完全，仅有江苏路 20 号建筑于 2023 年 8 月底对外开放试运营。其前身是 20 世纪 30 年代出台的《首都计划》中划定的“新住宅区第一区”（今颐和路历史文化街区）配套生活用水处理中心，也是中国第一座自主设计建造的生活用水处理中心；经保护修缮后，该遗址现已被改造成为颐和路数字展示馆，兼具访客服务中心、文物遗址展示、数字文化演绎等功能，建筑一层和二层是国家级数字媒体艺术团队打造的以新媒体声光电技术诉说颐和路历史文化的城市客厅（一楼为城市建设主题，二楼为民国主题），三层引进集艺术展览、沙龙和书坊于一体的文化空间——问象艺术空间。

新旧空间风貌对话，街区唯一性属性加强。颐和路历史文化街区作为南京重要近代建筑群，是南京的一张重要“城市名片”，承载着城市的历史记忆，也凝聚着市民们的集体回忆——渐进式片区化城市更新的过程，是与这座城市，与这座城市的历史不断对话的过程。与历史对话，老建筑焕发新生。街区在对文物建筑采取“修旧如故”的策略基础上，同步对既有建筑进行结构修缮加固和设施优化升级，极大地提高了原有建筑的舒适性与安全性，并且为其赋予了契合现代需求的适应性功能，更能够满足当代群体的各类生活需求。以江苏路 39 号[①]为例，其位于江苏路、山西路、珞珈路、宁海路和颐和路的交界处，整个建筑平面呈半圆状，是片区内独特的景观视觉焦点，原

---

① 江苏路39号1960年春成为鼓楼区图书馆。鼓楼区图书馆搬迁到白云亭文化中心后，这里便一直处于改造状态中。

为鼓楼区图书馆，2015 年引进南京先锋书店分店：内部售卖有民国风情套装明信片、民国人物徽章、书签、版画等体现地方特色的系列文创产品，现成为街区内热门的网红打卡点——我们看到，昔日的图书馆和今日的书店在这座建筑里完成了历史的重叠。**与自然对话，微景观点亮街区**。分布在颐和路两侧的法国梧桐树有着深厚的历史渊源，是由当时东南大学教授常家惠奉命从巴黎郊野购回的，历经近百年历史，如今与街区内的特色建筑群交相呼应，形成了颐和路历史文化街区的独特视觉体验场景：黄墙青瓦、红窗白台，以及遮天蔽日的法国梧桐树，这些元素共同营造出了一种浪漫的氛围。颐和路上，梧桐树下，丰富的艺术活动在这种场景下频频产生，吸引着众多市民、游客前来漫步休闲、拍照打卡。**与人文对话，强导览释放特色**。颐和路历史文化街区布置着诸如公共座椅、路灯、垃圾桶等极具创意的城市家具[①]，已然成为街区特色文化以及故事信息的关键表达载体，能够将街区的发展历程、单体建筑背后所蕴含的人物故事、围墙的样式类别等丰富多样的信息呈现出来。比如，街区以汉字“颐”作为设计元素打造颐和视觉形象系统，在文物保护建筑外墙上附着相应的铭牌以及信息说明，以此彰显自身的特色和韵味，增加了游客漫步的沉浸体验感。

文艺潮流氛围营造，街区时尚性特征彰显。**其一，举办公共艺术装置展览，塑造热门打卡点**。颐和路历史文化街区打造了“玫瑰瀑布”“春夏之歌”“山海颐和”等系列公共艺术装置展，引发市民游客打卡热潮。街区选取一处中式庭院打造“玫瑰瀑布”和“春夏之歌”公共艺术装置展，前者用高调的红色材质点燃了颐和路的浪漫基因；后者以中国传统乐器“笙”的形态为设计灵感，由竹子、蝴蝶兰、藤条、风铃等设计元素所打造而成。“山海颐和”

---

① 城市家具指在城市户外空间（包括室内到室外的过渡空间）中以促进和满足人们进行户外交往和运动为目的的用具。概念引用来源：杨叶红.“城市家具”——城市公共设施设计研究［D］. 西南交通大学硕士论文，2007.

以“山海有铃（灵）”为主题，通过亚克力装置、花艺装置与建筑楼体、空间环境有机结合，打造“文鳐入海、鹿蜀归山、凤凰于飞”三大主题场景，还邀请青年艺术家和少儿创作者参与“山海丹青 颐和妙笔”艺术写生活动，使得传统经典《山海经》与现代艺术产生了巧妙融汇，进一步推动了《山海经》文化传播。其二，举办南京特色文化活动，提升城市品牌识别度。围绕南京本土特色文化，街区打造了“颐和 · 时空梦境”“《蓝色档案：金陵食录》HLiiC 蓝晒专题展”“金陵旗袍非遗工艺展”等系列活动。其中，“颐和 · 时空梦境”活动以红楼文化为主题，包括《红楼梦》女性艺术形象漫谈经典艺术沙龙、红楼梦环境舞剧《宁影 · 重游太虚间》和洛可可古典圆舞曲沉浸式巡游表演。据统计，活动期间街区日均人流量实现 6619 人次 / 天，客流峰值达 8609 人次 / 天。街区引入的 HLiiC 恒立影像中心和荣萍 · 颐和旗袍体验馆分别策划举办了用蓝晒记录南京本土植物的《蓝色档案：金陵食录》蓝晒专题展和展陈数百款各式旗袍的金陵旗袍非遗工艺展，提高了街区自身的吸引力。其三，推出城市漫步体验路线，点燃年轻活力社交场。街区以“春日限定 · 艺术狂想会”为主题，携手多组南京优秀的手作艺术家团队，打造艺术展览、艺术市集、艺术 SHOW 三大 IP“漫步颐和”系列活动，期间共接待游客近 3 万人次；通过联动颐和路历史文化街区运营方南京元成文化商旅有限公司，招募民谣、国风民乐等不同艺术形式的南京本地音乐人，街区举办了“梧桐树下”音乐周末驻唱活动，为市民、游客带来了视听盛宴；街区还联合鼓楼区、社区等发布 City walk 系列活动，如 2024 年 4 月在颐和路社区将军馆举行的宁海城市漫步首发式活动，推出了颐和路片区城市漫步线路。同年 6 月以颐和路历史文化街区为主场景举办的“i”在鼓楼 City walk 系列活动——推出漫步颐和文化行走和美食探秘两条线路。

2. 南艺后街 · 鼓楼水岸艺术街区：阶段式实践孕育古韵河畔艺术生活美学

南艺后街 · 鼓楼水岸艺术街区位于草场门桥和定淮门桥之间的秦淮河东

岸，毗邻南艺西门，依偎在江苏电视塔下，与龙江商圈隔河相望；总长约 900 米，占地 9 万平方米——内部分布有 ABCD 四栋独立建筑；原为古玩一条街，自 2019 年转型升级后逐步被打造成为融“文、商、旅、体、娱、艺”六位为一体的滨水时尚活力地带——由南京旅游集团秦淮河建设开发有限公司开发建设、南京南艺后街文化旅游运营有限公司运营管理。街区 2022 年入选“第二批省级旅游休闲街区”和“第三批省级夜间文化和旅游消费集聚区”名单，2023 年入选首批南京市艺术 Mall（街区）试点单位。南艺后街·鼓楼水岸艺术街区如今取得的亮眼成绩源于什么？围绕文旅发展，街区采取了哪些行之有效的举措？

艺术商业联动，形塑日文夜潮复合街区。其一，培育文艺新业态，招引特色品牌店。经过改造更新，街区以“艺术生活”为定位转型升级成为多功能复合型潮流街区，引进了中国首家英国月巷儿童书店、全国首家 ONE 物皆可·灵感市集商店、文玩一珠传奇等特色店铺，汇聚了读书空间、音乐会演、非遗集成、展馆、艺品制作、名咖书院等文艺类业态；招引了“狸御屋”“云锦”“ECHO”“喜马拉雅”等首创精品品牌和“胡桃里”“成都娃娃”“DOUBLE HOLIDAY”“UNIUNI 咖啡”“GOSPEL 酒吧”等网红品牌；增加了手绘雕像、涂鸦、集装箱、移动花车等诸多弥漫着艺术气息的文化艺术设施。**其二，打造夜市新场景，组织沉浸式活动。**街区举办了鼓楼区“放心出门，点亮石头城”、“放心出门，品味春天”等系列美食节活动，设置了由几十个流动摊位构成的绵延数百米的夜市长廊，涵盖创意陶瓷、原创首饰、网红小吃、文创产品、书籍画作等各类夜市摊位；打造了“桨声灯影阅读之夜”“萤火虫换书大会”“台阶音乐诗会”等以书为主题的夜间体验专场；承办了“河畔国际艺术节”“蓝鲸·鼓楼潮玩节”“魔力之声音乐节”等特色观赏活动。在街区之中，艺术、浪漫与烟火气相互交织，多样的夜间场景拉满了市民游客的沉浸式体验感。**其三，聚焦游船新消费，推出创意新产品。**南艺后街·鼓楼水岸艺术街区集结游船、皮划艇、龙舟等多种类型的水上设施，联合深潜、艇友等俱乐部开发了外秦淮河皮划艇项目；推出了粉色火烈鸟、蓝色海豚等不同样式的电动游船产品；联合良业集团、SEE SPACE 等多个企业商家创新开发了“游船+下午茶”“游船+手作”“游船+沉浸式剧本游戏”“游船+茶艺体验”“游船+船宴”等各类型的船务产品，拓展了商家的业务范围，将餐饮服务与水上游览相结合，提升了消费者的体验。

体育运动汇集，推动街区水岸联动发展。其一，常态化提供运动体验服务。依托外秦淮河水域，南艺后街·鼓楼水岸艺术街区内全年常态化提供龙舟、赛艇等各类体验项目，不同年龄段的人群都能参与其中。街区常年举办各类企业龙舟团建和亲子龙舟嘉年华活动，通过提供专业教练为各类团体组织进行指导练习；引进深潜、艇友多家赛艇俱乐部，为市民和游客提供赛艇体验、赛艇技巧教学、日常训练等专业服务。多支专业龙舟队伍在外秦淮河上奋勇争先，近百组南京家庭参与龙舟竞渡，诸多活动中均会有多名专业团队全程提供指导服务，保证了活动的安全、顺利举行。**其二，周期性举办全民体育活动。**南艺后街·鼓楼水岸艺术街区依托外秦淮河，打造了水上运动中心和外秦淮河主力码头，大力推广龙舟体育赛事。每年从端午前至国庆后，外秦淮河—南艺后街·鼓楼水岸艺术街区水域会举办江苏省龙舟精英赛暨秦淮河龙舟竞渡大赛[①]，其是省级专业体育赛事。以舟为介，以河为媒，该赛事串联起江苏省电视塔、南艺后街、石头城遗址公园等多个城市文旅地标，吸引省内高校学子和企业英才汇聚于此。2024 年，街区获得省内首个“江苏省龙舟基地”牌匾，成为“文商旅体+”产业体系的先行示范点。此外，街区每年还会周期性举办赛艇赛事（如每年春季举办大学生赛艇公开赛[②]）、足球赛（如每年全民健身日[③]举办鼓楼区足球嘉年华）等大型体育赛事。**其三，临**

---

① 2018年以来，街区连续五届成功举办“龙舟竞渡大赛”。

② 赛道位于外秦淮河鼓楼段，南起石头城，北至南艺后街·鼓楼水岸艺术街区码头。

③ 全民健身日为每年8月8日。

时性承办大型体育赛事。南艺后街·鼓楼水岸艺术街区承办了赛艇马拉松精英赛、篮球街 BA 争霸赛等大型体育赛事，打响了自身的运动活动品牌。比如，街区承办了 2024 南京·鼓楼水岸秦淮河赛艇马拉松精英赛，设置赛道长度 13.14 千米——以渡江胜利纪念馆为起点，以南艺后街·鼓楼水岸艺术街区码头为终点，途经江苏广播电视塔、石头城遗址公园、清凉山公园、赏心亭等多个地标景点，吸引南京大学、东南大学等 6 支在宁高校赛艇队和 12 支大众参赛队齐聚鼓楼，营造了热闹非凡的岸边活力场景。

展演赛创聚力，构建线上线下协同矩阵。其一，搭建青年艺术展演平台。联动鼓楼区人民政府和南京艺术学院，街区举办了“南艺 520 毕业展演嘉年华时装秀”，邀请了百余名专业模特在台上展示南艺学子上百件服装设计作品，吸引了来自文化艺术等领域的专家、学者、企业家、青年设计师、南艺师生以及家长千余人；邀请爵士、流行、摇滚、电子等多元化音乐形式的青年演出群体举办了“环南艺青年艺术季”活动，打造了“爵士之夜 梦幻启航”“旋律交响 艺术盛宴”“青春跃动 多元风采”“音乐无界 跨界碰撞”“时光回响 经典再现”“音科融汇 梦想启航”六场梦幻音乐秀；还举办了鼓楼区“礼赞新中国 奋进新时代”新兴青年群体展演活动，在一定程度上带动了水木秦淮整体的商业消费，提升了商户的经营收入。其二，组织系列艺创作品大赛。联动共青团江苏省委、南京艺术学院、南京市鼓楼区人民政府和南京市旅游集团等多家组织，街区内开展了首届“环南艺杯”大学生艺创大赛——聚焦美术、设计、音乐等各类文化艺术，全方面拓展了文创大赛的作品内容，为全市、全省乃至全国的青年创意群体提供了展示平台，提升了“环南艺”品牌的知名度、影响力和磁吸效应。联合南京艺术学院、盐城工学院和江苏工程职业技术学院，街区内举办了“融通并茂”第四届江苏省高校设计作品展——收到 100 余所高校的设计作品 5000 余件，涵盖媒体与图像设计、公共艺术与综合设计等数十个专业方向。街区还联合多名不同类型的画家举办了山水画、油画、原生艺术画等系列绘画作品展，丰富了市民游客的观感体验。其三，创建多方合作交流基地。2019 年，由鼓楼区文创办和南京艺术学院合作创立的南京艺术学院创新创业示范基地（以下简称“南艺双创”）落户南艺后街 D 栋。在此基础上，街区吸引了江苏省科普美术家协会、江苏省流行音乐学会、江苏双创艺术团、南艺传媒学院实践创作基地、南艺传媒艺术研究中心等多家机构入驻，推进了“南艺”专业文化产业、文化科技孵化机构品牌的更新与焕新。2024 年，街区与珠山学堂合作承办了“宁青 Yeah 校”项目，开展了中式插花、打香篆等系列课程，推动来自不同领域的青年在夜校互相认识与寻求合作共赢。同年，以街区广场、市集摊位、文创工作室等为空间载体，街区与南京艺术学院团委、鼓楼团区委合作搭建了“艺青筑梦空间”，为大学生和青年群体的创意体验、风采展示和就业创业提供了交流平台。

3. 金银街国际青年艺术文化街区：临时性更新创新校地融合跨界交流范式

金银街东起南大围墙，西至上海路，邻近南京大学中美文化研究中心[①]和国际学生公寓西苑楼，是一条紧邻南京大学的丁字路；长 200 米、宽约 4 米。其起初是南京留学生最早的自发聚集地之一，早期留学生们日常生活中就餐、购物以及进行社交活动、休闲娱乐的主要场所[②]。金银街通过探索“政府出资扶持、国资平台建设运营、南大社区共治共建”的模式，使老街巷成为国际青年艺术街区，日均人流量 7000—10000 人。

空间更新，打造主客共享人居环境。金银街于 2021 年、2023 年分别开展了环境综合整治和微改造微更新行动，经过两次改造升级，已经成为一条汇集人文底蕴、街巷烟火、便民利民的精品街巷，老街小巷摇身变为“网红街区”。首先，街巷空间整治。金银街采用干线下地、地面重铺、道路边停车

---

① 1986年，南京大学开创国内高等教育国际合作的先例，设立中美文化研究中心（简称为“中美中心”）。

② 孙洁，余思奇，朱喜钢，等. 教育全球化背景下南京“留学生街”的形成与演变[J]. 现代城市研究，2022（06）：67-73.

位取消等举措，不仅改善了街巷空间的环境品质，还为居民和游客创造了更舒适、安全的出行体验——将原本杂乱的电线、电缆等埋入地下，使街巷空间更加整洁美观；进行地面重铺提升了路面的平整度和耐用性，优化了道路整体的视觉效果；取消原有的 18 个机动车停车位，解决了车辆乱停乱放的烦恼，改善了街巷的通行秩序和空间感。**其次，建筑立面焕新**。街区对老旧建筑外立面与围墙进行更新修复，将艺术画作与便民装置进行美化结合，插画式布局于街区中，比如采用壁画涂鸦的方式增加了新的墙绘网红打卡点位，使墙面显得精致可爱又别有新意，令市民、店家和居民眼前焕然一新；对小店门面门头[①]进行亮化改造与精心设计，实现了空间美化、场景活化和特色亮化，增强了街区的辨识度，改善了居民游客的空间体验。**最后，临时装置植入**。金银街采用临时性更新策略进行改造升级，在街区内植入可移动摊位、可移动集装箱、临时广场等多种临时性设施装置，通过建立面向项目全生命周期的临时性更新管理机制，运营商可依据市场需求情况，动态灵活调整装置的空间布局以及店铺业态的引入类型[②]。此外，街区将完善空间功能与改善民生相结合，增设了城市座椅、垃圾分类厅等城市设施，满足了市民的各类休闲活动需求。

场景焕新，打造国际青年艺术街区。其一，植入文艺美学业态。街区道路一侧为一字排开的 16 个可移动集装箱，另一侧为多家可移动摊点，内部植入业态以咖啡轻食、手办工坊和生活美学为主——咖啡轻食类品牌包括 37 咖啡、见舍咖啡、象牙果咖啡、cafe.com2.0、OPEN BAR、红男爵活啤酒 DerRoteBaron、沪上阿姨、肯德基、酵墅等；手办工坊类品牌包括模术

---

① 鼓楼区为金银街公共空间和设施的整体规划、改造提供了专项拨款，同时也为街巷商户免费进行小店门面及门头更新、亮化。

② 高煜，张京祥. 临时性城市更新的实现及其包容性治理——以南京金银街更新实践为例［J］. 城市发展研究，2024，31（11）：98-107.

Max 手办[1]、梦虞·非遗等；生活美学类品牌包括书店万象书坊、展陈空间 Singriff 等。其中，街区还以手作艺术为主题，联合手工设计创业主理人、青年艺术家等策划组织了金银手作艺术市集活动——展示着剪纸、金箔、云锦、灯彩、木刻等南京非遗技艺联名文创产品。其二，解锁多样夜间活动。金银街引入鼓楼“青年夜校”项目，探索发展“夜校 + 技能提升”“夜校 + 健康养生”“夜校 + 文化传承”“夜校 + 婚恋交友”“夜校 + 青年社团”“夜校 + 就业创业”等模式，联动鼓楼青年夜校合伙人——珠山学堂和见舍咖啡，举办“香”遇非遗、“当咖啡遇上茶”等青年夜校活动，并邀请非遗宋代点茶传承人、咖啡品控师等高级资质讲师前来授课，活动参与者在此可学习茶艺基础知识、香氛蜡烛花制作、打香篆、美妆与穿搭、尤克里里、手冲咖啡等各类课程，进一步扩大了青年交友圈。其三，发布热门打卡场景。由鼓楼区主导，以咖啡为主题，金银街邀请环南大片区咖啡店主理人、重点商户、留学生及平台达人代表等各类群体，举办了首届“来吧！鼓楼”咖啡节活动——有机串联了上海路、汉口西路、南秀村、陶谷新村等环南大街巷，发布了环南大片区热门咖啡及打卡点地图，吸引了近 30 家社区咖啡店、灵感好物商店、小吃美食店的积极参与，形成了一个独具特色的“小店经济”磁场圈，提升了环南大地标商圈的消费能级。

机制创新，打造高效高能协同区域。街区充分依托南大百年历史文化底蕴和国内国际影响力，以高校资源为基础进行机制创新，联动周边打造高效高能协同区域。联动区域高校，构建校地融合共创空间。从平台搭建、空间设计和活动组织三方面切入，金银街与区域多个高校进行联动——与南京大学联合搭建了可供众多创业主理人、青年艺术家和高校学生进行交流合作的“南京大学——鼓楼金银街共创空间”载体平台，催生了“叁平方艺术空间”、

---

① 模术Max手办店是基于本土文化的设计元素，通过对历史文化等进行追溯和再创造，如微观国潮手办等，从中领略数字文创艺术的美好。

中美中心橱窗、许愿墙、盲盒墙等多样化的艺术展现形式；邀请南京大学、南京艺术学院等20位鼓楼高校青年艺术家共同完成了600平方米箱体和墙体彩绘创作，作品墙一经亮相便成为网红打卡点，平均每天打卡超千人次，全网传播量超50万；与南大艺术学院、建筑学院、校团委等联合举办主题书画展、乡村振兴主题展等活动。**联动南京大学，打造国际文化交流窗口。**通过邀请南京大学中美文化研究中心、海外教育学院中外学子以及多类型主题学生社团，鼓楼区人民政府联合南京大学在金银街共同主办了展览、演出、艺术创作等各种文化艺术活动——体验多国游戏、品尝各国美食和学习多国语言“你好”组成了南大多国文化风情展；民谣歌手音乐会和午后手碟音乐会组成了南大多国青春演出show；还有世界名画COS SHOW和艺术涂鸦肆意创作等特色趣味活动。**联动志愿组织，开展公益志愿服务活动。**街区与力学小学及周边学校合作，将学生动手创作手工及艺术作品进行了公益售卖；与鼓楼区南秀村社区“侨胞之家”合作，举办了“金秋重阳暖人心”便民服务活动，为居民提供了理发、义诊、爱心修伞、爱心修鞋、维修家电等五个服务项目；与南京大学“星空下的守望者——陪伴ASD儿童”志愿服务团队合作，举办了“世界孤独症关注日”特别主题市集，采用孤独症儿童与普通儿童、志愿者共同参与的创新教育模式，有效帮助了孤独症谱系儿童与家庭间建立稳固的信任纽带；还引进了南京市爱心帮困志愿者协会，与多家文化、传媒等公司合作举办各类公益活动。

四、借势乘风，国家级战略推动构建江城一体文旅目的地

鼓楼区是紧邻长江南京段的重要地区之一，鼓楼滨江段有着文化内涵醇厚、类型丰富多样的文旅资源节点空间，其不仅镌刻着城市发展变迁的深厚印记，也为鼓楼区的文旅发展铺就了坚实的前行道路。在长江国家文化公园建设、下关滨江岸线“复兴计划”等战略背景下，鼓楼区借势乘风，采用功能转型升级、资源盘活更新、品牌活动组织等行动举措，对滨江沿岸的文旅

节点进行了较为全面的资源开发与利用，打造出一系列主题多样、风格多彩的文旅目的地，代表性的有中山码头、民国首都电厂旧址公园和幕燕滨江风貌区等。这些洒落在滨江外滩如珍珠般的文旅地标，恰是在奏响城市最激昂澎湃的乐章，不仅提升了自身的文化旅游品质，也为南京市长江国家文化公园的建设增添了亮丽色彩。

1. 中山码头：百年埠头功能转型升级，形塑交旅慢游场景

中山码头又称下关码头，位于鼓楼区中山北路北端，是一座历史悠久的轮渡码头。中山码头一带的建设可追溯至东晋时期，其现代化轮渡运输则始于 1910 年。1912 年由天津至南京浦口火车站的津浦铁路建成通车，与沪宁铁路分隔于长江两岸，人们只能依靠下关与浦口间的轮渡再继续北上或南下的行程，在客货运输繁忙的背景下，中山码头的前身大生码头在这一阶段兴建于下关江边。1929 年，孙中山先生灵柩由北京运抵浦口，停靠于现中山码头处，20 世纪 30 年代大生码头被迁至此，并建设候船室、趸船、栈桥、停车场等配套设施。为纪念孙中山先生，1936 年码头被正式定名为“中山码头”。新中国成立以后，跨江大桥、过江隧道、过江地铁等跨江交通建设快速推进，而中山码头的运输发展则慢下来，被赋予了历史、旅游、生态等多重基因，转变为南京长江流域百年埠头的见证者和讲述者。

焕新码头面貌，溯源轮渡文化与长江生态文化。第一，修复空间风貌，还原建筑本色。中山码头建于 1928 年，后于 1957 年进行扩建，1990 年重建为具有“中山”建筑特色的“山”字形候船大楼，历经多年，建筑原有特色风貌部分损坏。2014 年，中山码头进行了重新翻修：以近代建筑风格为基础，保留码头中间主楼为三层、两侧辅楼为二层的“山”字形建筑结构特色，采用以砖红色为主色调、白线条相间的建筑立面色彩，定期对建筑进行修复，保留码头的历史韵味。2019 年，中山码头被列入南京市鼓楼区区级文物保护单位及一般不可移动文物名录，2024 年入选南京市第三批地名文化遗产保护

名录[①]。第二，设置历史文化展陈空间，诉说百年轮渡故事。中山码头以其历史文化为基础，融入轮渡文化元素，在候船大厅内展出孙中山先生奉安大典的珍贵史料、民国时期街景与建筑风貌资料、近代通商口岸发展历史资料、历史建筑修缮等介绍，由一座码头的历史变迁折射出南京城的波澜岁月；码头二楼设有文化长廊，以轮渡文化为核心，展出轮渡渡船模型，记录着南京轮渡的发展史、“中山”系列渡船的演变。这一历史空间吸引着各年龄段的游客到访，Z 世代的年轻人怀着对过往时代或某一特殊时期生活场景的好奇，在此游走品味；对于 80 后、90 后而言，轮渡曾是生活中不可分割的片段，出于怀念而故地重游。第三，拓展长江生态文化展示空间，描绘水域和谐图景。随着长江生态环境持续优化，“江豚逐浪”的情景时常出现，成为反映长江生态系统的风向标。为展现长江生态保护成果、增强公众对江豚保护的认识，中山码头售票大厅开设了具备江豚和长江大保护宣传、文创产品售卖、志愿服务、便民驿站等功能的江豚文化小店[②]。江豚文创产品由文创品牌“江豚爱吃鱼”[③]推出，产品售卖额的 10% 将用于江豚的增殖放流、保护巡护、科普宣教等绿色生态公益项目。江豚文化小店还将通过多种形式，让江豚文化、长江生态保护理念走进人们的生活，留住长江江豚跃动的美好画面。

塑造场所精神，策划关联性文旅精品。第一，彰显民族精神，出品原创话剧《中山码头》。历经沧桑的中山码头见证了客来客往的熙攘、南京大屠杀的悲惨、渡江战役的英勇等，因其重要的历史意义和价值，江苏省文学艺术界联合会将其作为题材内容创作出了同名话剧《中山码头》。话剧以 1937

---

① 马道军. 我市公布第三批地名文化遗产保护名录［N］. 南京日报，2024-07-01（A03）.

② 孙炜杰. 文旅新风吹动渡运船再出发［N］. 江苏经济报，2023-03-23（A01）.

③ “江豚爱吃鱼”文创品牌在南京市鼓楼区文旅局、下关滨江商务区管委会以及南京江豚水生生物保护协会的指导下，由南京微笑精灵文化发展有限公司打造。文创设计以长江水生生物为主题，设计具有环保教育意义的匠心文创。

年南京沦陷前夕作为故事背景，以写实手法还原了在中山码头生活的普通百姓在民族危亡时的抗争精神，通过这一家庭的缩影呈现了南京人民所遭受的战争创伤。《中山码头》是中国第一部为南京大屠杀死难者国家公祭日专门策划的剧作，2017 年入选江苏省第十届精神文明建设“五个一工程”。中山码头不仅是一个交通站点，更是时代烟尘中民族精神的记忆载体。第二，串联南京记忆，设计水上文化主题游线。在跨江大桥、跨江隧道建成后，中山码头的游船成为慢旅游的一种方式。除了单程摆渡，中山码头还开设了多条轮渡水上航线，串联起渡江纪念馆、长江大桥、五马渡、燕子矶、浦口码头等十余处沿江人文与自然景观点，也曾开展“我与江豚有约”主题轮渡宣讲等游览观光、科普研学活动，成为南京历史文化、长江文化风光带的点睛之笔。2023 年，宁浦轮渡航线获得了“优秀品牌线路”称号。2024 年五一假期，中山码头轮渡累计客运总量约达 7.8 万人车次。其中，节日前 3 天客运量近 5 万人次，环比上升 25.8%。第三，汇聚时代美学，打造艺术社交综合空间。中山码头旁的百年建筑“小红楼”曾是民国时期的办公楼，具有良好的观景视野和独特的时代氛围，现引入南京首个“京·艺术中心”，举办了个展“秘境”、群展“神秘花园 SECRET GARDEN”、主题展“曲水流觞”、艺术课程“一场艺术的传递”等一系列艺术活动，是集文艺作品展示、艺术鉴赏、学术交流、收藏沙龙于一体的综合性艺术平台。此外，“小红楼”还提供咖啡餐饮服务，创新推出“中山码头”系列咖啡杯套和各类文创产品；三楼的露天花园与码头遥相对望，也成为摄影爱好者热衷到访的目的地。

联动组织机构，开展多主题研学活动。其一，联动少年警校，建设警务社会化实践教育基地。2018 年 8 月，江苏省首家警民深度合作的青少年爱国主义教育、法制教育、安全教育平台“江苏少年警校”[①] 正式成立，定期面向

---

① 江苏少年警校由江苏省警察协会与南京报业传媒集团共同打造，是全国首家省级层面的青少年警察职业体验教育基地。

青少年招生，邀请警官为其授课，旨在培养青少年的遵纪守法与恪守职责精神。中山码头作为“江苏少年警校实践基地”之一，与江苏少年警校、江苏省公安厅警察协会等合作，为学警们定制船舶文化主题研学课程，带领学生进入船长室、发动机舱进行生动授课，教授船舶构造、现代化操作设备、北斗定位系统等体系化船舶知识，并结合真实救援案例传授学生水上安全知识技能。其二，联动水生生物保护协会，开展生态保护研学教育。中山码头所在的水域是南京最佳长江江豚观赏地之一，众多老南京人都留存着在中山码头轮渡上目睹“江猪”（江豚的俗称）的记忆。每年 10 月至次年 3 月，人们在此看到江豚的概率将近 90%。基于此，中山码头被南京江豚水生生物保护协会[①]设立为“科普宣传基地”，承办了全国长江水生生物保护宣传南京开放日主题活动、“助力拯救长江江豚”公益增殖放流活动等生态教育活动。中山码头还配备了专业人员讲解江豚文化和观豚注意事项，让游客了解江豚的生活习性、生存环境以及保护江豚的意义等各类科普知识，并与研学机构合作，开发以长江文化为主题的研学课程。其三，联动中小学校，开展亲子研学互动体验活动。以“中山”系列轮渡船为载体，中山码头与芳草园小学、新浦实验小学等多所学校合作，开展了“CityBus 巴士童画”“互相拥抱”“我是小船长”等系列亲子研学活动，进行环境保护、长江生态等宣传教育，让亲子家庭以实际行动投入环保实践。其中，“CityBus 巴士童画”活动将轮渡与巴士公交结合，邀请 30 余名学生及家长共同完成以“保护生物多样性”为主题的巴士改造，并开展了长江江豚相关的生物科普课，改造的巴士公交作为生态文明实践移动课堂在南京市运营，产生良好的宣传示范效果。

---

① 南京江豚水生生物保护协会是2016年6月15日登记成立的社会团体，业务范围包括开展江豚水生生物保护科普宣传、环境保护、水生生物救助、资源监测、生态修复、学术交流、会员交流等活动。

2. 民国首都电厂旧址公园：近代工业资源盘活更新，共筑滨江文化地标

民国首都电厂旧址公园位于鼓楼区中山北路与江边路交叉口，毗邻长江，占地近10000平方米，主要由水上景观平台、市民互动区、老码头、展览馆等构成。1910年，中国第一家官办电厂金陵电灯官厂建成，开启了南京的电力工业；1912年，金陵电灯官厂更名为南京电灯厂，为应对日益增长的用电需求，其分厂下关发电所于1920年正式投用；1928年，两厂合并，下关发电所被扩建为民国首都电厂。回望民国首都电厂的发展历程，它不仅是南京工业现代化的象征，更在烽火岁月中见证了南京的艰苦奋斗史。新中国成立后，电厂经过扩建和体制改革，焕发勃勃生机。为服务于南京滨江整体发展战略、加速自身发展，电厂于2009年搬迁。2014年，鼓楼区在原电厂码头基础上建成民国首都电厂旧址公园，2018年民国首都电厂入选中国工业遗产保护名录（第一批）名单，2019年民国首都电厂下关发电所遗址被命名为南京党史教育基地。通过工业遗存保护利用、滨江空间业态注入，民国首都电厂旧址公园转变为具有工业遗产展示、休闲服务的独特城市文化地标。

历史遗址与城市公园融合，“工业绣带”变“休闲绿带”。第一，保护历史遗存，展示工业文明。民国首都电厂在百年间见证了中国电力工业的兴起与发展，但随着经济形态和产业结构的调整，其大部分建筑和构筑物已被拆除，现存原电厂办公楼等建筑5栋、运煤码头1座以及传送带、塔吊、文史资料等工业遗产资源。公园在保护这些工业遗产的基础上并精心规划利用：首先，码头平台保留原有结构并铺设景观绿化，周边环境得到修整，既展现了历史沧桑感又不失环境美观性；其次，塔吊和运煤传送带被维护加固，融入公园景观设计中，传送带底层还增设绿地植被及休闲座椅，成为可供休憩观展的灰空间；最后，巨大的卸船机得到全面检修与保养，并在旁边以图文介绍牌、模型向游客展示卸船机的工作原理、在电厂中的重要作用等——游客们在这里可以深入了解到当年的卸货过程，感受工业生产的宏大场景。对

上述历史资源的保护与利用为民国首都电厂旧址公园的后续发展奠定了坚实基础，让当下的人们依然可以触摸到那段辉煌的工业历史，感受到工业文明的独特魅力。第二，优化景观环境，转型为民国首都电厂旧址公园。2012 年，《南京下关滨江区总体规划》发布，确定了对电厂码头进行保护性开发的行动方针。2014 年 2 月，公园进行开工建设，并于 2014 年底开始对外开放[①]。改造前，民国首都电厂旧址总建筑面积约 3818 平方米，其中地上总建筑面积约 3049 平方米，地下总建筑面积约 668 平方米。改造后总建筑面积约 3922 平方米，其中地上总建筑面积约 3282 平方米，地下总建筑面积约 640 平方米，改造景观面积约 5990 平方米，临水码头岸线长 132 米。园内的原建筑得到修缮改造，在保留标识性工业展品及主体梁柱的基础上，调整景观高度并增设节点，展现不同尺度的景观场景；在景区入口等处放置工业机械和生动的雕塑景观；按设计的游园路径穿插植入展览与服务业态等功能，形成具有工业风格的滨江绿地公园。身处民国首都电厂旧址公园，人们能够体验到微缩版德国鲁尔工业区的同频气质。第三，融入现代装置技术，增强游园互动体验。公园内设有动感发电单车，其中的发电装置被置入灯光音乐设备，游客踩动脚踏转动时，灯光与音乐便会启动，灯光的模式与频闪也会随脚踏节奏变化，让游客体验到运动发电的乐趣。室内的“百年光影”展览厅记录着下关电厂的日常运作，展厅内 3D 复原的当时皮带输煤机的运作影像，让游客可直观了解煤炭运输的过程。此外，煤炭传送过程中的电子皮带秤展示装置也是其中的一环，通过电子测重可得知传送煤炭的重量，旁边的解说牌也说明其工作原理。现代科技与历史遗存相结合，让蒙尘的工业历史文明焕发时代光彩。

滨江水景与多元业态叠加，沉寂遗址变活力水岸。第一，利用江岸空间，引入新潮业态。民国首都电厂旧址公园的江岸视野开阔，可开发空间充足，在 2023 年下关滨江岸线“复兴计划”的实施推动下，逐渐形成复合式多业态

---

① 陈亮. 南京近代工业建筑研究［D］. 东南大学博士论文，2018：103–117.

共享空间。入驻的“云夕公馆·夕空间”作为集文化艺术、商业展演、餐饮消费于一体的多功能载体，以法式中古风格为基调，装饰着独特样式的玻璃窗花以及铁艺玻璃款吊灯，让工业厂房焕发出现代文化艺术气息，其浪漫的江景用餐环境也吸引众多游客到访。江畔的咖啡馆也因其独特的观景氛围，受到来往游客青睐。第二，融入滨江场景，举办文艺活动。依托公园内的复合商业空间与具有吸引力的江畔美景，公园内曾举办“滨江落日音乐会”，邀请萨沙公学城市乐团演出，以音乐为媒介展现城市气质、讲好城市故事。“城市浪漫计划”系列音乐会也将定期举行，成为赏江景的浪漫点缀。此外，公园还举办了文化行走活动，以及不定期开展的线下车友会、插花沙龙等文化艺术社交活动，吸引众多年轻文艺爱好者参与，成为江畔聚人气、增活力的重要方式。第三，勾勒江畔美景，建设观江平台。为满足市民游客亲近长江的需求，公园北侧开辟了观江休闲区域，其延伸至江中达 20 米，滨江美景尽收眼底，被誉为“离长江最近的市民公园”。观景平台上设有露天茶座和景观雕塑，为游客提供了休憩放松的空间。站在观景平台，游客可俯瞰长江壮丽景色，也可远眺下关地区的城市风貌，丰富的景观层次展现出现代城市与古老电厂的古今对话。

产品升级与活动开拓并进，游览冷区变打卡胜地。尽管民国首都电厂旧址公园通过打造出工业遗址与休闲公园相融的特色文旅目的地，引进新潮业态和青年社交活动增添空间活力氛围，但其知名度与可游玩性仍有待提升。民国首都电厂旧址公园在社交攻略平台仅有 7000 余篇笔记，而下关滨江岸线的一些目的地可达上万条，存在明显差距。现有的主题活动以红色教育为主，形式单一，资源未得到充分利用。因此，公园可从产品升级与活动开拓方面提升：第一，精心策划常态化活动。为发挥公园资源特色、增添场景活力，利用公园的绿地空间、工业遗产展示空间、滨江空间开展常态化活动：首先，举办开放式露天市集、露天艺术展览、露天研讨活动等，将下关滨江岸线的历史文化、长江生态文化、红色文化融入绿地空间中；其次，利用工业遗产展示的闲置空间及装置设备，策划后现代艺术、工业美学等相关主题的艺术展览，赋予厚重陈旧的设备以新的表达呈现方式，为展览增添复古怀旧的时代风格；最后，利用滨江水岸的良好观景优势，开展艺术装置打卡、滨江艺术创作、音乐艺术表演、集体主题摄影等活动，让现代艺术与南京城市精神交融。**第二，改进提升工业研学产品**。现有工业遗产的利用开发主要以静态展示、增设简单的互动装置为主，未来可引入 VR、声光电技术等，打造赛博工业风格场景；设计主题性强、循序渐进、多学科融合的游览动线，为各类工业遗产资源设计不同形式的互动活动或装置，让参与者可通过亲身参与了解电厂的悠久历史、过去日常生产的流程、装置运作原理、设计思路等；打造深度体验式、场景互动式的工业研学产品，利用工厂闲置空间可开展夜游、探秘冒险、角色扮演、项目式探究等主题活动，与运动、艺术、环保等主题相结合，充分发挥工业遗址的教育功能。**第三，设计组织精品游线产品**。下关滨江岸线的主题游线以简单串联、观光游览为主，缺乏多形式、多主题、多客群的体验设计，可深化精品游线产品开发：首先，联动下关滨江岸线的其他景点，围绕开埠文化、工业文化、民国文化、长江生态文化等开发面向大众的深度文化体验微徒步路线，邀请各领域的专家和讲师进行沿途讲解；其次，以任务式参与、社会实践主题调查等形式面向青少年学生设计研学实践路线，让学生从学科知识的综合应用、兴趣探究出发，回望社会历史发展进程，汲取时代精神养分；最后，面向青年群体，利用社交互动性强、融入科技手段的游览形式组织线路，如城市实景剧本杀、“声入南京”实景声音沉浸剧、电子地图任务打卡等，让游客以轻松愉快的方式走进厚重的历史遗迹，获得更生动立体的体验。

3. 幕燕滨江风貌区：化工围江生态修复焕新，蜕变滨江风光带

幕燕滨江风貌区位于城北长江之滨“幕府山—燕子矶”一带，东至燕子矶老镇，西至老虎山地区，南至白云路、幕府东路，北至长江岸线，总用地面积约 708 万平方米，江岸全长 6 千米，是长江国家文化公园南京段的重点打造区域，2011 年被评为国家 3A 级旅游风景区。区域内包括五马渡广场、

达摩古洞景区、长江观音景区、燕子矶公园、樱花观赏区等景区景点，主山脉幕府山横贯于南京鼓楼区北端和栖霞区西端，是一座位于长江南岸边的丘陵山脉，也是南京城区内最古老的山，素有“十里长山”之称，也享有“江山共景、六朝祥土”之美誉。

改善景观环境空间品质，打造文化休闲体验胜地。幕燕滨江风貌区不断推进建筑遗产与文化遗产的保护、传承与利用，积极探索创造性转化与创新性开发路径，丰富游客的文化旅游体验。开展生态环境综合整治，修复幕燕地区空间质量。20 世纪初，南京幕府山发现有大量用于炼钢和制造水泥的优质白云石矿和石灰石矿，因此汇聚了众多采石场，长期的工业排放对山体植被造成了严重破坏。1998 年 12 月，南京市人民政府联合鼓楼和栖霞区委区政府决定全面停止开山采石，为后续的整治工作奠定了坚实基础。幕燕滨江风貌区先后完成了滨江风光带全线拆迁征收及土地整理工作，110 户砂场码头、71 家工企单位以及 570 多户居民的关停、拆迁工作，为风貌区的生态修复提供了有利条件。2006 年，市、区两级规划资源部门编制了《南京市幕燕滨江风貌区总体规划》，为风貌区的生态修复和环境整治提供了规划依据。2007 年，南京幕燕建设发展有限公司（其属于市级平台）宣告成立，由此正式拉开了幕燕滨江风貌区生态环境综合整治的大幕。在幕府山的山体生态修复工程中，运用了填土覆绿法、凿石挖槽法、轮胎织网法等多种多样的创新方式[①]。通过

---

① 填土覆绿法：通过在裸露的山体上填土，为植被生长提供土壤基础，幕府山填土厚度达到0.5米至7米，累计回填土方约186万立方米；凿石挖槽法：在陡峭的岩质边坡上，用风镐在崖面上凿出石槽，再往石槽内灌土，之后将藤本植物种植于内，幕府山北坡有一处9万多平方米的临江裸岩，平均坡度达70多度，施工者腰系绳索悬于峭壁间，用风镐在崖面上凿出石槽，再往石槽内灌土，之后将女贞、凌霄、金银花、地棉、络实等藤本植物种植于内，种植成活12个品种的植物达8万株；轮胎织网法：将6万多只废旧汽车轮胎用镀锌防腐材料编织成一张“橡胶网”，覆盖在裸露的山体上，再将6000立方土填入“橡胶网”中，为幕府山上五六万株常春藤、凌霄、石楠等灌木提供了扎根生长的空间。

这些科学有效的方法，白云石矿矿坑遗址以及整个幕府山都得到了全面的复绿，生态环境得到了极大的改善[①]。2023年，“南京滨江明珠——幕燕滨江生态修复”入选第二届江苏省“最美生态保护修复案例”[②]。修缮历史文化古迹，彰显文化遗产独特魅力。幕燕滨江风貌区内承载了丰厚的历史文化资源，在清初时确定的“金陵四十八景”里，有多达六景[③]坐落于此。幕燕滨江风貌区对幕府山古墓葬群、白云亭、茂弘亭、怀德亭等重点历史文化景点进行了系统性的修缮与保护工作。一是对被列为市级地下文物重点保护区的幕府山古墓葬群进行了重点管理，其中，在幕府山五佰村地块发现并清理了10座古代墓葬，出土器物丰富，为研究六朝墓葬制度提供了丰富素材。二是对白云亭、茂弘亭、怀德亭等文化景观亭采用了建筑风貌保留、主体结构加固与周边景观环境美化等修缮举措，并在周边进行了景观美化，提升游客的游览体验。修建绿道和慢行系统，丰富区域休闲体验空间。首先，幕燕滨江风貌区遵循低碳环保、就地取材的设计理念，全新修建了长约20千米的绿道及慢行系统，“化工围江”的生产岸线蝶变为绿意盎然的“生态岸线”。其次，通过修建绿道，实现五马渡广场、长江观音景区、达摩古洞等多个历史文化与自然景观的有机串联。最后，结合重要节点空间设置了滨江广场、观景亭、登高揽江平台等休闲活动空间，提升了休闲体验的趣味性和多样性。

---

① 据南京市规划和自然资源局鼓楼分局相关报道显示，在生态修复过程中，共修复面积近30万平方米，种植各类乔木灌木约283万株；修护约5千米长江生态护岸，增加恢复湿地水系约13万平方米，新增绿化面积约80万平方米。

② 江苏省自然资源厅为了进一步选树典型、扩大影响，组织开展了第二届江苏省“最美生态保护修复案例”评选活动。该活动得到了省有关部门和市县自然资源主管部门的大力支持，经过多轮评审，评选出9个典型案例，涵盖了海洋生态修复、湿地恢复修复、丘陵山地保护修复、城镇生态修复和生物多样性保护等多个领域。包括世界遗产名录——中国黄（渤）海候鸟栖息地条子泥湿地保护修复、国家级地质公园——南京方山火山地貌生态保护修复等。

③ 六景分别是达摩古洞、燕矶夕照、幕府登高、化龙丽地、永济江流和嘉善闻经。

拓宽多元复合特色场景，铸就文旅吸引力典范。幕燕滨江风貌区积极探索文旅创新发展模式，通过开发一系列重点特色项目，打造出了多样化的复合型消费体验场景。以长江游轮激活水上休闲活力。幕燕滨江风貌区作为南京市长江段的重要文旅载体，通过创新开发游轮场景推动江岸联动，将沿江的文旅资源串珠成链。南京旅游集团通过与多家企业合资，成立南京长江行游轮有限公司①，陆续推出南京首艘滨江游轮“长江传奇”②和江苏省内唯一自主设计并建造的豪华游轮“长江之恋”③——实现了从餐饮美食、娱乐表演等传统业态到游轮婚礼、商户会展、科技展秀、长江生态研学等新兴业态的创新拓展④。“长江之恋”游轮沿途经过幕燕滨江风光带、八卦洲、南京长江大桥等十余处人文历史及自然景观点，是“沉浸”长江的绝佳视角。该航线成功入选交通运输部“全国50条水路旅游客运试点精品航线”，是南京市唯一入选航线。据《南京日报》相关报道显示，2024年10月，“长江传奇”和“长江之恋”总计营收达320万元，游轮上的餐饮、游乐等二次消费收入也迅速增长。以滨江花卉观赏平台引爆游客打卡热潮。2019年，幕燕滨江风貌区依托自身依山临江的地理优势，打造了幕燕滨江樱花观赏区——西起五马渡广场，东

---

① 南京长江行游轮有限公司由南京旅游集团与省外国企湖北三峡旅游集团、民营企业南京大件集团合资成立。

② “长江传奇”2021年被推出，实现江苏省滨长江干线游览“零的突破”，入选文旅部“2021文化和旅游融合发展创新项目”提名以及荣获第六届中国文旅IP大会“向阳而生”荣誉，还入选了国务院国资委“2021年度地方国企品牌建设典型案例”。

③ “长江之恋”2024年被推出，相较于之前的“长江传奇”游轮，载客能力提升近600人，是目前我国内河最长的双体滨江客船。

④ “长江之恋”立足于滨江游新场景打造，游客得以解锁更多新玩法。游轮上开设“听·长江的声音”幕燕滨江一日研学营，将“沉浸式”游轮体验、长江生态观光、滨江沿线自然人文景点打卡相结合；270度全息投影光影秀、数字化船舶模拟驾驶舱、数字化跟拍等多个“文旅+科技”游乐项目时尚新潮；游轮婚礼、会展等休闲观光旅游产品与服务，满足了市民游客的个性化需求。

至燕子矶广场，北至长江，南至幕府山下，全长 3.5 千米，占地面积约 42 万平方米。樱花观赏区内分布有染井吉野、普贤象、河津樱、十月樱、垂枝樱等43个品种5052株樱花，堪称南京最长“樱花大道”，也是目前国内唯一的“江景樱花”，在 2023 年，被世界纪录认证机构（WRCA）认证为“世界规模最大的滨江樱花观赏带”。区域内提供了绿道赏樱、江面赏樱、山上赏樱等多种景观视角，2023 年吸引数十万市民游客前来游玩赏花。以绿地缤纷广场营造一站式购物体验。开放式综合商业街区南京绿地缤纷广场[①] 位于中央北路与幕府东路交汇处东北侧，紧邻五塘广场地铁站，交通便利。街区填补了幕燕滨江风貌区周边区域无大型商业中心的空白，完成了对区域整体配套的补充和升级。绿地缤纷广场通过“主力店 + 商业街”的国际先进商业运营模式，创新融入美食餐饮、教育培训、健身会所、动漫创意、SPA、亲子乐园等各类主题商业，汇集了来伊份 LAB 实验店、香港星睿教育、小银星艺术团、奥乐奥儿童乐园等众多特色品牌，成为新鼓北一站体验式生活中心。

集结丰富文化体验活动，拓宽文旅精品营销平台。幕燕滨江风貌区围绕长江文化、体育休闲、城市烟火等主题举办了系列文旅品牌活动，提升了自身的知名度和影响力的同时，成为市民和游客休闲娱乐、文化体验的新热点。持续擦亮长江文化品牌，放大长江文化的时代声量。幕燕滨江风貌区将长江文化与花事、运动以及艺术等结合，举办了第二届和第三届长江花朝节、长江户外生活节以及长江 HOOLD 音乐节等。在 2024 长江 HOOLD 音乐节活动中，集聚了众多顶尖 HIPHOP 音乐人，活动融合了“说唱艺术”与“长江文化”元素，通过新颖的音乐展现手法和长江文化主题的展览、体验等沉浸式场景，为观众带来了一场视听与文化的双重盛宴，进一步打响“长江”系列文化活动的品牌影响力。积极举办体育休闲活动，焕发生态缤纷带的水岸活力。幕燕滨江风貌区聚焦跑步、登高、健步行等运动，举办了南京首届幕燕光影

① 南京绿地缤纷广场：2017年，由绿地及城开两家开发商齐力打造。

艺术展暨幕燕荧光夜跑、幕燕滨江登高季、樱花季亲子跑、山地越野跑、山地骑游等活动。在2024幕燕滨江登高季活动中，以“重Young节，步步趣登高”为主题，举办国风登高游园会，线路串联“百态达摩”广场、夹骡峰等景点，沿途通过设置诗词纳福接龙等趣味互动，再现“幕府登高”的盛景[①]。据统计，通过不断丰富景区体旅产品供给，南京幕燕滨江风貌区年接待游客、体育爱好者等100万人次，带动营收5000万元[②]。**创新开展后备厢文化市集，点燃城市空间烟火气。**幕燕滨江风貌区作为南京后备厢文化市集的发源地，自2021年10月起，五马渡汽车后备厢文化市集就已初显规模，在2022年3月迎来爆发式增长，高峰时期永济大道沿线2千米，平均每天有多达150多辆汽车出摊。据统计，2022年有20余支车队开展各类后备厢文化市集活动400多场，相关网络曝光量超7亿次，成为抖音、小红书等平台热点搜索话题。市集以年轻化群体经营为特色亮点，打造集时尚、潮流、文艺、社交等属性于一体的文化空间，汇集了“流动的博物馆”“消防科普车”“舌尖上的美味”等诸多特色消费场景。通过联动南京市博物总馆、江宁织造博物馆、六朝博物馆、江豚保护协会以及多家车队主理人等组织团体，幕燕滨江风貌区在2022年举行了首届中国汽车后备厢文化市集论坛活动[③]，成立了全国首个官方指导成立的汽车后备厢文化市集发展联盟——南京汽车后备厢文化市集发展联盟。2023年，五马渡汽车后备厢文化市集获评“南京特色消费场景”，幕燕滨江风貌区入选南京市第二批市级夜间文化和旅游消费集聚区名单。

---

① “幕府登高”活动缘起于东晋，鼎盛于明清，距今已有1700多年历史。每逢“重阳节”，人们便结伴来到幕府山登山祈福。在幕府山北侧沿江漫步，仰望山上，随处可见玲珑剔透的岩溶奇观，在朝暮时分远眺长江，霞光浸染，江水如练。幕府登高习俗，也于2012年6月入选南京市非物质文化遗产代表性项目名录。

② 数据来源于南京市体育局。

③ 活动由南京市商务局和南京旅游集团主办，南京幕燕公司承办。

五、鼓楼区都市文旅发展的经验总结、问题与展望

鼓楼区都市文旅的快速发展，主要得益于以下三方面：第一，坚持文化传承与创新的融合发展。鼓楼区内既有明航海文化、民国时期文化、长江文化、科教文化等文化类型，又分布有景区景点、历史文化遗产、非物质文化遗产以及各类文博场馆等文化载体，这些丰富的文旅资源为鼓楼区自身文旅产业的发展奠定了深厚的基础。区域通过深入挖掘和研究这些文旅资源，梳理其历史脉络和文化价值，并以此为核心将历史文化与现代元素相结合，创新文旅产品的表达方式和体验方式：如利用古建筑空间举办现代艺术展览、传统文化主题的沉浸式演出等，让游客在感受历史氛围的同时，体验到现代文化的魅力；与科研院所、教育机构等进行合作，通过开展文化讲座、开发教育课程、定制研学线路与组织科教活动等，让游客和居民更加深入了解鼓楼，由此实现文化传承与教育方式创新的融合发展。第二，注重文旅资源的整合与协同发展。鼓楼区内各景区景点的文旅发展相对较好实现了局部地区的资源整合与协同发展，使域内各文旅节点的发展形成了各自的影响圈层。比如，围绕鼓楼公园、大桥公园和阅江楼景区这三个地标性节点空间，通过整合其周边的自然景观、商业设施和唯一性建筑要素等资源和载体形成多元化的文旅产品体系或文旅消费新场景，打造集休闲、购物、文化体验于一体的旅游线路。再如，以颐和路历史文化街区、南艺后街·鼓楼水岸艺术街区和金银街国际青年艺术文化街区这三个特色线型空间为关系纽带，通过紧密联动其内外各类资源（包括空间载体、首店经济、特色品牌、组织机构、人才资源等），促成文商旅资源的整合发展，以此为游客提供了丰富多样的旅游体验。又如，联动中山码头、民国首都电厂旧址公园和幕燕滨江风貌区等重要滨江文旅空间，通过组织串联打造长江文化自然风光休闲游、红色文旅研学游、江豚观光体验游等一系列特色主题游览路线，实现滨江区域文旅载体资源的融合性发展，同时利用科技手段提升游览路线中文旅产品的展示效果和游客体验，增强了滨江文化展示的互动性和趣味性。第三，城市空间更新改造与特色文

旅消费场景打造统筹发展。通过对区域内富有文化底蕴或文旅发展潜力的空间进行改造与优化利用，鼓楼区将历史文化元素与现代时尚风格相融合：一方面，修缮保护历史建筑、古迹以及近现代建筑要素等，如鼓楼、阅江楼、颐和路历史文化街区、中山码头、民国首都电厂旧址等，让它们重现昔日风采，成为文化传承的重要载体，吸引着众多游客探寻历史的韵味；另一方面，在更新改造后的城市空间中创新融入文旅新元素，打造出诸如元宇宙、绣球花节、时尚艺术展览、特色轮渡观光、复合式多业态“景区式”共享空间等多元化的消费场景。特色文旅消费场景的打造，不仅提升了城市空间的品质和吸引力，还为游客带来了独特而丰富的文旅体验，促进了文化与旅游的深度融合，推动了鼓楼区文旅产业的蓬勃发展，为城市的经济发展和文化繁荣注入了新的活力。

鼓楼区凭借其独特的历史文化底蕴和丰富的物质、非物质文化资源，在文旅发展方面卓有成效，但在不断前行的道路上，仍还有些地方可以做进一步优化与调整，其主要体现在：首先，鼓楼区区域品牌有一定影响力，但整体品牌形象尚不够鲜明。鼓楼区内现已打造出环南艺艺术文化街区品牌、颐和路历史文化街区系列流量首发品牌、鼓楼幕燕滨江系列重大活动品牌等重点文旅名片，但单体文旅品牌在国内外的知名度和影响力有待提高，全区整体品牌形象尚不够鲜明，并缺乏系统性的品牌营销和推广策略。例如在社交媒体营销方面，虽然拥有一些官方账号，但内容更新不及时或推送内容的创新性不足，难以吸引游客的关注和参与。其次，城市更新在助力鼓楼区文旅发展上取得一定成效，但对全域文旅产业链的空间整合仍不够全面。在城市更新过程中，鼓楼区在文旅产业空间融合上取得显著成就，在鼓楼滨江一带旅游空间的统筹布局上显得尤为突出。但由于历史规划和现实发展的限制，全域文旅产业的空间布局尚缺乏一定的系统性规划。最后，鼓楼区文旅与教育产业的融合发展取得一定成效，但仍存在融合深度不够的问题。鼓楼区的教育资源优势在南京市尤为凸显，在推动文旅发展的过程中，区内也逐渐形成了以南艺后街·鼓楼水岸艺术街区和金银街国际青年艺术文化街区为代表的文旅教育融合发展优秀范例，同时也涌现出一批以景区为核心的文旅研学产品研发项目（如阅江楼系列研学课程体系）。但在城市更新过程中，旅游景区周边的土地利用功能尚缺乏统筹考虑，文旅发展与区域内不同层级不同类型教育资源的融合发展仍存有很大的进步空间。

在当今文旅产业蓬勃发展的大背景下，各地都在积极探索适合自身的发展路径，以提升区域的文化魅力和旅游吸引力。为进一步推动鼓楼区文旅产业的高水平发展，针对以上存在的不足，未来可从以下三方面着手：首先，对接长江国家文化公园战略为鼓楼争取话语权，构建“江河山城楼”五位一体空间发展格局，打造长江名楼新经济创新示范区。链接长江与秦淮河，以通江达海的情怀引领区域走向国际面向未来。将长江文化鼓楼诠释作为核心内容，把握好精髓和神韵，赋予新时代新内容给养和价值灵感。以长江名楼新经济为引领，依托阅江楼片区，融合文旅体验、数字潮玩、体娱运动、艺术研学、风情消费等，打造南京江城交汇的文旅融合新坐标。其中，将阅江楼景区打造成为南京新文化制高点，以南京江城交汇的文化旅游融合新坐标、梦回金陵的城楼创意场景目的地和走向世界的中国名楼文化精神地标为主要发展目标，以江城联动为发展路径，沿建宁路自东向西串联阅江楼景区、大观天地 Mall、证大大拇指广场、大马路、龙湖长江广场等重点载体，云集国内外精品首店、引领消费潮流、吸引全球客群及人才流量，推动实现从“老城时代”向“长江时代”跨越进阶，打造鼓楼开放动脉——“建宁大道”。以长江大保护为核心，彰显长江文化标识，生动演绎鼓楼江岸新内涵，系统串联鼓楼滨江段各类文化建筑遗址、水岸码头、产业载体、人文社区等旅游资源节点。以中山码头为例，通过串联江边路其他场景载体，打造江边路主题景观带，加快布局文旅消费新业态，活化创新利用工业遗址，打造文旅休闲、产业发展的未来水上门户。其次，场景经济重塑地点精神记忆、造就拥江门户，借力城市更新整合鼓楼区旅游资源，构建金陵江河都市旅居目的地。鼓楼区的城市更新行动为域内各类旅游资源的整合提供了新的机遇和动力，通过对域内空间的重新规划和改造，可实现鼓楼区旅居目的地的文旅发展目标。构建中山码头江岸、市井生活场域、大桥精神门户、西站铁路枢纽和下关商埠 1899 湾五大城市新场景。其中，围绕中山码头江岸打造江边漫游街区（争取省级城市更新试点）、民国首都电厂旧址公园（争取创建国家 4A 级景区）、小红楼 1935 和中山码头综合体，围绕市井生活场域打造城墙下社区商业综合体、阅话角、绣球公园、八字山公园、小桃园和挹江门，围绕大桥精神门户打造礼赞中国精神 · 大桥文化公园、和记洋行 · 新青年办公综合体、中冶和悦港产业园区（争取创建省级文化产业示范园区），围绕西站铁路枢纽打造南京铁路博物馆主题公园和未来江河活力社区，围绕下关商埠 1899 湾打造大马路街区（争取创建省级夜间文化和旅游消费集聚区）、长江避风港美食综合体和滨江数创总部园区。鼓楼区内分布有较多的高校资源，青年大学生群体数量占比较高，据此特点可设计出多样化的全域特色旅游线路体系：将鼓楼公园、阅江楼景区、颐和路历史文化街区等历史文化节点串联起来，打造“历史文化潮流之旅”；将大桥公园、中山码头、民国首都电厂旧址公园与幕燕滨江风貌区进行空间优化升级，打造“滨江沿岸自然风光休闲游”；将南艺后街 · 鼓楼水岸艺术街区、金银街国际青年艺术文化街区、颐和路历史文化街区等创意艺术空间进行串联，打造“时尚文艺休闲游”。**最后，创意经济融入赋予每一寸土地新价值磁力，多重产业融合发展打造文旅商创融合示范区**。衔接鼓楼区“三主四特”产业体系，结合创意经济、数字经济、共享经济、虚拟经济等新经济形态，构建“1+2”产业体系（即 1 个主导产业和 2 个创新产业，具体为都市文商旅产业、文化创意产业和数字科创产业），形成鼓楼区经济高质量发展的着力点。对于都市文商旅产业，近期可围绕餐饮、住宿、交通、游玩、购物、娱乐六大文旅内部产业要素，全方位构建规范化、体系化、品牌化、多元化、智慧化休闲度假产业；远期可结合阅江楼景区、大马路街区等重点载体，形成布局合理、功能齐备、多业融合、特色鲜明的休闲度假发展格局，实现休闲度假产品和产业体系全面升级，打造“多产业协同、文体旅联动、水城人互融”的泛文化旅游产业簇群模式。对于文化创意产业，近期重点打造明潮里、铁路博物馆园区等文化产业项目，力争建成一批市级以上文化创意众创空间，引进培育一批知名骨干文化创意企业集团，推动一批企业在多层次资本市场挂牌上市；远期依托深业滨江总部园区等发展网络视听、创意设计的文化产业小总部载体，加快推动与环南大知识经济圈互联合作，重点促进与南京大学、南京艺术学院等周边高校产学研结合，聚焦“文化＋科技”“文化＋教育”“文化＋传媒”产业融合，释放低效地块载体资源，布局实现“科创＋校园”文化创意产业集群。对于数字科创产业，近期依托南京西站载体，开发南京西站数字藏品，将南京西站打造成数字文创消费新空间，推动鼓楼数字义创产业提质升级；同时完善数字基础设施布局，以阅江楼景区和中山码头综合体为载体，进行基础设施数字化改造，将中山码头打造成集数据运营管理与动态监测于一体的大数据中心，将阅江楼景区打造成集数字化管理、数字化服务与数字化场景体验于一体的数字化景区；远期以未来打造数字园区为目标，依托龙湖长江广场、深业滨江总部基地等载体，与南京市河海大学等鼓楼区内重点高校积极开展合作。

鼓楼区以文旅融合为创新，赋能更新传统景区、历史片区、生活街区等空间，构建一个个新空间，成为市民触手可及、出门能见的高品质生活场景，展现城市宜居环境、历史文化风貌的高价值文旅场景，拓展投资空间、推动需求牵引供给的高潜力生产场景。站在文化传承的高度，推进文旅融合的深度，让城市散发文化温度，成就“首善之区、幸福鼓楼”。

第五章
十朝风尚：玄武区山水城林国际消费的转型裂变

玄武区是南京市的中心城区，是南京最具历史底蕴的区域之一，也是南京名胜古迹最集中的一个区域，紫金山之秀美、玄武湖之旖旎、明城墙之沧桑，三者交相辉映，集中体现了南京“山水城林”的独特风貌。这里既承载了南京最有文化代表性的明城墙、明孝陵等高等级旅游载体，又汇聚了德基广场、长江路等引领消费潮流的文旅消费场景，以及南京博物院、梅园新村等承载城市记忆的文博场馆，绵延千年的城市文明与新时代下的消费活力在这里交织碰撞，融汇成玄武区独有的、难以复制的魅力与特色。玄武区正全力建设国际消费中心城市中心区，以提升消费国际化水平为核心，依托现有世界级文旅资源加快发展新质生产力，系统布局城市枢纽、重点景区、特色商综，以远见超越未见，打响玄武区的国际品牌影响力。

一、山水城林间镌刻六朝印记，科创赋能下演绎古韵新生

“江南佳丽地，金陵帝王州。”[①]紫金山、玄武湖无疑是南京的代名词，而这一山一湖都来自玄武，这片承载着千年历史风华的土地，完美诠释了

---

① 原句出自南北朝的谢朓的《入朝曲》：“江南佳丽地，金陵帝王州。逶迤带绿水，迢递起朱楼。飞甍夹驰道，垂杨荫御沟。凝笳翼高盖，叠鼓送华辀。献纳云台表，功名良可收。”

“山水城林，古今交融”的诗意画卷。我们看到，玄武区深厚的历史文化底蕴与蓬勃的旅游发展态势相得益彰，从中山陵的庄严肃穆到鸡鸣寺的古朴清幽，从长江路的一路繁花到玄武湖的满池春色，从明孝陵的皇家气派到金陵STYLE浪漫中心的潮流风尚，每一处景点场馆都成为玄武区的独特名片，这些文旅资源相互补充、彼此融合，共同构成了玄武区独特的旅游魅力，为打造世界级旅游载体奠定了坚实的基础。

1. 政治中心地位逐步确立，铸就城市发展格局

玄武区六朝时期位于南京宫城的核心地带，成为南京乃至江南地区的政治中心。玄武区的管辖范围历史可追溯到战国时期，彼时属金陵邑辖地，秦始皇渡江望向金陵山（今紫金山）感叹：“五百年后，金陵有都邑之气”，反映了玄武区在战国时期就被视为具有王者之气的地方。三国时期，诸葛亮看到以紫金山为首的群山，发出“钟山龙盘，石头虎踞，真乃帝王之宅也”的赞叹，为孙权迁都南京提供了借鉴参考，由此推动了建业的建城史，使得南京从一座普通的地方性城邑迅速崛起，并跃升为中国东南地区的核心政治枢纽，且在今后长达300年的时间中一直保持其政治中心地位。建业城分都城和宫城两重，都城的建设“东环平冈以为固，西城石头以为重，带玄武湖以为险，拥秦淮、青溪以为阻”[①]，确定了四至范围；宫城是六朝建康城的核心，位于今天新街口以东大行宫一带为主的区域。东晋时期晋成帝依照洛阳城的规制在都城建设里融入了“天下之中”的概念，具体体现在采用了“建中立极、中轴对称”的空间布局形式，而从春秋战国时期古人有了运用“中轴线”的先例，鲁国都城曲阜（今山东曲阜）是目前发现的较早运用“中轴线”的城市，开

① 原句出自于南宋时期陈亮的《戊申再上孝宗皇帝书》：“臣尝问之钟阜之僧，亦能言台城在钟阜之侧，大司马门适当在今马军新营之旁耳。其地据高临下，东环平冈以为固，西城石头以为重，带玄武湖以为险，拥秦淮清溪以为阻。是以王气可乘，而运动如意。若如今城，则费侯景数日之力耳。曹彬之登长干、兀朮之上雨花台，皆俯瞰城市，虽一飞鸟不能逃也。”

创了中国都城中轴线规划之先河[①]。宫城的建设在孙吴原来宫殿的基础上（吴太初宫、昭明宫、苑城的旧址）新建了建康宫，又称台城，都城的名称则沿用了宫城名称，称为“建康城”，自此形成的城市格局在宋、齐、梁、陈等各代均有沿用。六朝时期，玄武湖“北至红山，西限卢龙”“周回四十里”[②]，面积是现在的三倍多，湖面辽阔，直通长江，这样的自然条件使其成为极佳的练兵场所；同时位置毗连六朝宫殿，成为皇帝和后妃们休闲娱乐的场所——因此玄武湖是六朝时期重要的操练水军的演兵场和皇家园林湖泊。孙权不仅是第一位在南京称帝建都的帝王，也开创了帝王崩逝后葬于钟山的传统，孙权的陵墓位于紫金山南麓明孝陵景区梅花山内，并葬有孙权的皇后步氏和潘氏[③]。后来东晋康帝、孝武帝、文帝等都葬于钟山之阳，钟山主峰南山腰曾挖掘出被列为“2000 年全国十大考古发现之首”的六朝祭坛，是目前我国发现的最古老最大的皇家地坛。南朝时期梁武帝萧衍沉迷佛学，南京地区佛教盛行，佛寺数量蔚为壮观，总计超过 500 余座，其中尤为显著的是钟山区域汇聚了 70 多座佛寺，这使得钟山成为江南地区举足轻重的佛教文化中心之一，在鸡鸣埭兴建的同泰寺（今鸡鸣寺），自古便有“南朝第一寺”的美誉，对佛教文化的传播与融合产生了深远影响[④]。紫金山和玄武湖作为玄武区的主要自然

---

① 《曲阜鲁国故城》考古报告中，明确认为鲁国都城中一条宽15米的“第9号古道路”即为鲁国都城中轴线，张鸿雁教授最早在《春秋战国城市经济发展史论》中提出，近年来，这种说法已得到广泛认可。参见：张鸿雁. 春秋战国城市经济发展史论［M］. 沈阳：辽宁大学出版社，1988：448.

② 周应合. 景定建康志［M］. 南京：南京出版社，2009.

③ 《三国志》记载：“夏四月，权薨，时年七十一，谥曰大皇帝。秋七月，葬蒋陵”，这是南京地区最早的一座六朝陵墓，也是这里第一座陵墓。

④ 据史书载，梁武帝在同泰寺阅读《涅槃经》，经中记载，佛言：“善男子，夫食肉者断大悲种……我从今日制诸弟子，不得复食一切肉也。”梁武帝有感于大乘佛教的慈悲心，便积极提倡素食，在同泰寺广集佛教弟子，并颁布了《断酒肉文》，令天下所有佛教弟子不得食肉，从此素食成为中国汉传佛教弟子的一项美德，因此鸡鸣寺也是汉传佛教素食文化的发源地。

资源，占据了区内近 50% 的面积，这一山一水在南京六朝古都的文化和品格下发挥了重要的功能与意义。

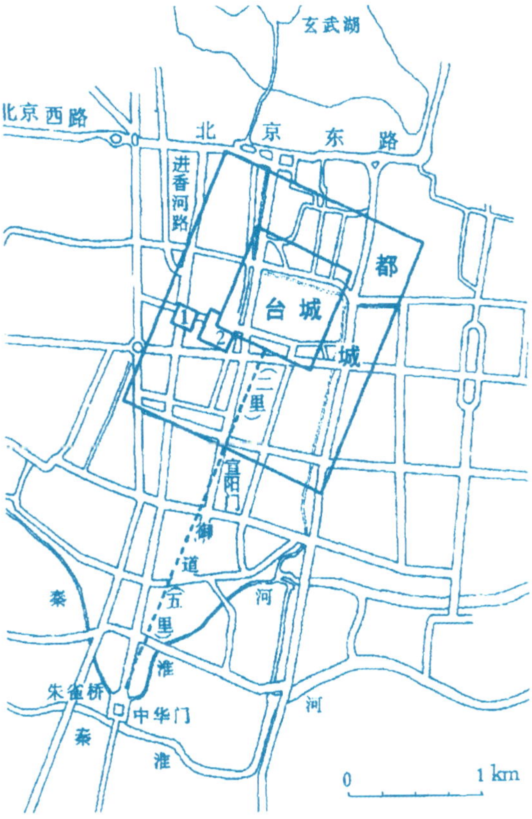

图 5.1　六朝建康城复原图[①]

明朝时期南京再次成为都城，玄武区作为宫城所在地，政治中心地位得以延续。元顺帝至正十六年（1356 年），朱元璋攻占江南重镇集庆（今南京），改名应天，次年开始兴建宫城并扩建应天府城，1368 年朱元璋定都南京后，大张旗鼓地开展都城的营建，为了将南京建造成天下第一名都，朱元璋下令

① 图片来源：卢海鸣. 六朝都城［M］. 南京出版社，2002：85，“六朝建康城位置示意图”。

征调全国各地工匠、普通百姓和犯人进京筑城，人数多达百万之众[①]。南京的城墙建设始于1366年，历经长达28年的精心构筑，至1393年方告竣工。这一浩大的工程构建了由内而外的多重防御体系，包括宫城、皇城、京城以及最外围的外郭，其中，位于核心的宫城与皇城即为现在的明故宫遗址。宫城的位置坐南朝北，中轴线上的建筑群由南向北依次是午门、奉天门、“前朝”三大殿（奉天殿、华盖殿、谨身殿）及“后寝”两宫（乾清宫、坤宁宫）[②]；中轴线东侧由南至北依次是文华殿、奉先殿和柔仪殿；中轴线西侧由南至北依次是武英殿、春和殿[③]。南京明故宫开创了宫殿格局形制和礼制建筑，特别是宫、城轴线合一的模式[④]。朱元璋建都南京初始即召集群臣深入钟山勘选陵址，最终选定独龙阜建陵[⑤]。在1381年，明孝陵的宏伟建设正式拉开序幕，次年葬入马皇后，因其谥号为“孝慈”，故陵墓称孝陵。1398年朱元璋驾崩，同葬入孝陵。1413年明成祖朱棣为缅怀其父朱元璋的丰功伟绩，建造了大明孝陵神功圣德碑，标志着这一历时数十年的建陵工程最终圆满竣工。孝陵的

① 朱元璋下令南直隶（包括今江苏省、安徽省和上海市）、江西行省（今江西省）、湖广行省（包括今湖北省、湖南省）的地方政府，以及驻扎在京城内外的军队卫所、中央工部等部门和单位按照生产责任制烧造城砖。

② 王国奇. 南京明故宫午门勘测简报［J］. 文物，2007（12）：66–72.

③ “前朝”是皇帝办理朝政、接见中外使节朝觐、大宴宾客、策试会试举人的场所；“后寝”（又称后廷）及左右附属建筑，是皇后和皇室成员、侍从聚会、宴饮、居住、学习和游憩的场所。两者组合起来，称为“朝廷”。文华殿是东宫太子处理政务、宴饮国戚及东宫官属之所，奉先殿是供奉和祭祀皇室祖先之所。武英殿是皇帝斋戒时所居住的地方。

④ 邓晟辉，姚亦锋. 南京明故宫历史地段保护研究［J］. 山东建筑工程学院学报，2006，21（2）：122–128.

⑤ 独龙阜是位于钟山主峰南麓的一个独立山岗，高约70米，直径达三四百米，就像一座巨大的天然坟茔。在独龙阜的东面和西面各有一条高约90米的山脊，东面的称为龙砂，西面的称为虎砂，南面偏西是水面开阔的前湖，北面则是钟山主峰，这正合了“左青龙、右白虎、前朱雀、后玄武”的风水理念。站在独龙阜远眺，正前方有高约50米的孙陵岗，也就是现在的梅花山，此是“近案”，更远处有方山，呈俯伏拜揖之状，此为“远朝”。按照风水学说，独龙阜的确是一个天造地设的皇家风水宝地。

规模之宏大，建筑之雄伟，令人叹为观止，当时从朝阳门（今中山门）至孝陵卫到陵墓西北所筑的皇墙有 22500 米长，护陵驻军有 5000 多人。陵寝的建造汲取了汉、宋方上形式和唐代因山为陵的经验，创造性地使用合院、宝城宝顶、方城明楼等具有代表性的墓葬形式，开创了曲折自然式神道之先河，更为引人注目的是，南朝时期多达 70 所的寺院中，竟有一半被围入了这片禁苑之中，为孝陵平添了几分宗教的神秘与庄严。明孝陵作为明代皇陵建筑的典范，不仅开创了一套全新的帝王陵墓规制，对后续的皇家陵寝产生了深远而持久的影响，也是我国现存建筑规模最大的古代帝王陵墓之一。明朝统治者推行多元化的宗教政策，南京佛教再度兴盛，成为全国佛学中心，灵谷寺被称为金陵三大佛寺[①]之一，朱元璋为其手书“天下第一禅林”匾额悬于山门，康熙和乾隆皇帝均多次游灵谷寺留下“灵谷禅林”“净土指南”的题字。

图 5.2　明代宫城、皇城、外郭城示意图[②]

① 金陵三大佛寺包括大报恩寺、天界寺和灵谷寺。

② 图片来源：杨晨曦. 军事与文化双重因素制衡下明南京城的规划艺术［J］. 艺术与设计，2022，2（05）：79–81，图2《明南京宫城与皇城示意图》。

民国时期，玄武区成为中国政治军事的中枢、重大事件的策源地，并在此期间依托《首都计划》奠定了城市发展肌理和空间格局。1912 年，孙中山先生在总统府宣誓就任中华民国临时大总统，成立中华民国临时政府。1927 年，国民政府发布了南京城市规划文件《首都计划》[①]，首都建设委员会由孙中山之子孙科负责，由美国建筑师亨利墨菲、古力治、国内建筑师吕彦直组成南京城市建设队伍。这份《首都计划》是中国最早的现代城市规划[②]，对于全国的城市改造和建设有很强的示范和指导作用。《首都计划》的综合分区规划将南京划分为八个区，将玄武区命名为第一区，明故宫一带为中央政治区，伴随着国民政府监察院、国防部、财政部等众多政府机构的入驻，玄武区的政治地位得到进一步强化。道路规划的构建使玄武区的城市肌理逐渐明晰，遵循中西结合的原则引入了林荫大道、环城大道、环型放射等西方新的规划概念，在玄武区得到了部分实施，例如专为党政军机关规划的道路，包括国府路（现长江路）、黄埔路、中央党部路（后改称湖南路）等。在《首都计划》中，新街口首次被规划为商业区[③]，吸引众多商家入驻，随后，新街口逐步成为南京的商业核心，并为其日后演变为“中华第一商圈”奠定了商贸基础。《首

---

① 孙科在《首都计划·序》中指出：“首都之于一国，固不唯发号施令之中枢，实亦文化精华之所荟萃。……（南京）其前途发展，殆不可限。然正惟其气象如此之宏伟，则经始之际，不能不先有一远大而完善之建设计划，以免错误，而资率循。”而林逸民则指出：“此次计划不仅关系首都一地，且为国内各市进行设计之倡。影响所及至为远大。”

② 哈佛大学教授柯伟林曾表示：“南京是中国第一个按照国际标准、采用综合分区规划的城市……如果南京今天可以称作‘中国最漂亮、整洁而且精心规划的城市之一’的话，这得部分归功于国民政府工程师和公用事业官员的不懈努力。”

③ 1940年代，新街口迅速发展为重要的商业金融中心，使这里成为中国的“华尔街”：福昌饭店、大三元、同庆楼、三六九菜馆等饭馆林立，灯红酒绿。中央商场、李顺昌服装店等商店云集；中央日报、朝报、新民报、扶轮日报等有影响的报馆，以及大华大戏院、新都大戏院、世界大戏院、中央大舞台等娱乐场所也汇聚于此，新街口成为南京的核心。

都计划》以欧美科学之原则、吾国美术之优点作为指导方针，使玄武区中山陵风景区和梅园新村一带涌现了一批有文化特色的中国近代建筑，这些中国近代建筑群展现了中西交融的时代趋势，是中国近代建筑师群体探索民族形式建筑的典型代表[①]。在城市建筑风貌上，造型宏观采纳欧美规划模式，微观上采用中国传统形式，冀图增强对传统文化的自信和国家意识的认同[②]。纪念性建筑以吕彦直设计的中山陵为代表，它借助钟山南坡由低渐高的自然山势，层层向上推进，在同一条中轴线上安排了广场、牌坊、墓道、碑亭、祭堂和墓室，烘托出庄严肃穆的氛围；文教建筑以中央大学建筑群为代表，该建筑群被称为民国时期新古典主义的建筑代表，坐北朝南、门前开阔，位于中轴线上的大礼堂，由英国公和洋行于1930年主持设计，建筑师创新性地于穹顶上开八边形窗户，反映了20世纪建筑设计领域开始关注建筑功能性的趋势；公共建筑以中央体育场为代表，由基泰工程司关颂声、杨廷宝设计，建筑功能吸取西方体育场的经验，外形采用中国传统牌楼形制[③]，气势恢宏，整体构成一个开放式布局、合理紧凑的建筑群。

---

① 据《首都计划》中记载：“一国必有一国之文化，中国为世界最古国家之一，数千多年，皆以文化国家见称于世界。……国都为全国文化荟萃之区，不能不借此表现，一方以观外人之耳目，一方以策国民之兴奋。”

② 董佳. 国民政府时期的南京《首都计划》——一个民国首都的规划与政治［J］. 城市规划，2012，36（8）：14–19.

③ 中央体育场全部工程均为钢筋混凝土结构，各赛场均设看台，进出口多采用民间牌楼形式，是形式与功能完美统一的典型范例，在中外建筑界有巨大影响，它不仅是当时国内第一，也是当时远东最大的体育场。

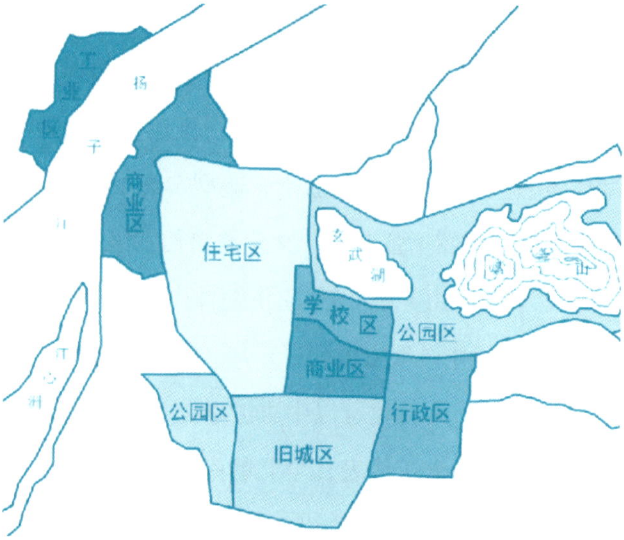

图 5.3 《首都计划》分区示意图[①]

2. 优质旅游载体梯度建设，奠定文旅发展基础

1982 年至 2003 年，玄武区初步形成涵盖传统风光游和文化游的旅游格局。钟山风景名胜区成为国内重要的自然景观游览地和文化遗产地。景区自新中国成立后进行了大规模的植树造林与林相优化工程，截至 1982 年，已成功种植了超过 300 万株的各类树木，显著改善了区域内生态环境[②]。景区内有中山陵景区、明孝陵景区、灵谷景区三大核心景区，分布着各类名胜古迹 200 多处，于 1982 年成为首批公布的 42 个国家重点风景名胜区之一，其中中山陵景区于 1991 年被国家旅游局列为“中国旅游胜地四十佳”，明孝陵于 2003 年 7 月被正式列入《世界遗产名录》。玄武湖自新中国成立后便成了举办各

---

① 图片来源：黄道远. 1927—1937年南京城市规划作用机制研究［D］. 清华大学博士论文，2015，图3. 5《〈首都计划〉三稿分区规划示意图》。

② 钟山风景名胜区作为南京市古树名木最为集中的区域，占据全市古树名木总数量的63. 2%。据2020年第六次古树名木普查结果显示，钟山风景名胜区古树名木列入《南京市古树名木名录》的总数量是1320株，共涵盖75个植物种，分属于31个科54个属。其中不乏国家级保护植物及濒于灭绝的珍稀树种。

类庆典、展览、演出等重大活动的主要场所。在 1984 年 10 月 1 日新中国成立 35 周年之际，南京市举行了改革开放以来最隆重的庆祝活动，玄武湖公园作为这次活动的主要场所，园内搭建了玄武门彩楼、六朝仕女雕塑、彩凤金龙以及各种彩龙等休闲活动设施，活动期间日均人流量达 20 万人。在 1998 年 9 月 20 日至 10 月 10 日期间，玄武湖公园举办了第二届中国国际花卉博览会，江苏省政府和南京市政府投资近一亿元对中会场玄武湖的水质、道路、场馆等建筑设施进行了全面的综合整治，60 万盆鲜花将玄武湖装扮得焕然一新，为期 20 天的花博盛会吸引了 40 万中外游客前来观光游览。进入 21 世纪后，玄武湖的游园活动更加丰富，不再局限于五一节、国庆节等重大节日，2000 年 4 月，在玄武湖的湖心岛梁洲举办了“五十六个民族，五十六朵花”——玄武湖大型民族风情游园会，活动持续举办了 45 天，为弘扬少数民族地区文化起到了积极的作用[①]，同年朱镕基总理曾在玄武湖芳桥与老百姓共同游园。南京博物院在藏品与展览以及展厅扩建方面取得了初步进展。1982 年，在江苏省盱眙县南窑庄的重大考古发现中，南京博物院积极争取获得后被誉为馆内“镇护之宝”的金兽[②]，是迄今为止全国考古发现的最重的一件金器，重 9100 克，含金量高达 99%，同时期出土的与金兽相关的 9 块半金饼、15 块马蹄金、麟趾金，以及 11 块金版楚国钱币“郢爯”，为研究古代黄金货币制度和铸造工艺提供了重要资料。南京博物院原有中山门和朝天宫两处藏品库房，1992 年 11 月为进一步提升文物保护和管理能力，在历史陈列馆西侧新建了一座建筑面积 3456 平方米的新库房；1993 年，在南京博物院建院 60 周年之际进行了扩建工程，增加了艺术陈列馆；1999 年，南京博物院艺术陈列馆开始

① 黄永武. 玄武湖史话［M］. 南京：南京出版社，2009：107-115.

② 1982年，江苏省盱眙的一处窖藏中偶然发现了一批文物，南京博物院得到消息后第一时间派专家前往鉴定。后续经过一个月与其他博物馆的宝物争夺，南京博物院工作人员手持江苏省政府的文件，和淮阴地委盖章的公文，连夜赶往盱眙取宝，在荷枪实弹的公安人员的护送下，最终将这批国宝运抵南京。

运营，建筑面积1.7万平方米，展陈面积7000平方米，展出文物5000余件(套)，馆内设立了珍宝、玉器、青铜等11个特色鲜明的专题陈列区域。艺术馆是南京博物院由历史类博物馆向历史艺术类博物馆转型的标志，其展览获评“全国十大陈列展览精品奖”。

2004年至2015年，玄武区持续推动景区场馆和商业综合体建设。在旅游景区和文博场馆方面，玄武区依托其丰富的历史文化遗产，完成1个5A级景区和5个4A级景区的创建，全方位满足游客对高品质旅游体验的需求。2004年，中国近代史遗址博物馆通过近4亿元资金的改、扩建工程，以晚清、民国历史古建为依托，以文物史料作印证，形成了11个内容、风格各异的占地近12万平方米展馆，被评为国家4A级旅游景区。2005年，玄武湖公园在政府的大力支持下，经历了大规模的扩建和改造工程，包括疏浚湖水、迁出湖民、广植花草、多增景点等一系列举措，最终被评为国家4A级旅游景区。2007年，钟山风景区以其独特的自然景观和深厚的文化内涵被批准为首批国家5A级旅游景区，成为南京市旅游产业的标志性景点及玄武区旅游业的金字招牌。2008年，梅园新村纪念馆致力于保护历史遗产、传承红色文化，并积极开展各类教育活动，被评为国家4A级旅游景区。2013年，红山森林动物园作为中国成立最早的动物园之一，自2009年开始对多个场馆改造升级，提升动物的起居环境，被评为国家4A级旅游景区。2014年，南京博物院通过二期工程改建，在原有的历史馆、艺术馆基础上，增设民国博物馆、非遗展示馆、数字博物馆和特展馆，形成“一院六馆”格局[①]，被评为国家4A级旅游景区。至此，玄武区的旅游核心吸引景区布局已初步形成且持续至今。在商业综合体建设方面，南京1912街区于2004年开街，将南京城市夜生活延长了4个小时，街区最初作为总统府[②]的配套设施而建设，围绕总统府形成既

① 王宗亮.南京博物院扩建后正式开放[J].东方艺术，2013(23)：1.

② 总统府现更名为南京中国近代史遗址博物馆。

有历史文化特色又有现代时尚风采的休闲文化商业中心，其中包含四大主题风情休闲广场、三大功能分区以及 19 栋民国风情独栋建筑，打造当时南京唯一集餐饮、娱乐、休闲、观光、聚会为一体，文化品位于一身的民国风情主题时尚休闲商业街。为了实现新街口的整体繁荣，2006 年以南京最高端的综合性购物中心为定位的德基广场一期正式开业，与新街口商圈内以百货业为主营的新百商场和中央商场、以家电业为主营的苏宁电器以及大卖场沃尔玛形成明显的定位和品味落差，先后吸引 Louis Vuitton（路易威登）、Hermes（爱马仕）、Dior（迪奥）、BVLGARI（宝格丽）等 25 个国际一线奢侈品牌入驻，奠定了其在南京市国际顶级购物与商务中心的地位。2012 年，德基广场再度扩容，迈入二期发展阶段，在已汇聚众多高端奢侈品品牌的基础上，又引进了 Chancl（香奈儿）、BURBERRY（博柏利）、Yves Saint Laurent（圣罗兰）等更多国际一线品牌，使得商场的国际奢侈品牌总数突破 50 大关，真正蜕变成为一个汇聚全球奢华精品的超级商业综合体。同年周边的艾尚天地购物中心开业，面向年轻群体引进多元潮流业态，共同构建了独具魅力的高端购物环境，使新街口东北角地块从低收益空间华丽转身成为如今的高附加值消费地标，使玄武区成为南京乃至华东地区的重要消费目的地。

2016 年至今，文化和旅游产业被列为玄武区地标产业之一，文旅融合进入快速发展阶段。2021 年长江路入选首批国家级夜间文化和旅游消费集聚区[①]。一条长江路，半部金陵史。长江路沿线分布着梅园新村历史文化街区、江宁织造博物馆、德基广场等 30 余项高能级文商旅载体，资源密集度位

---

① 国家级夜间文化和旅游消费集聚区是由文化和旅游部分批次遴选。2021年7月5日，《文化和旅游部办公厅关于开展第一批国家级夜间文化和旅游消费集聚区建设工作的通知》发布，为贯彻落实《国务院办公厅关于进一步激发文化和旅游消费潜力的意见》，大力发展夜间文化和旅游经济，更好满足人民日益增长的美好生活需要，文化和旅游部决定开展第一批国家级夜间文化和旅游消费集聚区建设工作，南京市的长江路和夫子庙—秦淮风光带入选首批国家级夜间文化和旅游消费集聚区。

居全国前列。2016 年玄武区开始举全区之力推进长江路文旅大街的建设，组建长江路历史文化发展有限公司，推进历史文化大街标识系统建设，搭建长江路历史文化大街官方微信平台，开发多样化的夜间文旅项目，打造文旅体验式长廊，这也是玄武区文旅融合项目的首次落地。后来区内又陆续创成了南京 1912 文化旅游休闲街区、金陵 STYLE 浪漫中心、南京国际展览中心潮 SPACE 活力街区等 3 个市级夜间文化和旅游消费集聚区。2023 年 5 月，以长江路的成功开发为蓝本，打造环玄武湖文旅消费集聚区。由南京市玄武湖周边地区综合管理办公室牵头环湖地区 25 家文商旅单位，建立环玄武湖文旅消费发展联盟，以“构筑发展格局、完善文旅配套、丰富文旅供给、创新文旅服务、优化文旅环境”五大板块 20 条重点任务为行动路径[①]，经过三年的规划建设，加快资源集聚融合提速、配套功能设施提升、产品结构供给提质、便民文旅服务提效、智慧监管水平提升，计划将环玄武湖文旅消费集聚区建设成为推动夜间消费经济增长的新动力源。2023 年 11 月玄武区入选首批国家文化产业和旅游产业融合示范区建设单位名单，玄武区文旅局获评全区高质量发展综合考核第一等次。玄武区在空间布局上，深度挖掘文旅资源，编制“4+5 创建行动计划”[②]，打造以核心景区为主导、产业园区为配套、中心街道为支撑和社区廊道为纽带的综合性文旅融合发展格局。在业态融合方面，

---

① 《南京市玄武区建设环玄武湖文旅消费集聚区实施方案（2023—2025）》明确了5个方面20条重点任务，未来的环玄武湖地区将充分利用好文商旅集聚资源，促进联盟合作共赢、业态融合发展、夜间经济繁荣。

② “4+5创建行动计划”推动环山（紫金山）、傍湖（玄武湖）、沿河（珍珠河）、临街（城市硅巷）等区域创新实践，景区、街区、校区、园区、社区等五区融合发展。

持续推动“L”形夜间经济集聚区的建设[①]，结合 1912 街区、东西会等夜间市集点亮区内夜经济，并成功打造了首店经济的“首选之地”，吸引了超过 400 家首店入驻[②]。在文旅项目的落地保障方面，玄武区立足区内金融集聚优势，为文旅项目的落地提供信贷支持。2019 年通过施行“钟山计划”推动中国青旅集团华东运营总部基地项目等一批优质文旅项目签约落地，2022 年为加速后疫情时期文旅行业的回暖，推出玄武文旅“码上贷”融资服务和应急贷等信贷服务[③]，这些举措为玄武区内文旅项目的落地及文旅产业的发展注入了持续增长的活力。

3. 头部资源价值高效转换，释放消费市场活力

玄武区高等级文旅资源汇集，旅游禀赋卓越出众。玄武区人文历史底蕴深厚，在资源等级、种类、数量等方面均有明显优势，各类景区总占地近 40 平方千米，占区域总面积约 55%，景区占比在全国同类城区中十分罕见。玄武区文旅资源丰富，景区和园区载体规模可观。拥有钟山风景名胜区 1 处 5A 级旅游景区，以及玄武湖景区、梅园新村纪念馆、中国近代史遗址博物馆（总统府景区）、红山森林动物园和南京博物院 5 处 4A 级旅游景区；拥有梅园新村历史文化街区 1 处国家级历史文化街区；拥有十朝历史文化园、T80 文化科技国际社区 2 处省级文化产业园示范区，南京星河 WORLD 产业园 1 处省

---

① 南京市玄武区作为主城核心，在探索夜间经济新发展路径上下足功夫，推出“L”夜时空夜经济品牌。“L”夜时空是指构建以长江路—丹凤街—安仁街—百子亭为基点的“L”形夜间经济集聚区，让玄武的夜间经济在尽展都市现代魅力的同时，也不乏市井“烟火气”，沿线走过，一幅“L”形夜经济画卷迅速铺开，玄武“L”夜时空精彩绽放。

② 数据显示，截至目前，玄武累计集聚首店400余家，其中全球首店6家，省级以上首店250余家，占首店总数63%，涵盖餐饮、服饰、美妆等多种品类，首店数量、质量稳居全市前列。

③ 邓露洁. 文旅融合，老城“破局”更“出圈”［N］. 南京日报，2023-12-20（12）.

级文化产业示范园区创建单位，以及南京国际展览中心、南师大玄武文化科技园等 20 余家市级文化产业园区。玄武区文化底蕴深厚，物质和非物质文化遗产资源富集。在世界文化遗产方面，拥有明清皇家陵寝的扩展项目（明孝陵）1 处世界文化遗产，明清城墙（由南京明城墙牵头）1 处世界文化遗产预备名单，其中明孝陵保持了陵寝原有建筑的真实性和空间布局的完整性，体现出明清建筑艺术的最高成就，其创立的陵寝制度有着承前启后、独创新规之划时代意义。在文物古迹方面，主要分布在钟山一带，现有国家级文保单位 19 处，数量占比全市第一：其中包括古遗址钟山建筑遗址、明故宫遗址（玄武区）2 处，古墓葬明孝陵（玄武区）1 处，古建筑南京城墙（玄武区）1 处，近代重要史迹及代表性建筑中山陵、太平天国天王府遗址、国立紫金山天文台旧址、中共代表团办事处旧址、原国民政府旧址（玄武区）[①]、中央体育场旧址、国民大会堂旧址、侵华日军南京大屠杀死难同胞丛葬地（玄武区）、孙中山临时大总统府及南京国民政府建筑遗存、励志社旧址、中央大学旧址（含梅庵）、中央陆军军官学校旧址、国立中央研究院旧址、北极阁气象台旧址和国立美术陈列馆旧址 15 处。在非物质文化遗产方面，以传统美术和传统技艺为主，拥有 8 个省级非遗项目和 16 个市级非遗项目，拥有 5 位省级非遗人和 32 位市级非遗人。省级非遗包括木雕（南京仿古木雕）、竹刻（金陵竹刻）扩展、泥塑（南京泥人）扩展、瓷刻（南京瓷刻）4 个传统美术，绿茶制作技艺（雨花茶制作技艺）扩展、素食制作技艺（鸡鸣寺素食制作技艺）扩展、精细木作技艺（扩展）3 个传统技艺和胭脂井传说 1 个民间文学。玄武区是文博荟萃之地，拥有 15 家文博纪念场馆，占全市数量 18.8%[②]。其中包括国家一级博物馆南京博物院 1 处，国家二级博物馆明孝陵博物馆、南京地质博物馆 2 处，

---

① 原国民政府旧址（玄武区）包括国民政府考试院旧址、国民政府主席官邸旧址、国民党中央监察委员会办公楼旧址、国民党中央党史史料陈列馆旧址4个点。

② 数据整理自国家文物局综合行政管理平台。

国家三级博物馆孙中山纪念馆、南京抗日航空烈士纪念馆2处，文物系统国有博物馆南京市博物总馆（江宁织造博物馆）、南京市博物总馆（中共代表团梅园新村纪念馆）2处，其他行业国有博物馆南京紫金山昆虫博物馆、博物馆南京天文历史博物馆、南京市博物总馆（六朝博物馆）、南京古生物博物馆、南京市宝缘斋博物馆、南京林业大学博物馆和励志社博物馆7处，以及非国有博物馆南京清城韵翠玉博物馆1处。

玄武区文脉绵延千年，为南京入选世界文学之都提供了有力支撑。首先，中国历史上第一个“文学馆”诞生于玄武区，南朝宋文帝元嘉十五年在北郊鸡笼山（今北极阁）开四馆教学，四馆的设立首次把文学提高到与经学同等的地位，标志着我国分科教育制度的开始，堪称我国最早的分科大学，并在此诞生了中国现存最早的文学论著《文心雕龙》①以及最早的诗文选集《昭明文选》②。其次，中国古代学府代表之一国子监诞生于玄武区，明代朱元璋在鸡笼山的南脚下设国子监，永乐年间学生达到9000余人，是十四世纪、十五世纪中国最大的国立大学，黄佐在《南雍志》中记载：“规制之备，文教之盛，自有成均，未之尝闻也。”国子监还招收部分外国留学生，例如高丽、日本、暹罗等国都有留学生来此学习，促进了文化交流与传播。在同时期，朱棣下令解缙、姚广孝等编纂《永乐大典》，它是我国历史上规模最大的类书，也

---

①　《文心雕龙》是南朝文学理论家刘勰创作的文学理论著作，成书于南朝齐和帝中兴元年至二年（501—502），是中国现存最早的一部文章学论著，由于书中所论多涉及文学创作，故现代学者又多视之为现存最早的一部用中文撰写的综合性的文学批评专著。作为一部体大思精之作，它既总结了先秦以来文学创作的经验，又继承和发扬了前人文学理论的丰富遗产，在文学的各个方面提出了自己精辟的见解，形成了完整的理论体系。它的产生在中国文艺理论史上具有重大的意义，对后世产生了巨大而深远的影响。鲁迅先生认为它可以和亚里士多德的《诗学》相媲美。

②　《昭明文选》由南朝梁武帝的长子萧统（谥号“昭明”）组织文人共同编选，书中收录了自先秦至齐梁几百年间的700余篇作品，首次为“文学”与“非文学”之间划定了界限和范畴，对文学走上独立发展的道路起到了开创性作用。如今《昭明文选》一书及其所代表的文学风格成为古代文学的典范之一。

是迄今为止世界最大的百科全书[①]。再次，世界印刷史上的里程碑——十竹斋三谱诞生于玄武区。明朝万历年间，书画篆刻家、出版家胡正言在南京鸡笼山麓设立十竹斋，胡正言力邀吴彬、吴士冠、倪瑛、米万钟等当时名家进行专题创作，更将赵孟頫、唐寅、沈周等传世名作进行临摹刻印，最终成就了中华水印木刻最巅峰的“十竹斋三谱”——《十竹斋笺谱》《十竹斋书画谱》《十竹斋印谱》，其中《十竹斋笺谱》创新采用“饾版”“拱花”两种技法，将传统印刷术带入了三维时代，深刻影响了日本乃至东南亚地区书画、版画、印刷术的发展。鲁迅先生对《十竹斋笺谱》尤其钟爱，盛赞其为“明末清初文人士大夫清玩之最高成就”。最后，南京于2019年10月31日入选世界文学之都，以此为契机打造的世界文学客厅于2022年4月24日正式对外开放。南京世界文学客厅依托中国首个文学馆遗址打造由主展厅、临展区域、阅读沙龙空间、十竹斋书房和宁好文创店等构成的文学交流空间，并突破空间界限与鸡笼山周边6.1万平方米范围内形成了一个更大范围、更开放多元立体的“客厅”，漫游2.1千米文学小路可以打卡华林园、半山石景园、文选亭等多个文学坐标，通过将各个文学元素链接起来，构建一个包含文学馆、文学小径、文学山等于一体的开放性“世界文学客厅”。

随着南京晋升网红城市热度攀升，作为文旅大区的玄武也是硕果累累。首先，玄武区在游客接待量与文旅消费方面均取得了显著的成果。2023年全区游客接待量突破6000万人次，文旅产业对GDP的贡献率接近20%，节假日将文旅消费推到新高潮。在2024年春节期间，全区6家A级旅游景区共接待游客301.1万人次，去年同期为106.78万人次，同比增长146.73%，实现营收4005.85万元，去年同期为1544.96万元，同比增长126.87%。其次，由

① 《永乐大典》全书22877卷（目录60卷，共计22937卷），11095册，约3.7亿字，汇集了古今图书七八千种，内容包括经、史、子、集，涉及天文地理、阴阳医术、占卜、释藏道经、戏剧、工艺、农艺，涵盖了中华民族数千年来的知识财富。

玄武区文旅联盟主导的活动取得了令人瞩目的成效。在春节假期期间，玄武文旅联盟筹划举办“新春佳节·漫游玄武”文旅消费活动，在各个景区以不同主题打造多元化场景，推出“龙年大吉贺玄武”“红色记忆寻玄武”“文化传承在玄武”“网红打卡拍玄武”“视听盛宴醉玄武”“品读研学览玄武”“露营野趣享玄武”等七大板块约 30 场重点活动，包括在明孝陵博物馆开展非遗绒花展演、双龙贺岁灯笼主题非遗绒花手作等活动，在南京十朝历史文化陈列馆举办最美中国年——中国传统民俗展，在金陵 STYLE 浪漫中心举办 2024 龙年好市等，通过多样活动让游客和市民“畅享玄武”。最后，玄武区的头部景区持续维持着高关注度与热度。玄武区内的知名旅游胜地，如钟山风景名胜区、玄武湖以及红山森林动物园，持续位列全国十大热门景区榜单之中，成为备受游客青睐的热门目的地。钟山风景名胜区 2023 年通过引进新消费品牌、举办音乐会等活动，共接待游客近 3500 万人次，旅游经济收入同比 2019 年增长 70% 以上，其中景点购票游客达 1330 万人次，均创历史新高。景区各重大节假日客流量均位居全国前三，并入选“2023 年度携程口碑榜”十佳赏秋景点。玄武湖景区 2023 年通过打造水上运动基地、举办大型体育赛事等，经济发展再创新高，游客接待量最高突破 2000 万人次，全年创收超 1.75 亿元。红山森林动物园在重点节日和动物保护日举办了兔年生肖文化节、爱鸟周系列活动等多种科普教育活动 120 余场次，线上线下影响公众达 5800 万人次，在 2023 年共接待 700 多万游客，其中有效购票人数为 405 万人次，同比上升 447.3%，2023 年上半年文创产品的销售额更是突破 500 万元。

二、国字号和世界级提升焕新，打造世界级旅游载体

从世界级传统景区的持续化发展到国字号新晋顶流景区的重点培育，玄武区不断挖掘景区文化内涵，以资源禀赋为硬支撑，强化自身特色标识，激活全域文旅资源，通过打造文旅平台及行业联盟，以集聚效应实现资源的优化配置和共享；通过创新文旅产品体系，以多元业态融合实现夜间消费场景

的活力焕发；通过强化文旅在地服务，以提升服务配套设施实现游客体验的焕新升级。打响“一城山水 十朝风尚”玄武名片，探索新时代文旅产业高质量融合发展“玄武路径”。

1. 钟山风景名胜区—中山陵园风景区：资源融合丰富业态，构建世界级旅游景区标杆

钟山风景名胜区—中山陵园风景区（以下简称钟山风景区）是首批国家5A级旅游景区和国家级风景名胜区之一，生态资源禀赋一流、历史文化底蕴深厚、世界级文旅地标集聚。景区内拥有世界文化遗产明清皇家陵寝的扩展项目——明孝陵[①]，中国历史最悠久、规模最大的砖砌拱券结构殿宇——无梁殿，汉族地区佛教全国重点寺院——灵谷寺，远东第一别墅——美龄宫等众多世界级唯一性旅游资源，以及国家级文保单位16处、省市级文保单位31处、中国20世纪建筑遗产5处和200余处各类文物古迹。2023年景区共获得各类荣誉47项，其中国家级9项、省级16项，包括2023年国家旅游科技示范园区、全省风景名胜区管理工作先进单位等，并且紫金山国家森林公园成功创建了南京首个国家青少年自然教育绿色营地。

钟山风景区依托众多世界级旅游资源，形成了建筑文化遗产保护经验。景区持续加强文化遗产和建筑遗产传承和利用工作，通过原真性保护、创造性转化和创新性开发，使景区在新时代下焕发新活力，更加满足人民群众的美好生活需要。对建筑文化遗产形成原真性保护。2003年7月3日，明孝陵

① 明孝陵作为世界文化遗产，梁思成先生曾评价道：“明代陵寝之制，自太祖营孝陵于南京，迴异古制，遂开明清两代帝陵之型范。”明孝陵拥有独有的建筑体制、极高的历史地位、永恒的文化价值、完整的空间序列、优良的生存环境和周全的保护体系，淋漓尽致地表现了“天人合一”的理念，是中国传统文化、建筑艺术和自然环境相结合的典范，明孝陵陵寝制度承前启后、独创新规，为其后500多年的明清两代帝陵所沿用，在中国古代帝陵制度史上具有里程碑式的地位。

作为“中国明清皇家陵寝”扩展项目[①]，正式列入《世界遗产名录》[②]。此后中山陵园管理局对标世界遗产管理标准编制并执行了《明孝陵总体保护规划（2018—2035）》，规划范围覆盖了明孝陵和明功臣墓区域总计675万平方米，将钟山北麓以及中华门外8处明功臣墓纳入一体化保护，明孝陵作为明清皇家第一陵的整体形制以及遗产的真实性、完整性得到进一步彰显，并用系统理念实施保护修缮，严格遵守“不改变文物原状”和“最小干预”原则，科学严谨开展考古勘探、建筑保护、馆藏文物修复、文保及周边环境整治等保护修缮项目，先后实施明楼加顶保护、神功圣德碑亭（四方城）保护、大金门修缮保护等文保工程。为提升明孝陵文物预防性保护水平，景区建设明孝陵监测预警系统、明孝陵文物安全防范系统、森林防火工程等智慧平台，以现代科技守护文化遗产，保护传承历史文脉[③]。对建筑文化遗产进行创造性转化。2020年5月，钟山风景区将景区内的14家文博馆串珠成链打造“钟山博物馆集群聚落”，至2024年已有世界遗产明孝陵、生态科普荟钟山等5个

---

① 经过联合国教科文组织世界遗产委员会第27届会议审议，明孝陵以其独有的建筑体制、极高的历史地位、永恒的文化价值、完整的空间序列、优良的生存环境和周全的保护体系赢得全票赞成。

② 汪东明. 明孝陵：提升文保水平［N］. 人民日报（海外版），2023-7-31（11）.

③ 明孝陵监测预警体系项目是明清皇家陵寝系列遗产中第一个建设遗产监测体系的单位，该体系能够24小时对明孝陵进行动态数据监测，通过明孝陵文物安防综合管理平台整合以上子系统，实现陵寝区域周界全闭环、全时段入侵感知与报警，同时融合原有安保通信设备，实现了数据共享统一管理，为保护动植物资源建设森林防火智慧工程，通过在全山布置相关的烟感监测装置，有效提高了火灾防范能力，以及构建了完善文物保护单位网格化巡查管理机制，联合驻景区单位和文保志愿者，形成了覆盖全域、联防联动的明孝陵“大保护”格局，进一步织牢织密文化遗产“安全网”。

类别的 15 家场馆[①]，利用博物馆集群的协同效应，实现博物馆间的资源共享，形成了全国少有的基于建筑、生态、人文、观光、科普、休闲于一体的“没有围墙的大型博物馆”[②]。在 2021 年举办的钟山博物馆聚落奇妙夜活动中，明孝陵博物馆围绕“博物馆的未来——恢复与重塑”这一主题，通过深入探讨中国传统文化和南京城市文化等 5 个维度，展现了中华传统文化中蕴含的艺术价值与时代精神；南京十朝历史文化陈列馆推出“书香满南京”阅读推广活动等。自钟山博物馆聚落成立以来，其影响力与吸引力显著提升，2020 年度吸引了超过 110 万人次的游客探访；此外，博物馆还积极组织了 435 场研学活动，吸引了超过 2 万名参与者的热情加入。**对建筑文化遗产进行创新性开发**。音乐台建于 20 世纪 30 年代，占地面积大约有 4200 平方米，主要是用于举行纪念孙中山先生的仪式、音乐表演和集会演讲，而今致力于打造“国际化、专业化、经典化”的古典音乐盛会品牌，森林音乐会至今已连续举办 10 年，以“纯天然”式的呈现和“顶配级”的阵容逐渐成为南京城市名片，在 2023 南京森林音乐会中近 400 名艺术家参演，超万名观众现场聆听，线上超 2500 万人次观看直播，社交媒体上的相关话题观看次数超 1 亿。北极阁的建设可追溯到六朝时期在此建设用于观云测天的“灵台候楼”，明朝时期朱元璋在北极阁上设观象台，2020 年在北极阁气象台原址上建成了中国北极阁气象博物馆，占地 1200 平方米，馆内将北极阁独特的古观台旧址文化、近代气象旧址文化、民国建筑文化、当代气象事业最新成就等多重文化元素高度

---

① 钟山博物馆集群聚落内共有“世界遗产明孝陵”“浩气长存中山陵”“抗日航空飞将在”“千年古都六朝风”“生态科普荟钟山”五个类别场馆，15家场馆分别是：明孝陵博物馆、孙中山纪念馆、南京抗日航空烈士纪念馆、原国民政府主席官邸旧址、东吴大帝孙权纪念馆、紫金山森林科普馆、南京梅花艺术中心、南京中山植物园、南京地震科学馆、民国邮政博物馆、南京十朝历史文化陈列馆、紫金山昆虫博物馆、南京海底世界水族馆、紫金山天文台博物馆和钟山文学馆。

② 邢虹，李子俊，朱彦.“博物馆之城”大有看头［N］. 南京日报，2024-5-18（T02）.

融合，十多年来，博物馆接待线下观众 10 万人次，线上观众超 150 万人次。

钟山风景区依托丰富的自然资源，探索着森林旅游开发时代路径。钟山风景区作为南京地区最具生态价值的城市森林公园和生物多样性最为丰富的地区，集中了亚热带江南低山丘陵地区主要森林植被类型，共有蕨类植物 25 科 36 属 80 种，有本地野生种子植物 113 科 387 属 701 种，有国家保护植物 26 种，有古树名木 1320 株，约占南京市古树名木数量的 63%。第一，以生态自然景观打造百科全书式的植物乐园。中山植物园是中国第一座国立植物园，也是国内四大植物园之一[①]，占地 186 万平方米。整个园区还设有观赏植物中心、植物迁地保护重点实验室和华东地区最大的植物标本馆等，是一所集科研、科普和游览于一体的综合性现代化公园。植物园依托其植物资源和科普功能，常年举办“保护珍稀濒危植物”“我与自然亲密接触之夜观”等科普活动以及欧洲花卉展、绣球展等花事活动。在 2024 年绣球展活动中展出近 100 个经典绣球品种，共计 1 万余株，新增了绣球花山坡、园林园艺小品等多处网红打卡点，吸引了大批游客驻足拍照打卡，在抖音平台“中山植物园绣球花开”“南京中山植物园绣球展开幕”等话题累计达 100 万播放量，在微博平台“被南京这片绣球花海浪漫到”相关话题达 815.6 万阅读量[②]。第二，以历史文化遗产创新森林旅游业态。长生鹿苑于 2020 年正式开放，位于明孝陵梅花谷“台想昭明”东侧、燕雀湖北岸，占地面积约 5000 平方米。回溯至明朝初年，明太祖朱元璋建造明孝陵时，在孝陵陵区内养了上千头鹿，它们的颈间悬挂着刻有“长生”二字的银牌，象征着吉祥与永恒，因而这些鹿被后人亲切地称为“长生鹿”，在明末文人朱国祚的笔下得以生动描绘：“驯鹿银牌寸有三。”而今，长生鹿苑以崭新的面貌重现了这一历史风貌，让“银牌鹿往来林中”“深

---

① 国内四大植物园分别为北京植物园、上海植物园、南京中山植物园和广州白云山植物园。

② 数据截止至2024年9月9日。

林见鹿踪”的诗意画面再度成为现实，游客可以目睹梅花鹿在湖畔的悠然自得，它们时而穿梭于梅花丛间，时而漫步于水杉林下，并且游客还有机会与这些温顺的小鹿进行亲密互动，体验与自然和谐共处的乐趣。第三，以节庆擦亮森林旅游文旅名片。南京国际梅花节是一年一度的国家级大型旅游节庆活动，曾获“中国十大节庆品牌”等殊荣，梅花山是主会场之一，自 1996 年首办至今已成功举办了 29 届，每年接待来自各方游客达 50 余万人次。在 2023 年南京国际梅花节中，梅花山推出形式多样、内容丰富的双节闹花灯等 36 项沉浸式文旅活动，南京市文旅局推出以梅花节为主题的 2023 南京春季旅游 8 条多维线路产品，持续深化媒体平台上的多元化宣传推广策略，全方位提升南京国际梅花节的品牌影响力与公众认知度。据南京智慧旅游大数据运行监测平台数据显示，梅花节对南京文旅市场带动溢出效应明显，活动期间南京全市景区共接待游客 1250.75 万人次，同比 2022 年上升 90.26%。其中，钟山风景区接待游客总量达 254.18 万人次，同比 2022 年上升 528.38%。

钟山风景区依托创新业态与服务，推动了旅游景区的可持续发展。景区秉持“以人为本”的服务理念，通过不断提升旅游配套服务、加强国际化服务和创新营销策略等，全面优化游客的旅游体验。引进多梯度酒店餐饮业态，提升旅游消费丰富度。在酒店方面，景区拥有南京东郊国宾馆、苏宁钟山国际高尔夫酒店、南京中山陵云几·澄心堂度假酒店、南京国际会议大酒店等高档酒店品牌，以及亚朵酒店、南京维景国际大饭店等商务连锁酒店品牌，其中南京东郊国宾馆始建于 1957 年，曾多次接待党和国家领导人及外国元首，被称为中国最佳国宾馆之一，并与钟山风景区合作推出“豪华房 + 钟山风景区套票 + 双人旅拍”的定制旅游服务。在餐饮方面，景区于 2017 年开始，先后引进云几·紫金山人文茶馆、六朝瑞庭·青野 Glamping Cafe&Bar、拾叁茶等新消费茶饮品牌，不断丰富餐饮业态，其中景区内的拾叁茶门店是其南京首家茶空间体验店，门店不仅提供自身热门产品，还定制了景区专属的壶泡茶系列、融合品牌元素的明孝陵套色章等。优化旅游国际化服务，提升入境游客满意度[1]。钟山风景区在便捷购票、快速核验及绿色通行方面实现了“一卡通”服务，在景区官微、人工窗口、自助预约机等线上线下平台增设“外国人永久居留身份证”证件服务选项，持证游客预约、购票成功后，使用电子票二维码即可检录入园。在游览景区过程中，景区官微上提供中英文的自助语音导览，景区内也有中、英、日、韩四国语言的自助讲解器，同时景区内各类标识标牌均使用国际通用性公共符号，实现中英文全覆盖。为了方便外国游客刷卡支付，景区全方位打通“外币收单业务”场景，目前钟山风景区投放的 40 台收单设备覆盖所有一线窗口、停车场、导服窗口、文博场馆和 2 个特色文创店[2]，全面实现银联交易及 VISA、万事达、运通、JCB、大来、发现（DISC）六大国际卡种消费，并且持卡人在景区消费后产生的手续费均由景区承担。打造梧桐相关特色话题标签，提升景区营销话题度。钟山风景区充分利用微博、微信公众号、抖音等社交媒体平台，发布梧桐大道的美景图片、视频以及旅游攻略等内容，并且通过举办摄影比赛、话题挑战等线上互动活动，鼓励网友分享自己在梧桐大道的游览体验，在外交部发言人赵立坚等知名人士社交平台的分享下，进一步提升了梧桐大道的知名度，根据抖音平台显示，“梧桐大道”“南京梧桐大道”等相关话题播放量达 25.5 亿次。美龄宫凭借多张航拍照片吸引大量游客前往打卡，俯瞰的角度下，美龄宫建筑与周围的梧桐黄叶勾勒出一条宝石项链的轮廓，被称为南京“最美项链”，

---

① 2024年随着“中国游”（China Travel）在全球范围内持续升温，南京作为全国37个实施144小时过境免签政策口岸城市之一，依托其六朝古都的深厚历史以及山水城林的自然资源以前所未有的速度在全球“圈粉”。据数据显示，2024年1月至6月，南京接待入境过夜旅游者23. 2万人次，同比增长83. 2%，实现旅游外汇收入3. 8亿美元，同比增长45. 8%，人均消费1600美元，上榜入境游热门目的地TOP10，并且春节期间钟山风景区成为在江苏的境外游客最爱打卡地，景区消费金额全省第一，同比增长近1倍。

② 郃子君.“走出去”展现古都魅力 “引进来”南京赢得口碑［N］. 中国旅游报，2024-4-17（1）.

在2023年七夕节期间，美龄宫周边景观灯伴随着七夕紫金山漫步活动正式亮灯，这些灯光经过精心设计，将美龄宫和梧桐树映衬得如诗如画，仿佛一条光彩夺目的“项链”镶嵌在紫金山上，在吸引大量市民和游客前来参与的同时，提升了钟山风景区甚至南京的城市形象和知名度。根据抖音平台显示，“美龄宫项链七夕被点亮”话题浏览量达3773.4万播放量。

2. 环玄武湖文旅集聚区：系统整合周边资源，打造都市环湖休闲度假样板

环玄武湖文旅集聚区总长约10千米，毗邻南京站和小红山客运站等交通枢纽，区位优势明显。在2023年5月区政府召开的第20次常务会议中，会议审议通过了《南京市玄武区建设环玄武湖文旅消费集聚区实施方案（2023—2025）》，方案提出，积极建设环玄武湖文旅消费集聚区，充分挖掘玄武湖及周边独特文旅资源禀赋，进一步整合提升环玄武湖沿线“吃住行游购娱”文商旅产业链，促进资源共享、实现共创共赢，推动优质文旅企业在玄武集聚发展，不断提升玄武文旅产业规模和能级，将环玄武湖文旅消费集聚区建设成为国内领先、国际知名的城市休闲度假新样板和文商旅融合夜间消费的新地标。2023年，南京站通过改造提升南广场亲水平台、打造“宁+驿站”以及开展20余场活动等，营收增长了146个百分点，呈现出显著的上升态势；玄武湖公园通过举办花事活动、体育赛事等，实现自营收入1.75亿元，同比2021年增长55%，创下历史新高；在1—11月期间，太阳宫剧场通过举办话剧、音乐会、演唱会以及夜市等丰富多彩的活动，营收增加了33.27%，集聚区的建成显著提振了区域经济的增长。

发挥平台性，推动环玄武湖文旅载体的协同发展。环玄武湖周边区域历经十余年的共治探索，空间布局与管理体系持续优化与健全，在环玄武湖文旅消费发展联盟平台的带领下，公共设施配套得到完善，进一步彰显玄武湖文旅融合的区位优势和资源优势。探索区域共治路径，奠定环玄武湖文旅集聚区发展基础。2013年6月，出台了《南京市玄武湖周边地区综合管理办法》

293 号令，划定了“玄武湖周边地区”的具体范围，形成以龙蟠路、北京东路、中央路、红山南路为四至的闭合区域，玄武湖周边地区综合管理委员会下设玄武湖周边地区综合管理办公室。2014 年末，玄武与鼓楼两区签订行政执法管理权交接备忘录，将中央门、南京火车站北广场的部分行政执法管理权移交由玄武区行使，使玄武湖周边地区形成较为连续完整的管理体系。2022 年，由南京市玄武区投促局、玄武区商务局、玄武门街道主办，江苏省工商联指导举办“花漾环湖 共赴精彩”——2022 玄武门街道环湖载体资源发布会，围绕“推动文旅 + 招商融合发展”主题，推介环玄武湖环亚凯瑟琳广场、金谷创客空间等优质载体资源，助力环玄武湖招商引资。**整合周边文商旅资源，成立环玄武湖文旅消费发展联盟**。2023 年 5 月，玄武湖综管办牵头环湖地区 20 余家文商旅单位正式成立环玄武湖文旅消费发展联盟[①]，其中包括南京国际展览中心、金陵 STYLE 浪漫中心、南京商厦、南京曙光国际大酒店、太阳宫剧场、南京火车站、红山森林动物园、凯瑟琳广场等单位。联盟通过线上线下结合驱动稳健发展：线上成立“环乐玄武湖”官网微信平台，对外发布联盟单位最新活动信息，提升环玄武湖的品牌力；线下授牌 4 位行业专家、企业代表联盟“智库”，举办环玄武湖文旅消费发展联盟论坛，助力环玄武湖文旅消费高质量发展。联盟通过联勤联动形成管理保障合力。2024 年，在环玄武湖文旅消费发展联盟的基础上，纳入 7 家联勤联动执法单位，成立环玄武湖文化旅游区党建联盟，针对交通等关键区域进行重点优化，设置机动车临时落客区，将玄武门 38 个机动车位调整为非机动车位，有效缓解了交通

---

① 环玄武湖文旅消费发展联盟单位包括玄武湖周边地区综合管理办公室、南京国际展览中心、南京金陵之星大酒店、南京古生物博物馆、高力六角广场、金陵 STYLE浪漫中心、南京商厦、南京邮政、云几·文都玄武门、南京曙光国际大酒店、太阳宫剧场、新世纪大酒店、玄武湖景区、玄武湖假日酒店、神策门公园、南京火车站、红山森林动物园、玄武湖瑞庭婚礼宴会中心、凯瑟琳广场、南京汽车客运站、金旅德必、垠坤·创意中央、南京世界文学客厅、水悦汗蒸盛会等。

拥堵问题，有效推进合作共治、资源共享。解决环湖停车难痛点，提升游客文旅消费体验。玄武湖综管办牵头制定了《关于优化提升环玄武湖地区交通秩序的工作方案》，通过区域划分、设置围栏隔离以及增加停车位等综合性措施，实现从源头上的治理、科学化的控制和服务质量的提升，进一步缓解拥堵，保障交通顺畅。系统整合环玄武湖地区周边停车场，将其划分为核心区、管控区、分流区[①]，在节假日等客流高峰时段，在玄武门路、北京东路等关键路段启用“电子围挡”，限制网约车临时停靠及共享单车在此类区域的租借归还，以维护交通秩序。针对旅游大巴停车需求，除金陵 STYLE 街区已有的 38 个专属泊位外，环玄武湖文旅集聚区积极整合周边资源，在小红山客运站、原长途东站等地增设旅游大巴专用停车场，确保大巴车停放有序。对于自驾游客，环玄武湖文旅集聚区整合周边 20 余家公共停车场的 3588 个停车位及 18 家内部停车场的 1638 个停车位。为便捷市民游客获取停车信息，推出“旅运金陵”微信小程序，可实时查看玄武湖周边公共停车场的具体位置、收费标准等。据统计，玄武湖综管办协调相关部门和街道在 2024 年上半年督促共享单车公司 80 余次，加大地区非机动车停车秩序的管理，整理、清运单车 4.6 万余辆，设置非机动车临时停放指示牌。

强调体验性，构建多元化的文旅消费场景。加快发展首店经济，引入丰富业态，打造具有玄武文化特色的多元城市体验空间。释放首店效应，引领户外时尚新场景。环玄武湖文旅集聚区积极鼓励推出更多具备南京特色、引领时尚潮流的美食、打卡、消费项目。在华东首店的布局方面，引进堂口 TOWN.CO PUB，打造龙 + 虎 + 狮的国潮赛博空间，结合餐饮与娱乐，成

---

① 核心区指玄武湖周边主要公共停车场，当停车场停满后，临时封闭停车场入口，引导至其他停车场停放；管控区为府前路鸡鸣寺牌坊、西家大塘台城路、中央路玄武门路、中央路洞庭路、龙蟠路展馆路，当车流达到饱和时，将采取机动车临时管控措施；分流区为新庄广场、红山路红山南路路口、龙蟠路岗子村路口、龙蟠路龙蟠中路路口，当车流达高峰时采取分流控制。

为年轻人潮流聚集地。在江苏首店的布局方面，引进 Patagonia（巴塔哥尼亚）、Pinarello Brompton MCC（皮纳雷洛 伯龙腾 MCC）等户外品牌，以及 YellowKorner 摄影画廊等文化品牌，其中 Patagonia 是世界顶级户外运动服饰和装备制造商、品牌商，主要出售日常休闲款和专业运动款服饰及配饰；Outland X Snowpeak 户外露营集合店，由户外露营品牌 Outland 与日本户外品牌 Snowpeak 联合打造，出售专业户外设备；Pinarello Brompton MCC 是意大利顶级的自行车制造厂商，售卖多种自行车类型，为消费者传递健康和户外生活方式；YellowKorner 源自法国巴黎，是全球权威的摄影画廊，艺术空间内涵盖 9 种摄影主题，坐拥多个限量珍藏摄影作品。在南京首店方面，引进 Klattermusen（攀山鼠）等户外品牌，Klattermusen 店铺内从城市机能到专业户外，产品丰富，涵盖众多户外场景，提供全方位的购物新体验。丰富环湖业态，激发文旅消费新活力。在餐饮业态方面，拥有南京大排档、海底捞火锅、鱼四季等连锁餐饮，MIU CLUB、么哈 MOJAR 等潮流餐饮，其中 MIU CLUB 是南京夜店的高端品牌之一，通过邀请本土化优质嘉宾、高品质派对内容以及创意氛围打造，成为南京夜间网红打卡圣地；还有 NEW ARC 落日餐厅、邮政咖啡、UNIUNI、SeeSaw café 等轻食餐饮，其中 NEW ARC 以有机、健康的角度和生活方式呈现 Brunch&Bistro 定位，玻璃独栋的设计增添了餐厅的浪漫氛围。在户外运动类业态方面，拥有六角滑板公园、玄武湖水上运动基地、环亚凯瑟琳屋顶足球场等场所，其中六角滑板公园是玄武区首家室外滑板公园，是集滑板、体育运动于一体的大型娱乐社交中心。在复合文化业态方面，拥有大众书局、The Green Party、先锋书店等品牌商铺，其中 The Green Party 主营时尚配饰、文创数码绿植花园等品类，超万件产品款式丰富，满足顾客多元需求。拓展夜间场景，点亮城市经济新“夜”态。玄武湖融合科技、艺术与文化等持续丰富夜间消费场景，延长游船码头、皮划艇、小火车等项目的运营时间，推出玄武湖东岸全息光影秀，它是 2024 年环玄武湖文旅集聚区打造的数字文旅新地标，通过 10 台先进的全息投影设备呈现出 90 个精彩的画面，以全新的视角呈现玄武湖锦绣风光、展现古都金陵的绝代风华。红山森林动物园举办动物园奇妙夜特色活动，推出 1198 元 / 人的昼夜营和 698 元 / 人的夜探，动物园通过独特的夜间展示和互动体验，让游客在夜晚也能感受到动物园的魅力，是一场集科普教育、互动体验与自然观赏于一体的夜间盛宴。

聚焦社群性，实现多元受众裂变增长。环玄武湖文旅集聚区针对大学生群体、户外爱好者、文艺青年等群体推出了青年交友、户外运动赛事、艺术交流等活动，2023 年至今举办的系列活动中，带动环玄武湖人流量同比增幅超 20%，主要载体营业收入同比增长率超过 22%，有效提振环玄武湖消费活力。面向大学生群体，推出新生及毕业生嘉年华、青年交友系列活动。在 2023 级在宁高校院所大学新生嘉年华活动的三天活动中，邀请了东南大学、南京理工大学、南京农业大学等高校参与，举办了开幕式、“唱响金陵 怦然‘新’动”青春音乐会、“玄”彩生活青年市集三大版块活动，其中“玄”彩生活青年集市聚集了在宁高校 43 个优秀大学生社团，分为非遗手作、科技创意、潮玩文创和深夜食堂四大区域进行展示，助力新生尽快融入新环境学习与生活。在 2023 金陵七夕文化节期间，在金陵 STYLE 浪漫中心举办了“青春同行 共建家园”青年交友活动，邀请百名在宁高校毕业青年，为单身青年搭建了交友联谊、学习交流、风采展示的平台，让更多优秀青年爱上南京、留在南京。面向户外爱好者群体，推出户外运动专业赛事与城市拓展类活动。在 2024 青奥十周年系列活动“环湖奇妙记”暨第六届南京城市定向赛活动中，吸引了近万名运动玩家进行环玄武湖夏练、全城奇妙打卡，并针对不同人群推出城市印记、寻迹金陵、亲子趣游和悦动紫金等主题线路，活动线上曝光达 3500 万，打造了火热的城市级运动氛围。在第六届南京水上运动节暨 2024 南京赛艇大师赛 · 青少年赛艇俱乐部联赛活动中，邀请了来自全国的 44 支队伍、890 多名赛艇运动员参与，为响应“体育赛事进景区、进街区、进商圈”的号召，活动期间举办了 2024 南京户外生活季嘉年华，湖畔市集也在阳光码头限时营业，增加了观赛的趣味性，为市民游客提供丰富多元的体育消费新场景，活动期间线上图片、视频直播观看超千万余次，50余家媒体现场观赛报道。面向文艺青年群体，推出艺术交流、文化市集等活动。在2023南京国际艺术咖啡节活动中，现场集合了来自南京、上海、北京、澳门、广州、武汉等全国20座城市近70家精品咖啡品牌，并邀请南京本土说唱厂牌025Mob和泥朵的儿童剧原创团队进行音乐和木偶剧表演，感受咖啡与音乐艺术文化的奇妙交融，为广大市民和游客呈现集展示、交流、体验、消费于一体的咖啡盛宴，此次活动共吸引了超过5万名游客市民参与，其中近七成为青年群体，总营收超百万元。在2023“南京文学书集”活动中，主办方邀请人民文学出版社、译林出版社、作家出版社等110家国内知名出版机构出席，以及包含金陵文创、非遗手作、机能运动、创意美食、精酿啤酒五大品类的85位文艺主理人和42位作家、学者相聚玄武湖畔，“南京文学书集”是全国首个以“文学书”“文学+”为主题的融合书集，活动吸引了10万文学爱好者前来赶集、淘书，其中青年读者占据70%以上，除了南京本地的读者，还吸引到镇江、滁州等外地读者前来，一时间“玄武湖畔赶书集”跃升为金陵时尚。

3. 红山森林动物园：延长动物IP产业链，营造国内zoowalk顶流乐园

红山森林动物园是国家4A级风景名胜区，园区总面积68万平方米，绿化覆盖率达85%，展示着世界各地珍稀动物近300种、4000多只。2023年红山森林动物园迎来了文旅的爆发式增长：当年吸引来自世界各地的游客超过600万人次，比2019年增加了1倍多，相比2008年增长近10倍，70%以上的游客来自南京以外地区；当年一共登上过30余次微博热搜，抖音上相关词条浏览量超过10亿，小红书内红山森林动物园笔记高达27万篇。在2024年五一和端午假期期间，动物园单日高峰客流量接近8万限流量，创下历史新高。作为全国省会城市动物园中唯一的自收自支型事业单位，红山森林动物园从亏损3000万到被称为“南京迪士尼”仅用了短短3年时间，以对生命的敬畏之心创造了文旅项目转型的一个经典案例。

红山森林动物园围绕人文主义核心，打造 zoowalk 沉浸式游乐体验。动物园在 2011 年取消了动物表演，3 年后也取消了付费投喂项目，是当时国内唯一一家施行此做法的动物园。正如沈志栋园长所说：“这里不是人类运营的动物场馆，而是动物的家，游客来此也不是参观，而是到动物的家里做客。”看动物是逛动物园，看见动物与它共存的环境才是真正的 zoowalk。红山森林动物园打造原生态环境，以动物多样性实现动物丰容[①]。动物园以“空间在前，物种在后”的原则，从 2009 年开始陆续改造了中国猫科馆、猩猩馆、虎区等 24 个场馆，把野生动物居所由“标准间”换成了“别墅”，在提高动物们的生活舒适指数的同时，用技术引导生物自然生长，实现物种繁育并形成族群，园方专门设置了一个丰容库，一些物种的丰容办法达六七十种[②]。动物园致力于场馆的生态化改造和动物的人性化干预，给长臂猿的树屋里面装电热暖，用 3D 打印技术为缺了门牙的猴子装假牙，给因打架而断了嘴的丹顶鹤装假喙，甚至花了三年时间帮助一只被群体排挤的小黑猩猩回归群体。在动物救助方面，红山动物园设立了野生动物救助中心，几乎每天都有市民送来各种受伤、落单的野生动物，经救治后大部分放归野外，不具备野外生存能力的，留在动物园加以照看。红山森林动物园通过 Zoo 直播出圈，以个性化 IP 满足公众情感需求。2020 年红山动物园积极跟随社会转型的脚步，通过制作视频抓住直播风口，推出 Zoo 直播这一栏目，开辟了“云游园”的游览模式，每天都有几万至十几万的人在直播间观看，实现动物园的第一次出圈。在直播中，工作人员将每一个镜头前的动物化身为独特的“节目嘉宾”，用温暖而细腻

---

① 丰容是动物园术语，指在圈养条件下，为丰富动物生活情趣、满足动物生理心理需求、促进动物展示更多自然行为而采取的一系列措施的总称。

② 红山动物丰容分为基础性和日常性两个大类。基础性丰容主要指的是场馆和设施建设，例如：动物住的房屋要能提供清凉和保暖措施，包括医疗措施，还有怀孕、生病等需要特殊照顾的时刻，必备的场馆和设施；室外，则需要花园，设置水池、假山、花草、栖架等。日常性丰容，则会从食物、社群、感知、认知等方面来丰富动物们的生活，被应用得最频繁的是食物丰容，比如隐藏食物。

的语言揭开它们名字背后的故事，勾勒出它们各自的性格轮廓，建立起网友们和动物的情感纽带，促使网友们纷纷伸出援手，通过热心募捐的方式参与到“云养宠”的行列中来，也为日后的“认养”项目埋下了伏笔。红山森林动物园举办游园活动，以寓教于乐的方式深化和谐共处理念。动物园通过给大熊猫栽竹子、秋天的动物狂欢节、生肖文化节等活动，增强游客的参与互动与沉浸体验。在2024年春节期间，动物园召集游客开展了舞龙活动，游客通过提前在网上报名，到动物园后穿上园方准备的以火烈鸟、长颈鹿、环尾狐猴等动物为设计灵感的可爱动物卡通服装，手持龙身，参与舞龙表演，“禁止动物表演，但架不住动物硬要表演”相关话题在媒体平台迅速走红，南京森林动物园的人文关怀和理念也得到了进一步宣传。

红山森林动物园贴近年轻群体喜好，激发游客共鸣与情感链接。动物园的游客中30岁以下的年轻人占全部游客的70%以上，以“乐园化”模式对园区内环境针对性升级，丰富绿植数量和品类，增添有趣、可供打卡拍照的动物雕塑，规划出可以承办露营、小型音乐会的场地，用年轻的心和游客玩在一起。红山森林动物园推出“云认养”模式，成为年轻人的社交货币。2021年，动物园开发了微信小程序，开通了“云认养”模式，认养价格在几百元到几千元不等，认养团体被细分为线上云认养以及线下的个人认养、家庭认养、班级认养、学校认养、团体认养和企业认养。传统线下认养模式下，认养人每年将获得一次到园区深度交流的机会，体验喂养动物、参与清洁工作，并学习动物护理员的日常工作，同时还能参加“动物奇妙夜”等科普教育活动；而云认养则主要服务于那些不能亲临现场的群体，他们每月可以通过一次专门的直播活动，在线观看自己领养的小动物。认养模式迅速吸引了大家的关注，数据反映，70%参与者是30岁以下的年轻群体，“合法认养一只老虎”一度成为年轻人追捧的社交新风尚，并且一些粉丝团体和品牌企业也借势营销，例如王源粉丝江苏分会认养老虎“咖啡”、盒马鲜生认养河马“津津”、七匹狼认养狼“沃夫”、喜茶认养水豚“杏仁”等。红山森林动物园构建年轻话语体系，拉近与游客的距离。园区内有“别拍玻璃，拍了我也不理你，又吵又没用”“别喂我，没结果，吃坏只会伤害我”等2000多块五花八门手绘的告示牌，它们贴心地指出动物们常出没地点的生活规律、每一只动物的外貌和性格的差异等，既充满动物关怀和生态保护意识，又有各种玩梗，幽默诙谐。狼馆的两个饲养员开了一个“大灰狼文化有限公司”，以董事长、CEO的身份，通过公众号把狼族的爱恨情仇编成故事给游客听，这样的讲述不仅让动物的形象更加鲜活立体，也激发了大众对野生动物保护的兴趣和关注。红山森林动物园成为新晋跨界联名热点，举办活动高调破圈。据不完全统计，2023年至2024年，红山森林动物园吸引了食品饮料、彩妆、游戏以及潮流品牌等20多家品牌进行企业认养与联名营销，甚至有品牌多次联名。2023年，喜茶以白面僧面猴“杜杜”、水豚“杏仁”为主角推出了系列主题毛绒杯套（限定江苏）和毛毡贴纸，“喜茶红山动物园”的话题总阅读量突破1400万，总声量9100中，其中用户原创内容占79%[①]；2024年喜茶推出“喜·逛红山动物园”2.0系列的新品，以考拉“茉莉”为灵感，推出新品奶茶“小奶茉”，以微博、抖音、小红书为主要宣传渠道，整体互动量超60万，据喜茶官方统计，“小奶茉”上市三天销量突破130万杯。在2024年，南京万象天地与南京市红山森林动物园联合打造了“南京马路动物园”，围绕“我的动物邻居，城市可持续探索的公益企划”主题，从南京万象天地出发，在秦淮区夫子庙商圈核心区域沿线落地动物形象墙绘，打造城市中心的“生态廊道”，“南京马路动物园来了”话题频频冲上各大社交媒体热搜，微博更是霸榜城市热搜榜TOP2，成为商场引流的利器。

红山森林动物园通过文创产品“丑”出圈，助力动物园从“门票经济”向“文创经济”转型。2020年，红山森林动物园文创产品销售额在60万左右，之后两年文创销售额迎来爆发式增长，2022年突破200万元，2023年仅半年达到

---

① 数据来源于数说聚合。

了500万，动物园的周边一上新，就会被游客及全国各地粉丝争抢，直呼“门票40，消费400”。结合文化、特色和情感共鸣，打造兼具原创性、实用性和趣味性的文创产品。如今文创产品的消费主力军为00后女性及二、三线城市消费者，通过精准客群定位和需求素描，红山森林动物园在文创周边的设计方面充分参考了饲养员、志愿者和铁粉的意见，融入故事、情感和流行话题，构建起与游客间的情感纽带。动物园通过和BAMBOOMATES、郑南七白、伟大的扫把、不二马大叔等专业绘画师合作设计出许多讨喜与美感兼备的周边[①]。如今动物园的文创品类已从最初的冰箱贴发展到包括头巾、围脖、挎包、毛绒玩偶等200多种品类，2024年推出的动物园70周年系列、车载系列、棉花糖系列、耳饰和化妆镜系列都深受年轻人喜爱和追捧。升级线上购物平台，提升游客在线购物满意度。2023年末，红山森林动物园推出了红山Zoo商城2.0版本，新版本商城不仅增设了更为细致的产品分类，方便游客快速找到心仪的文创产品，还引入了专业客服团队，确保每位顾客在购物过程中都能享受到及时、专业的咨询服务。此外，红山森林动物园还与顺丰物流达成合作，为线上购物的游客提供快速、可靠的配送服务。此次升级通过精细化管理和创新服务模式，显著提升游客在线上购物的便捷性与满意度。增设线下文创门店，优化游客购物体验感受。2024年1月，动物园熊猫馆、考拉馆、东门、北门位置的四家文创店全新开张，再加上中心广场店，目前共有5家门店，并且在园内分布着文创小推车、文创购买自助机，使线下购买渠道更为丰富。动物园北门的红山森林市集是园内最大的文创门店，通过“分区域而治”的

---

① 红山森林动物园联合BAMBOOMATES推出以杜杜为原型设计的白面僧面猴趴趴公仔、红山动物园70周年限定杜杜及花环周边等文创；联合郑南七白推出了以东北刺猬作为主体动物的三月限定印章、刺猬花园毛线帽等刺猬花园主题文创；联合伟大的扫把推出以小爪水獭领衔、狗獾生生、黄鼬妹妹为灵感的联名冰箱贴；联合不二马大叔推出白脸僧面猴大脸包、美“豹”了的毛绒手持镜、冬日限定小熊猫围巾、新年特别款羊毛毡挂件礼盒等创意文创产品。

店铺管理模式，把红山优秀的子品牌动物星球、山山空间、奇思和元宝、湄河文旅、BAMBOOMATES、妹妹杂货铺等结合起来，每家负责一块区域，在短时间内提升店铺丰富度，并以三个月左右为一个周期来进行陈列的更新。

三、培育文旅消费新场景，打造国际消费中心城市中心区

玄武区自2021年开始启动国际消费中心城市中心区的建设，先后出台一系列相关文件为其建设提供有力的政策支持与保障[①]，实现消费载体的升级及消费体验的提升。2023年，玄武区全年完成地区生产总值1285.45亿元，同比增长4.6%，社会消费品零售总额1054.72亿元，站稳千亿元台阶，全年举办40余场消费重大活动，吸引客流近1000万人次，打造特色消费场景162个，引进知名品牌首店、旗舰店、体验店等一线品牌20个、潮流首店90家——其中，全球首店1家，亚洲首店1家，中国首店10家，省级以上高能级首店占比达64%。玄武区通过深耕文化旅游资源，创新消费场景与模式，将文旅资源转变为经济增量，全面把玄武区建设成为引领国内、走向国际的“婚庆消费首选区”。

1. 德基广场：汇聚首店首展新体验，释放潮流商圈活力

德基广场坐落在被誉为“中华第一商圈”的新街口东北角，是南京唯一一个定位为高端奢侈品的购物中心，在商场的一千米辐射圈内，密布着26

---

① 《南京市创建国际消费中心城市三年行动计划（2021年—2023年）》提出，要以提升南京城市国际知名度、影响力为主线，以提升消费者满意度、体验感为核心，以吃出南京味道、住出南京品质、行出南京畅达、游出南京气韵、购出南京时尚、玩出南京潮流为重点，建设“影响全国、载誉全球”的国际消费中心城市。《关于服务保障玄武区打造国际消费中心城市中心区的十项司法举措》从积极打造便民诉讼体验、织密民生消费保障网、强化金融消费者权益保护等十个方面提出相应司法举措，体现了玄武区人民法院在服务保障玄武区打造国际消费中心城市中心区方面的积极作为和创新探索，旨在通过司法手段优化消费环境，保护消费者权益，促进经济高质量发展。

个公交站点，地下与“亚洲第一大地铁站”新街口站紧密相连，确保了交通的便捷与高效。德基广场已成功运营了两期项目，分别于2006年和2012年相继开业运营，总占地面积达41244平方米，总建筑面积超30万平方米；商场现有商户达354家，已吸引90%国际一线品牌进驻，2023年的全年销售额达239亿元，多年蝉联中国最赚钱的购物中心之一。目前，德基广场正积极筹备三期项目的建设，总建筑面积16.17万平方米，其中商业面积5.3万平方米，三期建成后将与一期、二期通过空中和地下相连。

德基广场引进头部高端品牌，以首店经济引领多元消费供给。德基广场自2018年起便展现出了非凡的商业实力，当年销售额高达101亿元，实现里程碑式突破，使其与北京SKP并肩而立，跻身中国唯二销售额破百亿的豪华商场行列。近年来德基广场在“首店经济”上持续加码，引进首店品牌的同时，对原有高端品牌调改升级，实现了品牌与商圈的双向奔赴，首店品牌数量成为全区之最。释放首店效应，巩固高端消费市场的引领地位。根据南京消费发布显示，2022年9月到2023年9月，南京主城五大商圈共计新开276家首店品牌，其中新街口商圈达104家，占总体的37.68%，是首店进驻南京的首选区域。在新街口商圈的104家品牌首店中，德基广场的新开首店数量最多，足足有56家，其中包括唯一一家亚洲首店——PRADA BEAUTY（普拉达美妆）、THOM BROWNE（桑姆·布郎尼）和UNKNOWN（伊路恩）等11家全国首店，BUCCELLATI（布契拉提）、黄油与面包B&C、CURIEL（蔻蕊）等39家江苏首店，以及MESSIKA（梅西卡）、BESONIA（毕索妮）、UBRAS（彼悦）等5家南京首店。这些面孔新鲜、自带流量的品牌与德基广场的高端商业定位紧密相连，强强联合激发高端消费新动能。精准客群定位，推行重点客户的定制化服务。德基广场一直致力于引进国际一线品牌，以满足高端消费者的需求，2022年至2023年间，全国奢华品牌数量Top10商场中，德基广场的奢华品牌占比高达33%，位居商业准一线城市第一[①]，集齐HERMES、CHANEL、PRADA、GUCCI、LV五个重奢品牌，是目前南京唯一一家有爱马仕的商场。针对VIC客户[②]，商场提供专属购物体验，包括在HERMES、CHANEL、LV等奢侈品店享有充足的货品供应和优先购买权，优先体验新开的米其林餐厅等商场的新服务和产品等。在2022年商场十六周年庆活动中，VIC客户可以使用积分参与DIOR LADY ART艺术家联名包等奢侈品竞拍；商场将《华诞购物盛典纸质特刊》提前投递至VIC客户家中，方便客户提起知晓周年庆活动内容；商场与特斯拉、智几汽车等新能源电车品牌联动，为VIC客户提供专属接送服务等。兼容多元诉求，探索小众品牌新阵地。德基广场面对多元化的客户需求，开始探索lifestyle精致路线品牌布局，2022年以来德基广场在餐饮、美妆等业态均进行了内容更新，除了奢华、高端的业态产品，更以多元化的方式，呼应年轻、个性、有腔调的“心灵诉求”。在餐饮方面，德基广场新增了阿嬷手作、AMAM LONDON BAKERY TOWN（伦敦烘焙小镇）等个性鲜明的新餐饮品牌，引入了宴遇·福建荟馆、柿合缘、有雲等多家米其林餐厅；在美妆品牌方面，丰富小众调性美妆矩阵，引进黑科技美容仪品牌WAiU Beauty（瓦优）、来自纽约的高级时尚美妆品牌Carolina Herrera（卡罗琳娜·海莱娜）、摩纳哥王室的肌源修护专家Lancaster（兰嘉丝汀）品牌等，成功实现了高端奢华与精致生活的双向奔赴。

德基广场拓宽对外服务窗口，以创意营销塑造消费新风尚。以消费者体验为核心，聚焦提升消费环境、制造消费热点、创新消费场景等方式，打造一座真正符合新时代消费者心意的沉浸式体验空间。开启江苏省内首个离境退税“即买即退”项目，完善国际消费服务场景。在南京离境退税开单量的

---

① 数据来源于赢商大数据。

② VIC客户（Very Important Client）指的是奢侈品牌中的顶级客户，通常年消费额较高，对品牌的忠诚度也更高。

半数以上都来自德基广场的背景下，2023 年 12 月 23 日，德基广场启动了江苏省内首个离境退税“即买即退”项目，让入境旅客“足不出商店”即可领取到退税款，商场内的四五百家商铺均可提供相应服务。退税用户线上办理自助化、退税机构线下发单和收单流程标准化的退税模式，为全球购物者消除场景和语言障碍，提供更为便捷、高效的购物体验。运用“百万级网红厕所”为商场引流，实现网红营销破圈。2022 年以来，德基广场凭借豪华厕所在社交平台频频出圈，吸引了全国各地游客甚至旅游团前来打卡。德基广场目前拥有 7 座网红豪华厕所，造价从 500 万至 2000 万不等，涵盖涂鸦漫画风、森系花园风、米开朗琪罗艺术风、蓝调奢华宫殿风、赛博朋克夜店风、新中式禅意风、眩晕风等多种风格，德基广场的创意主题洗手间，不仅成为商场的“流量密码”，也极大地提升消费者的购物体验。截至 2024 年 9 月，在小红书平台，“德基广场厕所”相关话题浏览量达 487.8 万次；在抖音平台，“南京德基广场厕所”相关话题播放量达 6020.7 万次。创新“阿尔法机器狗”智能互动新场景，打造商场界的最 IN 单品。德基广场结合智能科技，运用新科技手段进行品牌和场景的创新，全方位提升消费者的智能化体验感。在 2024 年 4 月，阿尔法机器狗全球巡展限时登陆德基广场，阿尔法机器狗是蔚蓝科技推出的一款融入家庭生活场景的四足机器人——BabyAlpha，也是国内唯一实现五层运动控制的四足机器人，凝结了超 100 项技术专利。本次巡展包括户外“巨物”打卡装置、广场寻“狗”和线下快闪店等内容，并在线下快闪店中展出几只拥有独特技能与性格的机器狗。近百只阿尔法机器狗走进线下与消费者面对面互动，吸引了众多外地游客前来感受 AI 与时尚潮流的奇妙碰撞。据数据显示，首日阿尔法机器狗的订单中，70% 都是外地来宁游客购买，阿尔法机器狗成为南京的“新特产”。

德基广场利用文化焕新产品力，以艺术元素激活商业想象。在新时代的消费浪潮下，德基广场在提供高端购物体验的同时，敏锐地捕捉到消费者对于深度体验、丰富社交互动及文化享受的渴望，积极探索艺术与商业结合的新路径。通过将艺术与商场的深度融合，打造一个与消费者的生活方式和价值观相契合的社交场所，继"去德基买逛"之后，"去德基看展"成了南京都市圈新的生活方式和精神刚需。德基广场植入跨文化和时代的德基艺术博物馆，突破传统展陈的边界。2017年，德基广场率先在市场中将艺术的概念植入到项目商业基因中打造德基美术馆，2023年经过一系列的资质审核和升级获得博物馆资质，更名为德基艺术博物馆。博物馆位于商场二期8层，曾上榜"中博热搜榜"[①]的全国热门百强博物馆。2023年重磅推出的"花花世界"现当代艺术典藏系列首展——"动静无尽：花卉静物三百年"，展示了莫奈等百余位在现当代艺术史上具有里程碑意义的大师的100余件总价值超40亿的传世真迹，并获"2023年度全国美术馆优秀项目评选"中的优秀展览项目提名[②]。2023年推出的金陵图数字艺术展以《金陵图》为蓝本，以数字化方式呈现宋代中国的风貌，实现全球首创"人物入画，实时跟随"的互动观展体验，用前所未有的方式带领观众"走进"古画，该展览作为"讲好中国故事的标杆案例"，先后赴美国波士顿、法国巴黎展出，并引起热烈反响。德基广场通过品牌店铺艺术化设计与公共装置的艺术化表达，提升商场的艺术氛围。引进的一些奢华品牌在店铺升级过程中，通过与在地金陵内容符号的结合，提升了其艺术品位和文化格调。爱马仕店铺升级的设计灵感源自"南京布"的浅米色调，以及对南京传统棉布印染技艺的靛青色彩致敬；在本土

① 中博热搜榜（Chinese Museum Trending Searches，简称CMTS）是一个由中国文物交流中心指导，博物馆头条统计发布的榜单，它通过一个原创的综合指数评价体系来核算相关数据。这个评价体系包括基础、行为、传播、品牌四大维度，并设置20项指数作为评价依据，旨在通过系统、科学、高质量的博物馆评估、推介与引导，让博物馆更加名副其实，让观众获得更好的信息指南和参观体验。

② 全国美术馆优秀项目是由文化和旅游部主办的一项针对美术馆的考核活动，旨在评选出本年度全国美术馆的优秀展览和公共教育项目。该活动主要针对各美术馆申报的前一年度内实施并完成的展览和公共教育项目进行评选，以精选出本年度全国美术馆优秀展览项目和优秀公共教育项目。

材料的运用上，竹子被巧妙地铺设在地面、楼梯和珠宝手表区域，而柳条则用来装饰皮具区的背景；值得一提的是，店铺内特制的手工编织地毯，以南京雨花石为灵感源泉，通过细腻的编织技艺，将雨花石的天然纹理与色彩变幻巧妙地再现于地毯之上，让人在购物之余也能深刻感受到南京独特的文化底蕴与艺术魅力。古驰店铺邀请南京云锦研究所参与艺术墙的共同创作，这面墙的设计巧妙融合了中西文化的精髓，既展现了国际时尚的撞色美学与极简线条的利落感，又汲取了中国传统花鸟画的精髓与构图智慧，通过 246 幅云锦装饰展现了艺术与时尚的融合。德基广场还推出了公共艺术项目，如“龙年追光”艺术装置和“超级人造月”，这些艺术装置结合了传统文化与现代艺术，创造了吸引公众参与和体验的艺术事件。其中，由艺术家王郁洋倾力创作的大型装置“超级人造月”装置于 2023 年 9 月亮相德基广场二期中庭，展现了直径 6 米的这轮“圆月”从造“月”、亮“月”、到升“月”的全过程，成为南京市民和游客的热门打卡地。**德基广场创新复古潮流氛围的潮居艺术空间，重塑品牌的集群形态。**潮居空间占地近 3000 平方米，以“卷宅”为主题，组建了一个由“微建筑”组合成的漫步街区。环绕区域核心处的店铺，国内外高端家电、数码科技等家居生活品牌门店排布于两侧，大量潮流主题艺术装置也在此集中展示。现场还有十余辆经典的 Ducati 杜卡迪重型机车、哈雷戴维森美式机车、piaggio 比亚乔两轮摩托车、劳斯莱斯老爷车等展示品于转角处零散摆放，烘托出“极致优雅”的复古新文化氛围，展现出“电影胶卷”般不同的场景质感。

2. 长江路文旅消费集聚区：丰富夜间消费集聚区，拉动夜经济新引擎

一条长江路，半部南京史。长江路文旅消费集聚区位于南京城市中心新街口和紫金山—玄武湖旅游区之间，西起中山路，东至龙蟠中路，北至珠江路，南至中山东路，总长 1800 米，地理优势得天独厚；拥有 4 条城市主干道、7 条城市次干道、7 条城市街巷的区域路网体系，可进入性较强。长江路集聚

区现有文旅商资源载体30余处，包括国家级历史文化街区梅园新村历史文化街区1处，国家级文保单位太平天国天王府遗址、国立美术陈列馆旧址、国民大会堂旧址3处，4A级景区中国近代史遗址博物馆、江南织造博物馆2处，商业街区D9街区、1912街区2处，商业综合体德基广场、艾尚天地、曼度广场3处，以及文博场馆六朝博物馆、梅园新村纪念馆、江宁织造博物馆、南京图书馆、江苏省美术馆、金陵图书馆等多处文博场馆，资源密集度居于全国前列，年客流量近2000万人次。

以平台优势撬动沿线高能级资源丰度。长江路文旅集聚区文商旅载体丰富，通过成立高位统筹平台及塑造整体特色品牌，解决产权单位复杂、产品供给与品牌聚焦不统一的问题。高位统筹，汇聚集聚区建设的工作合力。长江路文旅集聚区沿线单位隶属多元，既有政府管理，又有民营运作，30余处文旅载体仅有4家区属单位。为此，玄武区成立了由书记、区长担任双组长的建设领导小组，通过先后成立1912街区管理委员会、长江路文旅集聚区联盟、区文旅集团等平台，整合不同隶属关系的单位资源，将“散装”景区变成长江路文旅“大景区”，形成集聚发展的有效工作合力。依托长江路社区，构建长江路“网格员联查联管模式”，将旅游业的综合监管无缝融入区域整体治理网络之中，实现对旅游服务质量的动态、实时监督与管理。联合市场监管局制定街区诚信“红黑榜”，开展行业失信联合惩戒。风貌提升，实现点线面立体化的环境焕新。一是推动重要节点改造，重点提升长江路东片总统门前大行宫广场这一核心节点，为总统府游客提供一个驻足打卡的开敞空间，设置醒目的地段标识；二是实施主街标识系统布点、节点广场更新提升、沿街公共城市家具优化等工程，结合《南京市城市照明专项规划》，进一步优化长江路城市照明规划，重点提升亮化整体格调，体现雅致特色，在沿线重要节点实施灯光交互和夜游项目，引导长江路沿线商家增设室外外摆，繁荣夜间商业氛围；三是文保利用焕发老街生机，以梅园新村片区为重点，修旧如旧、提升环境，同步引导街区产业转型升级。品牌塑造，打造1800米·1800

年长江路的统一 IP。充分挖掘长江路历史底蕴、人文特色，度身定制长江路的特色品牌。一是确定以“1800 米、1800 年”为品牌形象，相继推出歌曲《千年之路》、LOGO《时光沙漏》、纪录片《1800 米跨越 1800 年》[①] 等，其中纪录片以长江路为轴心，深度挖掘并展现了其绵延 1800 年的人文底蕴与城市脉络，通过一系列跨越时空的深度交流，描绘了这条路上所承载的风雨历程与时代风貌；二是以“长江路文旅集聚区”为品牌路径，举办各类文化活动，如“长江路风尚周”“潮游长江路”市集、城市时尚设计展等，丰富游客的文化体验，通过文化活动提升长江路的品牌形象；三是打造自主小剧场话剧品牌，举办长江路小剧场话剧节，相继推出原创话剧《丹凤街》《长江路·代号 1800》和《珠江路·万万没想到》城市印象三部曲 [②]，通过舞台戏剧的形式诠释、演绎了南京独特的街巷文化和历史。

以产品供给拓展夜间文旅体验深度。紧扣长江路丰沛的人文资源和旅游要素，实施“夜文旅”计划，包括访古鉴宝“夜博”、视听盛宴“夜演”、潮集扫街“夜购”、深巷寻味“夜食”、华灯美景“夜游”等。以“夜博”串联集聚区内博物馆资源，丰富文化产品供给。在访古鉴宝“夜博”活动中，着力推动沿线博物馆的景区化发展、市场化接轨，江宁织造博物馆、六朝博物馆、梅园新村纪念馆全部实现夜间延时开放。开发“探访红色基因”“行走长江路”“揭秘总统府”“六朝亲子系”等学历史、游玄武的主题夜游产品，受到广泛好评、一票难求；在江宁织造博物馆推出“事天地 晓服色”“清风徐来之古扇”等一系列“织造之夜”主题系列活动，从织造体验、古代服

① 纪录片《1800米跨越1800年》中曾这样描述长江路：“放眼全国，可能也很难找到这样一条路，它全长仅1800米，却跨越了1800年的时空，集中了上千年的文化遗存。它是南京的文化核心区，六朝、明朝、清朝、民国文化和现代人文艺术均在这里交汇融合。”

② 三部话剧的每场上座率高达93%，分别以南京市玄武区三条知名街道命名。其中，《长江路·代号1800》荣获2020年度“戏剧中国”最佳剧本奖，《珠江路·万万没想到》获得2021年度“戏剧中国”优秀剧本奖。

饰、传统手工艺等各个方面带游客感受织造文化、品味文学经典；六朝博物馆每周五、周六夜间开设的六朝文化类精品社教活动场场爆满，举办“六朝风雅·夜”“六朝书香·夜”“六朝造物·夜”等系列活动，用丰富有趣的博物馆课堂，以极具互动性的参与方式展示六朝历史文化的魅力。以“夜食”串联集聚区内美食街和网红店，丰富餐饮产品供给。在深巷寻味“夜食”活动中，以艾尚天地、红庙特色美食街、1912街区等为核心区域，打造各具特色、主题鲜明的夜间美食网红小巷和网红店，集聚区内引进夜食胖子砂锅、笑云开汤包店、南湖炸串等各类美食店铺超50家，网红餐饮成为夜间旅游的主打休闲产品，艾尚天地、1912街区等商业街区陆续举办了包括“能量咪豆市集”“东西会”等琳琅满目的夜市活动，更是吸引了诸多UP主在各大网络平台“直播带货”。以“夜游”串联集聚区内文化地标，丰富娱乐产品供给。在华灯美景“夜游”活动中，以大行宫广场、圣和府邸广场、江宁织造广场等为主阵地，依托南京图书馆、江苏省美术馆等建筑立面，强化5D技术运用，增设沉浸式光影娱乐互动区，推出南京图书馆的“诗情长江路”光影秀、省美术馆的“画意长江路”光影秀以及六朝博物馆的“穿越长江路”光影秀。依托南京文化艺术中心、1913国民小剧场、大行宫广场等，打造南京独一无二的夜演聚合体，连续三年举办长江路小剧场话剧节等节庆活动，推出南京老街巷话剧三部曲，吸引市民游客夜间观演，在大行宫广场等露天剧场，连续多年举办长江路文化艺术节，打造更具艺术气息的城市演艺客厅。

以新兴业态拓宽文化消费市场广度。文旅商资源是发展文旅产业、繁荣夜间经济、促进消费升级不可多得的重要引擎，玄武区充分挖掘长江路历史底蕴、人文特色，坚持外塑环境、内优服务，拉长长江路的文化消费链，打造越夜越精彩的长江路夜间文旅消费集聚区。D9街区通过工业遗产与潮流业态结合，激发网红场景消费活力。D9街区占地面积1.55万平方米，建筑面积3.35万平方米，共计有9栋独立建筑，于2021年5月19日正式开街，是一个由工业老厂房改造而成的集工业遗产、文化旅游、现代商业、设计产业为一体的多元化时尚综合体。开街不到半年时间街区就实现了百分百招商，引入了先锋艺术展、品牌书店、音乐餐吧、咖啡馆等多元业态，包括 inns 隐是音乐餐吧、Tempo、J cafe&HOPE LOUNGE BAR 等兼具场景感、社交属性的品牌。街区通过再现、挖掘老厂房的核心文化符号，将原有的工业风格与现代元素完美融合，打造了科技感满满的老瓷画、国内第一长的百米不锈钢 T 台、旋转楼梯、彩绘墙以及柱廊互动屏等网红场景。街区汇集了江苏首店 2 家，南京首店 4 家，玄武区首店 8 家，并通过举办玩乐的春天——郑元無南京首站、跳跃者计划——D 调空间艺术展等多个首展，以及“我为歌狂”音乐周、“华服大赏”时装周等系列活动，成为吸引年轻人的潮流打卡地。南京文化艺术中心通过餐饮与演艺结合，打造“天台上的沉浸演艺新空间集群”。南京文化艺术中心是长江路夜间文旅消费集聚区的一个重要节点，曾获 2013 年度中国建筑工程鲁班奖获奖工程，自建成以来举办了各类丰富多彩的文化艺术盛典。2024 年，文化艺术中心顶层 1200 平方米的废弃屋顶空间被改造成了“奇幻天台百老汇”，将南京的城市特色与奇幻元素完美融合，以魔术艺术为核心，融合文化演出与商业消费，打造新型沉浸演艺空间，包含凝固时间沉浸剧场、魔术酒吧、天台咖啡、露营艺术空间、天台剧场和近景微剧场等 6 个特色新空间，提供全天候、多元化和综合性的奇幻休闲娱乐体验。自开业以来，奇幻天台百老汇被国际魔术界最高荣誉奖项“魔术界奥斯卡”的梅林奖授予“世界年度最具创新魔术娱乐综合体”，在大麦和猫眼平台分别获得 9.8 分和 9.9 分的高分，并获休闲展览好评榜 TOP1、演出好评榜 TOP2、话剧音乐剧好评榜 TOP2 等荣誉。锦创书城通过文化与书籍结合，释放“文化 +”经济潜力。锦创书城（珠江路店）以书籍为载体，通过结合展览、读书会、文创市集等活动，成为南京城市文化名片。自 2022 年 1 月 22 日开业以来，锦创书城的访客量就达到百万级，最高峰值达到 13000 人。书城以“异业聚合”的多元化经营模式，除经营基础的图书、咖啡、花艺、文创商品的零售外，还通过举办活动和展览创收，书城咖啡馆日最高值突破 2 万元。值得一提的事，书城依托其鲜明的文化属性，打造了集思想引领、文化服务、科普教育、志愿活动为一体的综合性服务平台——锦创书城青年之家，以书籍为核心，结合文创产品和社交空间，打造“锦 SHOW 青春”品牌，举办思想引领、文化创意、公益志愿、城市融入等五类活动，丰富青年文化供给。

3. 金陵 STYLE 浪漫中心：创造山水自然间新场景，助推消费提质升级

金陵 STYLE 浪漫中心毗邻紫金山与玄武湖，被南京国际展览中心、情侣园、九华山公园、南京城墙等城市地标环绕，于 2022 年 12 月 30 日正式开街。该项目是南京旅游集团历经三年筹备与建设推出的首个以“浪漫”为主题的文旅项目，占地面积达 5.5 万平方米，总建筑面积超 7.1 万平方米，商业区域约占 2.2 万平方米；其精心规划了云湖街与银河街两条充满浪漫氛围的主街道，在这里游客可以向东眺望紫金山，向西赏玄武湖水波荡漾，将这座城市的浪漫气质展现得淋漓尽致。金陵 STYLE 浪漫中心于 2023 年 9 月成功入选南京市第三批市级夜间文化和旅游消费集聚区，同年获“2023 江苏购物中心百花奖・年度影响力商业街区”。在 2023 年中秋国庆假期期间，金陵 STYLE 浪漫中心吸引了众多市民游客前来打卡，平均每天接待市民游客超 15000 人。

金陵 STYLE 浪漫中心将“自然生活”与“艺术体验”融合，打造主客共享的城市休闲度假空间。以游客服务功能出发，借助紫金山和玄武湖优质的文旅资源，引入多元消费业态，是集浪漫、休闲、购物、文化体验于一体的综合性文旅项目。**发挥区位优势，提供景区旅游接驳、集散、服务的综合性服务。**金陵 STYLE 浪漫中心是钟山风景名胜区主入口及与紫金山景区的纽带，街区通过对地上和地下空间的综合开发拓展服务功能，地上空间以游客服务中心、主题街区、公共游憩空间等为主，地下空间以餐饮配套商铺、停

车场、市集等为主[①]。其中街区地下停车场拥有805个停车位，40个大巴车停车位，同时还拥有86个直流充电车位，这里也是特来电在江苏规模最大的直流充电、液冷超充停车场。此外，金陵STYLE浪漫中心与南京地铁岗子村站实现了无缝对接，同时周边汇聚了近20条公交线路的换乘站点，增强了其交通便捷性。在2023国庆假期期间，街区特别加强了交通疏导工作，每日投入超过20辆接驳车，确保了超过1000人次的游客得以顺畅往返，街区组织多位工作人员积极引导大巴游客集散和私家车停放，全方位提升了游客的旅游体验。运用景观手法，打造“显山、露水、见城、透绿”的自然商业空间。金陵STYLE浪漫中心背靠紫金山，12幢木结构独栋建筑屋面设计吻合山脊起伏的感觉，使得建筑景观与紫金山的山脊线相呼应，深刻彰显了“显山”的设计理念。而紧邻玄武湖的地理位置，又让浪漫中心得以将通透与轻盈的设计哲学融入建筑之中，使得玄武湖的波光粼粼与建筑形态和谐共生，仿佛建筑是漂浮在水面上的艺术品。作为南京的城市休闲体验新地标，金陵STYLE浪漫中心在规划时深入考虑了与南京城市天际线的融合，站在“Nanjing Impressions”标识下，透过错落有致的木屋顶缝隙，紫峰大厦的巍峨身影跃然眼前，这一视角不仅捕捉到了南京的现代风貌，也成为众多游客心中的“最南京”记忆。此外，浪漫中心内一片近4000平方米的广袤草坪，为市民提供了一个亲近自然、享受山水的空间，更是“透绿”设计理念的生动体现。引入多元业态，为市民游客提供更多休闲购物的选择。金陵STYLE浪漫中心潮店云集，在艺术氛围打造方面，引进江苏首店YELLOW KORNER艺术摄影画廊；在户外运动品牌方面，有Patagonia（巴塔哥尼亚）、Outland X Snowpeak、Pinarello（皮纳瑞罗）、Klattermusen（攀山鼠）、Brompton（布

---

① 东南大学建筑设计研究院有限公司. 钟山风景名胜区旅游服务中心［J］. 建筑实践，2024（62）：128-137.

朗普顿）、ALL STAR 击剑培训中心等[1]；在餐饮品牌方面，有南京最大的 SeeSaw café（西舍咖啡）、南京市第三家 LAVAZZA（拉瓦萨）咖啡，UPerch 梧桐语、NEW ARC 落日餐厅、蒙野城市露营烤吧等氛围感餐厅，引入泓小满 · Bistro · 南京特色小馆、南京大排档、鱼四季等特色餐饮品牌，还有奥拉三明治 HOLA 和 Hula shave ice 呼啦冰两辆小餐车。

金陵 STYLE 浪漫中心将常态化活动与节庆活动结合，提升街区吸引力与品牌影响力。金陵 STYLE 浪漫中心在活动运营方面满足全龄化客群，2023 年全年街区举办包括美食、音乐、运动、艺术、亲子类等活动超 150 场。打造音乐 IP 湖畔音乐汇，丰富居民游客的视听享受。湖畔音乐汇自 2023 年 7 月份亮相以来，几乎每周末由大学生音乐人、音乐爱好者等举办不同主题的公益性音乐演出，形成了“周周有好歌”的文化艺术氛围，演出包括民谣、摇滚、爵士、古典等多种音乐类型，满足不同年龄层群体的需求，截至 2023 年底共演出 55 场，吸引众多粉丝慕名而来，成为玄武湖畔夜晚一处独特的人文之景。湖畔音乐汇利用其场地、设施等优势资源，深化与音乐品牌“漾应的火塘”的合作，定期举办烛光演唱会、民谣歌会等音乐活动；而“漾应的火塘”则发挥其音乐品牌的专业优势，为湖畔音乐汇带来更多优质的音乐内容和活动创意。推出多样国际性节庆活动，提升街区的品牌影响力。金陵 STYLE 浪漫中心近两年举办了 FIBA3x3 国际篮联赛事、BROMPTON 国际骑行日、第九届国际瑜伽日公益活动、米其林星游节等活动。其中米其林星游节于 2023 年 10 月首次落地南京，众多米其林餐厅大厨走出主厨厨房，将潮奢百味带入金陵 STYLE 浪漫中心，活动中的 16 家米其林餐厅来自上海、广州、成都、杭州四大城市，涵盖了苏浙沪菜、京菜、粤菜、川菜、西餐等各类菜式，30 多款菜品满足了各类人群的口味，据报道显示，四小时 800 个虾饼、上千

---

① 其中Patagonia、Outland X Snowpeak、Pinarello为江苏首店，Klattermusen为南京首店。

串糖葫芦售空，通过活动全面提升了“品味玄武”的影响力，让美食、时尚与文化成为南京链接世界的窗口。举办亲子活动、艺术展览以及公益活动等，保障常态化的客群基础。每周六街区常态化举办漆扇 DIY、海洋瓶 DIY、手工串珠和古生物化石体验等多样的亲子活动，市民游客可通过金陵 STYLE 小程序预约参与。在南京首展“超级飞侠一起去月球 2”亲子展中，打造了全国首个超级飞侠玩具体验空间，并举行了超级飞侠见面会，让小朋友与动漫角色现场零距离互动，吸引了众多亲子家庭前来观展，在抖音平台播放量达 129.2 万次。金陵 STYLE 梧桐语 2023 年开展艺术展览、公益活动、文化沙龙与演出等活动 50 多场，并联合江苏省公共关系协会语言文化艺术传播专委会打造“梧桐诗语”，通过常态化开展语言类、音乐类活动，为喜爱诵读、演讲、阅读等语言艺术的市民提供服务和帮助。

金陵 STYLE 浪漫中心将“浪漫”与“婚庆”结合，延伸甜蜜经济产业链条。金陵 STYLE 浪漫中心以关注青年婚恋交友问题为切入点，整合多方资源打造品牌活动，为在宁青年提供高质量交友平台，在帮助青年扎根南京的同时发挥浪漫经济效益。打造浪漫地标性空间，策划青年交友活动。街区创意设计“金陵之约”礼物盒、浪漫热气球装置以及“我爱南京”等浪漫打卡点，处处营造街区浪漫氛围；深度挖掘街区商户资源，与市民政局、共青团市委、高校校友会等权威部门和组织合作，定位优质单身青年群体，结合标准化运营和个性化定制模式打造青年交友联谊活动，自 2023 年起至今已成功举办 12 场，吸引超 350 人次青年参与。举办婚恋主题节庆，营造街区浪漫氛围。街区已连续三年举办“金陵七夕文化节”，将浪漫文化与传统文化结合，在传统节日中融入当代年轻人喜爱的元素，举办国风市集、国潮大赛、古装巡游等活动。第三届金陵七夕文化节活动期间，街区打造了南京首个户外最美婚姻登记处，结婚登记处以“执手亭”为造型，两条蜿蜒的曲线墙壁和回廊汇聚到主体建筑，象征爱情历经曲折最终走向圆满，并精心设计了机械花与结婚誓词宣誓角互动装置，在新人宣誓结束后可获得一张印有自己结婚宣誓的语音内容的特制的明信片，活动期间为27对新人办证，吸引游客近1.3万人次，带动商户营收超85万元。完善婚庆产业链生态，撬动甜蜜经济消费潜力。街区联合婚庆产业头部企业打造婚庆产业集合店，在街区内落成全新的“心动空间”，提供婚纱、婚拍、伴手礼等高品质、高性价比的服务和产品，微信小程序在提供预约领证服务的同时，提供选购婚纱、伴手礼、婚拍等一站式菜单服务，实现线上线下的无缝衔接，简化了新人的备婚流程和时间成本。

四、汇聚文化赋能发展动力，打造城市文旅新地标

玄武区坐拥中国首座国家级大型综合博物馆南京博物院、荣获UFI与ICCA双重国际认证的南京国际展览中心和全国爱国主义教育示范基地梅园新村纪念馆等一系列高规格的场馆设施。近年来，围绕文旅融合、商旅联动和红色阵地建设，重点发力创新转译文博文创模式、推动展赛演旅消多业融合、构建街道—街区—纪念馆联动发展红色矩阵，共同汇聚文化赋能发展动力，为南京的城市文旅事业注入新活力，成为城市文旅新地标，引领城市文化旅游的新风尚。

1. 南京博物院：创新博物馆运营模式，营造主客共享文化氛围

南京博物院坐落于紫金山南麓，前身是于1933年由蔡元培等杰出人士倡议并创立的国立中央博物院①，它不仅是中国最早的博物馆，也是中国第一座由国家投资建设的大型综合类博物馆，如今已发展成集展示、服务、研究、收藏、交流于一体的国家级综合性博物馆，荣获首批国家一级博物馆和国家4A级旅游景区的称号。南京博物院占地面积超13万平方米，创新性采用了“一院六

---

① 蔡元培先生亲自兼任第一届理事会理事长，在中山门半山园征地12.9万平方米，原拟建“人文”“工艺”“自然”三大馆，后因时局关系，仅建“人文馆”，即南京博物院大殿。该建筑为仿辽代宫殿式，由民国著名建筑师徐敬直设计，经建筑大师梁思成修改。

馆六所”格局[①]，六所为六馆提供有力的学术支撑。南京博物院内珍藏各类文物多达 43 万余件（套），时间跨度从旧石器时代跨越至当代，是一座巨大的中华民族文化艺术宝库。2023 年，南京博物院全年接待观众量超 500 万人次，暑假期间接待量近 110 万人次；2024 年上半年，南京博物院待观众量达 306 万人次，7 月暑假高峰期，接待观众量达 51 万人次，是南京乃至全国的重要文化地标。

采用“一院六馆”布局和数字化手段，提升市民游客多元文化体验。南京博物院在展览中展现多元文化的“千展千面”，逐渐形成“水韵江苏、文化中国、遇见世界”为层次的展览体系，成为世界看江苏、江苏看世界的重要窗口之一。**通过“一院六馆”的格局，以“分众教育”模式带来个性化观展体验**。历史馆长期展出“江苏古代文明”主题展览，展现江苏这片土地上跨越数千年的文明演进历程及辉煌历史成就；特展馆定期推出临时展览与特色展览，是南京博物院对外交流的窗口，来自法国的拿破仑家族文物、古埃及的木乃伊、沙皇俄国的宫廷什物等都曾在这里展出；艺术馆按照艺术品分类，以美术馆的方式展示中国传统书法、绘画与雕塑艺术等馆藏品；民国馆创新性采用“城市历史景观再现”的展览模式，动态还原当时城市的生活状况；非遗馆是全国首个在省级博物馆层面以非物质文化遗产为主题的专业展览场所，打造了一个集展览、展示和表演于一体的综合展示平台；数字馆运用数字技术，将 28 段古代文明与历史事件的精彩瞬间呈现给观众[②]，南京博物院是国内第一个将数字馆落地的博物馆。尤其值得关注的是，南京博物院面向残障人士设有无障碍的博爱馆，在特展馆内还设有儿童体验馆，为市民

---

① 南京博物院六馆包括历史馆、特展馆、艺术馆、民国馆、非遗馆和数字馆，六所包括考古研究所、文物保护研究所、陈列艺术研究所、古代艺术研究所、民族民俗研究所和古代建筑研究所。

② 朱彦．“智慧”南博，以文物故事“链接”美好生活［N］．南京日报，2023-11-7（4）．

游客提供多样化的文化交流空间。通过数字赋能展馆，以科技手段带来沉浸式观展体验。一方面，南京博物院作为国内博物馆信息化建设起步最早的博物馆之一，创新打造“数据可视化”智慧博物馆管理平台，将藏品全流程管理、文物藏品保存环境监测、公众服务管理、数字资源展示等十余个信息系统打通整合，经智能数据汇总与治理，构建出集“观众行为分析”“开放运营管理”“科学研究”“年鉴媒体”等为一体的关联性数据集，示范性建成数据可视化辅助决策平台，2023 年 3 月获评第八届全国十佳文博技术产品及服务推介活动“十佳”项目。另一方面，南京博物院采用数字技术如 3D 展品展示、VR 体验等打造虚拟展厅和数字线上展，为观众提供了一个无时间、空间限制的沉浸式文化体验平台，大大提高了文化传播的效率和范围。通过创新策展模式，以“一位主创 + 一个团队”带来高质量原创特展。2015 年，南京博物院在“法老 · 王”展览中开创性地引入了策展人制度，通过实施低票价策略与保持展览内容的高品质相结合，精准对接并满足了广大公众对于文化展览的期待与需求，在 5 个月的展出期间，吸引观众 31.48 万人次，单日最高参观量 6643 人次，门票收入达 576 万元，现已成为实现展览效益最大化的成熟策展模式。在“一位主创 + 一个团队”的策展模式下，具有中级以上专业技术职称的研究人员均可以通过系列审核后成为策展人，全权负责展览的核心理念构思、主题精炼、内容大纲的编纂以及展览图录的编纂出版等，并与一个跨部门团队合作，包括文物保护、视觉设计、宣传推广和票务管理等相关部门的负责人，共同完成展览的筹备和实施工作——这一模式成功打破了传统博物馆体制在人力资源、财务预算及管理模式上的既有界限，实现了更加灵活高效的项目运作[①]。策展人模式下的创意策划极大地推动了展览的运行，不仅实现口碑与票房双丰收，还为中国博物馆界探索多元化展览模式提供了宝贵的实践范例。

① 张乐. 弘扬中华优秀传统文化的探索——南京博物院展览策划思路［J］. 文物天地，2022（S1）：106–110.

创新“文博＋文创”模式，推动文化的创新性转译。文创是文化的传承和生活的融入，通过文创产品，南京博物院展示了其深厚的文物资源，并传播了江苏地区独特的文化魅力，秉承着“创意点亮美好生活，设计赋能文化传播”的理念，让观众在参观过程中能获得更多的文化体验，也让博物馆文化更好地融入观众的生活。成立文化创意部，系统化开发创作文创产品。南京博物院自 1979 年就首开了中国博物馆文创产品开发和研究的先河，在馆内设立博物馆商店；直至 2012 年，南京博物院整合全院资源，并引进研究、管理、设计等各类人才，正式成立了文化创意部，将博物馆商店正式更名为“南京博物院文化创意部”。文化创意部门组建了一个由院内专家和外部专家构成的审核委员会，对开发的文化产品进行严格的审核和质量控制；部门通过代销合作、授权开发以及跨界合作推动文创产品的开发，推出虎年系列产品南博瑞果桃酒、“苏天赐油画”系列文创产品等多样创意产品，促进文博资源的创新性转化[①]。目前南京博物院已有工艺典藏类、文具类、图书印刷类、服饰首饰类、生活用品类、特色餐饮类、体验类等 1000 余种文创产品，入选了首批“全国博物馆文化产品示范单位”名单并被国家文物局确定为试点典型。实施联合创新策略，促进文化资源的创新性转化。南京博物院为了增强社会影响力和品牌认知度，举办了多届“博雅杯·南京博物院文化创意衍生产品创意设计赛”[②]，通过向社会征集创意，提升大众对文化遗产的关注。为进一步提升观众的参观体验，南京博物院打造了配合专题展览的文创商店及产品，将展览中的文化元素和故事以文创产品的形式呈现给观众，例如在 2018 年由南京博物院、捷克国家工艺美术博物馆以及布拉格市艺术博物馆共同主办的

---

① 孙心妍. 博物馆文创产品的开发与营销研究——以南京博物院为例［D］. 南京师范大学硕士论文，2019.

② 该赛事面向全国征集依托长三角及大运河沿线文博资源创意设计的文创产品，内容涵盖原创性特展临展、社会教育项目和文化创意衍生品三大类。

“穆夏——欧洲新艺术运动瑰宝”展览中[①]，南京博物院创新性地提取展览中的凯特尔艺术、巴洛克等艺术风格，开发了笔记本、文件袋等41个系列384种文创衍生品，值得一提的是，这场特展的门票销售额达450万元（门票50元/人），而文创收入超过门票收入，甚至达到了550万元[②]。在平台建设方面，先后打造了长江经济带博物馆文创产业平台和长三角博物馆文创联盟[③]，不仅促进了各个博物馆资源的共享与互补，还大幅降低了文创产品的设计开发成本，推动了博物馆文创产业的繁荣发展。**拓宽文创产品营销平台，促进整合营销与场馆营销共同发展**。南京博物院携手江苏省内众多博物馆及机构，共同发起并成立了江苏省博物馆商店联盟，并推出“博苏堂”品牌，截至2018年博苏堂联盟商店已达40余家，这一举措实现了联盟内各成员在博物馆文化衍生产品上的联合研发、营销推广及市场拓展，标志着文创产品营销实现了从单一独立走向联合的跨越性转变。同时，南京博物院也拥有自己的商店品牌——博雅汇，销售一系列以南京博物院珍贵馆藏文物为灵感的文创产品；还引进了自动贩卖机，消费者通过线上支付就可以购买到文创产品，提升了购买过程的便捷性；2023年末上线的南京博物院文创微信商城，更进一步延伸了博物馆购买服务空间。

开展多样化社会教育活动，促进知识共享与文化互动。南京博物院致力于让文化成为连接人心、激发潜能、促进社会和谐的重要力量，通过优化社教活动，让博物馆成为“行走的课堂”，搭建起博物馆文化传播与公众交流

---

① 穆夏是捷克共和国的国宝级画家，也是新艺术运动的巨匠。他瑰丽的绘画风格曾影响了一个时代的创作，也对后世的商业绘画影响深远。

② 邱永生，卢小慧. 南京博物院文创的探索与实践［J］. 东南文化，2021（6）：147–149.

③ 长江经济带博物馆文创产业平台在原有文创产品的基础上，进一步整合了长江经济带各博物馆独具特色的文物藏品资源，而长三角博物馆文创联盟则汇聚了来自三省一市的博物馆文创资源，在统一的框架下构建了一个新型一体化的博物馆文创产业平台。

的桥梁。**打造多元化社教品牌，构建丰富多彩的社会教育活动**。南京博物院率先将“社会教育部”更名为“社会服务部”，寓“教育”于“服务”之中，打造“南博讲坛”“清溪学堂”“南博蓝”等社教品牌，面向全年龄段观众提供优质的分众化、精细化服务。“南博讲坛”采用线上线下相结合的方式进行，观众可以在现场聆听专家的讲座并与专家进行互动交流，也可以通过官方网站、微信公众号等线上直播渠道观看实时直播和回放；“清溪学堂”包含萌芽园、童趣林、睿智屋、品味厅和乐龄社区等系列，用“菜单式”文化服务为全龄段人群注入文化新动能；“南博蓝”志愿服务团队主动走进社区、走进学校、走进基层，以实践课堂的方式向社会公众普及文博知识，志愿者已经为公众提供了超过 10 万次的讲解服务，并组织了超过 300 场活动。**建立长期合作机制，增强社会影响力与公众参与度**。在高校合作方面，南京博物院与金陵汇文中学、南京外国语学校等学校签订合作协议，合作范围覆盖南京市 6 个区 15 所中小学校，截至 2024 年连续 5 次举办“馆校合作 · 博物馆课程开发与实践工作坊”，进一步拓展博物馆和学校合作教育活动的覆盖范围和深度。在社区合作方面，自 2016 年以来，南京博物院便与南京市的众多社区建立了持久的合作关系，组织了一系列将博物馆文化带入社区的活动。2022 年，南京博物院携手江苏省成人教育协会，共同推出了“博物馆 + 社区”共同体项目，并与 12 个社区机构签订了共建协议，以此进一步完善和推广“博物馆 +”模式[①]。通过招募社区定向服务志愿者，以线上线下结合的方式助力社区居民终身学习，其中包括文物科普“云”课堂视频、主题展览进社区活动、社教专员带社区居民参观南京博物院等，2023 年“‘博物馆 + 社区’共同体项目”荣获第二届全国文博社交优秀案例。**推动文博出省出海，拓宽优秀文**

---

① “博物馆 + 社区”共同体项目通过培养社区志愿者、策划社区博物馆展览、“互联网 +”等多种手段，促进社区实践与文化建设，多维度共享博物馆资源，为打通公共文化服务最后一公里贡献了南博力量。

化的辐射范围。南京博物院积极参与中美博物馆峰会、国际博物馆高级别论坛、大运河文化旅游博览会等多个多边交流平台，构建了全面且广泛的国际合作与交流体系，显著增强了其国际地位；常年举办出国展，通过在巴塞罗那举办明代文物展、在美国旧金山举办“王陵瑰宝：中国汉代考古新发现”等一系列海外展览，进一步推动中华文化的海外宣传声量；与美国纽约大都会艺术博物馆、东京国立博物馆等国际知名博物馆签订了合作备忘录，强化了双方在人才培养、展览互鉴以及文物保护等领域的合作[①]。通过以上一系列创新举措，南京博物院进一步促进了国际文化的交流与互鉴，推动了文博的出海，助力中华文化走向世界。

2. 南京国际展览中心：促进会展与旅游深度融合，激发文体旅发展新活力

南京国际展览中心于 1998 年由省市政府共同投资建设，2000 年建成并开始运营。场馆占地 11.11 万平方米，建筑面积约 12 万平方米：其中，室内展览面积 3.5 万平方米、会议面积 6800 平方米，设有 5 个展厅，可容纳 2000 个国际标准展位；设有两个室外展场，室外展览占地面积达 3 万平方米；并具备举办大型会议的能力，展览中心三层包括一个近 3000 平方米的无柱多功能厅和 14000 平方米的观景大厅，展馆会议层设有 9 间中小型会议间，可举办 20 至 300 人不同形式的会议活动，是集展览、会议、旅游、婚庆、餐饮、商业休闲为一体的大型多功能智能化场馆。南京国际展览中心先后获得江苏省文明单位、南京市文明单位、江苏省十佳展览场馆、全国会展主办单位满意场馆、中国会展品牌场馆等称号，成为南京地标性建筑和城市名片。在 2023 年五一假期期间，南京国际展览中心通过举办展会、演出、活动等，吸引客流超 10 万人，带动相关领域消费超 21 亿元。

南京国际展览中心发挥会展平台经济功能，提升会展产业竞争力和经济

---

① 晓乙. 九秩芳华始为序 十年直据烟霞顶［N］. 新华日报，2023-11-6（6）.

带动力。作为南京会展经济的重要平台，场馆自 2000 年建成运营以来，先后举办一系列具有国际、国内影响力的大中型展会 3000 场，持续发挥会展业平台和桥梁纽带作用，推进会展服务高质量发展。南京国际展览中心通过高标准建设，实现场馆高利用率和办展数量的领先地位。2020 年 5 月，南京国际展览中心正式通过 UFI[①]（全球展览业协会）会员单位认证，标志着展馆软硬件、服务体验正在向国际化迈进。根据中国会展业权威机构中国会展经济研究会发布的《2022 中国展览数据统计报告》、中国国际贸易促进委员会发布的《中国展览经济发展报告（2022）》数据显示：南京国际展览中心 2022 年场馆利用率、办展数量均位列全国第二。南京国际展览中心通过举办主导产业专业展，促进产业发展及签约项目落地。围绕南京市“4+2+6+6”产业集群[②]，南京国际展览中心举办了中国国际石墨烯创新大会、中国（南京）北斗卫星导航应用博览会暨北斗高峰论坛、中国国际新能源汽车及配套产业博览会、江苏产学研合作对接大会、中国（南京）动力及储能电池与供应链博览会等知名品牌展会，展示产业链上下游核心企业，推动其与本地院校、科研机构、政府主管部门、关联企业等进行学术交流、技术转让洽谈、产业落地对接等。产业展会成为推动企业角色转变与创新项目落地的双重引擎：一方面，促使多家行业领先企业如森鹰窗业于 2018 年落户南京，2023 年广东门窗行业的标杆亿合门窗也在南京设立了基地，这一系列转变彰显了展会促进企业由参展向投资转化的显著成效；另一方面，展会也吸引了大量创新项目的签

① UFI是国际展览联盟（Union of international Fairs）的简称，2003年更名为全球展览业协会，是迄今为止世界展览业最重要的国际性组织。

② 南京市“4+2+6+6”产业集群包括四大支柱产业、两大国家级产业集群、六大新兴产业和六大未来产业。四大支柱产业分别是钢铁、石化、汽车和电子；两大国家级产业集群是软件和信息服务、新型电力（智能电网）；六大新兴产业包括新能源汽车、智能制造装备、集成电路、生物医药、新型材料和航空航天；六大未来产业包括新一代人工智能、第三代半导体、基因与细胞、元宇宙、未来网络与先进通信、储能与氢能。

约与合作——以具体数据为例，2023 年中国（南京）国际软件产品和信息服务交易博览会上，最终达成签约项目 47 个，总投资额高达 223.9 亿元；在同年的世界智能制造大会上，更是签约了 109 个超亿元项目，总投资额突破了 1230 亿元大关，充分展示了展会对于吸引创新项目落地、推动地方经济高质量发展的重要作用[①]。南京国际展览中心通过加快智能化数字化场馆建设，提升场馆的服务水平。在数字化服务方面，南京国际展览中心打造全景 VR 系统，为参展商、展会主办方等用户提供线上沉浸式体验；开发导航小程序，利用高精度定制化的 3D 地图，全景呈现园区内布局，实现精准独立定位，同时提供周边酒店导航，为参展观展用户提供一站式配套服务。在展会运营数字化方面，“国展 E 服务”为展会参展商提供优质的展道具租赁、电源接驳等现场服务，包括在线预订、支付、接单、派工、执行等；“国展 E 主场”为展会搭建商提供一站式报馆服务，包括搭建商注册、资质审查，特装图纸提交、审核及反馈；特装管理费、清场押金缴纳，现场违规管理等服务；打造数字化地插用电管理系统，通过物联网、云计算、大数据等技术管理配电箱，构建管理云平台，实现远程化网格化精细管理，及时预警异常情况。

南京国际展览中心结合“展赛演”的模式，推动“会展 + 旅游”双轮驱动发展。持续发挥“多元化会展平台”效应，深化“会展 + 文旅”定位，以“展 + 节”形式拓宽文化节展现形式，将展览盛会延伸为文化盛会，以节聚势、以节兴市。举办高级别的文旅产业品牌展会，带动文旅消费动能持续释放。南京国际展览中心强化文旅融合，成功举办了多项展会活动，包括 ISPO 亚洲（夏季）运动用品与时尚展（南京站）、2023 南京住宿品质提升月、中国（南京）国际房车露营展览会等，在 2023 年的前三个季度里，这些活动共汇聚了超过 400 个国内外顶尖的户外与露营运动品牌、展示了 300 余款引领潮流的新型房车，并推荐了南京市内 20 家高品质在营酒店，这一系列精彩纷呈的展会活动，

① 张甜甜. 展产“双向奔赴”激发“化学反应”[N]. 南京日报，2024-5-23（1）.

成功吸引了近十万名游客的到访，极大地促进了文旅市场的繁荣，拉动了近亿元的文旅消费增长[①]，为南京文旅产业的蓬勃发展增添了新的活力与光彩。**举办高规格的文体旅融合赛事，营造城市级运动氛围。**南京国际展览中心已成功承办 robotex 世界机器人大会中国总决赛、荔枝杯少儿平衡车大赛、紫金奖文化创意设计大赛、南京城市定向赛等各类赛事。如 2024 年 9 月，南京青奥会十周年系列活动之金陵环湖奇妙记暨 2024（第六届）南京城市定向赛在南京国际展览中心激情开跑，活动积极响应赛事“进景区、进街区、进商圈”的号召，覆盖玄武湖、金陵 style 浪漫中心、颐和路数字展示馆、D9 街区、先锋书店等为特色点标的各大网红打卡地、文化旅游目的地、体育潮流场所，赛事吸引了近 1600 名选手参赛。**举办青年向往的多元庆典演出，撬动“演出经济”发展。**南京国际展览中心近年来已成功承接中央音乐学院主办的“央音”全国青少年艺术展演活动、全国性朗诵大赛展演活动——“曹灿杯”青少年朗诵江苏省总展演、国际动漫展、酷狗动漫音乐节、中国华服日等各类活动。以中国华服日活动为例，南京国际展览中心通过“展览＋演出”相结合的形式，推出日场华服博览会、华服研讨会、夜场大型华服秀典、国风音乐会等系列活动，吸引了 800 余名观众到现场体验，并为 B 站、微博、一直播、微信等 21 家直播平台上的 1260 万名网友献上了一场传统文化盛宴。

南京国际展览中心构建“白天办展会，夜晚潮消费”的会展旅游综合体，促进文化消费蓬勃发展。近年来，国展中心引进多家文化 IP 品牌店，涵盖婚礼文化、潮流文化、相声文化、餐饮文化、青年社交文化，助力多元业态发展，于 2023 年获“市级夜间文旅消费聚集区”授牌，并被评为 2023 年度南京市级文化园区。**强化“首店经济”和“小店经济”协同发展，注入文旅产业新**

① 朱嘉琪. 重点展馆主导产业大展密集举行[N]. 南京日报，2023-9-18（4）.

动能。在首店方面，南京国际展览中心与奥地利 BLUM 集团[①]合作，2023 年 12 月奥地利 BLUM 集团中国形象展示旗舰展厅正式开业，是全球首家位于展览馆的创新型体验式情景展厅，也是目前 BLUM 中国最大最先进的展厅，面向并服务于江苏、安徽两省高端家居制造企业，展示全球化同步的智能化五金产品。在小店方面，引进开心茶馆、湖畔印象茶社、Helens 而立小酒馆等特色小店，其中开心茶馆是由知名主持人梁爽、程鸣创立，由相声大咖陈峰宁老师助阵演出的文化空间，2023 年获专精特新小店授牌，是江苏省第一家相声主题茶馆，致力于传承非物质文化遗产张派相声艺术，通过相声、杂技、评话、快板书、开放麦等多样形式，在传统节目中融入现代创作思路，多维度激发文化消费活力。深挖婚庆产业链条，打造“喜事经济”行业标杆。花嫁丽舍高端婚礼殿堂位于国展中心展馆 F 厅，面积 7300 平方米，以仲夏夜之梦、环游地球 80 天等七大沉浸式婚宴厅成为南京婚礼的颜值地标，2022 年位列南京婚庆婚宴市场单店收入榜首，是南京婚庆婚宴市场行业标杆。国展中心围绕花嫁丽舍打造海岛风情小品、水景打卡点、南国风情海枣树等网红打卡点，升级标识导引、景观亮化等夜间导视系统，助力花嫁丽舍扩容增效，也是门店撬动业绩增长的核心驱动力之一， 2023 年国庆中秋双节期间花嫁丽舍累计举办沉浸式婚礼 68 场，婚礼盛宴 1082 桌，掀起百万婚礼新风尚。在南京国际展览中心“1+N”多元文旅集市期间，国展中心和花嫁丽舍共同打造多巴胺粉色斑马线、小王子的巨型玫瑰、水景之上的浪漫告白气球、巨型毛绒粉红兔超吸睛等打卡装置，为街区增添浪漫氛围。利用广场举办多样活动，激活场馆内外空间活力。南京国际展览中心高效利用场馆外的空间，在东北景观广场、北广场以及东广场举办南京玄武国际城市休闲旅游节、“劳动骑士节”

---

① 奥地利BLUM集团，2002年进入中国，以极高的质量标准来规范产品本身，并在研发、生产、员工培训等方面持续投入，致力于为客户提供创新的五金解决方案。BLUM国展中心店，是高端形象展示店，将为江苏、安徽两省数千家家居制造企业提供更加优质的服务。

摩友之夜、足球观赛夜、中国精酿啤酒节、后备箱集市等活动。国展中心已连续三年举办国内第一个全国性精酿啤酒节——中国精酿啤酒节，在2024年第十届中国精酿啤酒节三天的活动中，汇聚了70多家精酿厂牌、500多款精酿啤酒，来自全国的精酿啤酒厂牌主理人、酿酒师、爱好者等每天约3000人在国展中心畅饮畅谈，“不误正夜”后备厢集市最高一日汇聚三四千人参与，国展中心逐步成为文化、娱乐活动的聚集地。

3. 梅园新村纪念馆：延伸红色矩阵生态链，激活红色引擎澎湃动能

1946年5月3日，中国共产党代表团正式进驻南京，并选定梅园新村17号、30号、35号建筑作为其办公和居住的地方[①]，直至1947年3月7日撤离返回延安——这段历史赋予了梅园新村非凡的意义，它成为铭记中共代表团当年活动轨迹的重要场所，兼具深刻的纪念价值与教育意义。此外，该区域还保留了众多民国时期风貌依旧的建筑群以及部分保持原貌的传统街巷，共同构成了别具特色、具有重大价值的文化遗产。梅园新村片区地理位置优越，道路网络完善，公共交通可达性较好；紧邻总统府、1912街区及大行宫商圈，为游客提供多样化文旅体验。中国共产党代表团梅园新村纪念馆（以下简称梅园新村纪念馆）建馆以来，先后被授予全国爱国主义教育示范基地、全国红色旅游经典景区、国家4A级旅游景区等荣誉称号[②]，已接待参观者超1500万人次。

梅园新村纪念馆利用红色资源，赓续红色精神。红色资源是中国共产党不屈不挠、光辉历程的生动记录，承载着深厚的红色文化底蕴。纪念馆是红

---

① 梅园新村30号是周恩来、邓颖超办公和居住的地方；梅园新村35号是董必武、李维汉、廖承志、钱瑛等同志办公和居住的地方；梅园新村17号是中共代表团办事机构所在地，设有会议室、新闻组、抄报室、第十八集团军驻京办事处处长办公室、电讯室、外事组、军事组、党派组、妇女组和工作人员的宿舍。

② 吴小宝. 中共代表团南京梅园新村纪念馆［J］. 档案与建设，2011（1）：61-62.

色文化的传播媒介，也是中华民族精神的重要组成部分，通过深入挖掘红色资源，打造党建品牌，实现红色文化的进一步传承与传播。挖掘红色历史积淀，展示珍贵文物遗迹。梅园新村纪念馆承载着中共代表团在1946年至1947年间与国民政府进行和平对话与协商的使命，长达十个月的谈判对加速解放战争的胜利做出了巨大贡献。梅园新村纪念馆占地4600平方米，由中共代表团办事处旧址①、国共南京谈判史料陈列馆、周恩来铜像、周恩来图书馆等组成②。纪念馆内珍藏文物数量多达1170件，其中尤为珍贵的是一级藏品，高达100件之众，这些藏品中，不乏周恩来、邓颖超等随身携带、反复研读的毛泽东经典著作《改造我们的学习》，还有董必武先生所珍藏的刻有《兰亭集序》的铜墨盒，前后有江泽民、胡锦涛、姜春云等重要国家领导人到此参观。创建“梅园红”党建品牌，打造沉浸式仪式化教育模式。2023年，梅园新村纪念馆将观众需求融入红色文化产品服务中，打造“梅园红”党建品牌，构建铜像缅怀、誓词重温、展厅微党课、旧址寻访和梅园讲坛五个教育模块③，面向党员干部群体、青少年观众和专业人士打造三种讲解接待模式，推动红色教育走深走实；纪念馆与百余所大、中、小学校合作创建“周恩来、邓颖超班”，与共建学校就红色主题教育进行创新融合，拓展红色教育覆盖面，共同搭建“大思政课”教育平台；“梅园红”红色宣讲团以梅园故事、红色文化为主线，馆长、研究馆员、讲解员以及“梅园红”志愿者为主讲人，通过红色宣讲、专题讲座、红色情景剧等形式，让红色文化深入基层、走进高校、走进“高墙”。深入党史教育，打造红色文化关键节点。梅园新村纪念馆作为“铭记历史·砥砺前行”的线路景点之一入选建党百年红色旅游百条精品

---

① 中共代表团办事处旧址，于1996年11月20日被国务院公布为第四批全国重点文物保护单位。

② 吴小宝. 中共代表团南京梅园新村纪念馆［J］. 档案与建设，2011（1）：61–62.

③ 胡英华，于洁尘，夏雪晴，等. 南京 红色沃土矗立不朽精神丰碑［N］. 南京日报，2021-6-7（4）.

线路[①]，同时入选首批“江苏省100个红色地名”。同时，纪念馆作为南京市党员干部开展党史学习教育和青少年四史教育的重要基地，2021年获评江苏省党员教育实景课堂示范点、南京市先进基层党组织，2023年获评江苏省“大思政课”实践教学基地。为进一步拓展党史学习教育走深走实，梅园新村纪念馆与江苏出入境边防检查总站轮训大队、南京市公安局党校、玄武区消防大队党委等机构结成共建单位，实现红色资源的共建、共育、共享。建馆以来，纪念馆已接待观众1500多万人次，充分发挥了红色纪念馆的社会效益；近年来，梅园新村纪念馆公共服务部平均每年接待观众达35万人次，讲解场次2000余场。

梅园新村纪念馆延展街区整合红色文化，擦亮街区红色名片。历史文化是城市特色和城市精神的源泉，城市特色风貌是城市文化和城市精神的重要体现，梅园新村历史街区为讲好红色故事，将街区风貌与红色文化融合，面向不同群体设立红色文化学习空间，实现红色教育矩阵的构建。梅园新村街区，打造红色历史文化街区，讲述“梅园故事”。梅园新村历史文化街区东至毗卢寺，南至钟岚里，西至梅园新村纪念馆，北至竺桥，占地面积达10.48万平方米，拥有全国重点文物保护单位中国共产党代表团办事处旧址1处，市级文物保护单位毗卢寺、白崇禧公馆旧址、黄裳故居3处，大悲巷（北段）、雍园路、竺桥、梅园新村（大悲巷南段）和汉府街5条历史街巷以及37处历史建筑。2015年4月，梅园新村历史街区入选全国第一批中国历史文化街区。梅园新村街区在环境及景观节点的改造中突出“梅”的文化符号，提升街区文化氛围，通过向社会征集方案打造了3个景观节点：在汉府街入口处设置

① 为深入贯彻习近平新时代中国特色社会主义思想，隆重庆祝中国共产党成立100周年，充分展示中国共产党带领全国各族人民在中国革命、建设、改革历史进程中取得的重大成就，引导干部群众就近就便开展实地考察、国情调研，文化和旅游部、中央宣传部、中央党史和文献研究院、国家发展改革委联合发布“建党百年红色旅游百条精品线路”。

红色文化展示区，通过老式的仿古瓦片、标识标牌、大理石拼接浮雕、定制的梅花图案窗等共同编织一幅生动的历史叙事画卷；在逸仙小学后门区域打造摩斯密码造型的铜塑，并设置文化墙和休憩区；在雍园街角打造景墙壁画，展现深厚的历史底蕴和红色记忆。**小红梅 · 信仰生活空间，打造区域性综合文化空间，弘扬革命精神。**小红梅 · 信仰生活空间成立于 2015 年，位于梅园新村 34 号，占地面积达 330 平方米，是一个集红色文化传承、党员群众教育、社会文化活动于一体的综合性空间。小红梅 · 信仰生活空间内布置“红船初心”“人民江山”等“红梅十二景”，打造“红学习、红展览、红纪念、红科普、红文艺”——“梅开五福”的“红色生活方式”[①]，常年开展“青年大学习”、青年志愿服务、青年夜校以及读红色书籍、看红色电影、唱红色歌曲等形式多样、内容丰富的活动，吸引了众多青年“铁粉”参与，成为青年党员和团员活动的重要场所。**小小红梅 · 红领巾信仰学习空间，打造融合教育空间，完善红色文化链条。**小小红梅 · 红领巾信仰学习空间于 2023 年 7 月在梅园新村 41 号楼正式开始运营，该空间为逸仙小学的少先队员们提供了红色文化的沉浸式活动阵地，助力打造“少先队员 15 分钟社区活动圈”。小小红梅 · 红领巾信仰学习空间面向全市少先队员开放，在“红领巾爱科学”科技实践区域举办各种科技实践活动；在红色故事演绎区阅读信仰故事、演绎红色剧目；在“追光吧少年”区域记录着少先队员们参与各项活动的珍贵瞬间，通过丰富的活动引导青少年扣好人生第一粒扣子。习近平总书记在庆祝中国共产主义青年团成立 100 周年大会上指出，“入队、入团、入党，是青年追求政治进步的‘人生三部曲’”，还特别提出，党、团、队育人链条要相衔接、

---

① 张安琪，余梦迪. “红色资源+”，滋养青少年爱国情怀[N]. 南京日报，2023-8-9（2）.

相贯通[①]。通过党带团、团带队，形成了中共代表团梅园新村纪念馆——小红梅·信仰生活空间——小小红梅·红领巾信仰学习空间的有机链接，构建了党团队一体化思政学习教育的示范样本。

梅园新村纪念馆延展联动街道弘扬红色精神，增强党建共建引领。梅园新村街道于 2023 年入选南京市首批社区治理现代化创新实验试点单位，以此为契机，街道党工委、社区慈善基金管委会等不断创新社区协同治理机制，突破传统慈善被动赠与局限，引入“招商”理念，从供给侧出发打造社区“慈善引擎”，探索建立“梅好生活”公益慈善联盟，着力实现居民家门口的“小确幸”。梅园新村街道运用本土红色底蕴，打造小红梅冬训实境课堂。梅园新村街道文旅资源丰富，东起中山门城墙，西至太平北路，南至中山东路，北至北京东路，区域总面积 6.35 平方千米，常住人口 8.38 万人，户籍人口 8.07 万人，党员 5538 人，下辖 9 个社区，辖区内“1 园 2 寺 8 馆”[②]。梅园新村街道充分发挥校地共建、红色文化社群、正能量网络大 V 的“小红梅”传统资源优势，结合社会、民生热点开发系列课程，并通过线上教学、线下授课、课外实践、社交媒体互动等“四位一体”的立体式教学模式让教学“立”起来。通过“菜单化”定制，极大提高党员、干部乃至群众的学习兴趣，让课堂“活起来”。值得一提的是，为了进一步扩大受众面，梅园新村街道还在课程开发的基础上还开发了理论性、可读性俱佳的文创读本、手账。梅园新村街道打造特色“融空间”，营造党建引领社会协同的公益氛围。依托小红梅信仰生活空间，构建“1+2+3+N”的实体公益空间，打造 1 个“梅好生活”空间、

---

① 陆士桢. 培养好青少年儿童是一项关系红色江山永不变色的战略性、基础性工作——做好基础教育阶段的共青团和少先队工作［J］. 人民教育，2022（11）：17-18.

② 梅园新村街道的1园2寺8馆包括明故宫遗址公园；毗卢寺、香林寺；六朝博物馆、梅园新村纪念馆、中国第二历史档案馆、南京博物院、南京图书馆、江苏省美术馆、王安石故居等。辖区有东部战区和东空2家战区级单位、海军指挥学院1家正军级单位，有团以上部队26家，双拥共建资源丰富。

2 个广场（大行宫广场、香林广场）、3 个街区（1912 商业街区、锦创书城、熊猫大厦）及 N 个公益点位（佑康残疾人之家、利民慈善超市、伊树花艺术团等）的实体公益空间地标，鼓励居民、驻地企业、商圈个体户等参与公益活动，创建民生菜单招亲会、幸福东南小管家、红色领航 照亮微心愿等党建民生服务品牌，形成系统集成的公益阵地平台。其中利民慈善超市成立于 2020 年 4 月 28 日，以超市经营，本质上是慈善机构，通过整合社区资源，建立社区专项基金池，搭建“社区布点—开展社区活动—进行社区筹款—反哺慈善超市—资助帮扶社区困难群体”的社区综合治理体系。**梅园新村街道打造全市首家“慈联体”，促进“慈善 + 社工 + 志愿”融合发展**。街道通过进一步整合资源、优化载体，成立南京市首支街镇级社区慈善基金，截至 2024 年 8 月，通过开展独居老人风险干预、残疾儿童康复、健行金陵等 7 场公益募捐活动，常态化开展公益市集等慈善活动，累计筹集资金近 20 万元，物资价值 50 余万元。未来，街道将深入挖掘“小红梅”品牌的内涵和价值，将其融入社区治理和公益活动中，依托“小红梅 · 梅好生活空间”[①]示范带动作用，打造公益友好社区等。梅园新村社区打造“党委—政府—高校—社区”红色治理共同体，以党建联建为主抓手，构建社区党委牵头、居民及共建单位为主要力量、志愿者为协助力量的“三位一体”运行模式，联动打造邻里一家亲、小红梅青少年公益课堂等项目，2023 年共同开展环境治理、理论学习等活动 19 场，近 500 人次参与，全方位提升群众幸福感。

---

① “小红梅 · 梅好生活空间”是南京市玄武区梅园新村街道打造的一个具有红色文化特色和公益性质的空间。它通过丰富的展览、讲座、活动等形式，为访客提供沉浸式的红色文化体验和学习机会，同时结合社区治理和公益活动，推动了红色文化的传播和传承。

五、玄武区山水城林都市文旅发展的经验总结、问题与展望

玄武区锚定“最具竞争力的创新高地、最具影响力的消费中心、最具吸引力的美丽城区、最具凝聚力的幸福家园”目标愿景，展现出“勇于突破”的胆识，汇聚“创新建立”的才智，逐步打造出独具特色的“玄武模式”[①]。第一，梳理玄武的产业图谱，确立文旅地标产业地位。玄武区在构建“1+2+2”现代化都市型产业体系的过程中[②]，文化旅游产业作为地标产业，不仅推动了该产业自身的蓬勃发展，而且通过与高端商务商贸、现代金融、软件和信息服务以及新医药与生命健康等产业的紧密互动，共同推动了区域经济的高质量发展。具体而言，文旅产业的强劲发展势头吸引了大量游客和消费者，为高端商务商贸产业提供了丰富的客源和消费需求，同时，通过文旅产业的品牌效应吸引更多高端商务和商贸企业的入驻；现代金融产业则为文旅产业的发展提供了关键的资金支持，金融机构通过提供贷款、投资等金融服务，助力文旅企业实现规模扩张、品质提升等；与此同时，软件和信息服务产业利用大数据、云计算、人工智能等先进技术为文旅产业提供了强大的技术支持，提升文旅企业的市场分析、游客管理和服务优化能力；此外，文旅产业的发展也为新医药与生命健康产业提供了广阔的市场和应用场景，推动了与旅游相关的健康产品和服务的开发，实现了两大产业的协同发展。第二，优化玄武的空间布局，推进文旅融合高速发展。以构建世界级文化旅游目的地为发展定位，形成“一心一核，三轴四片区”的空间格局，其中，“一心”为紫金山—玄武湖文旅绿心；“一核”为鼓楼—新街口—大行宫都市核；“三轴”为中央路—中山路商贸商务联动轴、中山东路历史文化联动轴、312 国道创新

① 盛文虎. 破立并举，“四最城区”激昂改革乐章［N］. 新华日报，2024-7-29（14）.

② 邓露洁，夏雪晴. 闵一峰：奋力探索玄武特色转型发展之路［N］. 新华日报，2024-2-21（1）.

发展联动轴；“四片区”为老城片区、红山片区、徐庄及山北片区、孝陵卫片区。玄武区聚力搭建平台，激活文旅产业链式反应，一方面组建玄武文旅集团，推动全区文旅项目打造、文旅消费圈层建设、文旅商品线路研发等；另一方面，成立玄武文旅联盟，打破层级与行业壁垒，融通文旅资源，增强政企黏性。三年时间，玄武区两度揽金“国字号”，即长江路成功创成首批国家级夜间文旅消费集聚区和入选首批国家文化产业和旅游产业融合发展示范区建设单位名单。第三，聚焦玄武的首发经济，建设国际消费中心城市中心区[①]。玄武区服务业增加值占比超过98%，形成了高端商贸、现代金融、电子商务三个千亿级产业，深厚的产业基础、成熟的市场环境，为首发经济的发展培育了沃土。玄武区通过商圈与品牌定位的精准匹配，成功吸引了众多首店入驻，首店的集聚成为新的旅游亮点，吸引大量游客前来打卡，同时将首店与文化、旅游等元素相结合，推出了跨界书店、文化展览、文化演艺等文娱首店、首演、首展等活动，有效推动了文商旅的联动发展，形成了独具特色的首发经济体系，丰富文化与旅游产品供给，为玄武区的旅游业发展带来了新的增长点。玄武区在全市率先成立首发经济发展联盟，加速玄武区从“首发”到“首店”再到“总部”的首发经济“生态圈”的形成，促进全区消费格局的全面升级，推动从首发消费向高能级潮流消费区蜕变；助力品牌环境由单一优选地向多元化品牌集聚高地转型；同时，推动城市消费地位的提升，从本地消费中心跃升为引领整个都市圈消费潮流的领航者，构建更为丰富、高端且具影响力的消费生态，引领消费新风尚。

---

① 首发经济是指企业发布新产品，推出新业态、新模式、新服务、新技术，开设首店等经济活动的总称，涵盖了从产品或服务的首次发布、首次展出到首次落地开设门店、首次设立研发中心，再到设立企业总部的链式发展全过程。首发经济具有时尚、品质、新潮等特征，是符合消费升级趋势和高质量发展要求的一种经济形态，是一个地区商业活力、消费实力、创新能力、国际竞争力、品牌形象和开放度的重要体现。

玄武区作为南京市的主城区、老城区，文旅融合高速发展的同时，仍面临一些问题和约束亟待解决和突破。第一，空间承载能力不足，文旅项目布局受限。玄武区只占南京市 1% 的土地面积，一山（紫金山）一水（玄武湖）是玄武区禀赋文旅资源优势的同时，更是占据了玄武区近一半的面积，使得玄武区的文旅项目在布局和规模方面均面临土地紧张的挑战。随着城市化进程的加快，现有设施难以满足日益增长的消费需求，一方面，玄武区可以以城市更新打开城市空间、产业空间、公共空间和增长空间，对低效利用的土地再开发，鼓励土地的多功能复合利用，提高土地的利用效率；另一方面，在文旅产业发展规划与全区商业网点规划中，努力延伸文旅消费的时间与空间，引入新兴业态，打通消费场景的关节点与沸腾点。第二，文化遗产开发不足，资源潜能发挥受限。玄武区蕴含丰富的文化遗产，虽得到了一定的利用但开发的效能和丰度均有很大的提升空间。在中国近代建筑的活化利用方面，玄武区拥有众多散落在各处的近代建筑未能得到系统化的保护及开发利用，得到较好开发的南京 1912 街区，通过近代建筑与现代商业的结合将其打造成为时尚商业休闲街区，一度成为酒吧街的代名词，使街区的文化未能得到充分的利用与显现。在文博场馆方面，玄武区的文博场馆虽已积极探索以集群效应撬动文旅消费热潮，但尚未形成品牌合力。目前已建成的长江路博物馆集群聚落和钟山博物馆集群聚落，主要通过举办主题展览活动、研学课程等系列活动实现文化资源共享，未来可进一步挖掘全区文博场馆文化，打造具有核心吸引力的联动文旅产品。第三，国际品牌力不足，时代活力表达受限。一是在文化内涵创新方面，玄武区拥有众多钟山风景区、玄武湖景区等高等级传统景区，但在文化内涵的挖掘、文旅产品的创新和宣传推广的力度方面仍有提升空间。以钟山风景区为例，景区内的世界级旅游资源和全国文保性建筑未能得到创意性资源转化，体验式和互动式旅游产品创新不足。二是在品牌传播方面，目前主要围绕官网网站、微信公众号、微博、抖音等平台进行品牌力传播，但各个平台的用户黏性不高、互动量少，未能形成规模化的品牌影响力，未来可进一步提升已有平台的发布内容质量，强化各平台的创新性营销，例如老君山的“远赴人间惊鸿宴，老君山上吃泡面”、武功山推出的“招牌打卡 pose”等。三是在品牌受众方面，可布局年轻群体较多的小红书、哔哩哔哩等平台，形成多渠道、多层次的新媒体矩阵，提高景区品牌声量。

为打造山水城林都市文旅新样板，实现文旅破局与出圈，玄武区未来可围绕提升国际性、场景性、社群性、链接性和平台性，进一步释放文旅场景想象力，创新玄武新生活方式。**第一，彰显国际性，推动国际友好城市交往，构建文旅生活新范式**。进一步构建南京城市文化开放窗口，打造集聚优势国际资源要素的“文化引力场”和链接世界的“文化活动枢纽”。依托南京国际展览中心等重要载体空间，搭建国际化品牌节会体系，构建面向千年古都新未来的国际门户形象和核心发力点；推进境外游客支付的便捷性服务，在高铁站、重要商圈、重点景区等位置建立 24 小时境外游客支付服务中心，提供取现、汇兑、电话卡办理等综合性服务，为境外旅客以及本地商户提供支付便利；线上布局海外传播平台，形成多渠道、多层次的新媒体矩阵，制定差异化的内容策略和传播计划，以线上非遗教学、名人互动提问等创意活动强化文化符号与增强用户黏性，塑造并提升玄武区的国际品牌形象。**第二，强调场景性，彰显金陵生活方式魅力，打造区域文旅新品牌**。孵化“山水生活圈”文旅新消费业态，培育“生活圈＋都市探索”“生活圈＋沉浸社交”等日常化、在地化沉浸体验业态，围绕玄武区一山一湖打造多元 CITY WALK 主题线路，让游客在城市漫步中探索城市日常生活，依托艺术空间、主题公园等场所，设计一系列公园短剧演绎、实景剧本杀等互动性的旅游活动，开辟文旅消费未来赛道；营造“都市十朝汇”文旅新体验场景，深度挖掘的文化内核，打造十朝古都 IP 矩阵，推动德基广场等核心商圈创意植入主题文化设施，深挖南京博物院等城市地标的文化消费潜力，打造文商旅体艺融合的新型消费场景，引导“十朝风尚”品位消费和审美塑造；探索“金陵新时空”

文旅新消费模式，越过时间边界、打破空间限制，创造品质高、业态丰、氛围强、可复游的夜间文旅消费产品序列，发展低空经济、水面经济新业态，营造深沉浸互动、强感官体验的新时空体验空间。第三，坚持社群性，聚焦不同兴趣圈层，创新打造跨界文旅新项目。依托玄武区现有文旅智慧平台以及其他社交媒体数据研究，识别并分析游客及本地居民在玄武区内不同文旅载体的兴趣偏好，构建多元化细分社群体系，打造个性更为鲜明、更具竞争特色的玄武文化。面向大学生群体，围绕美食、读书、话剧等主题，定期举办校园美食文化节、世界读书日主题活动、大学生戏剧节等活动。面向体育爱好者，围绕跑步、骑行、桨板等主题，定期举办醒春运动会、CITY RIDE 城市探索、户外运动嘉年华等活动。面向文艺青年，围绕摄影、手工、音乐等话题，定期举办踏青采风季、手作艺术市集、草坪音乐会等活动。第四，提高链接性，活化利用文化遗产，探索释放城市文化资本价值。巩固加强玄武区与“世界文学之都”的文化纽带，通过文遗空间的活化利用，突破现有存量空间限制，探索城市新型文旅载体开发利用新模式。重视紫金山天文台等人文旧址修复与复兴，使其与现代生活美学相融合，形成从“历史地段”城市更新到场所精神文化的集大成与再创新；点亮玄武文博文化标识，打造博物馆街道、艺术博物馆酒店、博物馆餐秀等彰显玄武特色的标志性文旅产品，以统一标识系统、创意景观节点、主题口袋公园等增强博物馆街道文化氛围，凸显全区的文博符号标识；放大“世界文学之都”名片效应，通过对中国首个文学馆遗址、中国古代学府代表及玄武区书城、南京文学客厅等空间载体的梳理与整合，在全区范围内融入文学元素，打造作家社区、文学街道等特色区域，举办文学盛会，引进文学戏剧演艺，让文学遗产成为城市亮点，焕发新的生机与活力。第五，发挥平台性，持续深化景城融合，实现目的地城市转型升级。推进区域统筹、加强上位统筹规划，构建景城一体“大平台”，明确文旅地标产业打造思路，以平台经济打破单体发展壁垒，依托区域内高等级资源载体推进“大联盟”“大街区”和“大景区”的构建；促进景城空间资源整合利用，搭起景城互动“大框架”，推动钟山风景名胜区、红山森林动物园等景区从点状分布到场域化再到城市界面辐射的转变，促进景区、街区、校区、园区、社区五区一体化融合与协同发展；强化“城区即景区，旅游即生活”的观念转变，提升景城融合“活力值”，通过城市特色化建筑、涉旅化街区、艺术化空间等美学景观的打造，扮靓服务市民游客的共享空间。

安不忘危，兴不忘忧。玄武区依托禀赋的文旅资源与高站位的顶层谋划获得成绩的同时，也要认识到玄武区目前正处于转型发展承压期，仍面临不少困难和挑战。未来，玄武区更应站在国际化视野，持续放大山水城林自然资源以及十朝古都的人文资源，强化明孝陵世界级文化遗产优势，打响“世界文化遗产”“世界文学客厅”等世界唯一性文化名片。加速景城融合、城市更新、消费升级、产业转型的发展进程，用创新活力驱动老城转型，建设“强富美高”新玄武。

后记
无穷的远方，无数的人们，都与南京有关

疫后复苏的2023年，南京文旅火爆出圈：春天里一句“总要来一趟南京吧”，让外地网友戏称“南京用三个月完成了全年的KPI”；之后五一、十一等假期，南京毫无悬念地入选全国十大热门旅游目的地，夫子庙—秦淮风光带和钟山风景区持续入围全国景区游客量排行前三，连续霸榜充分印证了南京“泼天的流量”。人们总说，旅游是去见识一种他者的世界：你奔赴的“诗和远方”，恰是我最日常的“家和故乡”。

这本文旅融合的城市叙事便是在述说这样的故事：无穷的远方，无数的人们，都与南京有关。

这是南京的科巷。吸引无数美食爱好者争相打卡，号称南京最好吃的800米，我在这里曾经遇到一姑娘特别骄傲地直播说“亲，这里是南京最网红的

科巷

6A 级景区”。我们都知道国家 5A 级景区是旅游景区类最高的等级评定，6A 比 5A 多 1A，这就是老百姓最直接的认可。科巷所在的秦淮区 2019 年获评首批国家全域旅游示范区，“城区即景区、旅游即生活”表达了南京主客共享的智慧和胸怀。

这是南京的红山动物园。作为国内第一个取消动物表演且唯一自负盈亏的公益性动物园，每年吸引访客 500 万余人次，是南京热门的亲子旅游目的地和青年疗愈的社交空间。它所在的玄武区 2023 年入选首批国家文化产业和旅游产业融合发展示范区建设单位。

红山动物园

这是南京的“何以长江——长江文化数字大展”。作为首个长江原创 IP 展览，既符合文化数字化的大战略，又契合长江国家文化公园的大框架，和大剧院、银杏里街区的邻近选址彰显了新型文化消费空间的基本特征，数实结合和艺术营造充分贴合了时代审美旨趣。依托它所在的建邺区，2023 年南京被认定为新一批国家对外文化贸易基地。

“何以长江”展览局部

这些都是南京。长期以来，我和我的团队深入研究南京现象和南京问题，致力于为南京文化和旅游高质量发展做记录、找出路。我眼中的文旅融合，既是诗和远方，也是家和故乡，是各美其美的姿态昂扬，是美人之美的胸怀坦荡，是美美与共的天下理想。

希望南京文旅在大家的共同努力下奔赴更壮阔而美好的未来！

参考文献

[1] ABDOU M A B. Cultural heritage and public–privatepartnerships：The rationales，limitationsandpotentials[D]. Brandenburg University of Technology，2025.

[2] AVULA M，SITHOLE T. Artificial Intelligence's Potential to Improve Operational Efficiency and Customer Experience in the Hospitality and Tourism Sectors[J]. IGIGlobal，2024.

[3] BENCEKRI M，KWAK J，LEE D. A systematic review of the 15–minute city framework：Implications for environmental heritagepreser vationint he Anthropocene[J]. Journal of Urban Studies，2025，24（1）：1–20.

[4] BENTLEY L. Tourism and community development：Exploring socio–economic impacts and sustainable practices[J]. International Research Journal，2024：14.

[5] Berlin Short–TermRental Commission. Platform Economy Regulation Reports[R]. Berlin：BSRC，2024.

[6] Berlin Statistics Office. Tourism Economy and Social Impact[R]. Berlin：BSO，2024.

[7] BLAUG M. The economic soft hearts[M]. Berlin：Springer publishing company，2019.

[8] BOURDIEU P. Distinction：A Social Critiqueof the Judgement of Taste[M]. trans. RichardNice. Cambridge，MA：Harvard University Press，

1984.

[9] BOURDIEU P. The forms of capital [M]//Richardson J. Handbook of theory and research for the sociology of education. New York：Greenwood，1986.

[10] BRENDON P. Thomas Cook：150 Years of Popular Tourism [M]. London：Secker & Warbury，1991.

[11] Broadway League. Financing Models in Cultural Tourism [M]. New York：BLS，2023.

[12] CAINE A. Narratives of Digital Creep：An Investigation of the Socio-technical Transitions in Cycling [D]. Stafforshire University，2022.

[13] Climate Action Berlin. Tourism Carbon Foot print Analysis [R]. Berlin：CAB，2023：13.

[14] YOONHEE J. A move towards just sustainability：transformation of discourses around urban sustainability planningin Seoul，RepublicofKorea [R]. Local Environment，2023.

[15] CODE I，NO T. Research on the Expert System and Chatbot in Tourism Domain [J]. 2022. COHEN E. Authenticity and Commoditization in Tourism [J]. Annals of Tourism Research 15，no. 3. 1988：372.

[16] CONNOCK A. Media Management and Live Experience：Sports，Culture，Entertainment and Events [M]. London：Routledge，2024.

[17] CRESPI VALLBONA M，GALEAS ORTIZ S. Sustainable governance versus airbnbification. The case of Barcelona [J]. Cogent Social Sciences，2023，9 (1)：2229112.

[18] DE LUCA G，DASTGERDI A S，FRANCINI C. Sustainable cultural heritage planning and management of overtourism in art cities [J]. Sustainability，2020，12 (9)：3929.

［19］DEN HOED W，RUSSO A P. Aging，everyday active mobility and the challenge of the tourist city：an illustration from Barcelona［J］. Urban Geography，2024：1–23.

［20］Fraunhofer Institute. Smart Tourism Monitoring System Evaluation［R］. Berlin：FHI，2023.

［21］Furtak A. Strategic Plan for the Travel Mobile App：The NoQ［J］. ISCTE Business School，2021.

［22］GENC K，TÛRKAY O，ULEMA E. Tourism gentrification：Barcelona and Venice［J］. Turismo y Sociedad，2022（31）：125–140.

［23］GREG R. Cultural tourism：A review of recent research and trends［J］. Journal of Hospitality and Tourism Management，2018（36）:12–21.

［24］GRETZEL U，KOO C. Smart tourism cities：a duality of place where technology supports the convergence of touristic and residential experiences［J］. Asia Pacific Journal of Tourism Research，2021，26（4）：383–398.

［25］GRINCHEVA N. Towards Creative and Smart Urban Sustainability：Understanding Smart Cultural Data Intelligence（the Case of Singapore）［M］. SSRN Working Paper， 2024..

［26］HAN Z，LIU J，REN H. Research on the integrated development strategy based on digital cultural tourism innovation practice［C］// ETMHS Proceedings，2023.

［27］HAN Z，ZOU Q，YU L. Generative Artificial Intelligence Technology Driving High–quality Development of Ice and Snow Tourism Industry：Factor Linkage，System Construction and Digital Empowerment［M］. Beijing：Journal of Resources and Ecology，2024.

［28］HARVEY N S. The multiple values of urban waterways［M］//The

Palgrave Handbook of Climate Resilient Societies. Cham：Springer International Publishing，2021：1–27.

［29］Hidalgo–Giralt C，Palacios–García A. Barrado–Timón D. Urban industrial tourism：Cultural sustainability as a tool for confronting overtourism［J］. Sustainability，2021，13（9）：4694.

［30］AMAL T，ROBINSON M. The SAGE Handbook of Tourism Studies［M］. London：SAGE Publications Ltd，2009.

［31］JUAN L. An empirical study on the incubation growth path and business transformation of cultural intellectual property for Chinese tourism destination cities［J］. DREAM Journal of Digital Research，2024，3（1）：1–16.

［32］KHAVARIAN–GARMSIR A R， SHARIFI A. From garden city to 15–minute city：A historical perspective and critical assessment［J］. Land，2023，12（2）：512.

［33］KLAMER A，MIGNOSA A，PETROVA L. Cultural heritage policies：a comparative perspective［C］//Cultural Heritage in the European Union. Brussels：European Parliament，2013.

［34］MACCANNELL D. The Tourist：A New Theory of the Leisure Class［M］. New York：Schocken Books，1976.

［35］MCINTOSH R W，GOELDNER R. Tourism：Principles，practices and philosophies［M］. New York：Wiley，1986.

［36］MCKERCHER B，DU CROS H. Cultural tourism: The partnership between tourism and cultural heritage managemen［M］. London：Routledge，2002.

［37］MOLINARES D A，GEURS K，GRIGOLON A B，et al. Exploring the 15–minute city concept for urban outskirts：a systematic literature review［J］. DREAMS Project Deliverable，2024：1–50.

［38］MORGENSTERN O，SCHUMPETER J A. Business Cycles：A Theoretical，Historical，and Statistical Analysis of the Capitalist Process［J］. Journal of the American Statistical Association，1940（35）：423.

［39］Museum Island Berlin. NFT Ticketing Impact Study［R］. Berlin：MIB，2024.

［40］NILS G. Seeking pathways for sustainable urban tourism：a critical deconstruction of Berlin's approach for city-compatible tourism［J］. European Planning Studies，31（8）：1673-1692.

［41］PALIWAL Y，SHUKLA O H，Sehgal V K. Restro AI Tech Management System［J］. JUIT，2024.

［42］PETREI F，CAVALLO L，SANTORO M T. Cultural tourism：an integrated analysis based on official data［J］. Quality & Quantity，2020（54）：1261-1279.

［43］PLANINA J，MIHALIC T. Ekonomika turizma［M］. Ljubljana：Ekonomska fakulteta，2002.

［44］REICHWEIN P A，WALL K. Uplift：Visual Culture at the Banff School of Fine Arts［M］. Vancouver：The University of British Columbia Press，2020.

［45］RICHARDS G. Cultural tourism in Europe［M］. Wallingford：England CABI，1996.

［46］RICHARDS G. UNWTO Report on Tourism and Culture Synergies［M］. 2018.

［47］Rohrscheidt A W V. Cultural tourism：Concerning the definition［J］. Turystyca Kulurowa，2008：46-62.

［48］RYU S. Media and Entertainment Industry Management：How to Integrate Business and Management with Creativity and Imagination［M］. Singapore：

Springer，2024.

［49］SALERNO G M，RUSSO A P. Venice as a short–term city. Between global trends and local lock–ins［M］//Platform–mediated tourism. Abingdon，Oxon：Routledge，2022：90–109.

［50］SAMADZADEH M，AL–AGHA K. Evaluating Disney's Global Theme Park Marketing Strategy［R］. ResearchGate，2023.

［51］SCANNELL L，GIFFORD R. Defining place attachment：A tripartite organizing framework［J］. Journal of Environmental Psychology，2010，30（1）：1–10.

［52］SCHEPERS M，GIUBERTI M，BELLUSCI G. Xsens MVN：Consistent tracking of human motion using inertial sensing［M］. Xsens Technol，2018，1（18）：1–8.

［53］SILVA T，NISI V，NUNES N J. Harnessing the Power of Transient Non–fungible Tokens in Support of Preserving Natural Landscapes as Heritage in the Face of Climate Change［M］. New York：ACM Press，2023. .

［54］STEVENSON N. Local festivals，social capital and sustainable destination development：Experiences in East London［J］. Journal of Sustainable Tourism，2016，24（7）：990–1006..

［55］TAMS SMC，HADWICK A. The Changing Face of Tours and Activities［R］. EyeforTravel，2017.

［56］TOMLINSON J. Cultural imperialism：A critical introduction［M］. London：England Pinter，1991.

［57］TYLOR E B. Primitive culture：Researches into the development of mythology，philosophy，religion，language，art and custom［M］. London：England Murray，2009.

［58］UNESCO. Global Governance of Cultural Heritage［R］. Paris：

UNESCO Press，2022.

［59］UNWTO. Global Urban Tourism Trends 2024［J］. Madrid：World Tourism Organization，2024：17.

［60］UNWTO. Recommendations on tourism statistics［R］. Madrid, Spain：World Travel Organization，1993.

［61］UNWTO. The state's role in protecting and promoting culture as a factor in tourism development and the proper use and exploitation of the national cultural heritage of sites and monuments for tourists［R］. Madrid，Spain：World Travel Organization，1985.

［62］URRY JOHN R. The Tourist Gaze：Leisure and Travel in Contemporary Societies［M］. London：Sage，1990.

［63］VAN DEN HEUVEL D，NOORDEGRAAF J. Zooming in on Urban Life in Early Modern Amsterdam. Time Machine as a Tool for Researching Everyday Urban Experience Across Space and Time［M］. Milan：FrancoAngeli，2024.

［64］VANHOVE N. The Economics of tourism destinations［M］. London：England Elsevier，2010.

［65］VARDOPOULOS I，PAPOUI-EVANGELOU M，NOSOVA B. Smart 'tourist cities' revisited：Culture-led urban sustainability and the global real estate market［J］. Sustainability，2023，15（5）：4313.

［66］VIJAYAKUMAR P，EKAMBARAM D. Tourism Experiences via Metaverse：Virtual Reality and the Metaverse for Travel Experiences［M］. Hershey，PA：IGI Global，2025.

［67］VILLANI L，GUGLIERMETTI L，BARUCCO M A，et al. A Digital Twin Framework to Improve Urban Sustainability and Resiliency：The Case Study of Venice［M］. Basel：MDPI Land，2025.

［68］VLOLKER M W. Biopolis：Patrick Geddes and the City of Life［M］. London：The MIT Press，2002.

［69］WANG Y，BRAMWELL B. Heritage protection and tourism development priorities in Hangzhou，China：A political economy and governance perspective［J］. Tourism Management，2012，33（4）：988.

［70］WETH A. Innovations and Creativity How Disney Keeps Ideas Coming［M］. Munchen：GRINVerlag，2007.

［71］WHITAKER A，GRANNEMANN H. Artists' royalties and performers' equity：A ground-up approach to social impact investment in creative fields［J］. Cultural Management：Science and Education，2019，3（2）：33-52.

［72］With tourism spending contributing €11. 6 billion to the capital and providing 235，000 full-time jobs in purely statistical terms，tourism has long been one of the main pillars of the city’s economy. Sustainable and City-Compatible Berlin Tourism Plan 2018+［R］. The Senate Department for Economics，2018.

［73］World Tourism Organization. Cultural Heritage and Tourism Development［R］. Madrid：UNWTO，2001.

［74］World Travel&Tourism Council. Economic Impact Report2023［R］. London：WTTC，2023.

［75］WURM，KATHARINA. Strategies and measures to approach sustainable tourism in a city struggling with over tourism：a case study of Barcelona［D］. Graz：University of Graz，2023.

［76］XINGJ，LIX. The exploration of models and paths for the integration of Japanese cultural industries and tourism economy［J］. Review of Digital Japan，2025（4）：49-63.

［77］YAMASHITA S. Cultural tourism［M］//Encyclopedia of tourism.

Cham：Springer Nature Switzerland，2025.

［78］艾媒咨询. 2023年中国沉浸式文旅产业发展白皮书［R］. 广州：艾媒研究院，2023.

［79］艾媒咨询. 2024—2025年中国研学游经济市场运行监测报告［R］. 广州：艾媒研究院，2024.

［80］白雪. 开放绿地，亲近自然“零距离”［N］. 新华日报，2023-02-12（002）.

［81］鲍莉，孙艺畅. 人地共构的小西湖传统街区居住建筑多样性更新［J］. 建筑学报，2022（01）：22-27.

［82］蔡雄. 在改革开放中促进旅游业的发展［J］. 旅游学刊，1989（03）：40-42.

［83］陈洁，仇惠栋. 南京老城焕新打开“人文经济”密钥［N］. 新华日报，2024-02-29（001）.

［84］陈亮. 南京近代工业建筑研究［D］. 东南大学博士论文，2018.

［85］陈宁骏，欣辰. 解读夫子庙［M］. 南京：东南大学出版社，2016.

［86］陈庆琳. 进一步繁荣南京夫子庙地区旅游经济［J］. 江苏政协，2002（03）：28-29.

［87］陈妍，赵蕾. 文化传承视角下城市街区活力复兴研究——以南京老门东街区为例［J］. 美与时代，2022（03）39-42.

［88］陈渝. 秦淮灯彩：探出非遗跨界融合新路［J］. 群众，2023（05）：51-52.

［89］程金龙，王淑曼，张瑞，等. 文旅文创融合发展——理论诠释与实践探索［M］. 北京：社会科学文献出版社，2023.

［90］淳庆，杨红波，金辉，等. 南京长江大桥公路桥维修与文物保护技术研究［J］. 建筑遗产，2019（03）：24-35.

［91］戴鸣蔚. 向“新”出发的南京大报恩寺遗址博物馆［N］. 江南时报，

2024-06-14（A02）.

［92］邓晟辉，姚亦锋. 南京明故宫历史地段保护研究［J］. 山东建筑工程学院学报，2006，21（2）：122-128.

［93］邓露洁，田诗雨，卫凌云. 地名上墙，激活多元消费“墙”引力［N］. 南京日报，2024-03-03（A03）.

［94］邓露洁，夏雪晴. 闵一峰：奋力探索玄武特色转型发展之路［N］. 新华日报，2024-2-21（1）.

［95］邓露洁. 文旅融合，老城“破局”更“出圈”［N］. 南京日报，2023-12-20（12）.

［96］丁沃沃. 南京夫子庙东西市场的规划和设计［J］. 建筑学报，1987（05）：56-61.

［97］东南大学建筑设计研究院有限公司. 钟山风景名胜区旅游服务中心［J］. 建筑实践，2024（62）：128-137.

［98］董芳铭. 与艺同行，七载始终［N］. 新华日报，2024-08-05（05）.

［99］董佳. 国民政府时期的南京《首都计划》——一个民国首都的规划与政治［J］. 城市规划，2012，36（8）：14-19.

［100］董亦楠，韩冬青，黄洁. 从南京小西湖历史地段小尺度、渐进式保护再生看城市设计的过程性和参与性［J］. 时代建筑，2021（01）：51-55.

［101］董亦楠，韩冬青. 居住类地段更新的类型、历程与关键问题——以南京为例［J］. 城市规划，2024，48（04）：34-42.

［102］抖音集团. 2024年文旅短视频消费趋势报告［R］. 北京：巨量引擎研究院，2024.

［103］范金民. 明清江南商业的发展［M］. 南京：南京大学出版社，1998.

［104］范秀平. 空间生产视域下历史文化街区的旅游发展研究［D］. 南京艺术学院硕士论文，2022.

[105] 范周，祁吟墨. 逆势复苏、韧性凸显、创新求变——2021年中国文化产业和旅游业回顾与展望[J].中国文化产业评论，2021，31（2）：20-35.

[106] 付启元. 南京文化遗产概览[M]. 南京：南京出版社，2023.

[107] 付岩岩，孙庆. 让世界了解真相让和平永驻人间[N]. 新华日报，2021-12-13（006）.

[108] 付远书. 供需两端发力. 文旅消费涌新潮[N]. 中国文化报，2023-11-22（001）.

[109] 甘熙. 白下锁言[M]. 南京：南京出版社，2007.

[110] 高煜，张京祥. 临时性城市更新的实现及其包容性治理——以南京金银街更新实践为例[J]. 城市发展研究，2024，31（11）：98-107.

[111] 工业和信息化部信息通信研究院. 中国文旅产业数字化发展白皮书：2023[R]. 北京：人民邮电出版社，2023.

[112] 龚永泉. 南京：灯火辉煌好夜游[N]. 人民日报，2000-10-06（001）.

[113] 郭梦尧. 南京鼓楼、大钟亭的历史沿革与保护利用[D]. 南京师范大学硕士论文，2020.

[114] 国家体育总局体育经济司，国家发展和改革委员会社会发展司. 体育服务综合体典型案汇编例[M]. 北京：电子工业出版社，2021.

[115] 国务院关于加快发展旅游业的意见[R]. 中华人民共和国国务院公报，2009（34）.

[116] 何聪，姚雪青，李卓尔. 历史街区，在保护中发展[N]. 人民日报，2024-04-24（007）.

[117] 何钢. “腾笼换凤”，以城市更新助推产业焕新[N]. 南京日报，2024-03-20（A03）.

[118] 贺善侃. 文化·创新文化·自主创新[J]. 中共浙江省委党校学报，2009，25（01）：71-75.

［119］贺云翱，邵磊，路侃，等. 南京石头城遗址1998～1999年勘探试掘简报［J］. 东南文化，2012（02）：37–44.

［120］侯博文. 南京老城南小西湖街区保护与再生（一期工程）［J］. 建筑与文化，2022（02）：2–3.

［121］胡箫白. 南京莫愁湖之得名与成因考［J］. 学海，2014（05）：118–125.

［122］胡英华，于洁尘，夏雪晴，等. 南京红色沃土矗立不朽精神丰碑［N］. 南京日报，2021–6–7（4）.

［123］黄道远. 1927—1937年南京城市规划作用机制研究［D］. 清华大学博士论文，2015.

［124］黄琳燕. 不服“老”！“老字号”还挺潮［N］. 南京日报，2024–07–25（A04）.

［125］黄永武. 玄武湖史话［M］. 南京：南京出版社，2009.

［126］江东平. 深化学术研究，提升社会教育成效全力打造一流国家级博物馆［N］. 新华日报，2023–05–18（20）.

［127］江苏省商务厅. 商文旅体康融合实现经济社会效益双提升——南京夫子庙步行街［R］.

［128］江永强，王传瑞，杨康. 南京秦淮入选国家级文化产业示范园区［N］. 新华日报，2023–03–09（006）.

［129］姜婧仪. 特色街巷复刻八零年代［N］. 南京日报，2021–11–15（A04）.

［130］蒋芳，邱冰清. 民族舞剧《红楼梦》新说“红楼”又“爆”了［N］. 新华每日电讯，2024–08–14（005）.

［131］巨量引擎城市研究院. 2023抖音旅游行业白皮书［R］. 北京：巨量引擎城市研究院，2023.

［132］李健，苏雁. 在博物馆读懂一座城——江苏南京着力打造博物馆之城［N］. 光明日报，2024–08–02（B03）.

［133］李杰，罗小龙，顾宗倪，等. 基于产权的社区渐进式更新困境解析与治理探索——以南京市小西湖街区为例［J］. 现代城市研究，2024（06）：16–21.

［134］李青波. 南京中国科举博物馆文创产品设计及开发研究［D］. 南京林业大学硕士论文，2024.

［135］李小牧，李嘉珊，刘霞. 我国对外文化贸易的发展变革与成就分析：2012–2021年［J］. 国际贸易问题，2023（06）：52–67.

［136］李有明，严玲，徐新. 明瓦廊小吃街成网红打卡地［N］. 南京日报，2020–07–25（A02）.

［137］李子俊，李鑫芳. 串珠成链，看“夜明珠”点亮“夜金陵”［N］. 南京日报，2022–07–29（B02）.

［138］李子俊. “南京礼物”故事多，圈粉又吸金［N］. 南京日报，2024–06–17（A01）.

［139］李子俊. 穿梭“灯火天街”下走进《南都繁会图》［N］. 南京日报，2024–09–15（A03）.

［140］李子俊. 南京向全球发出文旅合作“邀请函”［N］. 南京日报，2023–05–18（A04）.

［141］量力. 旅游消费升级背景下夫子庙景区旅游企业组织变革研究［D］. 南京邮电大学硕士论文，2018.

［142］林华维，孙庆. 体育场馆出路在于“开放+开发”［N］. 新华日报，2015–10–08（005）.

［143］林华维. 我省大型体育场馆运营试水2.0版［N］. 新华日报，2018–03–16（015）.

［144］向前. “三个统筹”推动文商旅融合发展［J］. 群众（思想理论版），2024（17）.

［145］刘培学，王欢颖，陈伟，等. 新冠疫情对旅游景区客源市场需求的

空间分异影响——以南京夫子庙景区为例［J］. 地理科学，2022，42（07）：1250-1259.

［146］刘易斯·芒福德. 城市文化［M］. 宋俊岭，李翔宁，周鸣浩，译. 北京：中国建筑工业出版社，2009.

［147］刘源隆，张欣，张影. 晋级“密码”是“文化传承+观众服务”［N］. 中国文化报，2024-06-04（001）.

［148］卢海鸣. 六朝都城［M］. 南京出版社，2002.

［149］卢海鸣. 南京历代名号［M］. 南京：南京出版社，2016.

［150］鲁国尧. 郑成功两至南京考［J］. 南京大学学报（哲学、人文科学、社会科学版），2007（04）：88-98.

［151］陆士桢. 培养好青少年儿童是一项关系红色江山永不变色的战略性、基础性工作——做好基础教育阶段的共青团和少先队工作［J］. 人民教育，2022（11）：17-18.

［152］鹿琳. 24小时不打烊，“西城·夜未央”有多香［N］. 新华日报，2023-11-19（001）.

［153］鹿琳. 城市中心，建功立“邺”挑大梁［N］. 新华日报，2024-01-22（A06）.

［154］洛阳市发展和改革委员会. 汉服经济乘数效应研究［R］. 洛阳：洛阳市发展和改革委员会，2024.

［155］马彬斌，李真真，黄萍，等. 数字文旅视角下特色步行街业态融合创新路径——以成都宽窄巷子为例［J］. 现代商业，2021（30）：9-11.

［156］马道军. 我市公布第三批地名文化遗产保护名录［N］. 南京日报，2024-07-01（A03）.

［157］马克思. 1844年经济学哲学手稿［M］. 中共中央编译局，译. 北京：人民出版社，2000.

［158］苗瑜函，陈英杰，袁伊迪. 动漫圣地巡礼旅游者的需求研究［J］.

产业创新研究，2021（21）：62-64.

［159］南京奥体中心. 南京奥体中心2023年社会责任报告［R］. 2024-05-01.

［160］南京日报编辑部. 生态科技岛十年澎湃“蛹”化“蝶”［N］. 南京日报，2022-10-20（A07）.

［161］南京市地方志编纂委员会. 南京文物志［M］. 南京. 方志出版社，1997.

［162］南京市地方志编纂委员会办公室. 南京简志［M］. 南京：南京出版社，2014.

［163］南京市地方志编纂委员会办公室. 南京通史：清代卷［M］. 南京：南京出版社，2014.

［164］南京市建邺区地方志编纂委员会. 建邺区志［M］. 北京：方志出版社，2003.

［165］南京市秦淮区地方史志编纂委员会政协南京市秦淮区委员会文史资料. 秦淮夜谈：第1辑［M］. 1986.

［166］南京市秦淮区人民政府. 关于历史文化名城重点片区保护利用工作情况的报告［R］. 2016-12-07.

［167］南京市商务局. 2023年南京国际消费节数据分析报告［R］. 南京：南京市商务局，2024.

［168］南京市统计局. 南京市2018年国民经济和社会发展统计公报［N］. 南京日报，2019-04-01（A06）.

［169］南京市委研究室，秦淮区联合课题组. 这里，何以“点亮中国灯”？［J］. 调查与研究（内部刊物），2024-01-30.

［170］南京市文化和旅游局. 2023年南京市公共服务体系建设总结［R］. 南京：南京市文化和旅游局，2023.

［171］南京市文化和旅游局. 2023年南京市旅游业统计年鉴［M］. 南京：

南京出版社，2024.

［172］南京市文化和旅游局. 2023年南京市文化和旅游产业发展报告［R］. 南京：南京市文旅局，2024.

［173］鳥取県北栄町.「コナンタウン」地域活性化事業評価書［R］. 鳥取：北栄町役場，2023.

［174］宁建新，师擎. “一城三区”战略，助推南京发展［N］. 南京日报，2006-05-24（A04）.

［175］秦淮区发展和改革委员会. 秦淮区2023年国民经济和社会发展计划执行情况及2024年国民经济和社会发展计划报告［R］. 2024-01-23.

［176］秦淮区人民政府. 夫子庙—秦淮风光带风景名胜区总体规划（2023—2035年）［R］. 2024-05-31.

［177］秦淮区统计局. 春节夫子庙地区旅游消费收入稳步增长［R］. 2018-02-22.

［178］秦淮区统计局. 秦淮区2023年消费品市场运行简析［R］. 2024-03-01.

［179］秦淮区文化和旅游局. 秦淮区“十四五”文化和旅游发展规划［R］. 2021-11-01.

［180］邱犇. 第五届全国市辖区旅游研究成果发布［N］. 新华每日电讯，2024-09-18（005）.

［181］邱永生，卢小慧. 南京博物院文创的探索与实践［J］. 东南文化，2021（6）：147-149.

［182］日本动画旅游协会. 2023年动漫旅游白皮书［R］. 东京：ATAPress，2023.

［183］日本经济产业省. 动漫圣地认证基准实施纲要［R］. 经产告示第312号，2021.

［184］上海辞书出版社文学鉴赏辞典编纂中心编. 文学经典鉴赏：现代

散文名篇［M］. 上海：上海辞书出版社，2021.

［185］邵颖萍，张鸿雁. 集体记忆与城市文化资本再生产——“昆曲意象”文化自觉的社会学研究［J］. 南京社会科学，2019（05）：95-100，107.

［186］邵颖萍. 高水平推进文旅融合创新发展［J］. 群众，2021（16）：19-20.

［187］沈汝发. “数字经济高地”何以崛起？［N］. 经济参考报，2023-11-14（008）.

［188］沈玉青. 华丽变身，工业遗产为“江苏创造”积势蓄能［N］. 江苏经济报，2024-05-30（A01）.

［189］盛文虎. 破立并举，“四最城区”激昂改革乐章［N］. 新华日报，2024-7-29（14）.

［190］市政消息. 切实整理鼓楼公园［N］. 首都市政周刊，1928.

［191］宋广玉. 在推进文旅融合发展上做示范——对话南京大学城市科学研究院邵颖萍博士［N］. 南京日报（思想理论·策论），2023-08-23：A11.

［192］苏雁，李健. 江苏大剧院：好戏不断精彩不止［N］. 光明日报，2024-08-15（08）.

［193］孙红芳，严建强. 情感实践视野下纪念类博物馆的馆校合作研究——以侵华日军南京大屠杀遇难同胞纪念馆的“行前一课”为例［J］. 东南文化，2024（01）：155-162.

［194］孙洁，余思奇，朱喜钢，等. 教育全球化背景下南京“留学生街”的形成与演变［J］. 现代城市研究，2022（06）：67-73.

［195］孙世界. 演变与再生改革开放以来的南京老城更新［M］. 东南大学出版社，2021.

［196］孙炜杰. 文旅新风吹动渡运船再出发［N］. 江苏经济报，2023-03-23（A01）.

［197］孙心妍. 博物馆文创产品的开发与营销研究——以南京博物院为

例［D］. 南京师范大学硕士论文，2019.

［198］邰子君. “走出去”展现古都魅力“引进来”南京赢得口碑［N］. 中国旅游报，2024-4-17（1）.

［199］汤澍，严伟，张维亚. 休闲体育消费者体验对行为意向的影响——以南京奥体中心休闲体育消费者为例［J］. 商业经济研究，2017（04）：46-50.

［200］田诗雨，江永强，王传瑞，等. 南京唯一，秦淮再添“国字号”荣誉［N］. 南京日报，2023-03-29（A01）.

［201］田诗雨，秦萱. 景区“老酒新酿”，澎湃创新发展动能［N］. 南京日报，2023-08-25（A03）.

［202］田诗雨，秦萱. 新场景聚人气新玩法“招财气”［N］. 南京日报，2024-09-03（A08）.

［203］田诗雨，严玲，秦萱，王生. 全力跑出“产业强市”秦淮加速度［N］. 南京日报，2024-02-21（A01）.

［204］汪东明. 明孝陵：提升文保水平［N］. 人民日报（海外版），2023-7-31（11）.

［205］王炳毅. 南京大屠杀纪念馆为何选址江东门［J］. 湖南档案，2002（07）：22-23.

［206］王伯强. 南京西街遗址与湖熟文化的相关问题初探［J］. 南京学研究，2024（01））：79-102.

［207］王迪. 贵州省黔东南州台江县：办好“村BA”拓宽发展路［N］. 中国城市报，2024-04-12.

［208］王国俊，宁穗. 发力首店经济激发消费新活力［N］. 南京日报，2024-04-13（A02）.

［209］王国奇. 南京明故宫午门勘测简报［J］. 文物，2007（12）：66-72.

［210］王峻峰. “夜瞻园”何以愈演愈红？［N］. 江苏经济报，2023-07-

07（A01）.

［211］王晓晓，周颖. 城市体育公园发展研究——以江浙沪地区为例［J］. 山东体育学院学报，2019，35（05）：49–55.

［212］王星星. 国家文化公园立法研究［D］. 中南大学博士论文，2022.

［213］王艺璇. 在这里，赏“锦中之冠”的织就与变幻［N］. 南京日报，2024–04–12（A10）.

［214］王宗亮. 南京博物院扩建后正式开放［J］. 东方艺术，2013（23）：1.

［215］文化部和国家旅游局. 关于促进文化与旅游结合发展的指导意见［S］. 2009–09–08.

［216］文化和旅游部. “十四五”文化和旅游发展规划实施中期评估报告［R］. 北京：文旅部政策法规司，2023.

［217］文化和旅游部. 全国剧本娱乐经营活动规范管理情况通报［R］. 文旅市场发〔2024〕15号，2024–03–28.

［218］翁翊暄. 传承历史文脉开发南京下关滨江景观资源［J］. 四川建筑，2004（01）：4–5.

［219］吴春霞. 55岁南京长江大桥正“青春”［N］. 南京日报，2023–12–29（A13）.

［220］吴小宝. 中共代表团南京梅园新村纪念馆［J］. 档案与建设，2011（1）：61–62.

［221］晓乙. 九秩芳华始为序十年直据烟霞顶［N］. 新华日报，2023–11–6（6）.

［222］新华日报编辑部. 欢迎来“邺”，畅快“买买买”［N］. 新华日报，2024–04–22（A04）.

［223］邢贺扬. 晨光1865文化创意产业园——从金陵机器局到文创园区［N］. 人民日报（海外版），2023–08–16（07）.

［224］邢虹，程锦欣. 全球青年创客续写“南京瓷塔”故事［N］. 南京日

报，2024-07-12（B01）.

［225］邢虹，储宜建. 一边实地游览场馆一边穿梭虚拟世界［N］. 南京日报，2023-04-11（A03）.

［226］邢虹，李子俊，朱彦. “博物馆之城”大有看头［N］. 南京日报，2024-5-18（T02）.

［227］邢虹，王峰. 江苏南京：在书店里走进博物空间在博物馆里走进阅读世界［N］. 南京日报，2023-10-20（A11）.

［228］邢虹，朱彦. 从《阅江楼记》到阅江楼，隔着六百多年岁月［N］. 南京日报，2022-06-10（B01）.

［229］邢虹，朱彦. 六千多年前，这里是南京城最早的雏形［N］. 南京日报，2023-08-26（A04）.

［230］邢虹. 南京演出市场为何这么火？［N］. 南京日报，2023-07-26（A05）.

［231］徐晋，秦萱. 秦淮区：老城新韵，遇见“最南京”［N］. 新华日报，2024-12-09（A04）.

［232］徐宁，李子俊，黄琳燕，等. 振奋龙马精神，书写奋进新篇［N］. 南京日报，2024-02-18（A01）.

［233］徐拥军，张丹，闫静. 奥运遗产理论的构建：原则、方法和内涵［J］. 成都体育学院学报，2021，47（02）：16-21.

［234］许瑾. 免费开放南京莫愁湖让游客“到此莫愁”［N］. 中国旅游报，2022-05-10（004）.

［235］许志强. 六朝建康长十里考略［J］. 魏晋南北朝隋唐史资料，2017（02）：76-87.

［236］杨晨曦. 军事与文化双重因素制衡下明南京城的规划艺术［J］. 艺术与设计，2022，2（05）：79-81.

［237］杨民仆，刘诗涵. 怀旧经济：挖掘“激活回忆”新商机［N］. 新华

日报，2024-08-05（006）.

［238］杨书娟. 探索博物馆发展新路径——以南京市民俗博物馆为例［J］. 新西部，2023（02）：131-133.

［239］杨叶红. “城市家具”——城市公共设施设计研究［D］. 西南交通大学硕士论文，2007.

［240］姚雪青. 传承历史文化，释放消费活力［N］. 人民日报，2024-05-22（019）.

［241］姚雪青. 微改造更新老街区［N］. 人民日报，2023-12-15（013）.

［242］姚亦锋. 南京历史地理与古都景观规划研究［J］. 中国名城，2018（08）：46-52.

［243］姚亦锋. 南唐时期的南京城市景观［J］. 中国名城，2016（02）：73-77.

［244］殷建宁，卢识. 南京秦淮河游船行业悄然兴旺［N］. 江苏经济报，2007-10-30（B01）.

［245］殷文静，马羽. 全域访客178. 5万人次！“五一”假期南京建邺火爆“出圈”［N］. 江南时报，2024-05-07（A02）.

［246］殷学兵，卫凌云. 瞄准“顶流商圈”，元通“蓄势待发”［N］. 南京日报，2023-07-27（A03）.

［247］殷学兵. 群众演、群众看，文化“浸润”人心暖［N］. 南京日报，2024-03-22（A05）.

［248］于光远. 旅游与文化［J］. 瞭望周刊，1986，6（14）：35-36.

［249］袁怀宇，周睿，杨子莹，等. 基于智慧文创的公园城市建设文旅融合创新路径［J］. 中国包装，2021，41（03）：49-51.

［250］张安琪，余梦迪. “红色资源+”，滋养青少年爱国情怀［N］. 南京日报，2023-8-9（2）.

［251］张鸿雁. 春秋战国城市经济发展史论［M］. 沈阳：辽宁大学出版

社，1988.

［252］张鸿雁. 中国城市文化资本论［M］. 南京：南京出版社，2024.

［253］张鸿雁等. 城市社会学新论. 南京：南京大学出版社，2023：前言.

［254］张建军. 从“回应”到“记忆”：侵华日军南京大屠杀遇难同胞纪念馆的筹建及功能扩展［J］. 日本侵华南京大屠杀研究，2020（03）：16–27，137–138.

［255］张乐. 弘扬中华优秀传统文化的探索——南京博物院展览策划思路［J］. 文物天地，2022（S1）：106–110.

［256］张楠. 过年来打卡，江苏博物馆迎客超700万人次［N］. 扬子晚报，2024–02–19（A07）.

［257］张书苑. 南京夫子庙历史文化街区空间形态变迁研究［D］. 西安建筑科技大学硕士论文，2020.

［258］张思齐. 宋濂的散文艺术与绵延意识［J］. 中国矿业大学学报（社会科学版），2011，13（04）：119–125.

［259］张甜甜. 展产“双向奔赴”激发“化学反应”［N］. 南京日报，2024–5–23（1）.

［260］张惟贤.《明神宗实录》卷五百二十［M］. 台北：“中央研究院”历史语言研究所校印本，1962.

［261］张学锋，陈刚. 吴都建业的都城空间与葬地［J］. 魏晋南北朝隋唐史资料，2017（02）：1–27.

［262］张学锋. 所谓“中世纪都城”——以东晋南朝建康城为中心［J］. 社会科学战线，2015（08）：71–80.

［263］赵莉萍，徐宁，张梓扬. 晨光1865：百年工业遗产奋进复兴之路［N］. 新华日报，2023–03–10（030）.

［264］赵青芳. 南京市北阴阳营第一、二次的发掘［J］. 考古学报，1958（01）：7–23，133–148.

［265］赵天鹏，丁彦芬. 南京市老门东历史文化街区铺装解读［J］. 农业科技与信息，2015（02）：117–120.

［266］赵伊汉，江瑜. 紫金草国际和平学校获“全球世界遗产教育创新案例奖”［N］. 南京日报，2023–09–23（A01）.

［267］郑娜. 红楼一舞动狮城［N］. 人民日报（海外版），2024–09–25（007）.

［268］智联招聘研究院. 2023年中国文旅行业人才供需报告［R］. 北京：智联招聘，2023.

［269］中共南京市委党史工作办公室，中共南京市委宣传部. 南京百年风云1840—1949［M］. 南京：南京出版社，1997.

［270］中国城市科学研究会. 中国城市文旅竞争力蓝皮书：2023［M］. 北京：中国建筑工业出版社，2023.

［271］中国旅游研究院. 2023—2024年中国文旅融合发展报告［R］. 北京：中国旅游出版社，2024.

［272］中国旅游研究院. 2023年全国游客满意度调查报告（报告编号：CTA–2023–TS）. 北京：中国旅游研究院，2023.

［273］中国旅游研究院. 2023中国夜间经济发展报告［R］. 北京：中国旅游研究院，2023.

［274］中国旅游研究院. 中国旅游经济蓝皮书（2020）［M］. 北京：旅游教育出版社，2020.

［275］中华人民共和国国家发展和改革委员会. “十四五”旅游业发展规划［R］. 发改社会〔2021〕1831号，2021–12–22.

［276］中商产业研究院. 2023—2025年中国智慧旅游市场前景及投资研究报告［R］. 深圳：中商产业研究院，2023.

［277］周应合. 景定建康志［M］. 南京：南京出版社，2009.

［278］朱嘉琪. 重点展馆主导产业大展密集举行［N］. 南京日报，2023–

9–18（4）.

［279］朱健.以南京老门东为例阐述历史建筑的城市维度和历史维度［J］.山西建筑，2019，45（19）：15–17.

［280］朱凯，黄琳燕.总量破百万，“小个体”扛起“千斤担”［N］.南京日报，2023–04–12（A03）.

［281］朱彦，顾蓓蓓.全世界最大的古代考场，今天是座博物馆［N］.南京日报，2024–04–19（A10）.

［282］朱彦.“藏”在王府中的博物馆［N］.南京日报，2024–03–22（B04）.

［283］朱彦.“智慧”南博，以文物故事“链接”美好生活［N］.南京日报，2023–11–7（4）.

［284］朱彦.以文化为支点，撬动城市美好生活［N］.南京日报，2022–01–14（A09）.

［285］朱彦.走进这座博物馆，穿越南京城的“前世今生”［N］.南京日报，2024–07–16（05）.

［286］邹劲风.唐宋金陵考［M］.南京：江苏人民出版社，2020.

［287］约瑟夫·熊彼特.经济发展理论［M］.郭武军，吕阳，译.北京：华夏出版社，2015.